新路集

——第十届张晋藩法律史学基金会征文大赛获奖作品集

第十集

陈煜 主编

中国政法大学出版社

2024·北京

声　明　1. 版权所有，侵权必究。

　　　　2. 如有缺页、倒装问题，由出版社负责退换。

图书在版编目（CIP）数据

新路集. 第十集，第十届张晋藩法律史学基金会征文大赛获奖作品集 / 陈煜主编. -- 北京：中国政法大学出版社，2024.7. -- ISBN 978-7-5764-1584-1

Ⅰ. D929-53

中国国家版本馆 CIP 数据核字第 2024PY4341 号

出 版 者	中国政法大学出版社	
地　　址	北京市海淀区西土城路 25 号	
邮寄地址	北京 100088 信箱 8034 分箱　邮编 100088	
网　　址	http://www.cuplpress.com（网络实名：中国政法大学出版社）	
电　　话	010-58908285(总编室) 58908433（编辑部）58908334(邮购部)	
承　　印	固安华明印业有限公司	
开　　本	880mm×1230 mm　1/32	
印　　张	14.875	
字　　数	415 千字	
版　　次	2024 年 7 月第 1 版	
印　　次	2024 年 7 月第 1 次印刷	
定　　价	82.00 元	

中华法文化的优秀传统与历史借鉴
（代前言）

张晋藩*

习近平同志在 2020 年 11 月 16 日中央全面依法治国工作会议上的讲话中，精辟地指出："历史和现实告诉我们，只有传承中华优秀传统法律文化，从我国革命、建设、改革的实践中探索适合自己的法治道路，同时借鉴国外法治有益成果，才能为全面建设社会主义现代化国家、实现中华民族伟大复兴夯实法治基础。"

中国是一个具有五千年法制历史的文明古国，在漫长的法制发展进程中，形成了博大精深的中华法文化，它不仅是古圣先贤政治智慧和法律智慧的结晶，也为灿烂辉煌的中华法系提供了坚强的文化支撑。虽然世移时易，面对世界法制发展的新潮流，中华法文化中蕴含的许多优秀传统和理性因素，依然构成一座值得认真挖掘和传承的文化宝库，依然对建设中国特色社会主义法治国家提供了珍贵的历史借鉴。

一、立足现实，重理性思维，很早便摆脱宗教的束缚，这是中华法文化科学精神的突出表现

据文献记载，中国法律起源的蚩尤作刑，就是面对现实的阶级斗争摆脱了宗教的束缚制定了法律。所谓"苗民弗用灵，制以刑，唯作五虐之刑曰法"。从此制定了五虐之刑，揭开了中国法律起源的大幕。除此之外，北方皋陶受命处理"寇贼奸宄"的社会动乱，他

---

* 作者系中国政法大学终身教授，博士生导师。

在制裁犯罪的过程中，把典型的案例上升为法，即所谓"皋陶造律"，它同"蚩尤作刑"遥相呼应，在法律的起源上表现了唯物史观和中华法文化的先进性。但是，夏商时期生产力的极端低下，限制了人们的视野，不能解释各种自然现象，因而对于天充满了敬畏，以致夏商两代，天命还有一定的威慑力。表现在司法上，便宣扬"天讨有罪，五刑五用"。然而，商之亡，亡于滥用刑罚，激起商民的反抗，神灵起不到保护的作用，所以周初改重神为重民。周公提出，"人无于水监，当于民监"，而且从实际出发，制定了明德慎罚的指导原则，实行重民命、讲德化、慎刑罚、宽养民的方略，维系了八百年的统治。以周公的治国理念为代表，充分显示了立足现实的理性思维，创造了中国古代杰出的政治法律文化，影响深远。在中国五千年的法制发展过程中，宗教没有深入政治领域，西方的教会法与宗教法庭在中国是不存在的，相反，一旦宗教势大，干扰现实的法律、政治，便要受到打击，唐末的灭佛运动、康熙帝驱逐天主教徒，就是史例。

二、礼乐政刑，共同治国，体现了中华法文化调动政治上层建筑各个部分进行综合为治的功用

周公治理周朝所采取的步骤，是一年救乱，二年克殷，三年践奄，四年建侯卫，五年营成周，六年制礼作乐，七年致政成王，可见他施政的立足点是综合的，是礼乐政刑并用的，既分别发挥礼乐政刑各自不同的作用，又综合成为一个完整的治国体系。如同《史记·乐书》所说："故礼以导其志，乐以和其声，政以壹其行，刑以防其奸。礼乐刑政，其极一也，所以同民心而出治道也。"礼乐的功能在于教化百姓，改良风俗；政刑的作用，在于建立国家统治，惩罚犯罪。无政刑，单凭礼乐，并不能有效地治国，如同孟子所说："徒善不足以为政。"单纯理政司法，得不到道德的支撑，也会影响政刑作用的发挥。这种综合为治的法文化，体现了中华民族伟大的

创造精神，一直影响后世。

三、以德化民，以法治国，明德慎罚，德法共治，是中华法文化的核心要义

　　面对国家兴亡的残酷斗争，卓越的思想家、政治家意识到道德对于治国的作用。周公灭商之后便提出明德慎罚。至汉代，进一步认识到德的作用，遂以德为主、刑为辅。至唐代，更将德礼与刑罚的不同的作用与相互关系总结为"德礼为政教之本，刑罚为政教之用，犹昏晓阳秋相须而成者也"。德的作用在于提高人们的道德素质，消除恶习，进而改良社会风俗习惯，所以古代的政治家坚持以德化民。但德的教化功能不能实现国家的对内对外职能，不能保证国家机器的正常运转，也不具备强制惩奸治恶的功能，故而以德化民必须与以法治国相结合，借助法律的强制作用，惩戒违反道德的行为及各种犯罪，所以二者密不可分。以德化民，建设稳定的社会基础，以法惩恶，维护社会的安宁和国家的强盛。法律的制定要以主流价值观及道德原则为指导，使法律成为道德的承载，让法律更多地体现道德理念和人文关怀。另一方面，将某些道德规范直接融入法律，以道德涵养法治精神，强化道德对法治文化的支撑作用。只有将道德要求和法律规范有机结合，相互促进，共同提升，才能实现善治的目标。

四、以亲九族，协和万邦，体现了中华法文化的包容性与和合精神

　　据《尚书·尧典》所载，尧治理国家时，"克明俊德，以亲九族。九族既睦，平章百姓。百姓昭明，协和万邦"。说明尧作为一国之君，注意培养恭敬节俭、温和宽容的道德，而且明察四方，以德化育，使家族和睦；进而认真处理各族的政事，使各族友好相处，在取得社会的认同以后再由近及远，由内及外，协调各个邦国的利益，使各个邦国都能和谐合作。此后，以亲九族，协和万邦，成为中华民族一贯的处世之道。孔子主张"礼之用，和为贵"，孟子提出"君子莫大乎与人为善"，荀子更强调"和则一，一则多力，多力则强，强则胜物"。《左传·隐公六年》也说："亲仁善邻，国之宝也。"如果说先秦诸子之说构成"协和万邦"悠久而丰富的文化基因，那么，唐朝制定的中国古代属人主义的"化外人相犯"的法律，表现了对来华经商的外国人与中国人平等相待的法律保障。历代明君对邻国的关怀与尊重等，都体现了"以亲九族，协和万邦"的影响力、感召力。习近平总书记所发出的构建人类命运共同体的号召，与中华法文化中亲仁善邻、协和万邦、天下一家、求同存异的文化特质高度契合，反映出中国引领国际法治和全球治理所进行的不懈努力。

五、纵向传承、代有兴革，一般规律与特殊规律相衔接，体现了中华法文化的实践性和进取性

中国五千年的法制文明史，是沿着纵向传承的路径发展的，但每一个特定的时代都进行了革故鼎新，体现了时代性和创新性。研究传统的法文化，就要从纵向传承、代有兴革中总结历史的经验教训，如同司马迁在自序中所说"究天人之际，通古今之变"。纵向传承是法文化发展的一般规律，革故鼎新是法文化发展的特殊规律。一般规律使历史互相联结，特殊规律彰显不同时代的前进的烙印，只有充分了解了一般规律和特殊规律，才能掌握中华法文化所蕴含的深厚的文化基因。历史启发我们，法与时转则治，治与世宜则有功。治国理政不仅要重视顶层设计，正确把握历史规律，也必须善于因时制宜，通权达变，使法律、政策的稳定性与创新性紧密结合，使法治发展的一般规律与特殊规律在新时代的法治实践中有机统一。

以上虽然只简取中华法文化的优秀传统，但也充分体现了中华民族的智慧与创造精神，它具有独树一帜的特点和优点。正因为如此，中华法文化在相当长时期，被相邻国家所传承和奉行。也正因为如此，中华法系长期自立于世界法系之林。中华民族优秀的法律传统的价值，绝不限于历史范畴，它是具有现实意义的。除了上述优秀传统外，在中华法文化中，民惟邦本的民本主义，法情允协的司法原则，天人合一的和谐观念，明职课责的法律监督，良法善治的法治追求，严以治官、宽以养民的施政方针，保护鳏寡孤独和老幼妇残的恤刑原则，等等，都可以作为法治中国建设的重要文化资源。因此，取其精华，去其糟粕，推动中华法文化的创造性转化和创新性发展，是对待优秀法制传统的应有态度。我们要牢记习近平总书记"以史为鉴"的教导，全面推进依法治国的宏伟目标，实现中华民族伟大复兴。

原载《民主与法制》(周刊) 2021年第37期

目 录

张晋藩　中华法文化的优秀传统与历史借鉴（代前言）／1

一等奖获奖论文

杨城新　《已婚妇女财产法》与近代英国妇女权利／2
刘浩田　康熙三年例考释／25

二等奖获奖论文

李世鹏　众声喧哗："姬觉弥诱奸案"中的司法、舆论与社会／76
李　谦　禁而不绝：清代命案私和的面相、成因及治理／109
刘智明　西汉"赎"的类型化分析／135
何元博　"依礼男子无大功尊"考
　　　　——兼论《唐律疏议》与《仪礼》的礼法冲突／167
孙海龙　"脱欧"下的英国法治危机
　　　　——以"吉娜·米勒等诉英国政府脱欧程序案"为例／199

三等奖获奖论文

王博闻　司法人员推荐委员会考／215

沈秀荣　控制疯人：清代报官锁锢例的立法与实践 / 242

杨　潇　舆论与真实：晚明李三才法政形象之塑造与转捩 / 260

邱玉强　论清代府衙"狱贵初情"的覆审经验 / 298

刘润浩　曹魏"谋反大逆"与"大逆无道"关系再蠡测 / 320

池贝贝　判词如何讲故事
　　　　——以平襟亚改编一则刑部驳案为袁枚妙判为例 / 349

翟文豪　清代伊犁将军的法律职责 / 367

马成霞　"下籽为率"与"卖地不卖粮"
　　　　——近代河州契约所见计粮与纳粮习惯之演变 / 397

王哲通　清代地方司法中的审理权转移现象研究 / 423

唐国昌　不和而和：元代和买法律制度考论 / 439

编后记 / 463

一等奖获奖论文

《已婚妇女财产法》与近代英国妇女权利

杨城新[*]

女权运动是19世纪英国社会剧烈动荡的一个典型代表，英国资本主义发展、殖民扩张、议会改革和司法改革都与此有着一定的关系。在当时的英国，已婚妇女是女性缔结婚姻后进入的一个与此前不同的新阶段，尤其是其财产权状况与未婚妇女有着较大差别，普通法下的已婚妇女无法拥有财产权，相反衡平法具备保护她们的功能，信托更成为保证已婚妇女财产权的主要工具。伴随着女权解放运动的推进，一系列《已婚妇女财产法》通过吸纳并修正既有的衡平法信托制度为贵族女性提供的财产保护，赋予了更为广泛的妇女群体以独立的财产权利。国内对女性权利的研究已有时日，且都会提到《已婚妇女财产法》，但对具体文本的解读和研究却少之又少。本文希望能在研究《已婚妇女财产法》后作简要评述和解读。

一、妇女权利的里程碑——《已婚妇女财产法》的诞生及背景

总体而言，女性的财产权利一般以是否结婚作为一个明显的分水岭，尽管就性别而言，女性受到的待遇、拥有的社会地位已和男性有所差异，但已婚妇女又与未婚妇女也有较大不同。同时，19世纪是英国风云变幻的世纪，一方面，工业革命带来的巨变让英国获得超乎想象的财富，有相当数量的英国人生活也得到了很大的改善，"有钱的英国人"不再是单指权贵，中产阶级作为新兴阶层也开始在历史舞台扮演重要角色；另一方面，英国社会阶层及其内部关系也更加复杂，原先被压抑的

---

[*] 作者系北京大学法学院博士研究生。

女性对平等权利的诉求被再次激发，大幅增长的财富对于夫妻之间的财产关系也带来新的挑战。英国女性在这一大背景下开始对自己的权利进行新一轮的奔走，一系列《已婚妇女财产法》正是在这样的大背景下颁布的。

（一）根深蒂固的社会观念

维多利亚时期之前，在普通法的体系下，已婚妇女并不具有独立的财产权。按照布莱克斯通的说法，这意味着已婚妇女不再拥有法律地位，其财产权也随之丧失，原先拥有或今后所能获得的财产也将成为丈夫财产的一部分，更有甚者，会认为妻子也是丈夫的财产之一。对于这种法律地位的改变，麦克法兰尖锐地概括为："她投降，成为一个绝对的投降者，以她的自由来换取两个人的共同生活；她给了丈夫绝对的权力来任意支配她，给了他力量将她带走，为了他自己的目的，使用她一切的财务支持他。她的整个人都全部屈从于他。"[1]

颇为矛盾的是，丈夫和妻子在法律上被视为一人后，法律地位的整合与其说是丈夫和妻子的结合，倒不如说是仍变成丈夫一人，在法律行为的能力层面，丈夫和妻子仍是被区别对待，丈夫的法律行为被视为有效，而妻子的全部行为在法律上便被认定为无效。普通法中对待已婚妇女如此不公的原则或者条款，实际上是在折射英国根深蒂固的社会观念，即女性的服从地位。

在维多利亚时代之前，服从是英国主流社会对女性定义的最重要特质，其实不光是在英国，基督教世界甚至全世界对于女性的定位都以服从者或协助者居多。最明显的例子莫过于《圣经》中对女人诞生的描写。[2]《圣经》将女性定义成男性的一部分，并以男性的助手而存在。[3]《圣经》是基督教世界的产物，而在英国早期的文学作品中，

---

[1] Alan Macfarlane, *Marriage and Love in England: Modes of Reproduction* 1300-1840, Basil Blackwell, 1986, pp. 322-323.

[2] 取自《圣经》中《创世纪》的第二章第18条至第22条。

[3] 取自《圣经》中《创世纪》的第二章第6条。

也同样可以看见有类似思想的描述。[4] 鉴于阿尔弗雷德·丁尼生（Alfred, Lord Tennyson）的诗具有准确反映他所处时代主流看法的特点，且这一特点被认为同时代任何英国诗人都无法与之相提并论，因此可以认为，维多利亚时期的男女观念便如同诗中所示，男性居于主导地位，女性的任务在于服从，而妇女一生最大的成就便是幸福的婚姻。同时，贤妻良母式的家庭天使形象在中产阶级乃至整个英国社会都引起极大共鸣，[5] 即"家庭天使"这个概念。[6]

从现在的角度回顾历史，会发现女性从属地位的观念深入人心，这种认同感之强烈，连欧洲近代以来的三大思想解放运动都未能深入涉及，可见对女性之歧视是如此之根深蒂固。在某种意义上说，宗教改革运动反而加强了对女性的服从要求，新教的理论是以父权作为其依据，认为丈夫有责任担负起原先由教士所处理道德和宗教方面的事务，一旦教堂的忏悔模式变成家庭祷告，丈夫就自然成为家庭宗教活动中的核心，新教牧师的想法本身也是对《圣经》旧约中父权制社会合法化的期望。启蒙运动同样未能改变这种局面，卢梭认为，"女性应该成为'丈夫热情的伴侣、孩子的老师、家仆的好主人，并且具备在外边竞争激烈的世界中几乎找不到的品格：温柔与忠诚、顺从与柔弱'。"[7] 这种观点受到维多利亚时期中产阶级的欢迎，因此被大肆宣传。孟德斯鸠则表示，男女的区别在于男人有更多的理性。[8]

近代的思想解放运动似乎在有意识地避开"女性"这块领域，不得不怀疑，在上层阶级，对于女性地位的定义达成了某种意义上的共识，

---

[4] 参见 Alfred, Lord Tennyson 的诗 "The princess"。

[5] 考文垂·帕特摩尔（Coventry Patmore），维多利亚时期的诗人和评论家，其长诗《家中的天使》(The Angel in the House) 最为著名。

[6] 在一些女权主义者看来，两性的固有印象不仅是社会分工的影响，同时也是脸谱化男性与女性的一种表现，参见［英］玛丽·沃斯通克拉夫特：《女权辩护》，王蓁译，商务印书馆1995年版，第57页。

[7] ［法］卢梭：《爱弥儿》，李平沤译，商务印书馆1996年版，第548页。

[8] 参见李银河：《女性权利的崛起》，中国社会科学出版社1997年版，第67页。

并延续千年,这种观念以社会分工、宗教宣传等方式加以强化,进而导致这样的结果。[9]

女性"服从"地位的存在,往往以对另一种性别的优待作为理由,父权制作为一种意识形态和心理结构在英国社会具有难以估计的影响力。这种情况则与性别分工息息相关,根据性别本身的差异,男性与女性被给予不同的社会分工,而这种社会分工又给男性和女性带来了较大的资源差距,掌握更多资源和财富的男性进而开始主导社会,社会的不平等现象进而用生理上的差距加以证实。[10] 占据资源高度优势的一方便会通过各种方式来强化这种现象的合理性,生理决定论成为最受欢迎的说法。伯纳德·曼德维尔曾认为,女性的"精神品质"要比男性低,而且她们的神经也要比男性更纤细、更柔软且更脆弱,显得柔弱似乎成为女性的最主要特质,没有男性的合理引导女性会一无是处。[11] 以生理上的区别推论两性关系进而使女性的弱势地位合理化成为当时一致的社会意识。

(二)改革前的法律基础

根据财产性质的不同,普通法将财产分为个人财产和自由保有地产两种。个人财产被分为动产、诉讼财产和租赁财产。如前所述,普通法采取夫妻一体原则,据此,妻子在婚后不享有独立的财产权。具体而言,在普通法的规则下,金钱和家具等妻子拥有的动产在婚后即全部成为丈夫的财产,而且丈夫还拥有绝对的支配权;诉讼财产中,妻子所拥有的债权在诉诸权力之前,为妻子所有,但若丈夫可以通过诉讼得到这些财产,那诉讼财产也会变成丈夫财产的一部分;至于妻子的租赁财产,尽管丈夫没有所有权,但他具有绝对的使用权和处分权,出卖和赠

---

[9] 参见郭俊、梅雪芹:《维多利亚时代中期英国中产阶级中上层的家庭意识探究》,载《世界历史》2003年第1期。

[10] 参见李宝芳:《维多利亚时期英国中产阶级婚姻家庭生活研究》,社会科学文献出版社2015年版,第102页。

[11] 参见王萍:《现代英国社会中的妇女形象》,江苏人民出版社2005年版,第34页。

送都是被允许的,一旦出售,所得收入也会变成丈夫的收入。[12] 妻子的自由保有地产在婚后变为丈夫和妻子共有,但丈夫具有排他性的控制权和管理权。值得一提的是,无论是个人财产还是自由保有地产,婚姻存续期间妻子通过工作或者地产租金和租赁财产的收入,都会变成丈夫财产的一部分。[13]

大多数合法的婚姻中,丈夫甚至会成为妻子绝对的"主人",这更像是一种财产权的权利归属。已婚妇女的人格被并入到丈夫的人格中,妻子无法缔结契约,只有在丈夫事后追认或者作为丈夫的代理人时,才可以签订契约,而且这份契约也只能为丈夫的利益而缔结。遗嘱能力也遭到限制,对财产的处分需要得到丈夫的允许,而且丈夫具有撤回权。所以,妻子更像是丈夫个人财产的代理人,尽管这些动产或者地产原先为她所有。

布莱克斯通对这种现象的解释说:"妻子丧失的这些权利,在绝大多数情况下都是为了她自身的利益,是丈夫为了保护妻子,英国法律给予女性的优待是如此之大"[14]。维多利亚时期在中上流阶层盛行所谓"绅士风度",再加上大力宣传女性是"家庭中的天使",[15] 从社会到法律层面似乎是给予人们一种女性具有特权的假象,这也让生活在18世纪的布莱克斯通看起来更具有先见之明,但并不是所有人都愿意被这种谎言所蒙蔽。[16]

同样需要注意的是,已婚妇女在财产权方面遭受的歧视不光体现在婚姻存续期间,由于在这一期间,妻子的财产会成为丈夫财产的一部

---

[12] 参见[英]艾伦·麦克法兰主讲:《现代世界的诞生》,管可秾译,上海人民出版社2013年版,第142页。

[13] See Blackstone, *Comm.* ⅱ, Oxford University Press, 2006, pp.433-435; Ashburner, *Primciples of Equity*, Butterworth & Co, 1933, pp.308-314.

[14] Blackstone, *Comm.* ⅱ, Oxford University Press, 2006, p.445.

[15] 参见王萍:《现代英国社会中的妇女形象》,江苏人民出版社2005年版,第45页。

[16] 据说《英国法释义》的一位编辑承认英国法实际上对妇女没有任何的偏袒,他反对道:"我可不愿意自己的臣民被置于如此光荣的境地,受到如此不公的对待"。

分，那么丈夫去世时这些财产会当然地成为他的遗产，根据他自己的遗愿，不留给妻子任何份额都是合理的。只有在丈夫去世时没有留下遗嘱的情况下，已婚妇女才能得到亡夫个人财产的三分之一。

普通法无法保护已婚妇女财产权，在这种情况下，需要有新的方式来保护妻子的合法利益，既然无法依靠普通法，那么就得另辟蹊径，英国人的回答是——用益制。

用益制是信托制的前身，地产继承和教会参与财产继承是用益制存在最初的社会需求。13 世纪时，用益制已成为一种普遍承认的法律规则，除了上述的两个因素外，用益制也回应了十字军东征时封建领主和骑士需要他人为自己持有地产以防止自己战死时自己和后代的利益受损，回应了遗嘱地产的分配以及涉及婚姻财产的调整等现实需求。

然而抛开王室的利益不谈，光是所有权的分离就无法被普通法庭接受，"法律上的占有"与"实际上的占有"对于普通法来说是一个不相容的概念。普通法庭也做过相应的尝试，想把地产的用益纳入其管辖范围，但最终还是失败。也正是以上的原因，早期用益法开始寻求其他途径来获得保障。

起初，是由教会法承担起保护地产主的责任，原先在财产继承方面，教会法庭和普通法庭有着泾渭分明的权限约定，按照当时的说法，地产纠纷属于普通法庭的管辖范围，动产继承归教会法庭处理，那为何教会法庭会介入地产纠纷？有两方面的原因，第一，尽管地产继承不属于教会法庭的管辖范围，但是遗嘱纠纷的管理者是教会法庭，鉴于用益中委托人的相关要求和指示往往会在预先留下的遗嘱或遗言中，而关于地产继承的事宜也往往会在其中，教会法庭便有充分的理由介入其中。第二，普通法的弊端在财产继承这个问题上充分暴露出来，作为与国王分庭抗礼的教会，当它认为现在法律无法保证公平与公正时，便会与其抗衡。

教会参与财产继承的管辖是基于保护弱者的理念，教会法中一直都有保护已婚妇女的相关规定。教会认为，离婚妇女理应在离婚后取回之前的嫁妆，而对于寡妇，教会始终支持其守寡和再嫁的权利，如果守寡，就应分得一份寡妇产。由于丈夫在去世之前可能来不及留下遗嘱，因此教会甚至提倡，在结婚之时，丈夫便应该授予妻子一份寡妇产。尽管普通法下的已婚妇女没有立遗嘱的权利，但教会愿意承认妻子的遗嘱并将其执行，如包括信托的相关内容，教会会作为相关的执行人。[17]可以看出，教会法庭调整用益也可以体现出教会与王室之间的对抗态势。此外，由于在罗马帝国，罗马法给予了妻子独立的法律人格，因此已婚妇女甚至拥有独立的诉讼权，这种观点也被英国的教会法院所接受。

信托制的前身——用益制本是属于教会法调整的法律制度，但教会法院和教会法之后渐衰，教会势力逐步被英国王权压制，衡平法院与衡平法的兴起，令用益制开始逐步受到衡平法的调整。经过泰雷尔案以及1536年《用益法》的推出，用益制开始向信托制转变。

从其实践来看，信托确实起到了保护妇女利益的作用。例如这种行为可以有效地规避自13世纪以来逐渐成型的长子继承制。长子继承制将长子的继承权放在极高的地位，以至于其他子嗣在正常情况下都无法继承家产——在那个时代通常来说便是地产。在英国，地产不仅具有财产上的利益，它往往和政治权利挂钩。拥有不同土地面积的地产主会同时获得头衔即爵位，并且可以行使一定的权力。因此对于一个家庭的家长而言，为自己和家庭保住政治地位是头等大事，这就需要继承人拥有对应的地产。

但同时，资助无法获得地产利益的其他成员，也是人之常情。[18]信托的存在满足了这一需求，委托人可以将地产交付给长子，同时命长子作为受托人经营土地，将所得的一部分收益给予寡妻和女嗣。这样既能保住家族的政治利益，也能让已婚妇女在丈夫去世后仍能得到生活上

---

[17] See James Farge, Sheehan M. Michael, *Marriage, Family, and Law in Medieval Europe*, Cardiff, 1996, pp.17-20.

[18] 参见陈志坚：《"为他人的利益而占有财产"——中世纪英国的地产托管、封土保有与家产继承》，载《历史研究》2009年第3期。

的保障。

（三）立法的现实需要

如前文所述，信托在当时适用的范围主要集中在富家女性，有充分的证据证明，[19] 在英国中世纪至近代前夕，贵族家庭中的妇女实际控制土地的情况并不鲜见，这也说明在上层社会，英国妇女的财产权受到较好的保护，也有相关的文章对当时的英国贵族家庭土地继承和控制做过深入的研究。但这同样存在几个问题：

第一，衡平法院的实用性。中下层妇女在维多利亚时期获得一定的财产，但这并不意味着，当女性财产权受侵犯时，她们拥有足够的时间来等待衡平法院通过一系列诉讼程序来为自己伸张正义，即便是标榜着诉讼程序简易的大法官法院，在几百年的时间里也逐渐制度化。普通女性获得自己收入的可能也有限，然而被侵犯的财产数额的比例不一定小，通过诉诸司法程序是否来得及会是一个问题。

第二，信托制度本身的问题。不能否认衡平法在保护已婚妇女财产中已有很深的根基，[20] 若没有它，当时英国的女性很可能过着更加糟糕的生活，但信托同样存在着制度缺陷，即意味着它没有能力保护已婚妇女所有的财产权。比如说已婚妇女无法通过信托处理她的独立财产以外的财产，妻子也无法独立缔结契约。关于信托的制度缺陷，我们会在后文详细阐述。

维多利亚时期是整个大英帝国的最顶峰时期，国家迅猛发展的背后是愈发难以调和的社会矛盾和更加复杂的纠纷情形，普通法也好、衡平法也罢，法官通过一个个案子判决来调整社会矛盾，改变社会发展趋势

---

[19] 参见陈志坚：《"为他人的利益而占有财产"——中世纪英国的地产托管、封土保有与家产继承》，载《历史研究》2009 年第 3 期。

[20] 参见李红海：《"水和油"抑或"水与乳"：论英国普通法与制定法的关系》，载《中外法学》2011 年第 2 期。

已不太实际,[21] 议会制定法案能更好地将法律规制与保护普及到所有英国人民,这也是整个 19 世纪的大趋势。同时,1873 年的《司法法》(Supreme Court of Judicature Act) 掀起法院改革的大浪潮,[22] 不仅统一的法院分级被确定下来,分立的普通法与衡平法也走向统一。已婚妇女需要结构明晰、管辖权清楚的法院系统为自己伸张正义,更需要成文法案来为自己的正当权利背书。

二、《已婚妇女财产法》的文本解读

自 1870 年至 1893 年(实际上 20 世纪仍有新法案出台)的 23 年间,共有 5 部《已婚妇女财产法》问世,分别为:

1870 年《已婚妇女财产法》(An Act to amend the Law relating to the Property of Married Women. 33rd&34th VICT. -CAP. 93),1870 年 8 月 9 日通过,全文共 17 条;

1874 年《已婚妇女财产法》(An Act to amend the Married Women's Property Act, 1870, 37th&38th VICT. -CAP. 50),1874 年 7 月 30 日通过,全文共 7 条;

1882 年《已婚妇女财产法》(An Act to consolidate and amend the Acts relating to the Property of Married Women, 45th &46th VICT. – CAP. 75),1882 年 8 月 18 日正式生效,全文共 27 条;

1884 年《已婚妇女财产法》(An Act to amend the sixteenth section of the Married Women's Property Act, 1882, 47th VICT. -CAP. 14),1884 年 7 月 23 日通过,全文为 1 条;

1893 年《已婚妇女财产法》(An Act to amend the Married Women's

---

[21] 在这个时期,政治改革、社会主义思潮、色情文学、物种起源学说、基督教的活跃等英国社会各个领域的标志性事件一并发生,社会剧烈动荡。See William Cornish, Stuart Anderson, *The Oxford History of The Laws of England*, Vol. 11, Oxford University Press, 2004, pp. 190-192.

[22] 参见王婧:《1873 年英国司法改革与上议院司法权的变迁》,载《上海师范大学学报(哲学社会科学版)》2018 年第 3 期。

Property Act, 1882. 56th &57thVICT. -CAP. 63），1893年12月5日通过，全文共6个条款。

下面从普通法、衡平法、制定法三个方面入手，在详细分析和解读法案文本的基础上，具体揭示《已婚妇女财产法》系列法案对已有法律成果的吸收和借鉴，以及对英国妇女权利的开创性贡献。

（一）夺回普通法中失去的权利

普通法中，涉及的已婚妇女核心权利主要集中在财产权、诉讼权和婚姻债务问题，但这三部分都是普通法中未提及的，或者毫无保障已婚妇女之意。五部法案从无到有，填补了这些空白，但就内容而言，略有白纸上跳舞之嫌。

1. 财产权。通过对五部法案的对比可以发现，财产权是整部法案的最核心因素，涉及的条款在法案中出现的次数也最多，1870年法案的最大贡献在于，它以法律的方式承认已婚妇女的财产权，无论当时的法案在我们看来有多少漏洞，也不能否认1870年法案第一条具有里程碑式的意义。而普通法在一开始就否定已婚妇女的财产权，因此1870年法案第一条直接确定了不被普通法所认可的权利。[23]

当然这并不意味着法案可以躺在功劳簿上睡觉了，第一条对于已婚妇女财产权有着似乎过于精细的定义，这意味着法案财产权的定义更多还是停留在举例说明的阶段，对于当时可能已出现的财产规定方式也许是个好的解释，但也表现出改革者始终不愿意赋予已婚妇女完整权利的立法意愿。而且法条的第一句强调"法案通过后"，体现这部法案试图通过割裂1870年，来将1870年之前的夫妻财产纠纷按下不表的愿望，在1870年之前可能或确实属于妇女的财产就将彻底失去保证的可能。

1882年法案的第一条关于已婚妇女财产权的规定就干脆利落得多，以一个"像单身妇女一样"的概念正式确立已婚妇女财产权的完整性，这表明1882年法案的财产权较之1870年完成了历史性的突破。更重要的是，已婚妇女开始拥有契约权，她可以订立合同，并且不必受到信托

---

[23] See 45&46 Vict. c. 75

的制约。1870年法案被人所诟病之处就在于，尽管名义上妻子拥有财产权，但实际上法案又不允许她的财产权突破信托的桎梏，那么丈夫就可以通过信托将财产进行分离，原先衡平法下已婚妇女可以用信托来保护自己被普通法所否认的财产权，但当立法赋予这项权利之后，信托反而可以用来伤害她们。1882年法案改变了这一情况，同时，妇女在签订契约之时，她的个人财产也会被受到限制，这也是她获得权利时所对应获得的义务。1882年法案的第二条则明确已婚妇女所能获得的财产的范围，第三条则开始涉及破产法的调整内容，这说明，相比较1870年法案，议会开始认识到妇女参与经营相关企业，加入英国金融世界的可能性，而1870年法案明显有些笼统。

但笔者以为，1882年法案的第五条，才是这部法案最具有震撼力的条款，该条文承认了已婚妇女财产权的溯及力，这说明1870年第一条所谓"法案通过后"的实效不再适用。[24] 这对财产权的影响力过于夸张，以至于在进入到司法适用的时候一直有所反复，司法的不适应在某种意义上说可能也是公众舆论对溯及力条款的矛盾态度所致。

2. 诉讼权。诉讼权实际上是涉及各个方面的复杂问题，在普通法中，妻子其实是可以参与诉讼的，但并不具备独立参加诉讼的权利，已婚妇女参与诉讼一般有两种情况：第一种是作为丈夫的代理人参与诉讼，这是丈夫作为被告的情形；第二种是在自己作为被告时，与丈夫一同参与诉讼。1870年的法案赋予的是妻子的独立诉讼权，并且明确提到涉及民事与刑事诉讼皆可起诉。1874年法案实际上是一部只针对诉讼和债务问题的修改法案，它完善了夫妻共同诉讼范围，以及丈夫在诉讼中所可能承担的责任范围，这一部分和债务问题有关，此处不再赘述。

1882年法案的第十二条是对1870年涉及独立诉讼权的重新设定，同时也允许夫妻双方就对方在侵犯到自己合法权益时，可以向其提起诉讼。前两部法案赋予的是妻子作为诉讼主体的权利，而1884年法案则补充赋予妻子作为原告证人的权利。根据夫妻一体的原则，在丈夫作为

---

[24] See 45&46 Vict. c. 75

被告的情况下，妻子作出的证词会有对丈夫不利的可能，因此之前妻子作为证人一直被认为是不可触碰的禁区，这也印证了庞德在这一方面对普通法与制定法关系的看法。[25]

3. 婚姻债务问题。普通法中，妻子在结婚之后，其原有财产和以后可能获得的后续财产都会成为丈夫财产的一部分，而作为回报，妻子的原有债务和将来可能背负的债务也会变成丈夫的个人债务。因此当新的制定法在赋予已婚妇女财产的同时，也规定了原先所没有的义务。1870年法案的第十二条是在整部法案都在强调赋予已婚妇女财产权的情况下所设立的对应义务条款，即妻子在拥有自身的独立财产之时，需要用自己的财产承担债务。这一规定，看似在赋予平等女权，实则埋下一枚定时炸弹。首先，丈夫不必再去负担妻子婚前的债务，意味着丈夫没有帮助妻子还清欠款的义务，但妻子的财产权在法案规定下也是不够完整和充分的，丈夫还是可以依靠婚姻来获得妻子大量的财产。假设妻子 A 和丈夫 B 结婚，A 的 800 磅财产中有 600 磅被丈夫所得，200 磅归自己，但同时 A 还有 500 磅的债务，在 1870 年法案后，她反而需要用自己 200 磅的财产来支付欠款，而丈夫只需要坐享其成而不需要做任何事。[26]

这种过于低级的错误毫无疑问是在立法中立场反复的恶果，以至于1874年法案的第一条立马废除了这个本身有可能让 1870 年法案变成一纸空文的条款。[27]

1882年法案则把这个问题规定得更为全面，法案第四条规定妻子通过遗嘱支配的财产可以像其他财产一样偿还债务。第十三条至第十五条则将 1870 年法案就债务问题的立法之意与英国普通法习惯大融合，既可以由妻子负责她结婚前的债务，也可以由丈夫负责还清她的欠款，具体的实践操作则由夫妻之间决定，而债务纠纷一旦对簿公堂，夫妻双方

---

[25] 参见李红海：《"水和油"抑或"水与乳"：论英国普通法与制定法的关系》，载《中外法学》2011 年第 2 期。
[26] See 45&46 Vict. c. 75
[27] See 37&38 Vict. c. 50

只需要承担各自所应当承担的部分即可。

假设债权人与一对夫妻存在债务纠纷，若要进行起诉，债权人可以有以下三种选择：

第一种，直接起诉妻子，依据是1882年法案妻子所拥有的完全财产权并且需要担负起自己的债务的规定。

第二种，直接起诉丈夫，按照普通法习惯丈夫需要承担妻子的债务。

第三种，起诉夫妻双方，按照普通法旧时规则，起诉妻子视同起诉丈夫，1870年《已婚妇女财产法》推出后，夫妻双方可以视为相对独立的个体。

颇为玩味的是，无论作为被告的主体为何人，丈夫都有可能被要求支付诉讼费用，这在一定程度上体现出丈夫对于妻子的财产依然要承担一定的责任。三种相对方往往对应着不同的责任承担份额：第一种情况下，丈夫除可能要支付的诉讼费用，无须再承担任何责任；第二种则强制要求丈夫付清欠款；到第三种时，就会需要判断妻子独立财产的数量以及她所欠下的债务的具体份额，丈夫只需要将他所获得的妻子财产用来偿还债务，剩余的部分则由妻子自行承担。

关于财产权、诉讼权以及债务问题，《已婚妇女财产法》的做法实质上是将衡平法的规则诉诸成文法案，这带来的另一个后果便是法案采用了大量的衡平法术语以及相应的体系，这当然会令熟悉普通法的法官和律师们困惑不已，但是相比之下，也许读者会有另一个问题，即这既然是衡平法的内容，为何文章要把这部分写在普通法当中？笔者认为，以上三方面的规定，本身便是普通法所不承认或者有所歧视的问题，衡平法需要用信托来调整这些内容，正是因为普通法的缺陷，对于熟悉衡平法的法律阶层和相应适用主体而言，他们原先就知道自己的权利，只是说这部分内容变成成文法了。但对于了解普通法的法律工作者和只受普通法保护的群体而言，上述内容等于在告诉他们：已婚妇女的财产权是切实存在的。

（二）对衡平法的吸收

三大法律渊源中，衡平法与《已婚妇女财产法》的关系最为紧密，在法案出台前，衡平法扮演着保护妻子财产的重要角色，其保护方式在不同阶段各有不同。

首先是补充了普通法中缺乏而衡平法中存在的一系列民事主体能力。1882年法案的第一条正式赋予已婚妇女契约权，这解决了信托一直无法处理的独立契约权。那么当妻子签订合同之时，合同的拘束力有多大的效力？拘束于妻子本身，还是只限制妻子的财产？而妻子获得契约权和财产权时也产生另一个问题：原先妻子并非被禁止签订合同，只是在普通法的环境下，妻子签订的合同只约束丈夫的财产，换言之，妻子只是丈夫的代理人，这实际上是丈夫的合同。而妻子获得财产权和契约权之后，并不意味着妻子失去了代理权，自愿代理或被委托代理的情况依旧存在。

此时1882年的法案就出现妻子丧失代理权的漏洞，因为条文并未说明妻子作为代理人时所签订的条约是否会约定她本人的财产，也说明在当时的司法实践中，妻子的财产权还是被损害了。[28] 1893年法案修正了这一错误，排除了妻子作为代理人签订合同约定财产受到的拘束力。法案的第十八条则是针对妻子在涉及金融领域的自由转让权和自由诉讼权，妻子在作为受托人运作信托财产，或者在转让股票、债权时，均无需丈夫的干预，某种意义上说，妻子在民事领域的权利也由此扩大。[29]

其次是遗嘱权和继承权。就这两个方面，1870年的第七条是有过详细规定的，法案的第七条涉及两个重要问题，即遗产继承和信托财产。在近亲没有立遗嘱的情况下，已婚妇女可以获得一部分财产，但财产不包括非土地财产，也就是指股票、现金在内的金钱收入和动产财产，而在有遗嘱且指定妻子可以享有部分遗产的情况下，份额也被限制在200

---

[28] See 45&46 Vict. c. 75
[29] See 45&46 Vict. c. 75

英镑内。更重要的是,这部分遗产不得影响已经存在的信托安排,也就是说,假使有一部分财产可以由妻子继承,但如果这部分财产已经被所有者通过信托的方式进行处分,那已婚妇女实际上也无法得到这部分财产。

1882年法案其实并未对遗嘱权与继承权有过革新式的规定,只是以废除整部法案的方式来废止1870年法案的第七条,被赋予完整的财产权后,妻子能继承的财产就不必受种类和金额的局限。此外,已婚妇女被正式赋予成为遗嘱执行人和受托人的资格,也是妻子权利日益完整的重要标志。

按照普通法原有的习惯,即便妻子订立遗嘱,也会被认定无效,她的财产会归于丈夫。1893年法案也没有对1870年和1882年法案涉及遗嘱权和继承权部分做出针对性的调整,只是提出妻子订立的遗嘱将完全独立,不再受到丈夫的影响。

(三) 制定法层面的倒退

在五部《已婚妇女财产法》出台之前,有一部法案也曾对已婚妇女财产权做出过一定的规定,这便是1857年《离婚诉讼法》(20th &21st VICT.—CAP. 57)。有所区别的地方在于,这部法案只针对被丈夫遗弃和与丈夫离婚的已婚妇女,而法案内容中对已婚妇女的权利尤其是涉及财产的其他方面都有着明确的解释。

1870年《已婚妇女财产法》对于所有已婚妇女而言,是一部里程碑式的法案,但法案中规定妇女财产权的方式,相较于1857年《婚姻诉讼法》,反而是一种倒退。因为条文中通过极其细致的规定和专业术语对已婚妇女的财产权进行界定,而且大部分条文中也只表现出"特定条件下已婚妇女的某些财产权属于其独立财产"的意思,但同时却并没有指出已婚妇女对于这部分独立财产可以拥有和单身女性同样的权利,这样的法案对于普通民众而言过于晦涩难懂。

这种不进反退的立法方式在议员看来自有其合理之处。一方面,已婚妇女财产权被褫夺一事在英国社会早已司空见惯,对于这种不公平的性别歧视,甚至可以用"自古以来""悠久传统"等说辞一以贯之,因为贵族们担心过于革命性的变革会引发社会的大动荡；另一方面，一旦彻底改革，上议院的议员通过衡平法为自己的女儿提供财产保护的便利与特权也就不复存在。这一做法是因为议会试图将衡平法制定法化，所以没有采用更为概括直白的立法方法，既然衡平法本身就不以明确、精准作为标准，那么这部法案也不应该走与之背道而驰的方向，否则法案的推出可能只是制定法走向普通法习惯的又一个前车之鉴，届时可能又需要衡平法的帮助，那么这和立法本意也就背道而驰了。《已婚妇女财产法》本身作为英国议会诸多立法的一部分，与之前的制定法相矛盾，本身也体现议会在社会群体权利多寡的矛盾与反复。

笔者认为，这种过于反复和特意精细化的做法反而给1870年的法案带来漏洞，1870版本中的第十二条解除了丈夫承担妻子婚前财产的义务，但通篇解读之后却没有对应地取消丈夫获得妻子财产的权利，这是议会在立法时犯下的重大失误。因此在1882年的法案中可以看出为修正这种错误进行的尝试：

> "2、凡在本法生效后结婚的妇女，均有权拥有和持有作为其独立财产的所有不动产和非动产，并按上述方式处置在结婚时属于她的所有不动产和非动产，或在结婚后由她取得或转予她的所有不动产和非动产，包括她在从事或与丈夫分开从事的任何工作、行业或职业中，或通过运用任何文学、艺术或科学技能而获得或获得的任何工资、收入、金钱和其他财产。"[30]

在法案的第二条明确表示妻子的财产不分婚前婚后皆为她的独立财产。如果说法案的第一条赋予妻子缔结契约和参与诉讼的权利，那么法案的第二条则明确给予已婚妇女对财产的处分权。同时，已婚妇女拥有独立财产权，可以将财产出借给丈夫，借出去的财产会被视为丈夫资产的一部分，妻子可以作为丈夫的债权人，并拥有索赔丈夫欠款的权利，

---

[30] 45&46 Vict. c. 75

但是妻子的债权人顺序要在丈夫其他债权人之后。

三、衡平法与制定法的冲突——《已婚妇女财产法》的缺陷

从五部《已婚妇女财产法》的内容可以了解到，相关权利义务和民事客体在法案中时有变动。笔者认为，鉴于立法者为上下议院之议员，且上议院皆为既得利益之贵族政客，在妇女运动如火如荼的19世纪后半叶，女性之诉求也较为清晰和准确的情况下，法案出现诸多弊端和漏洞，甚至有所反复，说明制定者对于赋予已婚妇女财产权的肯定程度和予以忍受的权利范围确实有所徘徊。这种不确定性具体到信托的适用上更为明显——褫夺已婚妇女正当的财产利益，有时仅需信托便可实现。究其原因，在于两点，一是条文适用解释的模糊性，另一个原因是信托制度的无倾向性。

（一）衡平法对立法的阻碍

在普通法和衡平法的适用问题上，不同社会阶层的妇女所受到的影响并不相同，富裕阶层的已婚妇女可以通过衡平法保护自己的财产，而对于下层民众的女儿，出嫁时是否能有嫁妆都会是一个问题，普通法的桎梏反而不明显。富人可以依靠衡平法，穷人没有财产，已婚妇女的财产权改革在一定程度上因上述两点原因而被推迟，因此在改变普通法这一点上，中产阶级要积极得多。

那么为何是在1870年？截至1870年，第一次工业革命已基本完成，财富急剧增加并以中产阶层的家庭大幅增加为社会面的特征，因此，这一时期中产阶级的日益壮大正是已婚妇女财产权改革的呼声日益高涨的重要原因。此外，工业革命涌现的大量拥有工作及收入的女性也是另外一个因素，其中相当一部分人在选举中起到过重要作用，这使得议会的政治家们再也无法忽视女性在政治舞台的声音。

约翰·密尔的影响同样是一个重要因素。1860年至1870年可以说是密尔最如日中天之时，他的诸多著作比如《论自由》对于自由主义者而言堪比政治教科书，而保守主义者尽管不赞成密尔关于妇女应该获得完全公民权的言论，但对于通过立法使已婚妇女获得独立财产权一事，

他们对此也表示肯定。普通法、衡平法、制定法之间的关系前文已有论述，衡平法的存在虽一定程度上弥补了普通法在已婚妇女财产权问题上一直存在的漏洞，但同时也令议会认为无需再制定更多的成文法来调整已婚妇女财产权。从这个意义上说，衡平法的存在反而妨碍了已婚妇女财产权的变革。

《已婚妇女财产法》的出台是一种迟来的正义，在英国一直有一种"保护一半比不保护更糟糕"的古老说法，当一种权利无法得到任何保护时，民众才会想办法寻求救济措施。而掌握政治话语权和资源控制权的少部分人在寻找救济方式时，是拥有天然优势的。当他们寻求到一种在一定程度上保护自己的另一种措施，而这种措施还能让大部分贫民因准入资格（财产）而望尘莫及时，制定一种普及到全民的保护办法便成为一种多余。只有在国家经济、国内政治体制发展到一定程度，必须让所有人获得这种权利，或原来拥有话语权的少数人不得不做出让步之时，全民性的法案出现才有了可能。衡平法自带的特质决定了它会起到这样的阻碍作用。

（二）信托成为双刃剑

自信托诞生伊始，其作用就局限在保护家族弱势群体（其他子嗣及妻子），有时甚至还可以带来反作用。地产主选择用信托给予已婚妇女一定的利益便出于这方面的考虑，以信托方式赋予已婚妇女一定利益，是要以剥夺妇女可能获得的地产所有权作为代价，这种做法之目的在于保住家族的政治利益。据普通法之规定，婚后妇女其财产权会归于丈夫所有，而丈夫去世后，妻子可以获得丈夫部分遗产（一般指地产）。但无论获得遗产与否，均不能否认寡妻有再嫁之可能及权利。而一旦寡妇再嫁，亡夫去世后留给她的地产会成为新任丈夫的财产，原家族的政治利益会受到直接影响，爵位可能被褫夺，相关权利会失去，更有甚者，家族就此销声匿迹；把地产交给女嗣同样有这个风险，因为女性继承人一旦出嫁，地产同样会成为丈夫财产的一部分。在这种情况下，就需要通过信托防止家庭分崩离析之悲剧，作为代价，已婚妇女之财产权便被牺牲。

在1882年的《已婚妇女财产法》通过之前,即便1870年《已婚妇女财产法》的出台具有鼓舞人心、提升社会公平理念之作用,却也未能掩盖一个事实:该法案的条款并不能限制信托财产。信托原本既是男性控制女性财产的工具,也是女性保护自身独立财产和免受债权人及丈夫侵害的途径,但在1870年的法案推出后,信托的功能开始向损害女性财产权方向倾斜。信托在1870年法案第七条这个条文中,没有起到保护已婚妇女的作用。第八条的内容与第七条类似,同样是强调信托财产的优先性,只是调整对象增加为原财产持有人所拥有的独立财产和版权,这涉及知识产权的内容。[31] 1870年法案第七条的内容更像是一种救济到一半的措施,食之无味弃之可惜,也许议会确实有意保护已婚妇女的遗嘱权与继承权,但一方面限制了继承财产的类型,另一方面限制了继承财产的数额,其实用性大打折扣。实际上这带来了不利的后果,即信托被男性用来限制已婚妇女的财产权。

根据对这一时期伦敦地区的遗嘱抽样调查显示,[32] 在中产阶级家庭中,只有28%的妻子成为丈夫遗嘱的信托受托人,未及三分之一,丈夫的男性朋友和男性亲属则占约50%。[33] 若将中产阶级分成上中下三个等级,会发现层次越低的阶级给予妻子财产受托人地位的比例就越少。这一事实背后的原因在于,法案在初步赋予已婚妇女独立财产权的同时,并未限制信托财产的有效性,财产权受到威胁的丈夫自是会运用信托来保护个人财产以规避1870年法案,所以在此时,为自身的独立财产权煞费苦心并四处奔走的妻子们发现,力促通过的法律反倒成为一种障碍,这也是1874年法案以及后续成文法典推出的核心理由。此外,

---

〔31〕 See 33&34 Vict. c. 93

〔32〕 See Leonore Davidoff, Catherine Hall, *Family Fortunes: Men and Women of the Bnglish Middle Class*, 1780-1850, Chicago: The University of Chicago Press, 1987, pp. 279-280.

〔33〕 See Bernie D. Jones, "Revisiting the Married Women's Property Acts: Recapturing Protection in the Face of Equality", *Journal of Gender, Social Policy & The Law*, Vol. 22, 2013, p. 123.

1873年司法改革，普通法与衡平法的统一，也应当被视作这种转变的缘由。

(三) 制定法的溯及力

五部财产法案较为全面地确定了已婚妇女所关心的财产权、继承权、诉讼权等诸多基本权利，构建出一套业已存在但却在很长一段时间内未被承认的权利体系。只是法案中的各个条款在现实纠纷中的适用有时并未体现出立法者之初衷，溯及力便是已婚财产法的一大核心变化。

> "5、在本法生效之前结婚的每一位妇女应有权拥有、持有和以上述方式处置所有不动产和非动产，其所有权，无论是既得的还是或有的，无论是占有、复归还是剩余的，均应在本法生效之后产生，包括任何工资、收入、金钱和其他财产。"[34]

1882年《已婚妇女财产法》第五条的规定在之后的适用实际上开启了一种危险的可能性，从法案通过的那一刻起，所有人（也许是那些制定法案的人除外）都清楚地意识到，该条内容注定会引起强烈的意见冲突。[35] 该条赋予在本法生效前结婚的妇女以特定方式拥有和持有的所有财产，"其所有权，无论是既得的还是或有的，无论是占有、复归还是剩余，均应在本法生效后产生"，很明显，这个表达包括偶然获得、廉价出售以及一开始已婚妇女就被赋予或者是正被占有的财产。

在一些案例中其实业已出现与该法案相关的争议，负责这些案子的法官其实在适用上依旧采取支持丈夫的立场。但在迪克逊诉史密斯一案中[36]（Dixon v. Smith），法官开始采取支持妻子的立场，因此从1882年至1885年4月的这一段时间，英国已婚妇女的生活相对而言比较滋

---

[34] 45&46 Vict. c. 75

[35] See "Conflicting Judicial Views on the Married Women's Property Act", 1882, *Law Magazine and Law Review*, Vol. 11, 1886, pp. 178-185.

[36] [1885] 54 L. J. Ch, 964.

润。但在1885年7月立刻发生了反转，塔克诉帕菲特案（Tucker Emmanuel v. Parfitt）[37]和雷亚丹信托案（Adaine's Trusts）[38]中，法官均旗帜鲜明地表示不愿意受1882年《已婚妇女财产法》的约束，并斩钉截铁地拒绝妻子的诉求。在其他案件中，也出现主审法官意见不一致的情况，同样的情况在之后屡见不鲜。

基层法院的意见分歧带来的一种后果便是，已婚妇女财产权的归属似乎和法律无关，而是由律师和法官来决定。具体到1882年法案中的第五条适用时，增加的财产与"commencement"（开始）应如何界定？即法案通过前就应获得的财产在法案通过后即可属于妻子，那么在法案通过前权属不明，通过后确认为妻子的财产，是否也可以被归于第五条的适用范围呢？若要举例，便是指原先并不确认属于妻子的财产，可能被丈夫或者第三方使用，在法案通过后才被确认为妻子所属，那么妻子还是否可以通过第五条的内容来主张自己的权利便是这一争议所在。

妻子在主张这部分财产时，不仅可以要求法案通过前的财产份额，还可以声称拥有获得法案通过后的剩余财产，累加的财产会必然超过财产的总额，这种看似荒谬的原则在当时其实极有市场，因为丈夫在法案通过前肆意挥霍或者通过后不同意转让这部分财产的情况比比皆是，因此通过《拟诉弃权法》（Fines and Recoveries Act）[39]将多出的一部分作为罚款似乎也情有可原。法案通过之前的"剩余财产"和通过后"占有的财产"如何区分自然会是一大争议，有观点认为，旧法通过前获得的财产适用旧法，新法通过后获得财产适用新法，这会带来溯及力的问题。

前文提到，1882年《已婚妇女财产法》所带来的一大重要影响便是溯及力的产生，这其实才是法案第五条适用争议下的核心问题。按照溯及力原则，原先并不确认为妻子所有（或者就是妻子所有），但是因

---

[37]　[1885] 54 L. J. Ch, 874.
[38]　[1885] 54 L. J. Ch, 878.
[39]　3&4 Will 4. c. 74

为其他原因诸如买卖、遗失交至第三方手中,这部分财产是否还可以追回(若要与大陆法系作比较,这其实是一个善意取得的问题)。若要追回,是否会直接对财产的现有所有者带来不利影响,进而破坏整个市场经济秩序,但若否认溯及力,那么这个条款和 1870 年版本中的第七条又有何区别?[40] 五部法案起主要作用的便是 1882 年法案,其溯及力也已得到承认,但法官们在适用该条文时却并未遵守这一规范,这既可能是条文语言适用的解释歧义,也可能出于其他隐晦而又不愿提出的观点。

结论

维多利亚时期的《已婚妇女财产法》标志着已婚妇女财产权的枷锁得以逐步解除,在这其中,信托再度体现其纯粹制度性的特点,原本可以用来保护妻子的信托在 1870 年《已婚妇女财产法》通过后,反而被男性用来限制女性财产权,由此可见,信托开始变成一把双刃剑。1882 年《已婚妇女财产法》对先前的法规进行修正,已婚妇女开始拥有较为完整的遗嘱权、继承权、独立的财产权,更重要的是,1882 年之前妻子有权获得但实际上为丈夫所有的财产,也可以通过诉讼的方式追回,即意味着溯及力的实现。但具体操作时,该如何认定已婚妇女的财产?司法的力量在此刻凸显,推定信托作为一种与传统信托类似但又有较大区别的制度,为已婚妇女带来极大保障,法院通过强制认定解决了财产归属的问题。笔者以为,19 世纪下半叶英国婚姻财产的调整与保护,由立法与司法联手通过信托为已婚妇女保驾护航,[41] 使得这一群体可以逐渐获得本应属于她们的正当权利。

《已婚妇女财产法》反映的是英国维多利亚时期波澜壮阔的一景,

---

[40] 1870 年《已婚妇女财产法》中的第七条在适用中不被承认具有溯及力。

[41] See Richard H. Chused, "Late Nineteenth Century Married Women's Property Law: Reception of the Early Married Women's Property Acts by Courts and Legislatures", *The American Journal of Legal History*, Vol. 29, No. 1., 1985, pp. 27-28.

是近代女权运动不断蓬勃发展的一大标志，但又不局限于此。议会的改革令上议院和下议院的权力界限发生变化，政治民主在19世纪凸显，"贵族政治"开始向"选票政治"转变，政治家开始寻求更多的选民，而女性成为他们拉拢选民、获得选票的极好主力和巨大票仓，政治活动强调利益互换，在获得政治权利的同时，议员们就得允诺女性更多的自由与权利，财产权作为所有权利中最重要的一项，自然是首当其冲。同时，这个飞速发展的庞大帝国在当时已经无法通过一个又一个案子来规制和调整社会日新月异的变化，采取议会立法的方式成为一种必然的选择。法院的改革同样重要，需要正视法院系统的混乱和普通法、衡平法长久以来的倾轧与斗争所带来的麻烦，当法官可以无障碍地适用任意一种法律渊源时，民众的诉求才真正有可能被更快地解决。因此，这一系列法案在笔者看来更是整个英国政治改革、司法改革的一个缩影。

康熙三年例考释

刘浩田*

一、楔子：康熙朝修例之谜？

在乾隆朝《大清律例》纂成之前，顺治、康熙及雍正三朝的律例编修较为频密。尤其是雍正本《大清律集解附例》加入总注校订明律前，顺治、康熙朝众多律例版本的考证和释读，似乎长期处于迷雾之中。除了 21 世纪初有关顺治律的讨论外，[1] 康熙朝修例的史况含糊，也受到一些研究的诘难和省思。据《清史稿·刑法志》记载，康熙朝共修例数次，分别在康熙九年（1670）、十八年（1679）、二十八年（1689）、三十四年（1695）、三十六年（1697）和四十六年（1707），但修律的改本迟至康熙四十六年（1707）仍"留览未发"。[2] 目前，《刑部现行则

---

* 刘浩田，中国政法大学法学院法律史专业 2020 级硕士研究生。联系方式：15927279487，联系邮箱：2001010024@ cupl. edu. cn，联系地址：北京市海淀区西土城路 25 号中国政法大学研究生院。

[1] 顺治律之争，承藉北京图书馆、中国社会科学院法学所图书馆等处古籍考辨而发轫，主要涉及顺治律颁布时间、版本、适用及逃人法等论题。可参见郑秦：《清代法律制度研究》，中国政法大学出版社 2000 年版，第 1 页以下；苏亦工：《明清律典与条例》，中国政法大学出版社 1999 年版，第 110 页以下；田涛：《第二法门：学术与随笔》，法律出版社 2004 年版，第 6、32 页；王宏治、李建渝：《〈顺治律〉补述》，载林乾主编：《法律史学研究》（第一辑），中国法制出版社 2004 年版，第 130 页以下。苏亦工教授的补订材料及观点，可参见苏亦工：《明清律典与条例》，商务印书馆 2020 年版，第 146 页以下。下引该书以修订版为准。

[2] 参见赵尔巽等撰：《清史稿·刑法志》，中华书局 1976 年版，第 4183 页。

例》尚能在《古今图书集成》一睹,[3] 康熙四十六年（1707）的修律进呈本,亦在国家图书馆的一部康熙抄本《大清律集解附例》(善本书号：A03752) 中得见,[4] 而其余年份的修例本多属散藏甚至亡佚。同时,由于《清史稿·刑法志》修撰依凭的文献受限,多源自《东华录》或《会典》上谕,[5] 缺失了实录等史料记载的康熙三年（1664）、七年（1668）等就现行例校定事,模糊了顺康转捩期间的修例变迁。

实际上,康熙三年（1664）新例（以下简称《新例》）存世不孤,是透视康熙初年辅政时期法律变革的珍贵史料。较早发现部分版本的《大清律集解附例》后附《新例》者,系国务院法制局法制史研究室的李祖荫等先生。1957 年,他们从该局藏书中发现了十二册"大清律",著录为"清康熙三年刻本""末册是则例和新例"。[6] 此后,张伟仁先生在《中国法制史书目》中,亦发现台湾地区藏有康熙三年（1664）新例本,其记述言：

> 大清律集解附例（叶心题作大清律）,吴达海等纂。【初版】十二册,三十卷,图一卷,附一卷,则例一卷,新例一卷。书前有清世祖顺治三年（1646）御序及四年（1647）刚林题。顺治（1644-1661）初刊,圣祖康熙三年（1664）续刊,刊印者不详。……新例一卷,内辑录康熙三年（1664）三

---

[3] 查《清通典》《清文献通考》及实录,《清史稿》所言康熙十八年（1679）修例若指《刑部现行则例》,则应当是十八年颁布上谕,要求九卿、科道、詹事酌定新例,继而康熙十九年（1680）奉旨颁布。故学界有称康熙十九年（1680）《刑部现行则例》者。参见郑秦：《清代法律制度研究》,中国政法大学出版社 2000 年版,第 28 页；苏亦工：《明清律典与条例》,中国政法大学出版社 1999 年版,第 257 页以下。

[4] 参见姚宇：《康熙四十六年修律进呈本的发现及初步研究》,载《清史研究》2021 年第 3 期。

[5] 参见李典蓉：《〈清史稿·刑法志〉史源问题探析》,载《清史研究》2012 年第 4 期。

[6] 参见国务院法制局编：《中国法制史参考书目简介》,法律出版社 1957 年版,"说明"、第 40 页。

月十二日奉旨增添入律之新例十八件。[7]

该书分藏台湾"中研院"史语所傅斯年图书馆及台北故宫博物院图书馆,前者系善本朱墨笔圈注批点,后者为残本,仅存十一册三十卷。李祖荫、张伟仁所谈两岸版本的数量、次序基本一致。日本学者岛田正郎即见过傅斯年图书馆藏本,将之称为"广义的顺治律刊本",肯认了该本可能为康熙三年(1664)三月"之后不久的部颁本"。[8] 以上数条标记似乎影响了高潮、周振想及郑秦诸教授,导致后者在法律古籍目录、辞书和论著中,不约而同地复述了近似的著录信息。[9] 但是,就律例版本、增例原委及新例内容,学者们并未深究。

尤值思虑的是,上述记述没有阐述律例正文与附例如何确定为同一刻本,而径以新例时间套在同函的《大清律集解附例》之上,直称"康熙三年续刊",个中利害恐怕需要衡量。一方面,古籍装函及整理存在一定程度的错讹可能,甲册混入乙册并不罕见。这种情况除了在简策、敦煌写本等出土文献中易出,[10] 有时达到"古籍衍逸窜讹情形,千差万异,繁复裹搅"[11] 的程度,明清时期传世文献的编目、整理,亦有缪荃孙先生"以作序之人为撰书之人""以此书之名注彼书之人",

---

[7] 张伟仁主编:《中国法制史书目》(第1册),"中研院"历史语言研究所1976年版,第29页。

[8] 参见[日]岛田正郎:《清律之成立》,载刘俊文主编:《日本学者研究中国史论著选译》(第8卷),姚荣涛、徐世虹译,中华书局1992年版,第481页。

[9] 除郑秦明确表示该条信息引自张伟仁书外,高潮在氏著中曾参阅李祖荫、张伟仁二书,周振想主编一书词条来源则不详。参见高潮、刘斌:《中国法制古籍目录学》,北京古籍出版社1993年版,第28、293页;周振想主编:《法学大辞典》,团结出版社1994年版,第43页;郑秦:《清代法律制度研究》,中国政法大学出版社2000年版,第8页。

[10] 正因敦煌写本与其他古写经、今人伪作等难辨易混,荣新江教授认为,"辨别敦煌还是非敦煌写本,辨别真伪,是目前敦煌学研究的一个重要的课题"。参见荣新江:《中国中古史研究十论》,复旦大学出版社2005年版,第283页以下。敦煌文献具体辨伪示例,可参见荣新江:《辨伪与存真:敦煌学论集》,上海古籍出版社2010年版,第91页以下;张涌泉:《敦煌写本文献学》,甘肃教育出版社2011年版,第650页以下。

[11] 王燕玉:《紫巢文存》(一),贵州人民出版社2017年版,第29页。

丛书脱漏"有此书无彼书"的说法。[12] 虽然缪氏语出清末，但至当代常用的《中国古籍善本总目》，似乎也未能免俗。据参与编制者说，"编纂《中国善目》（笔者注——原文略写《中国古籍善本总目》如此）时，就由于书影不全和没有书影，而造成不少翻刻本、重修本混入原刻本之列的错误"。[13]

另一方面，康熙三年（1664）修例存世本的性质是值得怀疑的。如苏亦工教授所发现的，康熙九年（1670）刑科给事中张惟赤题本称，"至今律自为律，例自为例，两不相合。臣见坊间刻本，止将康熙三年三月前定例奉旨增添入律一二十条，另为一卷，附于律后"。因此，这些"定例，应该都是'坊间刻本'，并非官方的正式编纂物"。[14] 日本学者谷井俊仁据日本京都大学白玉堂藏版《大清律集解附例》考察清律校订与督捕则例关系时，发现了该本附有新例。《京都大学人文科学研究所汉籍目录》著录称，"《新例》康熙三年官撰，顺治四年刊本，《新例》康熙三年刊"，但谷井氏也认为该本并非"部颁本，所以很不完善，但没想到如此糟糕"，在顺治汉文律本身的缺陷影响下，该本"完全可以说不堪卒读"。谷井氏本想论证，康熙律脱离了顺治律处于"古老的满人时代"，因此删去了区别两个时代的重要律条——"隐匿满洲逃亡新旧家人"，进而吸纳了汉官在官僚体制、法律构成上处理逃人问题的建议，稀释了满人直接介入社会实质现象的举措。此意把顺治、康熙两朝界分为两个"时代"，到了康熙时代，满人"也就不知不觉地改

---

〔12〕 参见缪荃荪：《与盛杏荪书》，载柳诒徵：《柳诒徵文集》（第8卷），商务印书馆2018年版，第451页。

〔13〕 参见宋平生：《传统与超越——两种中文古籍善本目录的比较分析》，载中国图书馆学会编：《21世纪图书馆可持续发展战略》，北京图书馆出版社2001年版，第197页。

〔14〕 苏亦工：《明清律典与条例》，中国政法大学出版社1999年版，第132页。需要补充的是，苏亦工教授在中国社会科学院法学所也发现了两部清律，即氏著所称法所丙本、戌本附有《大清律新例》，但由于苏教授旨在比较诸本异同，未对该新例加以考究。参见苏亦工：《明清律典与条例》，中国政法大学出版社1999年版，第183页以下。

变了自己的思想和社会"[15]。但有趣的是，谷井氏本人也无奈地承认，"隐匿满洲逃亡新旧家人"脱离日期无法确定，因为在白玉堂藏版的《新例》中，仍有相关规定，只能以"详情不明"搁置。谷井氏忽略的关键问题是，康熙初年辅政时期的满汉政策发生了复杂的转向，单纯以"满化""汉化"的趋势进行二元裂解，恐怕不是看待《新例》的妥帖视角，也不易准确解读清初满汉分歧带来的制度迁徙和文化之源。本文即承续前辈学人之说，尝试在考证《新例》之版本、性质后，疏解《新例》意涵，填补康熙修例之惑，挖掘清初治理鼎革的曲折历程与夷夏互易的文明之路。

二、台前幕后：康熙三年新例之发现、版本与性质考定

（一）基本信息

由于清律传世版本众多，[16] 笔者在研究有关清律诸图时，着意清初律图的流变，无意中在国家图书馆古籍馆发现了名曰《大清律新例》的刻本，首栏明确记载"康熙三年三月十二日奉旨增添入律"[17]。该新例共计十八件，与《兵部督捕钦定逃人事宜》置于一册。由于该册位置在《大清律集解附例》（以下称该版本为国图本）一函十册之末，虽然在入律时间、条数结构上与张伟仁提及的藏书相同，但比李祖荫、张伟仁著录的总数少两册，内容的具体次序亦与台版不同，推测版本有异。并且，国图本十册书衣均素面无题签，标识不显，须进一步稽考。

查国家图书馆联机公共目录该本著录信息，题名与责任：《大清律

---

[15] ［日］谷井俊仁：《督捕则例的出现——清初的官僚制与社会》，载杨一凡、［日］寺田浩明主编：《日本学者中国法制史论著选·明清卷》，中华书局 2016 年版，第 79、96 页以下。

[16] 据学者统计，有清一代，武英殿官刻律书八部、续纂条例至少十八次，坊刻清律及律注作品远在一百二十部以上。See Ting Zhang, *Circulating the Code: Print Media and Legal Knowledge in Qing China*, Seattle: University of Washington Press, 2020, p. 28、41.

[17] 《大清律集解附例》第十册《大清律新例》，康熙刻本，第 1 页 a。

集解附例》(普通古籍),三十卷,卷首二卷,新例一卷,刚林等纂;版本:刻本;出版:清康熙间;载体形态:10册;附注:行字不等,白口,四周双边,单鱼尾;索书号:51905。可见,国家图书馆已经发现,该本《大清律集解附例》与该馆藏同名书不同,有单独附新例一卷,其余标注为"清康熙间"或清初暂无法确定时间的诸本,则多数无此信息。[18] 单凭国家图书馆目录提要,尚无法确认该本为康熙三年(1664)本,仓促将题名《大清律新例》之例文定为当时之作,似乎亦过于草率。笔者通过进一步对勘发现,该本版本信息比之国图目录丰富不少。

1. 流传藏序。该本一函十册,函脊有黏签题"大清律",函套内钤椭圆阳文印"兴亚院华北连络部调查所图书"。第一册牌记天头刻"钦定颁行",中刻"大清律",右刻"集解附例",左刻"附载钦定督捕条例""迈德堂藏板",另有两处笔迹一致的墨笔记"源远堂",其中一处"堂"字位于残缺的牌记右下角,剩"<unk>",可证牌记经过了后人托裱。同时,牌记"大清律"之"大"上,钤"东房盛记"正方阴文印,"集解附例"之下钤"儳枝"正方阴文印。顺治御制序首页,上下钤"兴亚院华北连络部调查所图书",又有"儳枝"印。律首附六赃图页,钤"国立北平图书馆珍藏"长方阳文印,及"儳枝"印。此后每册首页,均钤"兴亚院华北连络部调查所图书"及"儳枝"印,后者还在每卷首页出现,而"国立北平图书馆珍藏"印则只在《大清律附》末页、卷二十五(亦第九册)首页、大清律工律正文(亦第九册)末页、《大清律新例》(亦第十册)首页、督捕则例(亦第十册)末页出现,在首页时均紧挨"儳枝"印。律首服制首页还钤有两枚"东房盛记"阴文

---

[18] 据国家图书馆联机公共目录查询,该馆所藏标记"顺治"的《大清律集解附例》,分别著录"三十卷附一卷"(索书号:T04210,该本有"内府"字样)"清康熙(间)"的数本《大清律集解附例》,分别著录"三十卷附一卷"(索书号:02386、T03973),"三十卷目录二卷"(索书号:A03752);标记"清"的清初版《大清律集解附例》,分别著录"三十卷附一卷"(索书号:02387、00972、00973)。而有明确出版时间的《大清律集解附例》,如康熙四十五年(1706)的朱墨套印刻本(索书号:T03974),亦无此"新例"标识。

印，及一枚"东方盛记"阳文印。据此可知，该书先由清代书商迈德堂版刻，辗转流入或赏鉴于仙枝、东方盛记、源远堂、北平图书馆及日军驻京的兴亚院华北连络部调查所。虽然目前暂无法确定本书先入藏北平图书馆抑或兴亚院，但从钤印位置、次序以及印色晕散等推测，系先入藏北平图书馆，北平沦陷后，日军侵华机构兴亚院介入北平图书馆管理后得以夺藏，[19] 至1946年由北平图书馆按"图书馆盖有章记及留有暗记，或遗有章记痕迹"等记认回收。[20] 若此，则类梅贻琦先生记述，日军强占清华大学图书馆图书时，兴亚院华北连络部即负责收存政治、外交、法制及殖民文化诸书目，[21]《大清律集解附例》当属其间。

2. 编纂体例。该本卷首先系顺治帝御制序、刚林疏，无康熙九年（1670）后律内常见的对哈纳疏。刚林疏内，尚存"皇叔父摄政王"字样，且与"皇上"并排顶格。疏后列"大清律总目"，共计459条，存有"隐匿满洲逃亡新旧家人"条。以上皆显现出，该本具有顺治、康熙初年律的标志特色。卷首次序是"大清律例目录——附六赃图——附纳赎例图（在京），老疾收赎等罪俱照外赎例图——附限内老疾收赎图——附诬轻为重收赎图（后附两段按语）——五刑狱具图——丧服图——服制——例分八字——大清律附"，其中，自"大清律例目录"

---

[19] 据国家图书馆原馆长周和平言，北平图书馆是被"日本文化特务机构兴亚院所属宪兵闯入馆中，拿走全部钥匙，接管图书馆"的，但查国家图书馆纪事，1942年1月，伪华北政务委员会教育总署正式接收北平图书馆，更名"国立北京图书馆"，4月任周作人为伪馆长，兴亚院似乎没有全面"接管"，但有介入。据当时负责北平图书馆善本运美贮存的钱存训先生忆述，该馆宋元明善本抵美消息引起了兴亚院的注意，导致1942年8月周作人派秘书主任王钟麟偕同兴亚院调查官赴上海查访南运馆藏书，此事得国图馆史档案佐证。参见李致忠主编：《中国国家图书馆百年纪事：1909—2009》，国家图书馆出版社2009年版，第32页；钱存训：《东西文化交流论丛》，商务印书馆2009年版，第69页；周和平：《周和平文集》（上），中山大学出版社2016年版，第238页。

[20] 参见《北平图书馆协会拟定图书收回办法及市政府训令》，北京市档案馆藏，档案号：J001-003-00240。

[21] 参见梅贻琦：《中国的大学》，北京理工大学出版社2012年版，第90页以下。

到"例分八字"采连续编码，初步形成《大清律例》律目、律图、服制三卷独立成律首的格局。同时，版心页数下方，采取干支界分各册律条。（见表1）干支刻录依据律例六事法体例而定，如丁、戊从户律婚姻门"嫁娶违律主婚媒人罪"条分袂，遵循了户婚与财税的类型化原则，克服了该本不按律例体系装订各册的弊病。当然，笔者并不排除如此编排系后人重新整理时装册错误，[22] 因为从哈佛大学汉和图书馆藏同附康熙三年（1664）例的《大清律集解附例》（善本书号：T4885/80，以下简称哈佛本）来看，其丁、戊分属两册，其余诸册基本与干支对应。同时，国图该本除了自刑律斗殴门下无干支外，刑律人命门似缺刻天干"辛"，而哈佛本自刑律斗殴门至受赃门记"壬"（第九册），诈伪门至工律河防门记"癸"（第十册），《兵部督捕钦定逃人事宜》与《大清律新例》并为第十一册，《大清律附》为第十二册。正因国图本各卷不按六事法装册，故比哈佛本少两册，而具体内容却大概一致。前述李祖荫、张伟仁及岛田正郎等经眼本成十二册，或许亦缘于此。

表1 国家图书馆藏附康熙三年"新例"《大清律集解附例》体例

册	卷	干支	篇	门
一	无	甲	律首	总目、目录、律图、大清律附
二	一	乙	名例	名例

---

〔22〕 这种错误或许自兴亚院入藏前便已存在。因"兴亚院华北连络部调查所图书"印均钤在目前装订次序的十册本每册首页的律名条标之上，而第三、四、五册的次序明显是错杂的。

续表

册	卷	干支	篇	门
三	二	丙	吏律	职制
	三			公式
	四			户役
四	五	丁		田宅
	六			婚姻
	七		户律	仓库
	八	戊		课程
	九			钱债
	十			市廛
五	十一			祭祀
	十二	己	礼律	仪制
	十三			宫卫
六	十四			军政
	十五	庚	兵律	关津
	十六			厩牧
	十七			邮驿

续表

册	卷	干支	篇	门
七	十八	辛	刑律	贼盗
	十九	无		人命
八	二十	壬		斗殴
	二十一	无		骂詈
	二十二			诉讼
	二十三			受赃
	二十四			诈伪
九	二十五			犯奸
	二十六			杂犯
	二十七			捕亡
	二十八			断狱
	二十九		工律	营造
	三十			河防
十	无	无	大清律新例兵部督捕钦定逃人事宜	

（二）版本考定

基于国图本条目、律前疏的分析，可以初步判断，该本是顺治、康熙初年的刻本，但不能确证是诸多目录著述所言的康熙三年（1664）本。即便是可以将"隐匿满洲逃亡新旧家人"条出律的时间定在康熙九年（1670）校定新律，[23] 并不代表康熙九年（1670）前该本只在康熙

---

[23] 参见苏亦工：《明清律典与条例》，中国政法大学出版社1999年版，第211页。

三年（1664）进行纂修和镌刻。更何况，如康熙四十一年（1702）刊刻的钱之青撰《大清律笺释合钞》，仍载有"隐匿满洲逃亡新旧家人"条，[24] 使国图本为康熙三年（1664）续刊的说法更陷窘境。

此种情况，与同样收有康熙三年（1664）新例的哈佛本、日本京都大学藏白玉堂本是类似的，国图本与哈佛本比勘结果相似性亦甚高。可见，清初增行新例，书商可以以单行本的方式附刊于正本律例之后。那么，本文为何尤以国图本为本文考证对象？首要原因在于，哈佛本残损比较严重，插页、剜补痕迹过多，大部分书页缺角、残边甚至断页，皆重新托裱，以手抄补全，使哈佛本的文献价值稍打折扣。仅就《大清律新例》而言，国图本原载十八件例文，至哈佛本只剩十六件，即因末二页（第14、15页）连续缺失，而新插页只在版心抄记"大清律"，黑鱼尾下抄记"新例"，内容空白，无法展现新例全貌。而国图本除牌记残角与卷一第一、二页版心少部分有托裱痕迹外，其余部分原样保持较好。同时，哈佛本没有刊刻或保留牌记，在一些痕迹上可证晚出于国图本（详下），在版本勘考上又较国图本略逊一筹。故此，本文就国图本加以剖解，而辅以哈佛本为对校之他本。就笔者目力所及，国图本应有较大可能是康熙三年（1664）十八件例奉旨增添后，由书商迈德堂新刻《新例》，附于旧刻顺治律之后，是新旧拼接后合刊的产物。从现有证据看，至少不能排除《新例》之前的九册是康熙三年（1664）前刊刻的，也不便称该本是纯粹的官修"续刊"，理由如下：

第一，国图本基本延续了明律旧例的原貌，大量顺治、康熙初年〔尤其是康熙三年（1664）前〕的修例成果没有体现在该本之中。除了著名的"隐匿满洲逃亡新旧家人"条增入外，一些号称顺治年间产生删修的律文，在国图本中并不能得证。如明律原附于刑律捕亡"徒流人逃"条后的条例："各处有司起解逃军并军丁及充军人犯，量地远近，定立程限，责令管送。若长解纵容，在家迁延，不即起程，违限一年之

---

[24] 参见（清）钱之青：《大清律笺释合钞》，载杨一凡编：《中国律学文献》（第5辑·第8册），社会科学文献出版社2018年版，第14页以下。

上者，解人发附近；正犯原系附近发边卫，原系边卫发极边卫，分各充军。"[25] 被一字不改地附于国图本"徒流人逃"条，作为条例之三。[26] 据薛允升说，本例"此条系前明《问刑条例》，原载徒流人逃门，顺治三年移入兵律公事应行稽程门"[27]，显然与国图本不符。又如，刑律断狱"陵虐罪囚"条，在国图本只存明律《问刑条例》禁止擅加杻镣、非法乱打一条，而顺治十二年（1655）、十八年（1661）增订的两条例文，规制"官员擅取病呈致死监犯"及"于狱内用榧床"两类恶行，[28] 均不载于国图本之上，后者更是在康熙朝屡禁不止，成为国图本《新例》之一。顺治修例后入律的境况尚且如此，遑论康熙元年（1662）纂定的"奴及雇工人奸家长妻"条例，即"凡官员、兵丁之侍妾与本家奴仆通奸者，男、女俱立绞"[29]，会出现于该本之中了。更为明显的是，刑律杂犯"赌博"条例文，在《问刑条例》与清初新例之间产生了正面冲突，但是国图本依旧载入《问刑条例》该条，而选择"忽视"自顺治初年到康熙十五年（1676）之间修改九次之多的新例。

可见，由于顺治、康熙初年因循明律的程度很深，即便在顺康年间

---

[25]（明）李东阳等撰、申时行等修：《大明会典》（五），台湾新文丰出版公司1976年版，第2382页。同见于（明）冯孜：《大明律集说附例》卷八，万历十九年博州刘氏刊本，第31页b；《明律集解附例》卷二十七，修订法律馆光绪三十四年重刊本，第10页b。另外，此条条例的位置在明代一些律注书中比较凌乱：雷梦麟将之置于兵律"公事应行稽程"条后，与薛允升所言的清初做法一致；王樵、王肯堂父子，则将之作为"军政条例"附于兵律"从征守卫官军逃"条之后互考。参见（明）雷梦麟撰：《读律琐言》，怀效锋、李俊点校，法律出版社1999年版，第293页；（明）王樵私笺、王肯堂集释：《律例笺释》卷十四，万历四十年刻本，第32页。

[26] 参见前《大清律集解附例》第十册《大清律新例》，康熙刻本，第5页a。

[27]（清）薛允升著述：《读例存疑重刊本》（第5册），黄静嘉编校，台湾成文出版社1970年版，第1165页。

[28] 参见（清）薛允升著述：《读例存疑重刊本》（第5册），黄静嘉编校，台湾成文出版社1970年版，第1210页。

[29] 马建石、杨育棠主编：《大清律例通考校注》，中国政法大学出版社1992年版，第958页。

有修改甚至废止前明律例的举动，也甚少会触及当朝律例沿袭明律条文的惯例。新例的出现和纂入，有可能是以单行本的方式先予颁行，继而相机汇编或入律，而不是频繁地以新去旧，直接对承自明律的律例原文加以改废。目前，似乎没有确凿的证据可以支撑国图本前九册系康熙三年（1664）随新例同刊。日本学者岛田正郎所见台湾地区张伟仁著录本，其实也发现类似问题。岛田氏称："此书刊年，该目录（指张伟仁《中国法制史书目》——笔者注）作'康熙三年'，虽然查遍全书也找不到其佐证，但推定大体上还是得当的。"既然遍查无证，却又曰"得当"，甚至推测为康熙三年（1664）后、康熙九年（1670）前的"部颁本"，[30] 实在是令人费解的。

第二，明清易代后顺治年间的法律用语、小注修订，基本可以拾见，可证国图本具有比较鲜明的顺治痕迹。明中期钱法变易后，折银、钱钞兼收逐渐成为赎刑和衡量犯罪数额的方法。[31] 明人《读律管见》指出："赎罪钞有律有例，律钞稍轻，例钞稍重，复有钱钞兼收，各折算不同，不得混收。"[32] 至顺治四年（1647）实行"改贯为两"，[33] 将律首诸图及律条内以钱"贯"为钱法单位更为银"两"，"满贯"改为"满数"，此国图本及目前所见清初诸律皆已变易。同时，清军入关

---

[30] 参见［日］岛田正郎：《清律之成立》，载刘俊文主编：《日本学者研究中国史论著选译》（第8卷），姚荣涛、徐世虹译，中华书局1992年版，第482、519页。

[31] 参见（清）张廷玉等撰：《明史》（第8册），中华书局1974年版，第2300页。

[32] （清）薛允升撰：《唐明律合编》，怀效锋、李鸣点校，法律出版社1998年版，第10页。

[33] 参见（清）吉同钧纂辑：《大清现行刑律讲义》，闫晓君整理，知识产权出版社2017年版，第246页。

为护卫"龙兴之地",明律"发口外"诸条,一律改为"边外",[34] 亦在国图本"边远充军""官员袭荫""贡举非其人""盗卖田宅""典雇妻女"等十余条可证,[35] 顺带在收赎、"徒流人又犯罪""加减罪例"等条中,将"两京"改为"在京"。其余修补,如"盗贼捕限"条最后一条例文增加小注,"凡住俸,既捕获免罪,前俸补支",则与该例文中反复出现的"拿获免罪""拿获一半"前后参差,很可能是在顺治三年(1646)大面积增加律注时,将相邻的"主守不觉失囚"律文末注"如狱卒减二等,仍责限捕获免罪"采同样表述,皆言"捕获"。[36] 此外,现存清初诸律,在"窃盗"条一百二十两的处理上有所刊改。原明律,窃盗"一百二十贯,罪止杖一百,流三千里"[37]。据吴坛记载:"顺治四年,定窃盗赃一百二十两者绞监候。至康熙十一年八月,刑科彭之凤题准增改,一百二十两者,杖一百流三千里,一百二十两以上者拟绞监候。康熙年间律内已经增入。"[38] 而国图本在附六赃图中,"窃盗 不枉

---

[34] 明代口外,有"山海、居庸二关称口外"者,顾炎武以蓟镇疆域以北为口外。至清代,由于东北边墙在清初的修筑,南起凤凰城、北至开原折、西至山海关,城周一千九百五十余里,名为老边;"又自开原威远堡,而东历吉林北界至法特哈,长六百九十余里,插柳结绳,以定内外,谓之柳条边""吉林开原以西,边外为蒙古科尔沁走诸部驻牧地,兴京凤凰城边外为围场,边门凡二十。"参见(清)顾炎武:《天下郡国利病书》,黄坤、顾宏义校点,载(清)顾炎武撰:《顾炎武全集》(第12册),华东师范大学古籍研究所整理,上海古籍出版社2011年版,第132页以下;(清)穆彰阿等纂修:《大清一统志》(第2册),上海古籍出版社2008年版,第42页;(清)杨宾撰:《柳边纪略》,商务印书馆1936年版,第1页以下。

[35] 参见《大清律集解附例》卷一,康熙刻本,第48页;《大清律集解附例》卷二,康熙刻本,第4页b、第15页a;《大清律集解附例》卷五,康熙刻本,第6页a;《大清律集解附例》卷六,康熙刻本,第3页b。律学家王明德以明代燕山后为边外,曾对清初律中发"边外为民"的规定加以统计,共14条,但似有缺,如名例"边远充军"条即未载。参见(清)王明德撰:《读律佩觽》,何勤华等点校,法律出版社2000年版,第146页以下。

[36] 参见《大清律集解附例》卷二十七,康熙刻本,第6页b、第10页a。

[37] 怀效锋点校:《大明律》,法律出版社1998年版,第142页。

[38] 马建石、杨育棠主编:《大清律例通考校注》,中国政法大学出版社1992年版,第713页。

法"栏一百二十两处，虽对应前明律"杖一百流三千里"，却加小注"窃盗一百二十两并三犯者皆真绞监候"，绞斩刑处无对应犯罪数额。同栏"一百两"及上栏"四十五两"处，为规制枉法赃、不枉法赃在顺治的调整，将有禄人、无禄人及给没赃物添入小注。"常人盗 枉法"栏"四十五两"处注云：

> 惟枉法有禄人四十五两至七十九两杖一百，除妻子外，其奴婢、家产、头畜俱入官；八十两监候绞，家产免追。常人盗不在此例。

"窃盗 不枉法"栏"一百两"处注云：

> 惟不枉法有禄人一百两至一百二十两杖一百，除妻子外，其奴婢、家产、头畜俱入官；一百二十两以上监候绞，家产免追。[39]

所谓"奴婢、家产、头畜俱入官"，系顺治初"给没赃物"条小注"谓犯枉法、不枉法，计赃与、受同罪者"作为"彼此俱罪之赃"入官。[40] 至顺治十二年（1655）十一月有例，"内外大小官员，凡受赃至十两以上者，除依律定罪外，不分枉法、不枉法，俱籍其家产入官"。[41] 此时"家产免追"恐怕已与例有违。以上各处，在国图本中均有朱笔批注：先将三处小注划去，再在"窃盗 不枉法"栏以朱笔增加"一百二十两以上，真绞"对应于"绞"列；在律文"窃盗"条正文内，朱注夹批"一百二十两杖一百流三千里"，在"一百二十两绞"

---

[39]《大清律集解附例》第一册《大清律新例》，康熙刻本，"大清律图"，第3页a。
[40] 参见马建石、杨育棠主编：《大清律例通考校注》，中国政法大学出版社1992年版，第269页。
[41]《清世祖实录》卷九十三，顺治十二年十一月丁亥。

的"绞"字前补写"以上"二字。可见,国图本当成书在康熙十一年(1672)前,且更具顺治痕迹。因国家图书馆藏两本载康熙九年(1670)对哈纳疏的清律(善本书号:00973、02386)及哈佛本,皆已新刻"一百二十两以上,真绞"字样,而只有刚林疏、载"隐匿满洲逃亡新旧家人"条的另两部国家图书馆藏清律(善本书号:00972、02387),则无新刻"一百二十两以上,真绞",与本文所研究的国图本系一致的。

当然,如前所述,笔者尚不能完全排除国图本系康熙本的嫌疑。比如,吏律"官吏给由"条,如沈之奇所言,系"三年考满,九年通考之法"[42],实际上在康熙四年(1665)随考满法停用而失效,[43]但国图本尚存此条。同类情况还出现于名例律的"吏卒犯死罪""杀害军人"条,吏律"擅勾属臣"条的"推官",户律"外番色目人婚姻"条,礼律"收藏禁书及私习天文"条之中。这些条目内容,基本在康熙年间随新例或实践变动而被架空,但仍存于国图本之中。康熙朝律学家们即对此了然于胸,如说"吏卒犯死罪"条"明初重惩顽民之法也,今仍申请待报会审矣,不用此律"。[44]既然如此,一种可能是国图本系康熙三年(1664)刊,从而规避了康熙四年(1665)后大面积的实践

---

[42] (清)沈之奇撰:《大清律辑注》,怀效锋、李俊点校,法律出版社1998年版,第150页。

[43] 康熙元年(1662)停止京察大计,康熙四年(1665)山西道御史季振宜条陈停止考满三疏后,本条的实际效用极弱。尽管言官李宗孔、李之芳多次上疏提及停止考满之弊,康熙六年(1667)"照旧例,举行京察大计",甚至在康熙九年(1670)吏部题称,"见行事例,凡官员升转,论考满功次,不论俸满",但实际仍未恢复考满法。至康熙四十六年(1707)及雍正三年(1725)修律,即言"以今无考满给由之事,此律例俱删"。参见《清圣祖实录》卷十四,康熙四年正月丁酉、甲辰;《清圣祖实录》卷二十一,康熙六年二月庚午;卷三十四,康熙九年十月壬辰;马建石、杨育棠主编:《大清律例通考校注》,中国政法大学出版社1992年版,第372页。

[44] 参见(清)凌铭麟:《新编文武金镜律例指南》,载杨一凡主编:《历代珍稀司法文献》(第8册),社会科学文献出版社2012年版,第189页。沈之奇亦有类似意见说:"今皆与平民一体奏请,不用此条。"参见(清)沈之奇撰:《大清律辑注》,怀效锋、李俊点校,法律出版社1998年版,第100页。

删改。另一种可能，是顺治、康熙对必要的法律用语和漏洞进行填补后，继续承袭明律的大部分内容。这从顺治诸多变革无法从现存清初律本找到踪迹便可见一斑，也能从立法者、律学家"明知而故犯"的解释中寻求到解答。后一种推测可能更加符合清初律例增修的思路，详后文解说。

第三，避讳之疑。陈垣先生指出："清之避讳，自康熙帝之汉名玄烨始，康熙以前不避也。"[45]"玄烨"二字避讳，大约有改"玄"为"元"，以及将"玄"字末笔省去诸法。自雍正元年（1723）上谕可知，康熙年间"玄"字多依"古制，凡遇庙讳字样，于本字内但缺一笔"，但雍正皇帝要求"嗣后中外奏章文移，遇圣讳上一字则写元字，遇圣讳下一字则写煒字"，[46] 缺笔之法或渐淡。就此，常见的五世孙称玄孙，在宋、清两代，为避宋圣祖赵玄朗、清圣祖玄烨讳，宋本《朱子家礼》《左传》诸书中易为元孙。[47] 康熙前期，文学家周亮工在康熙六年（1667）刊刻的《因树屋书影》，言明代罗玘文集刊刻，"近其元孙栗士复刻于家较诸刻稍备"[48]，官员彭鹏在康熙十八年（1679）所撰文章中，亦皆书为"元孙"[49]。此例在康熙中后期更是不胜枚举。至清初诸律也可发现，律首"本宗九族五服正服之图""妻为夫族服图"，服制缌麻三月"曾祖父母曾孙"小注，以及"称期亲祖父母"条中，玄孙与元孙之易，可以辅助判断清律版本。国图本于此三处，仍然写作"玄孙"，[50] 但国图藏别本中，附对哈纳疏、可确为康熙本者，或

---

[45] 陈垣撰：《史讳举例》，中华书局1962年版，第168页。又可参见范志新：《避讳学》，台湾学生书局2006年版，第408页以下。

[46]《清世宗实录》卷十三，雍正元年十一月乙酉。

[47] 参见（清）周广业：《经史避名汇考》（上），徐传武、胡真校点，上海古籍出版社2015年版，第538页。

[48]（清）周亮工：《因树屋书影》，张朝富点校，凤凰出版社2018年版，第20页。

[49]（清）彭鹏：《古愚心言》，载《清代诗文集汇编》编纂委员会编：《清代诗文集汇编》（第146册），上海古籍出版社2010年版，第74页。

[50] 参见《大清律集解附例》第一册《大清律例》，第18页以下；《大清律集解附例》卷一，康熙刻本，第41页b。

"玄"字缺末笔（善本书号：00973），或仍作"玄"未改（善本书号：02386），其余不可确证为康熙朝版本者则作"玄孙"。此外，在康熙律的修、注本中，亦多酌改"玄孙"。国图藏康熙四十六年（1707）修律进呈本（善本书号：A03752）、沈之奇《大清律辑注》已改为"元孙"，而钱之青《大清律笺释合钞》则多就"玄"字缺末笔。[51] 这说明，康熙朝避讳虽没有雍正、乾隆时期严苛，但几成公例。国图本没有一处就"玄孙"加以更改，弱化了其属于康熙刻本的性质。

  第四，朱注旁证。国图本全书共存朱、墨、灰三种批注共计十九处，其中朱注十一处，墨注七处，灰注一处。对鉴定版本比较有启示的，除上述"窃盗"条朱注外，另有"徒流迁徙地方"条两处朱注、一处墨注，"边远充军"条三处朱注。原明律"徒流迁徙地方"条，陕西布政司府分流福建，广西布政司府分流广东，[52] 国图本刊刻因之。朱注先把"福建"圈画，旁批"广东"，又将"广西布政司府分流广东"划去。墨注在后者天头，记"颁律仍旧"四字。按常理，由于墨注没有在条目内勾画批点，其"颁律仍旧"很可能是针对朱注而言。而朱注两处改动，到了康熙四十六年（1707）修律进呈本中，只有陕西布政司府改为分流山东，广西布政司府分流广东仍旧。按语称，原因是"此律所载应流省分内，陕西、河南、山西、山东流福建，及福建流山东，相隔道里俱在三、四千里之外，不但二千里、二千五百里道里不符，即三千里亦不相合"。[53] 而朱注将福建改为广东，距离更远，显然不符合流人道里远近与罪责相适应的要求，应是朱注者私笺。"边远充军"条中，朱笔划去江南、浙江布政司府分发"定辽都指挥使司"，旁

---

  [51] 需要说明的是，钱之青一书刊刻缺笔并不统一，如"本宗九族五服正服之图""玄孙"无缺笔，而"玄孙媳"缺笔，服制缌麻三月"曾祖父母曾孙"小注"玄孙同"没有缺笔，到了"称期亲祖父母"条又有缺笔。尤其在同一图内有无缺笔并存，令人生疑。参见（清）钱之青：《大清律笺释合钞》，载杨一凡编：《中国律学文献》（第5辑·第7册），社会科学文献出版社2018年版，第428、454、628页。
  [52] 参见怀效锋点校：《大明律》，法律出版社1998年版，第25页。
  [53] 《大清律集解附例》卷一《名例》第6册，康熙抄本，第18页a。

批"直隶永平卫"。此因在顺治元年（1644），裁洪武四年（1371）始设的定辽诸卫，[54] 而早至康熙二十三年（1684）创修的《大清会典》，就已经将江南、浙江布政司府分发地改为直隶永平卫，延至康熙四十六年（1707）修律进呈本亦如是，[55] 并被此后修律本称为"原律"[56]。国图本的康熙朝韵味又褪去几分。朱注者比较熟悉康熙修律的情况，而墨注者亦经眼多部新旧清律，二人长于考镜源流，似乎也暗含了对律文迟迟不修的疑惑。有趣的是，直隶永平卫在康熙二十七年（1688）十月被裁，[57] 如果康熙朝《大清会典》本条系在康熙二十九年（1690），即该书修竣之年前进行过勘校，不难发现本条之怪异，而后来的修律者亦未提及此问题。更意味深长的是，吴坛将分发定辽都指挥使司作为明律原律。他认为顺治初年厘定律书，只是将本条"直隶"改为"江南"，将"北平"改为"直隶"，条例"口外"改成"边外"，"余悉仍其旧"，并略去了康熙朝的修律情况。[58] 如此，我们是否可以认为，国图本没有将"定辽都指挥使司"改为"直隶永平卫"，就一定是顺治朝律呢？笔者认为，此种可能性很大，但不能排除合理怀疑，如康熙初年辅政时期该条尚未修葺，一依顺治律。但这至少说明，实践反复突破律例的规定，并不影响律例继续以老面孔示人，清初律例的修改具有相当的滞后性。立法者并非后知后觉，而是选择了视若无睹。这不仅催生出如国图本律后单行新例的涌现，更体现出没有迷信法律的作用，不必依靠法律的频繁更定框定人伦日用的生活。薛允升所谓："禁者自禁，而

---

[54] 参见（清）杨宾撰：《柳边纪略》，商务印书馆1936年版，第4页。
[55] 参见（清）伊桑阿等编：《大清会典（康熙朝）》，台湾文海出版社1992年版，第5521页；《大清律集解附例》卷一《名例》第6册，康熙抄本，第27页。
[56] 郭成伟主编：《大清律例根原》（第1册），上海辞书出版社2012年版，第304页。
[57] 参见《清圣祖实录》卷一百三十七，康熙二十七年十月庚戌。
[58] 参见马建石、杨育棠主编：《大清律例通考校注》，中国政法大学出版社1992年版，第336页。

犯者如故。"[59] 不正是体现出当时人们的生活态度和法律观念么？

(三)"新例"性质论

承前所述，国图本与诸多清初律本因循少修，将更新律例的任务委于新例之手。原律例与新例，可能并非同时续刊，更非官刻垄断。因此，除了前述苏亦工教授引张惟赤本为直接证据外，《大清律新例》所载"康熙三年三月十二日奉旨增添入律"的行为，在实录、起居注及清三通等清早中期材料中没有得到佐证。实录康熙三年（1664）三月甲戌条[60]记载，当日处理故臣荫职、祭葬及划分湖广、偏沅巡抚辖制事，并无修例。[61] 反而是康熙三年（1664）八月，"刑部题，将见行条例添入律内，通行直隶各省，并写清字本发江南、浙江、陕西、满洲将军，从之"[62]，在同一年内反复要求将例文增添入律，并不合常理。有趣的是，这并非孤例。国图本新例第十件，要求"凡官员仍用桎床者革职，杖一百、流三千里，禁卒杖一百、革役，应入律"[63]。但是，到了同年五月十七日，吏科都给事中姚廷启便上题，"请在外刑狱之官将木笼禁革不用，其紧要犯人严加镣扭，不得滥设非常之刑"，以补前"特允台臣所请"而"奉旨禁行"的桎床之制。[64] 那么，造成《新例》与后定例文反复递嬗的原因为何？

笔者认为，清初"新例"不同于则例、条例及定例等例文，具有临

---

[59]（清）薛允升著述：《读例存疑重刊本》（第5册），黄静嘉编校，台湾成文出版社1970年版，第445页。

[60] 康熙三年（1664）三月十二日即当年三月的甲戌日，参见郑鹤声编：《近世中西史日对照表》，中华书局1981年版，第297页。

[61] 参见《清圣祖实录》卷十一，康熙三年三月甲戌。《清史编年》在摘录时显然有误，将该日写为"二十日甲戌（4月7日）"，而上下两条则分别写为"初十日壬申（4月5日）"及"十三日乙亥（4月8日）"。参见中国人民大学清史研究所编：《清史编年》（第2卷·康熙朝上），中国人民大学出版社2000年版，第31页。

[62]《清圣祖实录》卷十二，康熙三年八月辛未。

[63]《大清律集解附例》第十《大清律新例》，康熙刻本，第8页b。

[64] 参见（清）姚廷启：《吏科都给事中姚廷启题本》，载中国科学院［实为"中研院"历史语言研究所］编辑：《明清史料·丁编》（下册·第8本），国家图书馆出版社2008年版，第219页。

事制例、位阶较低和替换频密的特性，导致号称"律例有更定者，亦书"[65]的实录和官修史料，对《新例》纂入"熟视无睹"，此在例文制定与应用诸方面均有可示。新例逐渐作为一种独立、酌定的例的形式，可能多以单行方式附着于原律之后，以保留原文、附添新规的方式，调和明律、条例与旧例之关系。顺康名臣姚文然指出：

律有条例，附于律者也，顺治年颁行者也。新例，于律与条例之外新增者也。自康熙七年（1668）酌复旧章，以新增者名曰例，以附律之条例概名曰律，非也。此一字所关甚重。盖名例所载，称"以枉法论""以盗论"之类，皆与真犯同。注云"所得同者，律耳，律外引例，不得而同"。又别条同律不同例者甚多，（详见同律不同例议内。）若以条例为律，比而同之，则凡"以盗论者"皆可照例充军矣，其可乎？[66]

在姚氏看来，律、条例及新例不同，不宜将条例称为律、将新例简称为例，三者本各有所指。康熙七年（1668）的更定，会导致律例指称混淆，以至定罪量刑发生舛误。律学名家王明德更加清晰地条辨称：

> 例之为义有五：一曰名例，一曰条例，一曰比例，一曰定例，一曰新例。……至若定例、新例，则皆本朝特颁之命令，昭代所施，最为严重，不必言矣。然定与新，其义亦微有别。盖定，对新言也，新令初颁，无所更易，行之既久，习而安焉，汇集而成焉，则曰定。若新，则对律中条例，及本朝定例言。举凡特奉上传，立着为令者曰新；更定请旨，内外通行者曰新；朝发夕奉者曰新；昨是今非者曰新；始而宽，继而严，则严者为新；始而严，继而宽，则宽者为新；甚或有始而宽，继而严，终而复返乎宽，一以因仍乎其旧者，亦皆谓之曰新。然亦有旋定旋新者焉，亦有旋新旋定者焉。而要之，定例未有

---

[65]《清圣祖实录》，"纂修凡例"。

[66] 参见（清）姚文然：《姚端恪公外集》，载四库未收书辑刊编纂委员会编：《四库未收书辑刊》（第7辑·第18册），北京出版社2000年版，第612页。

不由新以自始，新例则莫不自定例为往复者。故愚谓新例定例一书，止可抄录以示规，断未可刊刻以行世。盖本朝例之所在，时更而时易，乃所以颠倒世宙，愚制黔黎，姑示人以不可测……[67]

王明德敏锐地发现，新例之新，就新在更易之不可捉摸。通过特令、请旨等遽行遽止的立法方式，使例文处于宽严不一、昨是今非的修动之中，以调整长期行用的定例和条例，提高例文"法不可知，则威不可测"的韵味。同时，如王氏所言，新例、定例可以互易，新例有安定为定例者，定例亦转靠更新而存废，使新例游走于社会万象与律条定例之间。这种看法，在康熙十八年（1679）纂修《刑部现行则例》的上谕中再次得到印证。上谕曰：

其定律之外所有条例，如罪不至死而新例议死，或情罪原轻而新例过严者，应去应存，著九卿、詹事、科道会同详加酌定，确议具奏。[68]

新例可能加重了原定条例的罚则，但并非都要废止，而是去存可加酌定，使新例有删去、有增添、有升格，进一步形塑"新例—定例—条例—新例"的修法循环。新例制定的程序便捷，一方面造就了例文滋生的速度和因事因时因地制宜的活泛，另一方面又如"成败萧何"，导致例文陷入凌乱冗杂，甚至前后例、律与例偶有冲突。亦因此，《新例》在增添的同一年就遭到了刑部、姚廷启等人再度改缮的诘难。此举既是要求填补新例周延之不足，也可以视作充分利用了新例纂修的高度弹

---

[67]（清）王明德撰：《读律佩觹》，何勤华等点校，法律出版社2000年版，第19、21页。《读律佩觹》序于康熙十三年（1674），本条引注后的"附记"乃康熙十五年（1676）刑部修订处分条例题本，当知王明德之言应在《刑部现行则例》颁修之前，更接近于康熙初年例文繁芜的史况。参见本引，第7、25页。

[68]《清圣祖实录》卷八十四，康熙十八年九月丙午。

性，实现例文反复更迭的诉求。至清代中后期广泛出现的通行，有时便是作为新例的变体，以便于逐渐过渡到条例之中。如沈家本所言："更有经言官奏请，大吏条陈，因而酌改旧文，创立新例，尚未纂入条例者"[69]，即如是。

在实践中，由于新例颁行较为频密，包括康熙三年（1664）新例在内的例文如何与律文合纂、适用，亦长期困扰着地方官员和律学家。由于承袭自明律的《大清律集解附例》中存有"断罪依新颁律"条，该条规定"凡律自颁降日为始，若犯在已前者，并依新律拟断"[70]，一些官箴便将"新例"比为本条中的"新律"，鼓励官员"承问大狱，期无枉纵，速结为当，查引新例，如无新例，即遵律条"[71]，追求"必简必速"的审理效率。另有慧眼者如黄六鸿，对新例动辄可以请旨行用保持了警惕。他反思说："例有奉旨所行者，有大部请旨更定者，俱增入新例。直省通行故例，时有增改，非若律之为定程也。凡应照新例为拟者，尤宜留心，庶无舛错。"[72] 从黄氏源自康熙年间的告诫可以再次印证，清初新例不止增行容易，且舛误难免。新例往往附生于旧律之后，以单行本的形式出现。由此，催生出勾连旧律例与新颁例的律（注）书，以资谙明律意和查考变异。沈家本发现："是康熙《见行例》本系单行，不附入旧条例之内……此本（笔者注——指《大清律朱注广汇全书》）则康熙中民间通行之本，故朱注内每曰有新例，益知其时《见行例》为别本单行。"[73] 其言颇为允当。前述《大清律笺释合钞》、康熙四十五年（1706）的《大清律朱注广汇全书》以及康熙五十四年（1715）沈之奇的《大清律辑注》诸书，多有通过旧律例笺注中"有新

---

[69]（清）沈家本：《寄簃文存》，商务印书馆2017年版，第190页。

[70]《大清律集解附例》卷一，康熙刻本，第44页a。

[71]（清）李士桢：《治狱四条》，载（清）贺长龄等编：《清朝经世文编》，台湾文海出版社1956年版，第3356页。

[72]（清）黄六鸿：《福惠全书》，周保明点校，广陵书社2018年版，"前言"第19页、第210页。按：该书原刊于康熙三十八年（1699）。

[73]（清）沈家本：《寄簃文存》，商务印书馆2017年版，第240页。

例""见新例"等规范话语的指引,将单行新例转介和连接到原律中来。如在名例律中,《大清律辑注》便在"职官有犯""军官有犯""徒流人在道会赦"诸条中,反复出现了类似表述。[74] 甚至在本文研究的国图本《新例》之后的《督捕则例》中,就已经在天头刻有"总督功过,后有改定新例"[75]的字眼,可见明中期以降"因律起例,因例生例,例愈纷而弊愈无穷"[76],大概不是一句虚言。以至于到了嘉道时期,文献学者周中孚仍把新例是否纂入视为体例良莠的标志之一。其称,旧律注书"或新例已改而旧文未删,或专条已登而原文尚载",而李观澜、王又槐的《大清律例全纂集成》"其增入新例处善矣"[77]!

因此,由于新例滋生、迭代频仍,可以别本单行的方式快速修正前例,具有试验倾向和变易惯性,时人或许习焉而莫察;具备"常事不书"偏好的正统史书,也因之没有记载《新例》的诞生。如吕思勉先生所言,"常事不书,为史家公例,盖常事而亦书之,则有书不胜书者矣",史家"将寻常事物,于无意中略去,以此为天然条例,凡执笔者皆莫能自外也"。其因在于,"凡著书皆以供当事人之观览,并时之情形,自为其时之人所共晓,无待更加说述;故其所记者,大抵特异之事而已"[78]。此种倾向,恐怕连实录、起居注亦无法避免。[79] 只不过,史乘不载不代表史实不存,我们仍然可以从国图本原律、新例之间寻找到蛛丝马迹,以考辨该书的成书年代,进而揭开新例特性对辅政时期满洲改制的效用。

---

[74] 参见(清)沈之奇撰:《大清律辑注》,怀效锋、李俊点校,法律出版社1998年版,第16、20、47页。

[75] 《大清律集解附例》第十册《钦定督捕则例》,康熙刻本,第16页a。

[76] (清)沈家本:《历代刑法考》(上),商务印书馆2011年版,第56页。

[77] (清)周中孚:《郑堂读书记》(上),黄曙辉、印晓峰标校,上海书店出版社2009年版,第478页。

[78] 吕思勉:《史学与史籍七种》,上海古籍出版社2020年版,第70、149页。

[79] 参见侯旭东:《什么是日常统治史》,生活·读书·新知三联书店2020年版,第76页。

三、顺流逆流：康熙三年新例诠解

四大臣辅政时期，亦因玄烨冲幼、鳌拜专擅，有时被称为"鳌拜时期"。[80] 由于顺治帝遗诏罪己，愧恨"不能仰法太祖太宗谟烈，因循悠忽，苟且目前，且渐习汉俗，于淳朴旧制，日有更张"[81]，受托辅政的四大臣逐渐恢复满洲旧制，言必称太祖、太宗前例。此诏颁时，国政受清初满汉分歧之影响，如孟森先生所言，"排斥汉人，至以汉官偶掌部院印信，亦为罪己之一端，可知意出于诸辅臣"[82]。遗诏当是太后、辅臣重新衡平政局之举。一般认为，自顺治十八年（1661）江南哭庙案、奏销案开始，该时期标志"清朝的统治向着满洲旧制的道路逆转"[83]，而鳌拜覆亡后，"凡辅政时不足于世祖朝之渐染汉俗者，次第复旧"[84]。换言之，四大臣辅政前后，遵满抑或崇汉发生了明显转折，辅政时期的礼法仪轨，似乎随康熙帝亲政和汉制抬升而褪色。但从国图本附《新例》及此后律例沿革看，康熙三年（1664）所奏定十八件例文却大部分化为《刑部现行则例》，继而入《大清律例》。辅政前后的例文变易，恐怕不是二元的非满即汉、非进即退，而是在文化依违的角度，去芜存菁地撷取入例。《新例》看似复刻于满洲旧制，实则多有中原文化之吸纳，显现出自清初发轫的律例，具有调和满汉关系、惩处重者恒重的特色。

在《新例》修纂之前，满洲旧制的恢复渊源有自。顺治十八年（1661）三月，康熙帝登基未久，便上谕吏部等衙门，"我太祖太宗创制立法，垂裕后昆，自当世守勿替。今应将大小各衙门见行事务，如铨

---

[80] 参见周远廉、孙文良主编：《中国通史》（第十卷·中古时代·清时期）（下），上海人民出版社 2015 年版，第 951 页以下。

[81] 王先谦、（清）朱寿朋撰：《东华录 东华续录》（第 1 册），上海古籍出版社 2008 年版，第 477 页。

[82] 孟森：《明清史论著集刊》（下），中华书局 2006 年版，第 458 页。

[83] 蔡美彪等：《清朝通史》（第 1 册），人民出版社 2016 年版，第 95 页以下。

[84] 孟森：《清史讲义》，中华书局 2007 年版，第 151 页。

法、兵制、钱谷、财用、刑名律例……或满汉分别、参差不一者，或前后更易、难为定例者，著议政王贝勒大臣九卿科道会同详考太祖太宗成宪，斟酌更定，汇集成书，勒为一代典章、永远遵行。其有今昔异宜，时势必须变通；有满汉悬殊、定例难于归一者，亦须斟酌至当，详明具奏"[85]。为此，《新例》立足于"难为定例"之前的过渡，改造了满洲旧法如下：

一是将满洲告诉旧制入律。第一件新例，引太宗天聪六年（1632）上谕"离主条例"，允许告贝子是实者出户，添入律为"其告多款或一般系实，或轻罪涉虚、重罪系实，照定例准原告出户"[86]。此例曾在崇德三年（1638）七月重申，若有崇尚束发、裹足者，"包衣阿哈举首，则将举首者出户"[87]。如王锺翰先生所发现的，此"离主条例"不止在实践中屡见不鲜，更透露出满洲伦理关系的演进。[88] 概因"离主条例"云：

> 如子告父、妻告夫，嫡胞弟兄互相讦告者，若谋反、大逆并毁谤朝廷贝子等事，许其讦告，其余别事不许讦告。如有讦告者，除被告罪犯照旧审拟外，其原告亦同罪之，原告不准出户。所以禁革此事者，盖古之圣主有此定例，是以仿效禁革，其前禁于伦勿配，亦为此也。

所谓"古之圣主有此定例"，意想掩盖仿照明律之事。此条实则吸收了明律"干名犯义"条之精髓，以保护亲属伦常和克尽相互容隐之责任。至于谋反、大逆可告，亦一遵该条的出罪事由，"其告谋反大逆、

---

[85]《清圣祖实录》卷二，顺治十八年三月丙寅。

[86]《大清律集解附例》第十册《大清律新例》，康熙刻本，第2页a。

[87] 季永海、刘景宪译编：《崇德三年满文档案译编》，辽沈书社1988年版，第139页。

[88] 参见王锺翰：《清史杂考》，人民出版社1957年版，第73页以下。

谋叛、窝藏奸细……并听告，不在干名犯义之限"[89]，乃因"系干国家，不得为亲者讳"[90]。《新例》显然注意到了这一点，故言"查此款《大清律》载，子、妻告父、告夫，诬告者拟绞，至于原告出户等事，律未开载"，将"原告"比拟"子、妻"告尊长，置于伦常关系中考虑原告应否得告、是否出户。

二是修订逃人法及抢夺、光棍诈财例。第二件新例将《兵部督捕题定事例》拿获、隐匿逃人奖惩开列，增补"凡逃人逃走三次者，立绞"入律。旧督捕事例只规定"逃人逃过三次至四次者，处死"[91]，此逃人三次处绞例，是顺治十年（1653）刑部尚书李化熙题请增入。[92] 除逃人本身处以极刑，"逃人被新汉人窝隐者，窝主处死，家资籍没"，窝逃之人刺字没产，两邻及十家长并妻子流徙宁古塔，房地入官。修订后愈加残酷的逃人法，迅速引起汉官的不满。顺治十一年（1654）、十二年（1655），兵部督捕右侍郎魏琯、左都御史屠赖等上题，逃人三次处死、窝主一次便丧生，"逃轻窝重，非法之平""窝主之罪、原不至死"。但朝廷以为，"逃人多至数万，所获不及什一"，魏琯"显见偏私市恩"，前曾改窝主充军，但效果不佳，反而不如"方窝主正法，家口为奴之时，虽有逃人，尚多缉获"，遽议复将窝主正法，严惩两邻、十家长，勒令出首。此事在清初虽有反复，如顺治十四年（1657）考虑过是否将窝主处死改为"面上刺窝逃字样，并家产人口发旗下穷兵为奴"，但顺治十三年（1656）、十四年（1657）两度大赦中，"满洲逃人窝主干连人

---

[89] 怀效锋点校：《大明律》，法律出版社1998年版，第178页。
[90] （明）应槚：《大明律释义》，载杨一凡编：《中国律学文献》（第2辑·第2册），黑龙江人民出版社2005年版，第327页。
[91] 《大清律集解附例》第十卷《大清律新例》，康熙刻本，第3页。
[92] 参见《清世祖实录》卷七十五，顺治十年五月庚辰。

等"均明列为不得开赦。[93]《新例》增补"凡逃人逃走三次者,立绞"后,同年九月及康熙十三年(1674)均对逃人易主、次数情节各异后,如何处绞予以细化,直至康熙二十五年(1686)方奏明改拟发遣。[94]

不可否认的是,逃人法系清初酷政,为了扩张圈地和拱卫抢掠、投充的壮劳力,清廷不惜极刑恫吓,虽明知"便于奸人图诱,诬人窝藏"仍为之。[95]但是,逃人三次处绞不只存在于满洲旧制,明代条例亦有类似规定云,"在京在外守御城池军人,在逃一次、二次者,问罪,照常发落;三次,依律处绞",太常寺、光禄寺厨役私自逃回籍"至三次以上者,问发口外为民"[96]。若天命六年(1621)"著将明国所定诸项章典,俱缮文陈奏,以便去其不适,取其相宜"[97],以及天聪七年(1633)宁完我等人迻译《大明会典》有实效,"参汉酌金,用心筹思,就今日规模立个金典出来,每日教率金官到汗面前担当讲说,务使去因循之习,渐就中国之制""实为日后干事的好"[98],则逃人三次处绞的规定,与明律区分犯罪次数、情节以定刑的罪刑配置大有联系。此法虽在目的上令人发指,但在立法技术和裁量方法上,受到了明朝以次数为条件、以恶性为量度的刑罚升格要素影响,概因"三次逃走则怙恶不悛

---

[93] 参见《清世祖实录》卷八十,顺治十一年正月丁巳;《清世祖实录》卷八十八,顺治十二年正月丙午;《清世祖实录》卷八十四,顺治十一年六月甲子;《清世祖实录》卷八十五,顺治十一年八月甲戌;《清世祖实录》卷八十五,顺治十一年九月壬辰;卷一百零七,顺治十四年二月丙戌;《清世祖实录》卷一百零二,顺治十三年七月癸丑;《清世祖实录》卷一百零八,顺治十四年三月癸丑。

[94] 参见(清)薛允升著述:《读例存疑重刊本》(第5册),黄静嘉编校,台湾成文出版社1970年版,第1322、1334页。

[95] 参见萧一山:《清代通史》(上卷),中华书局1986年版,第440页以下。

[96] (明)雷梦麟撰:《读律琐言》,怀效锋、李俊点校,法律出版社1999年版,第265页;(明)李东阳等撰、申时行等修:《大明会典》(五),台湾新文丰出版公司1976年版,第2253页。

[97] 中国第一历史档案馆、中国社会科学院历史研究所译注:《满文老档》(上),中华书局1990年版,第189页。

[98]《天聪朝臣工奏议》,载于浩辑:《明清史料丛书八种》(第2册),北京图书馆出版社2005年版,第445页以下。

矣,故交刑部正法"[99]。

同类现象还延及第十一条新例,增补"抢夺三次者立绞,并刺'抢夺'字样,相应入律。隐匿逃人、吓诈财物者,三人以上光棍照强盗论拟罪,相应一同入律"[100]。实际上,前者本于嘉靖三十二年(1553)题准,抢夺三次不分革前革后,比照窃盗三次处绞,[101]再经顺治十三年(1656)题定[102]和《新例》复修。后者虽以隐匿逃人与吓诈财物并称,在实践中仍以沿自明律的"恐吓取财"条适用为主,以假装逃人、躲避某家敲诈为犯罪情节。康熙初年,浙江巡抚范承谟指出,"地方光棍欲诈某家,串通逃人先至其门,随率党羽蜂拥擒捉,指为窝逃,顷刻之间,身家皆陷"[103]。名臣郑端则记载得更为生动:

> 也有奸恶光棍本非旗人,充作逃人,展转诈害,夺人妻子者。有光棍与人有仇,来京投旗,恶寻一无赖认作逃人,称为报信。及审无逃档,则曰"逃时我小",或称"我父在屯,未递逃档者"。有地方光棍为非事犯,恐受官刑,则曰"我是某旗逃人"。官不敢问,乃解到部,寻一递档旗人,认以为主。及审姓名不对,则曰"原在我家是某姓名,逃去改了姓名,今某人即某人者"。此三者假逃人名色诈害百姓者也。[104]

康熙三年(1664)十二月,即《新例》颁行不久,御史李之芳认

---

[99] (清)薛允升著述:《读例存疑重刊本》(第5册),黄静嘉编校,台湾成文出版社1970年版,第1334页。

[100]《大清律集解附例》第十册《大清律新例》,康熙刻本,第9页b。

[101] 参见(明)傅颐:"遵明诏复成法以定官守以肃宪纲疏",载(明)吴亮辑:《万历疏钞》卷十二台宪类,万历三十七年刻本,第4页a。

[102] 马建石、杨育棠主编:《大清律例通考校注》,中国政法大学出版社1992年版,第705页。

[103] (清)范承谟:《范忠贞公(承谟)全集》,台湾文海出版社1983年版,第125页。

[104] (清)郑端:《政学录》卷一,光绪五年畿辅丛书本,第41页b。

为光棍诬为逃人所依循之例未清,明确提出"后有谎首逃人审虚者,合无照诬告加等之例;图诈情真者,合无照光棍诈财之例;若有拖累致死之人命者,合无照诬告人因而致死之例,各治以应得罪名"[105],实则回归到了清承明制的律条之上。可见,四大臣辅政视为圭臬的太祖、太宗旧制,本身就沾染了不少中原文化的痕迹。从岛田正郎所见傅斯年图书馆藏(无圈点)满文译明律,[106] 及张晋藩先生发现《大明会典》确曾为关外治罪依据看,[107] 清军入关后所奉行的"家法祖制",其实在入关前就部分与明制相融。王锺翰先生谓满人从此"以明为师"[108],是比较恰当的。

三是引入满洲军法。第四件、第六件及第七件新例,将"凡在出征打猎之处失火者,鞭一百""于禁约之处欲拔鲍头,误拔铲箭"杀伤人,以及拿获"箭上不写姓名"者的奖惩入律。[109] 此三例皆发轫于关外军约。军营田猎失火,延宕军机,祸殃甚大,初以斩刑论罪。崇德三年(1638)上谕,"下营时,凡取薪水,务集众同行,妄致失火者,斩"[110],顺治八年(1651)定行军律,"失火者斩"。[111]《新例》将极刑改为鞭一百,便于与律例的"失火"条普遍采杖刑协调。雍正元年(1723)兵法,再将失火八旗兵鞭一百、绿旗兵棍责八十的规定移植到八旗公罪处分之中,[112] 实现满汉分途。同样,为了避免军器遗失和便

---

[105] (清)李之芳撰,李锺麟编:《李文襄公奏议》,载贾贵荣、张爱芳选编:《清代名人奏疏丛刊》(第1册),国家图书馆出版社2016年版,第411页。

[106] 参见[日]岛田正郎:《清律之成立》,载刘俊文主编:《日本学者研究中国史论著选译》(第8卷),姚荣涛、徐世虹译,中华书局1992年版,第468页。

[107] 参见张晋藩、郭成康:《清入关前国家法律制度史》,辽宁人民出版社1988年版,第441页。

[108] 王锺翰:《清史杂考》,人民出版社1957年版,第79页。

[109] 参见《大清律集解附例》第十册《大清律新例》,康熙刻本,第5页以下。

[110] (清)清高宗敕撰:《清朝通典》,台湾新兴书局1965年版,"典"第2579页。

[111] 《清世祖实录》卷五十六,顺治八年四月癸丑。

[112] 参见(清)铁保等纂修:《钦定八旗通志》(第9册),台湾学生书局1986年版,第3460页;(清)伯麟等修,庆源等纂:《钦定兵部处分则例》,载茅海建主编:《清代兵事典籍档册汇览》(第38册),学苑出版社2005年版,第172页。

于追责,自唐宋时期开始的军器刻名受到满人重视。据说唐代名将王忠嗣的军令之一,即"虽一弓一箭,必书其姓名于上以记之,军罢而纳。若遗失,即验其名罪之。故人人自劢,甲仗充牣矣"[113]。崇德三年(1638)上谕,"一切军器,自马绊以上均书姓名,马必系牌印烙,不印烙者罚银二两,箭无姓名者罚银二十两,如得他人箭隐匿不出者,亦罚银二十两。"[114] 经顺治五年(1648)、八年(1651)及十八年(1661)康熙初登基奏改,[115] 基本确立了《新例》箭上无名、冒名杖八十,拿获赏银十两的先例。至于误拔铲箭杀伤人,致死赔偿人丁,致伤分等追银,系因禁约围场惯用杀伤力甚弱的骲头箭操演狝狩,而铲箭用于练靶。嘉庆帝明确指出,旧制"射鹄则用骲头,射靶则用铲箭""将铲箭演习纯熟,即易用梅针"捕贼,[116] 可见铲箭易于损伤人命。清人郝懿行训称:"骲箭古用骨,今亦用木,仍曰'骲头'。"[117] 一旦误拔铲箭,原罚土黑勒威勒(满语 tuhereweile,按品级罚俸、鞭责[118]),《新例》改赔人丁、银两,看似与律例"戏杀误杀过失杀伤人"条有所出入,即满人要求以命易命,将人丁活口折抵过失杀人。盖明律不将人丁视为财产,即便过失杀人,亦"准斗杀、伤罪,依律收赎,给付其家"[119],不必偿命。但细加考察,在满人早期的财产观中,作为财产的"人",即奴仆、诸申等均与牲畜的交易属性无异,努尔哈赤分家所得"家产",

---

[113] (后晋)刘昫等撰:《旧唐书》(第7册),中华书局1975年版,第3199页。

[114] (清)清高宗敕撰:《清朝通典》,台湾新兴书局1965年版,"典"第2579页。

[115] 参见(清)清高宗敕撰:《清朝文献通考》(二、三),台湾新兴书局1965年版,"考"第6579、6728页。

[116] 《清仁宗实录》卷九十八,嘉庆七年五月庚午。

[117] (清)郝懿行撰:《尔雅义疏》(上),王其和等点校,中华书局2019年版,第508页。

[118] 参见郑天挺:《清史探微》,北京大学出版社2011年版,第81页以下;郭成康:"'土黑勒威勒'考释",载氏著《清代政治论稿》,生活·读书·新知三联书店2021年版,第175页以下。

[119] 怀效锋点校:《大明律》,法律出版社1998年版,第154页。

即包括奴仆、牲畜（满文 aha、ulha），可以作为动产和商品课税。[120]赔偿人丁，实际仍然是以财产为依归，弥补铲箭杀伤人的损失，只不过人丁作为可持续的劳力，较之普通动产具有更大价值。在清军入关逐渐中原化后，人的地位与财物相剥离，此种以人为财的赔偿理念方逐渐淡去。可见，《新例》在辅政时期诞生，所谓恢复旧制，并不着意于复原关外犯罪类型，而是重在搬运满洲刑罚。故此，第十一件新例"旗下人有犯军流徒罪者，照依定例枷号"，即著名的旗人换刑，亦是从沿用常罪、更换异罚的角度规范旗人的优待条件。

此外，《新例》余下内容并非"复古"，而是针对《大清律集解附例》之新规。换言之，《新例》的主要篇幅留给了因应当下社会现象之规范，吸纳中原政制之传统，而没有选择单向逆溯。先是，模仿明制，确立拱卫皇权的系列仪轨。如第九件、第十八件新例，严禁"官民人等擅用黄色、秋色，并用线缨者"以及"擅私祭天"，违者分别处以笞鞭，后者更在新例中还原了满洲酷刑鼻耳穿箭，加以惩处。[121] 概因洪武三年（1370），"诏中书省，申禁官民器服，不得用黄色为饰""如旧有者限百日内毁之"[122]。清廷为了标榜不采五行生克之说，仍以黄色为尊，"五德之运说本无稽……至元明而服御专尚黄色，不取五行生克之说，制度始合正则，国朝因之，以定一尊之义，而辟万古之疑"[123]。

至祭天之事，更属儒家常经之义。《礼记》云："天子祭天地，祭四方，祭山川，祭五祀，岁徧。诸侯方祀，祭山川，祭五祀，岁徧。大夫祭五祀，岁徧。士祭其先。"疏云："天地有覆载大功，天子王有四海，

---

[120] 参见刘小萌：《满族的社会与生活》，北京图书馆出版社1998年版，第319页；刘小萌：《满族从部落到国家的发展》，中国社会科学出版社2007年版，第209页以下。

[121] 参见《大清律集解附例》第十册《大清律新例》，康熙刻本，第7、15页。

[122] 《明太祖实录》卷五十五，洪武三年八月丁丑。

[123] （清）清高宗敕撰：《清朝通典》，台湾新兴书局1965年版，"典"第2326页；清人苏舆注《春秋繁露》"帝迭首一色，顺数五而相复"一句说，"此五行更王之义。如黄帝土德，以黄为首色是也。后世因之，有历代所尚之色，大抵取五行生克为义。至元明服御专用黄色，国朝因而不改，始辟五德旧说矣"。参见（清）苏舆撰：《春秋繁露义证》，钟哲点校，中华书局1992年版，第186页。

故得总祭天地以报其功。"[124] 看起来,《新例》严惩擅自祭天,系接纳了儒家"尊卑等级"的纲常之义。董仲舒也说:"春秋立义,天子祭天地,诸侯祭社稷。诸山川不在封内不祭。有天子在,诸侯不得专地、不得专封、不得专执。"清人苏舆引注称,"所以一统尊法制也"[125]。但是,如同前件服色之禁,清廷比较清晰地看到明代帝王和体制儒家对君主的推崇,甚至能够跨越五行学说的桎梏,力倡臣道之克敛和君道的张扬。早在崇德元年(1636),皇太极便明确指出:

> 前以国小,未谙典礼,祭堂子,神位,并不斋戒,不限次数,率行往祭。今蒙天眷,帝业克成,故仿古大典,始行祭天。伏思天者,上帝也。祭天祭神,亦无异也。祭天祭神,倘不斋戒,不限次数率行往祭,实属不宜。嗣後,每月固山贝子以上各家,各出一人斋戒一日,于次早初一日,遣彼诣堂子神位前,供献饼酒,悬挂纸钱。春秋举杆致祭时,固山贝子、固山福晋以上者往祭,祭前亦须斋戒。除此外其妄率行祭祀之举,永行禁止。著礼部传谕周知。[126]

由此可知,祭天之礼在满洲远早旧制中并未通行。祭天始于"仿古大典"的遵行,即移植了汉文化祭祀的仪范。祭祀力求遵奉固定的程序、时令和禁忌,且须按君臣品级差等行事。崇德元年(1636)冬至日的祭天仪式,便深刻体现了这一点。[127] 至辅政时期,立法者心领神会地避开了真正的"满洲旧制",巧妙利用了前明抬升、入关前继受的君

---

[124]（汉）郑玄注,（唐）孔颖达疏:《礼记正义》(上),北京大学出版社1999年版,第153页。

[125]（清）苏舆撰:《春秋繁露义证》,钟哲点校,中华书局1992年版,第114页。

[126] 中国第一历史档案馆、中国社会科学院历史研究所译注:《满文老档》(下),中华书局1990年版,第1514页。

[127] 参见中国第一历史档案馆、中国社会科学院历史研究所译注:《满文老档》(下),中华书局1990年版,第1710页以下。

主政道，维系新政权的合法性。否则，从根源上说，要回归满洲旧制，则首先应该恢复太祖时期八旗旗主联合为治的"国体",[128] 抑或太宗时期的宗室协理。但这显然与四辅臣为异姓臣的现状，及《新例》所见有所抵牾。满人应该可以看到，从原典儒家来看，天子祭天不可颠扑，或者说天子尊位不容刺慢，其深层义理与官方儒学所言不同。盖如朱熹所说：

> 天子祭天地，诸侯祭其国之山川，只缘是他属我，故我祭得他。若不属我，则气便不与之相感，如何祭得他。
> 因其生而第之以其所当处者，谓之叙；因其叙而与之以其所当得者，谓之秩。天叙便是自然底次序，君便教他居君之位，臣便教他居臣之位，父便教他居父之位，子便教他居子之位。秩，便是那天叙里面物事，如天子祭天地，诸侯祭山川，大夫祭五祀，士庶人祭其先，天子八，诸侯六，大夫四，皆是有这个叙，便是他这个自然之秩。[129]

可见，天子祭天之独享，是在君臣伦理的自然秩序之上，要求君臣父子尽个人的伦理责任。天子既有祭天之利，便须承担安稳天下之责。故前引《礼记》曰"总祭天地以报其功"，其"报"字可谓一字千金，必先有功而后可报，无法先予报而后求功。诸侯、庶人不能僭越，系属"不在其位，不谋其政"。一旦天子以外诸人祭天，不但是"非其鬼而

---

[128] 参见孟森：《清史讲义》，中华书局2007年版，第36、54、78页以下。何龄修先生认为孟森先生所用"国体"一词虽然不太恰当，"但意思很明白，八旗制度是努尔哈赤用以治理国家的政治制度"，"这是一种卓见"。参见何龄修：《五库斋清史丛稿》，学苑出版社2004年版，第36页。周远廉先生则称原始八旗制度为"后金的国家政权组织形式"。参见周远廉：《清朝开国史研究》，故官出版社2012年版，第94页以下。

[129] （宋）黎靖德编：《朱子语类》（第2、5册），王星贤点校，中华书局2020年版，第747、2463页。

祭之，谄也"[130]，更是无法克尽人伦大义，导致德离其位。清廷选择延续前明如此旧制，既显现出谙练儒学之脉，却也不免堕入"唯我独尊"的歧途之下。故牟宗三先生曰："天子祭天，则正所以表示人群中分位等级之最高者代表整个级系，以致其虔诚于上天，而肯定超越理想也"，但自秦皇以来，"凡否决分位之等者，必破灭价值之层级，其背后之精神，则皆出之以阴险狠愎之心理，而为纯物量纯否定者也"[131]。

继而，出于稳固国基的目的，第五件新例还对异姓人结拜兄弟、组成秘密组织严厉打击。原议不止对结拜人数、首从犯有要素规定，最高刑也止步于首犯的杖一百、徒三年，但《新例》颁行同日之旨，却升格为"歃血盟誓，焚表结拜者，殊为可恶。此等之人，着即正法"[132]。此例入《刑部现行则例》后，陆续修纂为"谋叛"条例，"凡异姓人但有歃血定盟、焚表结拜弟兄者，照谋叛未行律，为首者拟绞监候，为从减一等"[133]。可见，辅政时期的政制多有符合清廷长期统治需求者，在律例中以各种方式延展其生命。

五是整饬吏治及决狱规程。第十件、十三件及十五件新例，分别禁革桎床刑具、犯赃衙役、官员子弟投谒纳贿诸事。元明以来，此三事未绝于朝政。《元典章》"罪囚暖匣""匣禁""禁约狱内无得饮酒"诸条

---

[130] 杨伯峻译注：《论语译注》，中华书局2009年版，第21页。
[131] 牟宗三：《历史哲学》，吉林出版集团有限责任公司2015年版，第42页。按：标点有改动。
[132] 《大清律集解附例》第十册《大清律新例》，康熙刻本，第6页a。
[133] 马建石、杨育棠主编：《大清律例通考校注》，中国政法大学出版社1992年版，第661页。需要指出，以往有关清初惩治秘密会党的制度梳理，似乎甚少注意到康熙三年（1664）《新例》的存在。除赫治清教授曾经引用过一次外，对秘密社会卓有研究的庄吉发教授明言，"康熙年间，针对异姓人结拜弟兄问题，先后三次修订律例"，并据《大清会典》《大清会典事例》列出康熙七年（1668）、十年（1671）、十二年（1673）三次修订，没有对《新例》的介绍。另外，赫治清教授的两处引注，分别说是"康熙八年题定《新颁律例》卷1,《康熙三年新例》""康熙八年题定《大清律新例》"，既不清楚是否未为同一本古籍所出，更未知其"康熙八年"是从何处发现的，让人存疑。参见赫治清：《天地会起源研究》，社会科学文献出版社1996年版，第182页；庄吉发：《清代台湾会党史研究》，台湾南天书局1999年版，第219页以下。

即载,"江南有司见禁重囚,昼杻双手、匣其一足,夜则并匣双足""本为防备所禁囚徒畏罪疏虞之患。然各处所行,事有不同,从前未有定制"[134]。至明代、清初,此酷刑不废,且有大行天下之势。吕坤便批评说:"梐床之制,极为严密……八缚在槛,四体如僵,手足不得屈伸,肩背不得辗转,莫道蚤虱交攻,蚊虻争嚼,纵使毒蝎蛰身,饿鼠啮足,蚰蜒入脑,大蛇缠头,只须忍受,孰能宽之?此法司定式,天下所同。凡系重刑,皆当就梐,立法者岂如是以苦人哉?"[135] 此弊甚至在《新例》规定后尤为未足,经前述姚廷启再题准严查,韩世琦同年十二月督查江苏仅有镇江府"明遗"木笼,"自我清定鼎之后亦俱朽敝无用,从未禁虐罪囚"[136]。但是,康熙三十七年(1698),仍有梐床酷刑肆虐,[137] 屡经申斥,再入"陵虐罪囚"例方渐侵息。

而衙蠹不准折赎,"计赃定拟,不许援引无禄轻条""衙役犯赃,一两以下责四十板、革役,一两以上俱责四十板、流徙尚阳堡,一百二十两以上仍拟绞罪,五百两以上拟斩,俱监候,秋后处决",并将县总里书、保人歇家照衙役处办,亦吸取了明亡经验,将衙役剔除出"无禄人"范围,寻求重典治吏。依明律集解,"无禄人谓不在官人,及凡俸米不及一石者,如三司、运司,府、州、县典吏之类,皆是"[138]。但应槚已经发现,如此解释"无禄人",显然会宽纵实际舞弄法墨之人,所谓"事变无穷,律文有限。问刑者于凡服役于官而于法有所纵舍者,率摘'无禄人减等'一句拟罪,盖避比依奏请之烦,以从一时之权尔。若

---

[134] 陈高华等点校:《元典章》,中华书局、天津古籍出版社 2011 年版,第 1365 页。
[135] (明)吕坤:《实政录》,载(明)吕坤撰:《吕坤全集》(中),王国轩、王秀梅整理,中华书局 2008 年版,第 1147 页。
[136] (清)韩世琦:《抚吴疏草》,载四库未收书辑刊编纂委员会编:《四库未收书辑刊》(第 8 辑·第 8 册),北京出版社 2000 年版,第 414 页。
[137] 参见(清)清高宗敕撰:《清朝文献通考》,台湾新兴书局 1956 年版,"考"第 6610 页。
[138] 《明律集解附例》卷二十三,修订法律馆光绪三十四年重刊本,第 3 页 b。

谓律之本意如此，则非也"。[139]故清廷依龚鼎孳等汉官条陈，顺治八年（1651）、十二年（1655）均有上谕，禁止正印官与衙役通同嘱贿，事后又援引无禄人事由减轻，[140]甚至将官员与衙役犯赃的刑罚轻重倒置，"官员犯赃十两，衙役犯赃一两以上者，流徙"，严惩以衙役受刑过重而上疏之人。[141]此谕汇纂入《新例》前，康熙元年（1662）、二年（1663），江苏的陈福、李坤、裴瑞得、浦万宁等衙役，均因犯赃一两以上，已经适用了顺治新例流徙；[142]康熙三年（1664）后的辅政时期内，江苏的徐连升、江西的陈尧等人、陕西的张炳，亦受同类责处。[143]但是，由于一两以上即处流徙与一百二十两以上拟绞之间存在空白，解役李坤、裴瑞得更是只分别受赃一两二钱和一两，便身遭流徙重惩，导致刑罚畸轻畸重，受到了安徽巡抚张朝珍的批评。[144]此后上调入罪钱数，"衙役犯赃十两以上，照新例流徙。十两以下，仍照律科断"[145]，以求罪刑适应。至于李之芳奏请的子弟说事投谒、冒充官员招摇，以光棍例责处，在明律及司法中已非罕见。《问刑条例》"多收税粮斛面"条已严禁"职官子弟、积年光棍、跟子买头、小脚歇家、跟官伴当人等三五

---

[139]（明）应槚：《大明律释义》，载杨一凡编：《中国律学文献》（第2辑·第2册），黑龙江人民出版社2005年版，第355页。

[140]参见《清世祖实录》卷五十四，顺治八年闰二月丁丑；《清世祖实录》卷九十四，顺治十二年十月戊辰。

[141]参见《清世祖实录》卷一百四十二，顺治十七年十一月戊寅。

[142]参见（清）韩世琦：《抚吴疏草》，载四库未收书辑刊编纂委员会编：《四库未收书辑刊》（第8辑·第5、6、7册），北京出版社2000年版，第359、734、94页。

[143]参见（清）韩世琦：《抚吴疏草》，载四库未收书辑刊编纂委员会编：《四库未收书辑刊》（第8辑·第8册），北京出版社2000年版，第262页；（清）姚文然：《姚端恪公外集》，载四库未收书辑刊编纂委员会编：《四库未收书辑刊》（第7辑·第18册），北京出版社2000年版，第564页；（清）曾王孙：《清风堂文集》，载四库未收书辑刊编纂委员会编：《四库未收书辑刊》（第5辑·第29册），北京出版社2000年版，第113页。

[144]参见（清）张朝珍：《详定刑律疏》，载（清）贺长龄等编：《清朝经世文编》，台湾文海出版社1956年版，第3252页。

[145]（清）沈之奇撰：《大清律辑注》（下），怀效锋、李俊点校，法律出版社1998年版，第851页。

成群……欺凌官攒，或挟诈运纳军民财物者"[146]。官员子弟恃符贿诈、行同光棍，为害甚于普通招摇讹诈，故明清官箴皆倡导酌情加重处断。"若系官员世职大臣子弟为非，诓骗多金，及有关军机钱粮假官者，宜从重"[147]，并将如此棍徒张贴告示，防止"盘据衙门，瞒官作弊"[148]。此例由李之芳在顺治十五年（1658）所题，源于棍徒金震招摇讹诈于镇江、芜湖一带，沿途投谒诓骗，根本目的是解决官场上迎来送往、阿谀谄媚的陋习，"凡冲途经过使客，一切刺谒、迎送、靡文，概行禁止，则精神自倍，可励事功，烦费自省，可养廉耻，其于吏治不无小补"[149]。可见，在汉官的倡导和中原制度文化的渗透下，《新例》解决的是积年吏治通病，而非一边倒向满洲旧制。

至第十四件、十七件新例，规定重犯六月审定、七月正法，并地方秋决由抚按、布按二司会同覆审，取消内外复审之别，[150] 更属龚鼎孳、刑部等一依行刑时令、敬天恤民之传统而定。[151] 所谓"王者生杀，宜顺时气"，通过地方会审的方式"面加详审"，一定程度上避免了京师秋审单凭招册的弊端。虽然此举仍然不能完全排除地方官员捏造册报的可能。康熙帝勾决时，"亲展招册，详察各犯情词，一一下询，诸臣皆曰可杀而后定"[152]，其实仍限于地方剪裁的书面案件描述与会审臣工意见，难免出现如"梁宽案""涂如松案"等上下修饰、通同建构的冤

---

[146] 怀效锋点校：《大明律》，法律出版社1998年版，第374页。
[147] （清）王又槐：《刑钱必览》，载杨一凡主编：《历代珍稀司法文献》（第3册），社会科学文献出版社2012年版，第1346页。
[148] （明）佘自强：《治谱》卷二，崇祯十二年胡璇刻本，第14页b。
[149] （清）李之芳撰，李锺麟编：《李文襄公奏议》，载贾贵荣、张爱芳选编：《清代名人奏疏丛刊》（第1册），国家图书馆出版社2016年版，第403页。
[150] 参见《大清律集解附例》第十册《大清律新例》，康熙刻本，第12页以下。
[151] 参见《清世祖实录》卷一百二十一，顺治十五年十月己巳。
[152] 《清圣祖实录》卷一百九十五，康熙三十八年九月丙戌。

案。[153] 但如薛允升评价，前例在立法目的上"犹得古意"[154]，系比较准确的。

另外，《新例》增补了行凶、盗抢诸重罪的犯罪情节，将持凶器杀人，未经本主对明私自倾销金银器皿与盗犯同罪，以及隐匿入官财产刑等、杖刑赎罪对应的数额列并,[155] 体现了清代立法的"确定化"倾向。[156] 执持器械杀伤人，一般可以推断行凶者具有杀人之心，与伤害不同。沈之奇指出："此等凶器皆是杀人之物，而持以殴人，实有行凶之心，故但伤人即坐，不论伤之轻重也。"[157] 所以在审断时，需要仔细勘问凶器的持有人、种类、数量、样态、伤处等信息，且"问时不可着意，恐犯人回护致命之伤"[158]。凶器比一般金刃不同，"律内金刃重于他物，例内凶器尤重于金刃，论情非论伤也"[159]。故《新例》规定"执持凶器而未伤人者，杖一百"，即便未造成杀伤结果，亦须因持器行为受责。如此，清律分辨杀、伤、斗殴等情形以及疯疾杀人免坐的排除事由，有了更臻细密的依据。同理，倾销金银器皿，系指熔铸金银，会销毁器皿标识。黄六鸿介绍说："官银匠之设，大端有二：一为花户完粮，欲其倾销纹足，以杜封纳低潮；一为起解藩库，欲其倾销大锭，以

---

[153] 参见徐忠明：《台前与幕后：一起清代命案的真相》，载《法学家》2013年第1期；史志强：《冤案何以产生：清代的司法档案与审转制度》，载《清史研究》2021年第1期。

[154] （清）薛允升著述：《读例存疑重刊本》（第5册），黄静嘉编校，台湾成文出版社1970年版，第5页。

[155] 参见《大清律集解附例》第十册《大清律新例》，康熙刻本，第4、7、10、13页。

[156] 参见陈煜：《略论〈大清律例〉的"确定化"》，载《中国政法大学学报》2012年第4期。

[157] （清）沈之奇撰：《大清律辑注》（下），怀效锋、李俊点校，法律出版社1998年版，第721页。

[158] （清）穆翰：《明刑管见录》，载杨一凡编：《古代折狱要览》（第14册），社会科学文献出版社2015年版，第136页。

[159] （清）薛允升著述：《读例存疑重刊本》（第5册），黄静嘉编校，台湾成文出版社1970年版，第892页。

防驳换责成。"[160] 倾销之时，碎块或有识记的金银器铸成金水，再难复原。如王明德指出："如倾销金银铜锡，不问妍媸纤微，砂砾尘土，皆镕而化之为一，止计分两之轻重而已。"[161] 若非经家主同意，窃后难寻踪迹，原物更难返还，属于窃盗的手段之一。而细化隐匿入官的科罪赃数、杖刑赎刑的金额，形成"刑罚阶梯"，使犯罪危害效果与惩处责任相统一，有学者称为"等价报应"即如是观。[162] 此部分《新例》，一方面突破了明律陈腐的桎梏，又为清中后期例文滋生过于细碎埋下伏笔，但至少可以看出，辅政时期的例文增生不是对前明或关外任何一方旧制的亦步亦趋，而已经衍生出独立的例文制定、解释路径。

综上可知，《新例》虽作成于辅政，实承继了前明以降满汉制度文化之脉络，并因应国基初定的社会时势加以绳顽，弥补律例之不备。《新例》的内核，仍然是以中原法律为主、以满洲旧制为辅，没有脱离"参汉酌金"的要旨。所谓"清朝的统治向着满洲旧制的道路逆转"，可能不尽符合《新例》所见之史实。或问，《新例》所载满洲旧罪虽延明旧，但其配刑恢复了鞭刑乃至鼻耳穿箭，何解？窃以为，酷法之行如冰冻三尺，非由一日之寒。如逃人法逃三次处绞，与明代守军逃三次绞皆有畸重之弊。清人朱奇龄便指出："逃军之根捕宜也，然以此波累平民者亦不少，如洪武中之令善矣，宣德以后未免有弊。"[163] 但是，如同当代刑法学在无法突破成文法的背景下，要求对构成要件加以实质解释，从合理性和必要性的角度，衡量行为人的构成要件该当性、违法性及有责性，以教义学的方法限定刑法的处罚范围，达到规范正义和实质

---

[160] （清）黄六鸿：《福惠全书》，周保明点校，广陵书社2018年版，第125页。
[161] （清）王明德撰：《读律佩觽》，何勤华等点校，法律出版社2000年版，第42页。
[162] 参见谢晶：《儒法之间的刑罚根据论：清律窃盗罚则的古今之维》，载《学术月刊》2019年第8期。
[163] （清）朱奇龄：《续文献通考补》卷四十四武备补七，清抄本，第5页b。

出罪。[164] 传统时代的汉官通过题请新例和巧妙的法律解释，在实践中逐渐瓦解酷法要素，减少苛政的运行机会。如明确由汉官提出的三件新例，皆关涉中原文化的续造和官僚吏治的澄清；在解释论上，汉官群体侧重于增加出罪事由和细化刑等，推动满洲刑罚的轻缓化。以逃人三次处绞为例，姚文然便提出，"今例逃人三次绞，然赦前逃走不算次数，逃三次拟定秋决，遇赦亦得免罪"[165]，放宽了次数认定和赦免的条件。凌铭麟将之类推至"徒流人逃"条，亦称"杂犯以下逃在中途者，虽已三次，不可论绞。须三次俱系到卫着伍者，方引此例"[166]。此类改造清初酷法的情况，实系经历满汉角力和曲折周旋所得。如苏亦工教授所说，"汉官们虽然身处弱势，但有道义和律典作为法理依据，故仍敢前仆后继，频频对满人骄横不法的现象提出指控"[167]。汉官企图以文谏与"矫法"的方式修补恶法，并在《新例》中小有所成，恐不容忽视。满洲旧制之恢复与所谓"满洲认同"，即便在辅政时期也不宜夸大。

需要考虑的重要因素是，非近支宗室辅政，本身就与满洲祖制大相径庭。以鳌拜为首的辅政大臣要求"凡事俱遵太祖、太宗例行"[168]，背后暗含了顺治朝多尔衮等宗亲主政与其余满洲贵族之间的矛盾。四辅臣索尼、苏克萨哈、遏必隆及鳌拜，在入关以前即与多尔衮积怨有年。[169] 他们或力主福临继位，或首告多尔衮谋逆，被视为忠于皇室、

---

[164] 参见张明楷：《实质解释论的再提倡》，载《中国法学》2010 年第 4 期；刘艳红：《实质出罪论》，中国人民大学出版社 2020 年版，第 98 页以下。

[165] （清）姚文然：《姚端恪公外集》，载四库未收书辑刊编纂委员会编：《四库未收书辑刊》（第 7 辑·第 18 册），北京出版社 2000 年版，第 590 页。

[166] （清）凌铭麟：《新编文武金镜律例指南》，载杨一凡主编：《历代珍稀司法文献》（第 8 册），社会科学文献出版社 2012 年版，第 416 页。

[167] 苏亦工：《因革与依违——清初法制上的满汉分歧一瞥》，载《清华法学》2014 年第 1 期。

[168] 《清圣祖实录》卷十八，康熙五年二月辛丑。

[169] 参见（清）谈迁撰：《北游录》，汪北平点校，中华书局 1997 年版，第 363 页以下。比较戏剧的记载是，彭孙贻记述索尼等人将多尔衮尸体挫骨扬灰，"胡良辅与索尼、苏克萨哈等合谋，尽诛九王子孙，灭其门，焚王骨扬灰，世祖始克亲政"。参见（清）彭孙贻：《客舍偶闻》，于德源校注，北京燕山出版社 2013 年版，第 14 页。

一心为主的股肱之臣。[170] 为了防止多尔衮式篡权，辅助臣工不能以亲缘关系定执掌高下，而需要以主奴位份维系尚在冲龄的玄烨帝位。因此，《新例》中提到的两处黑勒根王（即墨勒根王多尔衮，满语 Mergen Wang）[171] 定例，要么被忽视而没有入例（第二件），要么直言"此款系一时禁约，不必入律"（第十八件），再经修纂而使多尔衮例失效。实则如第十八件新例，多尔衮定例较新例轻缓不少，但这仍无法与风流激荡的前朝政局相抗衡。概可见，《新例》的诞生，不惟有文化之扬弃、制度之移徙，更有辅政政制之左右，以达成巩固国基、衡平满汉的目的。辅政时期所遵循的"祖制"，显然是杂糅各家而重塑的"祖宗"，再通过新例的试验，在不触动顺治律根本的基础上，检查、澄练和实质修补旧例之不足，形成了清初独具特色的例文衍生方式，开后朝修例之先河。顺康时人胡文学比较精辟地指出："夫法因人变，人逐岁迁，部议章疏公移三卷，后人因成书，附新例，皆得以次增，独纪略所书，则例厘然，国家因循之日久，安敢谓数百年后，遂以是为三壤九府一定不可易之典哉？"[172]

四、余论："祖制"涵化与修例实践

康熙三年（1664）新例与其附着的《大清律集解附例》的出现，表明清初修例活动呈现出糅合前明、满洲及当下社会需求为一体的思

---

[170] 参见王戎笙主编：《清代全史》（第 2 卷），辽宁人民出版社 1995 年版，第 188 页以下；王思治：《清史述论》（上），故宫出版社 2016 年版，第 256 页以下。

[171] 参见郑天挺：《清史探微》，北京大学出版社 2011 年版，第 70 页以下。

[172] （清）胡文学：《适可轩文集》，载四库未收书辑刊编纂委员会编：《四库未收书辑刊》（第 9 辑·第 16 册），北京出版社 2000 年版，第 59 页。

路。与今天我国宪法修正案模式有所类似,[173] 即"在形式上对宪法典的原文不加任何变动,而将宪法修改的内容按照其通过时间以及在原有宪法典中的先后顺序以条纹的形式附加于宪法典之后,使之成为宪法的有机构成部分"[174]。清初新例的增补,也是先保持《大清律集解附例》原貌,继而后附新定例文,后者实质是对既定律例的修改。据宪法学者所说,这种"接续"而非"植入"的方案源于美国宪法修正案,原意是可以以"小修"求"大稳",以逐条通过、不修原文的形式降低修宪门槛,"最大限度地避免宪法秩序的动荡",这种思维与我国修宪的目的是相通的。[175] 也有反对意见认为,我国宪法属于"中低度刚性、修改频度通常比较高"的宪法,通过多条款、"决议"式的新修正案,再附于原文和原修正案之后,前后庞杂,理解困难,[176] 甚至"不像是以'宪法修正案'的方式修改宪法,因为宪法修正案没有独立适用的作为宪法规范的价值"[177]。这场争论的实质,是如何寻求一套适合中国的修宪技术,谋求"新"与"旧"、"稳"与"变"的协调。这种求取"衡平"的技巧,亦是中国传统时代立法、司法的旨趣所在。[178]

---

[173] 此处没有采刑法修正案为比较对象。据全国人大常委会法工委刑法室的负责人说,刑法修正案与刑法的关系是:"立法机关采取了刑法修正案的方式。今后修改、补充刑法,如果新增加条文,就列在内容相近的刑法条文之后,作为某条之一、之二。如果修改某条,就直接修改该条文。这样,不改变刑法的总条文数,有利于维护刑法典的完整性和稳定性。"因此,这种直接修改法条内容的植入修正案,与下文讨论的宪法修正案、清初新例在形式上差异较大,暂不予讨论,但其技术目的是趋近的。参见黄太云:《立法解读:刑法修正案及刑法立法解释》,人民法院出版社2006年版,第3页。

[174] 林来梵:《宪法学讲义》,清华大学出版社2018年版,第121页。

[175] 参见屠振宇:《我国宪法修正案技术的反思与重述》,载《政治与法律》2021年第6期。

[176] 参见童之伟:《我国宪法原文与修正案的组合问题》,载《中国法学》2003年第3期。

[177] 胡锦光:《我国宪法修正案的技术性与规范性评析》,载《法商研究(中南政法学院学报)》1999年第6期。

[178] 参见顾元:《服制命案、干分嫁娶与清代衡平司法》,法律出版社2018年版,第41页以下。

当然，古今中西看似有所共通之处，却很可能暗含了价值之别。宪法修正案的出现，某种程度上是为了界分制宪权与修宪权，保持修宪权的派生性和内敛性。在美国联邦的第一届国会上，谢尔曼就明确宣称，制宪是"人民的造法行为（act of the people）"，而宪法修正案不过是"各州政府的造法行为（act of the State Governments）"。[179] 为了后世的人民代表不反噬人民主权，宪法修正案不仅要在程序上受到严格限制，更要受"宪法之宪法"——自然法的注视。虽然有一派观点认为宪法修改不必有限制，但伴生着西方社会的契约理论被屡次打破和重塑，[180]以及一二战宪法实践的惨痛经验，修宪有界说日渐占据主流，日本宪法学家芦部信喜指出：

> 修宪权作为制度化的制宪权，从属于始源性的制宪权的意志。……修宪权否认国民主权，就是破坏自身权力基础的自杀行为，是权力的篡夺，在法的逻辑上也是不能成立的。……创造宪法的权力（pouvoir constituant）有别于作为宪法所创设的权力（pouvoirs constitué）的修宪权，宪法是国民制宪权决断的产物，修宪权不能改变宪法的根本原则。[181]

虽然芦部信喜并不赞同施密特提出的，制宪权是一种"凭借实力和权威"的"政治意志"，但是，又基本认许了修宪有界的根本因素在于维系超验的自然法，不能触动国家民主政治秩序和"权力—权利"既定结构。宪法修正案技术背后的一套权力格局和制衡术，成为不可逾越的"祖宗家法"。这种思路，到了当代中国似乎也概莫能外。[182]

而清初采取此种立法方式，在一些学者眼里也并不尽如人意。因为

---

[179] 参见杜强强：《论宪法修改程序》，中国人民大学出版社2008年版，第151页。
[180] 参见王世杰、钱端升：《比较宪法》，商务印书馆1999年版，第373页以下。
[181] [日] 芦部信喜：《制宪权》，王贵松译，中国政法大学出版社2012年版，第90页。按，标点有修改。
[182] 参见胡锦光、韩大元：《中国宪法》，法律出版社2018年版，第120页以下。

到了雍正修律时,"把前明及顺治、康熙两朝及本朝零星颁布的条例加以整理,按例制定的时间现后顺序依类附入律中,并把各律条后附例分别注明'原例''增例''钦定例'等名目,编纂体例比较混杂"[183]。言下之意,是在指摘新旧并存的编纂方式不如后世的去旧存新,因为该书接着讲道,"自乾隆五年以后,清廷修例实现了经常化、定期化和规范化",似乎此前的实践是相反的。

  实质上,表面的"混杂",恰恰显现出中国传统立法的历史自觉和溯源意识,其中透射出中国人浓厚的"祖制"观念。从《问刑条例》的出现到《新例》的产生,明太祖及清初诸君的祖训嘉言,迫使后世子孙不敢变乱家法,对律例加以轻易删修。"祖制"的内涵,也并非拘束于一家一姓之法,而是在文化层面去芜存菁。盖有清一代定鼎中原,涉及的不仅是"化家为国",还必须面对"化夷为夏"的难题。顺治、康熙两朝对明代治轨倍加推崇,先翻译洪武宝训,作为"彝宪格言,深裨治理"[184];又审阅《通鉴》,评论古代帝王,大赞朱元璋曰:"朕以为历代贤君,莫如洪武。何也?数君德政有善者,有未尽善者,至洪武所定条例章程,规画周详,朕所以谓历代之君,不及洪武也。"[185]康熙帝审阅《明史》稿本,亦感叹言:"朕思洪武系开基之主,功德隆盛,宣德乃守成贤辟,虽运会不同,事迹攸殊,然皆励精著于一时,谟烈垂诸奕世,为君事业,各克殚尽。"[186]而对于血缘亲族的"祖制",如八旗大法,却被后世子孙剪除易相,被雍正帝斥为朋党。这种"祖制"内涵的反复跳跃、否定和重构,并不是清代皇帝阴晴不定,而是基于"王道之政"做出的适时调整。传统"祖宗之法不可变"在奋发君主看来,可以"偷梁换柱",成就功业,及时完成"化夷为夏"的繁重任务。亦可见,"认祖归宗"不是纯粹的政权合法性继承的问题,而是文化基因、

---

[183] 杨一凡、刘笃才:《历代例考》,社会科学文献出版社2012年版,第275页。
[184] 《清世祖实录》卷二十四,顺治三年三月辛亥。
[185] 《清世祖实录》卷七十一,顺治十年正月丙申。
[186] 《清圣祖实录》卷一百五十四,康熙三十一年正月丁丑。

民众心理的吸纳，即所谓"力服"与"心服"之别。孟森先生十分精辟地指出："太祖所制为纲常，世宗乃破之为朋党，而卒无异言者，得力于尊孔为多也。夫太祖之制亦实是用夷法以为治，无意于中夏时有此意造之制度，在后人亦可谓之乱命。"[187] 由此，文化涵化在不知不觉中扎根和扩散，用郑天挺先生的话说，清军入关后的礼俗变革和文化转变，"不是由于政令的强制而是文化的自然调融"[188]。清早中期君主正是认识到这一点，方不停变换"祖制"，使得自己从夷狄脱胎为华夏，再从华夏自创一套"祖制"，传之久远。

《新例》的问世虽然在辅政时期，也并不影响其政制华夏化之趋势。从鳌拜被擒的满汉罪状来看，汉文残档30条、满文口谕12条基本在条列鳌拜独擅专权、结党阿法诸罪，并未对鳌拜变乱满制有所指斥。[189] 而《新例》内容如前所证，似乎更能显现中原文明、儒家观念业已"随风潜入夜"，改造了满人治国安邦的理念和方式，成为入关后爱新觉罗子孙需要承继的"祖制"之一。此处，当是当代修正案秉持的"权力"不可易，与传统时代"中国而夷狄也，则夷狄之；夷狄而中国也，则中国之"的变易之别。前者强调外在的规范他律和高度的政治警惕，后者强调内在的道德自律和温情的政治改造，二者似不存在优劣之别，而留有合适之异。

在中国人看来，修订律例，不离"执两用中"的知时之道。《新例》虽有"新"之名，但若远离人道，堕入夷狄之法，则可持用旧例；旧例虽有"旧"之号，但若历久弥新，切合日新之维，则又何必废弃？康熙朝名臣陆陇其曾经对例文的新旧更替有过经典判断：

> 我国家本以淳简致治，而迩来条例日增。上未知所守，下未知所从，一法不效，辄更一法，法之变未有已也，则仿《会

---

[187] 孟森：《清史讲义》，中华书局2007年版，第21页。
[188] 郑天挺：《清史探微》，北京大学出版社2011年版，第41页。
[189] 参见杨珍：《康熙朝鳌拜罪案辨析》，载《历史档案》2016年第3期。

典》旧例，勒为全书，以昭一代之制，诚今日急务矣。……旧例可从，则不妨舍新而从旧；新例苟善，则不妨置旧而从新。宽严必得其中也，缓急必揆其当也，详略必审其宜也。[190]

正因此，经过社会现实和文化标准的过滤，《新例》十八件大多被修纂或影响至《刑部现行则例》及《大清律例》之中，成为早期清朝自定例文的典范。（见表2）舶来自西方的修正案技术，虽然有诸多优点，甚至与《新例》衍生、编纂的策略互有暗通。但是，当修正案基础——社会契约理论一并东渐，其出现水土不服是可想而知的。中国传统的新旧之别、人我之异，并非以一种西方议会式的对抗和斗争进行角力，而是以文化涵化和文明开化为基准，进而洗涤和淘澄"昨日之我"，达到日新的境界。古代中国似乎没有形成西方式的国家社会二元结构，进而要以"宪法"抵制公权力的入侵。相反，儒家认为，政法禁令使民"免而无耻"，需要以礼疏导、指引和规范人的行为，乃至约束君主言行，做到"有耻且格"。[191] 虽然《新例》作为清代修例的开端，已经昭示着清代修法落于琐屑与短视，但其中蕴含的立法价值是不容小觑的。霍韬晦先生指出："中国儒家礼教之重视人格修养、重视社会礼乐、重视精神生活的超升，便知道民主政治平面化的危机。这只有借助东方的教养观念，以'内圣'的文化教养来提高'外王'的素质，亦即使;内圣'和文化教养成为民主政治的超越的前提，才能维系民主政治于不坠。"[192] 吾辈自当深思矣。

---

[190] （清）陆陇其：《三鱼堂集》，赵伯雄校点，载北京大学《儒藏》编纂与研究中心编：《儒藏》（精华编二七四），北京大学出版社2020年版，第316页。

[191] 马小红教授甚至认为，"'礼'在中国古代无疑具有'宪法'的地位与作用"。参见马小红：《清末民初礼与宪法关系的反思——兼论中国古代社会的共识》，载《现代法学》2021年第4期。

[192] 霍韬晦：《新时代·新动向》，中国人民大学出版社2010年版，第93页。

表2 《新例》入律或影响后世律例之历程

《新例》	刑部现行则例	大清律例
一	诉讼"家仆告主"（诉讼06）	"干名犯义"条（337-02，337-03）
二	《督捕则例》(上)"赦后逃人"条（捕11）	
三	人命"疯病杀伤人"条、"持刀枪行凶"条（人命02、03）	"斗殴"条（302-01，302-02）
四	杂犯"失火"条（杂犯02）	"失火"条（382-01）
五	杂犯"歃血焚表"条（杂犯01）	"谋叛"条（255-04）
六	军政"猎场法令"（军政01）	"戏杀误杀过失杀伤人"条（291-01，291-08）
七	军政"箭上不写姓名"条（军政02）	毁弃军器（213-02）
八	贼盗"匠艺对明倾销"条（贼盗23）	"亲属相盗"条（272-02）
九	仪制"擅用线缨"条、"禁止服色"条（仪制01、02）	"服舍违式"条（175-12，175-13，175-14）
十	断狱"用柙床"条（断狱32）	"陵虐罪囚"条（398-05）

续表

《新例》	刑部现行则例	大清律例
十一	名例"旗下徒流折枷号"条（名例06） 贼盗"恶棍索诈"条（贼盗12）	"恐吓取财"条（273-07）
十二	名例"滥准折赎"条、"老疾折赎"条（名例11、13）	"五刑"条（1-08）
十三	名例"贪官役不准折赎"条（名例09） 受赃"县总里书犯赃"条（受赃02）	"官吏受财"条（344-00，344-03，344-05）
十四	断狱"正月六月停刑"条、"秋后正法"条、"七月正法"条（断狱38、39、40）	"五刑"条（1-06）
十五	受赃"以财行求"条、"大臣官员家不许往来馈送"条（受赃05、06）	"多收税粮斛面"条（120-05）
十六	不详	"隐瞒入官家产"条 "坐赃致罪"条（140-00，140-05，345-00）
十七	断狱"盛京外省秋审"条（断狱33）	"有司决囚等第"条（411-12）
十八	不详	"亵渎神明"条（161-00）

*注：本表《刑部现行则例》采陈梦雷《古今图书集成·经济汇编·祥刑

典》本,[193] 并由笔者依每门顺序定编号。《大清律例》《督捕则例》采薛允升《读例存疑》条目,并依黄静嘉编号排列条例,以利查阅。

---

[193] 本文参考的影印本,参见(清)陈梦雷编纂:《古今图书集成》,中华书局巴蜀书社1986年版。《刑部现行则例》的另一版本是沈家本旧藏抄本,已由沈厚铎先生点校出版,但与《古今图书集成》本内容几乎全同。参见苏亦工:《明清律典与条例》,商务印书馆2020年版,第262页以下;沈厚铎主编:《沈家本未刊稿七种》,载刘海年、杨一凡总主编:《中国珍稀法律典籍集成》(丙编·第3册),科学出版社1994年版,第485页以下。

二等奖获奖论文

众声喧哗:"姬觉弥诱奸案"中的司法、舆论与社会

李世鹏[*]

　　1933年12月,十六岁的宁波女子徐玉英向上海地方法院控告富商姬觉弥对其"诱奸",由此揭开了长达两年多的"姬觉弥诱奸少女案"的帷幕。此案审理时间长、波折不断,引发上海各报与社会民众的竞相追踪。

　　民国时期诱奸案经常发生,这一案件的特殊之处在于:一方面被控者是沪上巨富,而原告为无名女子;另一方面随着案件进展,媒体、公众与法院之间逐渐形成了不可调和的对峙局面,甚而引起国民政府的关注。"姬案"案情曲折,但审判不公开,结案草率,引发社会舆论的强烈质疑以及沪上社会团体的集体请愿。在此情况之下,法院并未让步,反而以侵害法院名誉为由,对质疑司法不公的媒体、社会团体进行制裁。最终,本案酿成声势浩大的社会风潮,被上报至蒋介石处以待"最高领袖"之"裁决"。

　　一般而言,舆论对于司法的监督与司法对独立审判的坚持都很重要,但这一事件中法院占据主导地位,媒体、公众始终被打压。在姬觉弥案中,真相本身是"缺位"的,客观真相已无法彻底复原,司法机关、媒体、公众、中央政府等多个主体分别基于各自立场参与其中,展开互动。这一持久的事件展开过程,不啻为一场"多重奏",而本文将通过考察不同主体在该案的作用,观察本事件中的多层次内容。

　　目前学界对于姬觉弥"诱奸少女案"尚缺乏关注。本文主要利用上

---

[*] 作者系清华大学人文学院历史系博士研究生。

海地方报刊及上海档案馆馆藏档案、台北"国史馆"档案等材料,钩沉此案的前因后果及背后的意义。"姬觉弥诱奸少女案"既给我们提供了再思民国时期司法、舆论冲突的样本,也带来了审视民国时期现代化历史的一次契机。[1] 近代中国的舆论与司法的争端,其实背后隐藏着一个更大的问题:当近代中国寻求现代化之时,司法走向理性化,它主张的是"司法独立",拒绝外界干涉。而媒体、公众则寻求民主监督和参与。当被奉为神圣的司法独立与代表民意的大众舆论(包括媒体的介入和公众的参与)相遇时,就产生了本文故事中的矛盾。除此之外,案件的最终解决,亦折射出国民政府社会治理的困局。

一、"姬觉弥诱奸少女案"案发始末

姬觉弥(1885-1964年),本名潘小孬,出身苏北贫寒家庭,勤奋好学,后成为哈同洋行收租员、哈同管家。[2] 因为灵活能干,姬觉弥深受其老板——上海犹太富商哈同[3]的信任和喜爱,后被哈同夫妇收为义子。他任哈同家族总管三十年,"声光实足煽动沪滨"。由于哈同夫

---

[1] 对于近代中国舆论与司法的冲突,以往历史学的论者往往更注重"情"何以产生及其对于法律审判的影响,以及侧重于"公共空间"在其中发挥的作用。代表性成果为[美]林郁沁:《施剑翘复仇案:民国时期公众同情的兴起与影响》,陈湘静译,江苏人民出版社2011年版。还可参见慕明春:《清末民国时期传媒影响司法的两个标本》,载《陕西师范大学学报(哲学社会科学版)》2013年第5期;牛锦江:《近代中国新闻立法规制与"媒体审判"的历史析论》,载《南京社会科学》2015年第3期。胡雪莲:《在新旧之间:民国广州王文舒杀人案的新闻表达》,载《新闻与传播研究》2015年第4期;徐中煜:《清末新闻、出版案件研究(1900-1911)——以"苏报案"为中心》,上海古籍出版社2010年版;周佳荣:《苏报及苏报案:1903年上海新闻事件》,上海社会科学院出版社2004年版。

[2] 关于姬觉弥生平,还可参见李恩绩:《爱俪园梦影录》,生活·读书·新知三联书店1984年版。

[3] 哈同(1851-1931),犹太人,生于巴格达,1873年到香港沙逊洋行任职,次年到上海,从事鸦片、皮毛、外汇投机买卖,1901年开设哈同洋行,经营房地产业,成为沪上巨富。哈同当时几乎占有上海一半的房地产。1931年11月21日,哈同在上海逝世。

妇对其十分宠信，有求于哈同家族者"皆必走姬觉弥之门"。哈同去世后，"姬之声势尤重"[4]。姬氏也是上海闻名的佛教徒，他出身沙门，少年皈依三宝，发迹以后在上海"捐助庙宇，布施僧伽，每年斥巨金无吝色"。此外，姬觉弥虽为学徒出身，但爱好国故，"能诗擅字，兼精释典，并通数国文字"，还在哈同花园爱俪园中奉养了不少前清遗老。[5] 他浸淫于故纸堆中，藏书著作，"见闻之广，非一得之士所能向颉顽"，故而也受到文化界推崇。[6]

这样一个富豪兼文人，何以与籍籍无名的弱女子徐玉英发生联系？

依徐玉英之言，徐、姬二人乃是通过姬觉弥养女郁小妹妹而相识。[7] 1933年阴历二月十七，郁小妹妹偕徐玉英至哈同花园游玩，此为徐玉英第一次与姬觉弥见面。姬觉弥对徐玉英甚满意，承诺不久订婚。二人再次见面则是在静安寺"来西"饭店，姬觉弥"当开怀畅饮之际，向玉英求婚，玉英惭羞不答"。[8] 饭后姬觉弥与徐玉英到哈同路慈厚北里101号李姓人家，并发生关系。阳历5月14日，徐玉英感觉不适，其姑母曾将其送医。阴历闰五月初三下午，姬觉弥又将徐玉英唤至北四川路虹口大旅社三楼八号房间内，翌日赠徐玉英以照片作为信物。此为二人第三次见面，姬对徐声言不久将娶，然此次一别，再无消息。迨六月，徐玉英始知被骗。6月3日徐玉英服毒自杀，幸被其姑母发现，送往红十字会医院医治。[9] 由此，徐姬发生关系一事被徐玉英家人知觉，徐玉英之母徐李氏悲愤之余请律师董邦幹、龚文焕以诱奸罪控告姬

---

[4]《上海人物志之二：姬觉弥》，载《上海特写》1946年第23期。
[5] 参见《姬觉弥出身》，载《万言报》1942年4月25日。
[6] 参见蹉跎：《姬觉弥与朱霞天》，载《红玫瑰》1930年第8期。
[7] 郁小妹妹的哥哥郁文彬有一好友耿雅芳，耿同徐的姑母蒋氏熟悉，因郁小妹妹说姬觉弥意欲娶亲，耿雅芳遂将徐玉英介绍给郁小妹妹。姬觉弥阅过徐玉英照片表示同意后，郁小妹妹即开始张罗姬觉弥与徐玉英的见面。
[8] 参见《姬觉弥为一少女被控》，载《时报》1933年12月4日，第5版。
[9] 参见《法庭上少女徐玉英对姬觉弥大哭》，载《时报》1933年12月23日，第5版。

觉弥，郁小妹妹亦被控串通诱奸。[10] 此即姬觉弥被控诱奸案及该案检举的来龙去脉。

12月11日，上海第一特区法院正式发出传票，定12月22日下午2时由推事萧燮棻开第八刑庭审理此案。姬觉弥除延叶莆康、薛笃弼两律师辩护外，又加聘曹寿麟为之辩护。[11] 社会各界对本案的审理期待甚高，《新春秋》就说"讯理兹案者，为公正不阿之萧推事，届时在双方雄辩之下，是案曲折，即可水落石出矣"[12]。也正是这种极高的社会期待，为之后司法和舆论的矛盾埋下了伏笔。

第一次审讯，徐玉英提供了姬觉弥所赠照片和李家之妻所赠的旗袍一件。[13] 而姬觉弥对徐玉英所言全部予以否认，并称不认识徐玉英。郁小妹妹则说，耿雅芳确实提出做媒，但其并未应允，只曾偕徐玉英往哈同花园游玩一次，并未与姬会面。然而，虹口大旅社茶房郭泉元当庭指认姬觉弥为与徐玉英开房者。推事萧燮棻认为旅社循环簿上所书房客籍贯为广东，与姬觉弥不合，郭泉元曰："客人来开房间，其年龄籍贯，由其书写，倘是客年只卅而书五十，为茶房者虽明知不符，然亦无法干涉"。而另一证人慈厚北里101号户主李子渔则坚称5月12日原被告二人并未来过。后因济善医院红十字会医院涉事医务人员及郁文彬、耿雅芳等人尚未到案，法庭决定次年1月8日再审。[14]

初审以后，徐玉英因"接到许多的恐吓信""内中言语颇有不利"，暂回宁波乡下。[15] 第一次审讯后，徐玉英呈文中华女权运动同盟会，

---

[10] 参见《姬觉弥为一少女被控》，载《时报》1933年12月4日，第5版。
[11] 参见《姬觉弥被控诱奸案确定廿二开庭》，载《上海商报》1933年12月12日，第4版。
[12] 讼探：《姬徐案定期开讯》，载《新春秋》1933年12月15日，第2版。
[13] 参见《特一院昨开审徐玉英控姬觉弥诱奸案》，载《晨报》1933年12月23日，第5版。
[14] 参见《法庭上少女徐玉英对姬觉弥大哭》，载《时报》1933年12月23日，第5版。
[15] 参见《姬觉弥被控案审结 定十五日宣判》，载《晨报》1934年1月8日，第4版。

以受害弱女子的身份请求援助。[16] 两相对照,权贵与弱者的区别就烙在观者心中了。

出人意料的是,法庭方面却在退庭后的 12 月 26 日饬捕传徐玉英,令其在 12 月 27 日至真如法医研究所检验年龄。[17] 因为推事萧爕棻根据初审,以"姬觉弥有无罪责,在徐玉英之年龄上不无出入"。而民国法律规定,奸淫类案件中,若嫌疑人奸淫未满十六岁之女子,则无论已否得本人同意,均为犯罪。[18] 因此,很多人认为法庭此举是在质疑徐玉英年龄,以为姬觉弥洗刷罪名。至 1 月 4 日,徐玉英赶到上海,次日即偕代理律师龚文焕等赴法医研究所接受检验。[19]

1934 年 1 月 8 日,"姬案"进行二次审讯。对于前次原告提出的相片、郭泉元证词等,被告律师认为"皆系事先布置之陈述"[20],徐玉英所持相片则翻印自《哈同先生荣哀录》,而 6 月 26 日姬觉弥则不在家中。此外,济善医院张医生称 5 月 14 日徐玉英曾到院求诊,"下体红肿,确系被人奸污",而红十字会周医生亦证明六月初三徐玉英因服毒在院医治。原告律师则指出,慈厚北里 101 号李子渔的妹妹李云芳嫁给了姬觉弥继子,与被告关系密切,所以没有作证资格,而《哈同先生荣哀录》之照片与徐玉英照片也有差别。对于原告的回击,被告律师则再举出一重要纰漏:徐玉英状词中写的被奸日期为 5 月 17 日,但口供为 5 月 12 日,虹口大旅社奸污时间为下午 1 点,口供为下午 6 点,自相矛盾,是为诬告。原告律师辩称,一次审讯时他就想说明时间问题,但推

---

[16] 参见《姬觉弥被控诱奸案今续审》,载《上海商报》1934 年 1 月 9 日,第 5 版。
[17] 参见《控告姬觉弥之女子 法院令至真如检验年龄》,载《时报》1933 年 12 月 29 日,第 3 版。
[18] 参见《司法院训令:院字第一三四号(十八年八月十五日)》,载《法律评论》1929 年第 49 期。
[19] 参见《姬觉弥被控妨害风化案 年龄问题关系重大 徐玉英受检验》,载《时报》1934 年 1 月 7 日,第 4 版。
[20] 《姬觉弥指旅舍茶役为伪证 徐玉英痛哭大骂小妹妹》,载《时报》1934 年 1 月 9 日,第 6 版。

事阻拦，无从声明。[21]

经过两次审判，尚有诸多疑点未能审明。但奇怪的是，1月15日，姬觉弥案即行宣判，推事萧燮棻当庭宣布姬觉弥、郁小妹妹无罪，判决理由则未立即公布。[22] 根据上海档案馆所藏15日判决记录，第一特院的判决依据主要有以下几点：（一）庭供初奸日期与状载不符。（二）庭供续奸钟点与状载不同。（三）原告谓被奸系在一姓李家，被奸后曾将血裤脱下，易以李氏之妻的衣服，而据法院的调查，李氏至今尚无妻室。（四）姬觉弥相片随处可以翻印及修改，不能作为二人相识的证据。（五）循环簿所载开房者为广东人，年龄、身份与姬觉弥不合，与证人郭泉元供词冲突，且时隔半年，郭泉元还能记得姬觉弥模样，"殊觉离奇"。（六）医院只能证明徐玉英去就诊过，并不能证明与本案有关。（七）据法医研究所鉴定，徐玉英已年满十七岁。因此"被告等不应构成犯罪，尤无可疑"[23]。

不过，虽第一特院宣判姬觉弥无罪，但案件引发的风波却远未停歇。"姬觉弥诱奸少女案"已俨然成为"罗生门"：真实的案情在当时难以看清，原告缺乏证据，被告备受质疑，而司法审判匆匆了事，舆论则发生巨大质疑和反弹。对于后来者而言，材料的缺乏也导致几乎无法重审案情。故而我们不妨转而探讨媒体、法院、公众在这场风波中，在不同层面如何发挥其作用。

二、云诡波谲："姬案"初期报刊媒体的发声与失语

姬觉弥这样一个集大富豪、佛教徒、文化人等多重角色为一体的闻人，其卷入的桃色纠纷自然不会被媒体放过。特别是在1920-1930年的上海，媒体乐于追逐各种情色新闻，将其大肆报道，以绘声绘色的香艳

---

[21] 参见《姬觉弥被控案审结 定十五日宣判》，载《晨报》1934年1月8日，第4版。

[22] 参见《姬觉弥案判决》，载《申报》1934年1月16日。

[23]《江苏上海第一特区法院刑事判决》，档号Q181-1-740，上海市档案馆藏。

文字博人眼球。当徐玉英控告姬觉弥一案未获得法院正式立案之前，《上海商报》甫一得知消息便立即报道，随后《时报》也跟进。[24]

案件还未开始进入司法流程之时，媒体就推动着案件成为一个公共话题。借由《上海商报》《时报》等刊载，姬觉弥诱奸一事在上海引发热议。[25]"各界士女，深为注意，茶坊酒店亦逐资为谈助"[26]。《新夜报》闻讯，抢占先机，"都市风光"栏目记者赴爱俪园访姬觉弥，"凡三往而未见姬面，终且受一奇辱而归，乃据实记其事"[27]。失败后该报又派出记者往徐玉英家对其进行采访。采访中，徐玉英明确表示"不要洋钱"也不喜欢姬觉弥，但"破了我的身体，总要叫他娶我"[28]。《新夜报》访问后，各界往访徐玉英者众多，一日之间竟达三四十人。徐颇感应接不暇之苦，为防微杜渐和防止意外，秘密迁居他处。[29]

媒体此时在案情的舆论塑造中扮演了重要角色，不过当法院传票传出时，各报对于本案的态度颇不一致。

回护姬觉弥者有之。如《大晚报》称"姬氏声望素孚""晚年竟遭此情变"，社会"多移其同情之心"，姬觉弥"对于此案之态度，亦颇极镇静""拟于法院传审之际，将委叶律师代表辩护，要求法律裁判"，不愿和解。[30]《大晚报》刊出姬觉弥一方的发言，认为各报所载详于徐玉英片面之宣传，忽略姬氏方面的声音。为明了真相，《大晚报》派出记者访问姬氏，哈同洋行职员王海观代表姬觉弥否认一切，并且认为本案纯属"不慊者购买无耻女子，希图混淆听闻，破坏名誉，或别有所

---

[24] 参见《姬觉弥为一少女被控》，载《时报》1933年12月4日，第5版。
[25] 参见《徐姬案开审之侧面》，载《新夜报》1933年12月23日，第2版。
[26] 《姬觉弥被控诱奸后将请人调解》，载《上海商报》1933年12月9日，第2版。
[27] 《姬觉弥案与各报新闻》，载《福尔摩斯》1934年1月21日，第1版。
[28] 《徐玉英访问记》，载《新夜报》1933年12月5日，第2版。
[29] 参见《姬觉弥被控诱奸后将请人调解》，载《上海商报》1933年12月9日，第2版；《十六岁少女徐玉英控姬觉弥遗弃》，载《大晚报》1933年12月7日，第4版。
[30] 参见《十六岁少女徐玉英控姬觉弥遗弃》，载《大晚报》1933年12月7日，第4版。

图",并称将上法庭依法与之周旋。[31] 12月11日,《晨报》再访姬觉弥,姬不愿轻易发表意见,但同样否认所有情节,"当记者与接谈时,姬氏态度颇为镇静,并无神经错乱状态"[32]。在这些媒体的报道中,姬觉弥是一个无辜受累者的形象,且镇定自若,从容不迫。

而以《上海商报》为首的报刊群则竭力贬抑姬觉弥。《上海商报》称姬觉弥每逢有人往访时,大书"忍"字,一方面设法觅得诉状副本,一方面"乞援于法租界某闻人,求代为调停,免受罪责"[33]。小报《新春秋》也提到姬觉弥托人调解一事。[34] 他们力图塑造一个作为"罪犯",慌张寻求逃脱罪责的姬觉弥形象。

《上海商报》等采取这一态度,主要是因为前面提到《上海商报》抢先报道姬觉弥事件,也正因为此,《上海商报》被姬觉弥告上法庭:12月5日《上海商报》接得叶荪康律师代表姬觉弥来函,[35] 斥责姬觉弥事件的报道为假新闻,[36] 该函指出,法院尚未有传票,风化新闻不得随意乱登。《上海商报》所载不但子虚乌有,且所用文字"极猥亵不堪之能事"。来函指责《上海商报》恶意毁损名誉,触犯刑法,要求"切实更正,否则定当法办不贷"[37]。姬觉弥此举,无疑开罪了《上海商报》。《上海商报》对姬觉弥的警告并不畏惧,编辑部不仅将叶荪康来函照样登出,而且以大篇幅一一回应了姬觉弥方的控告。《上海商报》

---

[31] 参见《宁波女子徐玉英诉姬觉弥遗弃续志》,载《大晚报》1933年12月8日,第4版。

[32] 《徐玉英控姬觉弥妨害风化案》,载《晨报》1933年12月12日,第6版。

[33] 《姬觉弥被控诱奸后将请人调解》,载《上海商报》1933年12月9日,第2版。

[34] 参见《姬觉弥诱奸处女徐玉英事爆发记》,载《新春秋》1933年12月12日,第2版。

[35] 几天以后,律师张清樾又代表哈同路慈厚北里101号李姓人家发表声明,称户主李子渔"系正式商人,租住该号房屋有年,五月十七日从未有徐郁棠等来过",否认在该处发生过姬觉弥性侵徐玉英之事。参见《张清樾律师代表哈同路慈厚北里一零一号本宅紧要声明》,载《申报》1933年12月12日,第2版。

[36] 参见《上海商报总编辑因载徐案新闻被判徒刑》,载《申报》1934年2月3日。

[37] 《叶荪康律师函》,载《上海商报》1933年12月7日,第4版。

此时更强调,新闻记者应有搜证之自觉,报道是报刊的本身使命。[38]也就是说,《上海商报》以新闻报道自由为据,站在了姬觉弥的对立面。

此时的舆论场沸沸扬扬,看似非常热闹,然而很快便有人发现其中的异常。《女声》杂志社的评论中特别指出,此案的一大特点是社会的议论很多,但仔细观察下来,媒体的报道却非常少:

> 前次每一诱奸案的发生,上海各报纸,无不兴高采烈,争先恐后的披露出来,甚至绘声绘形,描写得淋漓尽致,以期博得社会之注意,而这次姬觉弥案发生后,则咸守缄默态度,不发一言,甚至一段简略的消息,也似乎完全出于被逼而登的,此其特点者一。……其次使我们大感不解的,就是舆论界的沉默态度。新闻记者的天职,就是遇着社会上发生纠纷的案件,便应秉公允态度,将双方争执之点,同时披露,以求社会之公判。故即或一方威势所在,记者亦当本大无畏的精神,秉公记载,方不失记者之天职。而这次徐案发生后,仅仅一二报章,对于此案记载稍详。这未免使局外人发生另一种的推测吧![39]

这不是《女声》一家杂志的观感,《新春秋》的记者也注意到该案爆发后"震骇沪上听闻",但上海的各大报"皆缄默不作一语,有为之略事敷述者,则仅《时报》一家"[40]。二十世纪二三十年代的媒体,对"黄色新闻"有着异常敏锐的嗅觉和竞相追逐的风气,因此对姬觉弥案这样的钱、色等素材俱全的事件,按理不应轻轻放过。但在《申报》《时事新报》等大媒体上极少见到报道。

这一吊诡现象的发生,很快引发媒体的揣度。依据小报《福尔摩

---

[38] 参见《答叶萧康大律师》,载《上海商报》1933年12月7日,第4版。
[39] 伊蔚:《评姬觉弥案》,载《女声(上海1932)》1934年第9期。
[40] 《姬觉弥诱奸处女徐玉英事爆发记》,载《新春秋》1933年12月12日,第2版。

斯》及《新春秋》等的报道,该案发生时,姬氏本人多方设法避免报纸披露:

> 姬觉弥当时对报界政策有二,第一对于已经登载该案情形之《商报》及《时报》,决延叶萬康律师,登广告否认此事,同时,致函《商报》及《时报》要求更正,第二,对于未登载该案之各大报,由共门人张某,设法疏通,并打招呼。[41]

前已述及,《上海商报》因首先报道而吃了官司,在这种情况下,其他的媒体跟进势必小心谨慎,而姬觉弥依仗其影响力,其打过招呼的媒体也慎之又慎。此说似乎很有说服力。

在舆论流传的叙事中,各报之所以不报姬觉弥案,或是因为"惧怕",或是与姬觉弥有人情、利益等牵扯。据媒体称,《申报》《新闻报》在案件审理前无一字之报道,其中就有着深层次的原因。[42] 如《新闻报》平日对政治新闻稳健敏捷,对社会新闻"素无成见",该报所以甚少报道此案,乃是因为其老板汪汉溪与姬觉弥交谊笃厚,"为保持彼此友谊计,《新闻报》乃决定关于姬觉弥被控新闻,不予登载"。至于《申报》,最早只在第一次庭讯时登载过案件消息,且"措辞皆极原话"。在第二次庭讯时《申报》复登一次,据说编辑部主张与《新闻报》一致,对案件不予报道,但外勤记者"以此案既启各界注意,则坚持非登不可"[43]。《申报》的表现,乃是因其老板史量才与姬觉弥交好,"且曾允屏除此项记载,所以对于此案,不敢记以只事"。除了上述两大报,本以鲠直敢言见称的《时事新报》更被传与姬觉弥是"房东与房客的关系":《时事新报》赁居之房屋,恰系哈同洋行房屋,因此避

---

[41] 紫苏:《姬觉弥对报界之政策》,载《福尔摩斯》1934年1月5日,第1版。

[42] 参见庭探:《姬奸徐讼:禁止旁听与各报态度》,载《新春秋》1933年12月7日,第2版。

[43] 《姬觉弥案与各报新闻》,载《福尔摩斯》1934年1月21日,第1版。

免与之龃龉。[44] 在以上"缄默"的诸报之外,"注重社会新闻,以噱头笑料,启引读者之胃口,所谓大报而兼小报化者"的《时报》,在"姬案"后编发相关新闻,但"极慎重出处",以免重蹈覆辙吃上官司。

上述舆论中关于"媒体失语"原因的探讨,并无直接证据可供参考,因此其真实性我们不得而知。但如若我们转换视角,则可以看到,揭露"内幕"的媒体通过讲述这样的故事,本身已经完成了其目标,那就是将姬觉弥塑造成为一个动用"权势""金钱"来"钳制"舆论的人物形象。

众多报纸之所以自觉地站在姬觉弥的对立面,主要还是姬觉弥在案件一开始就将《上海商报》告上法庭,这无疑触怒了许多媒体。如《晨报》副刊《新夜报》登载《徐玉英访问记》后,也同《上海商报》一样被姬觉弥方起诉。但也正因于此,《新夜报》"决定一不做二不休,将姬案新闻,尽量揭载披露"。采取破釜沉舟之策的还有《上海商报》,编辑部在被控之下,决定"无论如何,决不中止刊登姬案新闻"[45]。姬觉弥的各种行为,开罪了媒体,以致"有某通讯社者,发表为姬氏张目之单方面消息,但各报多未采用""至该案开审之日,某通讯社派大队人马,到场采访,时候,撰一洋洋数千言之消息,送往各报,卒均不采用,某通讯社乃大为失望"[46]。姬觉弥对各报的措施,收到了全然相反的效果。如有人所说,"近来的各大小报,多有详载这类消息,姬氏处此,一时竟有控不胜控,诉不胜诉之慨也"[47]。

姬案爆发之初的媒体报道,为我们呈现了一个多元的媒体生态。不同的报刊在报道姬觉弥案时,显然是按照自己的倾向塑造案情与姬觉弥形象。被姬觉弥控告的《上海商报》等因受打压,竭力宣扬其"恶"的一面,而中立者则加以探访,可能受到各种力量"逼迫"的媒体则选

---

[44] 参见《姬觉弥案与各报新闻》,载《福尔摩斯》1934年1月21日,第1版。
[45] 《姬觉弥案与各报新闻》,载《福尔摩斯》1934年1月21日,第1版。
[46] 紫苏:《姬觉弥对报界之政策》,载《福尔摩斯》1934年1月5日,第1版。
[47] 方君:《姬讼》,载《新春秋》1933年12月15日,第2版。

择"失语"。值得注意的是,同情"弱者"和抗议"强者",也是这时新闻媒体的一个突出特点,而强弱的对比,也是通过刻画姬觉弥的"强者"形象呈现的。比如,为了显示姬觉弥之强,一众报刊揭示媒体在报道中的"失语"是由于姬觉弥的打压及惧怕姬觉弥,这样的报道本身成为批评"强者"的重要材料,成为建构同情、反抗弱者的重要一环。

媒体的这种立场和态度延续到了审讯之时。在第一次审讯后,对于姬觉弥而言,唯一的不利指证便是郭泉元的供词,《上海商报》对此报道称:

> 姬觉弥聆此证言,大吃一惊,深感此种证言,罪嫌难除,据闻于退庭后,即多方设法,下次庭讯时,由虹口大旅社账房及茶房多名,出面声明,是日并非郭泉元领班,并另觅一人,出面承认为李姓,是日开房间,另有其人,并非姬觉弥,此讯是否可信,姑志之以待事实之证明。[48]

是否确有其事,已经无可论定,但《上海商报》与姬觉弥势同水火,确是事实。

除了塑造姬觉弥的强者形象外,媒体更将自己当作道德的裁决者。前面提到,《上海商报》首先报道了姬觉弥一事。在其他媒体的叙述中,当时《上海商报》得到消息就举行紧急会议,该社"经理编辑记者,皆一致列席,其以新闻不畏潜势力为原则,毅然决定揭布"[49]。仿佛《上海商报》是以正义主持者的面貌出现的。但若仔细看 1933 年 12 月 4 日《上海商报》的报道,其中赫然可见"运用金钱魔力蹂躏童女姬觉弥被控诱奸罪"[50] 之题,而从标题到正文,该报仍走的是情色新闻、

---

[48] 《姬觉弥重视查房证言 将设法解脱》,载《上海商报》1933 年 12 月 28 日,第 2 版。
[49] 《姬觉弥案与各报新闻》,载《福尔摩斯》1934 年 1 月 21 日,第 1 版。
[50] 《运用金钱魔力蹂躏童女姬觉弥被控诱奸罪》,载《上海商报》1933 年 12 月 4 日。

夸大猎奇报道的路线。

在姬觉弥与徐玉英案中，相对强势的一方具有天然的道德"劣势"。在本案，姬觉弥和徐玉英分别对应了以下角色：嫌疑人与受害者，男性与女性，有钱人与穷人，强者与弱者。不论从哪一重身份来看，姬觉弥都很难引起舆论的"同情"。在这种情况之下，姬觉弥状告报纸，又等同于直接与媒体作战。而此时的报刊媒体，倾向将自己塑造成道德与正义的主持者。被姬觉弥得罪的媒体以压倒性的控诉，以自身的情感倾向和价值评判进行了"媒体审判"。而更多的媒体，在该案的早期报道中，则是秉持"惩强扶弱"的道义价值，为相对"失语"的弱者发出了声音。

三、"司法独立"：被质疑的法院与法院的"回击"

早期的报道中，媒体与姬觉弥已势如水火。当时上海第一特区法院在证据不足、审讯不公开的情况下匆匆宣判姬觉弥无罪，毫无疑问，这更引起媒体的不解和舆论的质疑。此后舆论质疑的对象，已经从姬觉弥转变为法院。随后发生的系列事件，更使得法院处于漩涡中心。

媒体对法院的第一点质疑，便是案件审理过程从始至终未曾公开。第一次审讯正式开审后，上海第一特区地方法院以"案件有关风化问题"[51]，禁止旁听。在媒体看来，这纯属"欲盖弥彰"，甚至新闻记者因此与法院产生冲突。在等候过程中，姬觉弥的十几个跟随看着记者的窘态"鼻管中冷笑不止"，因而《福尔摩斯》的记者愤怒写道"真的有钱的富人，虽然犯了刑事，做了被告，还是这样的神气"[52]。这些庭上见闻更使媒体对姬觉弥表示愤怒，也对法院大为不满。二次开庭，法院依旧禁止旁听。法院"调集中西法警多名，驻守法庭门口，除当事人证人及两造律师入庭时不加阻止外，无论何人之欲入庭旁听者，概行拒

---

[51] 《法庭上少女徐玉英对姬觉弥大哭》，载《时报》1933年12月23日，第5版。
[52] 此中人：《姬觉弥案开审》，载《福尔摩斯》1933年12月24日，第2版。

绝,新闻记者亦不许列席旁听。限制之严,较初审时尤甚"[53]。

"风化"类案件禁止旁听并不是上海第一特院的特有做法。1932年,司法行政部就严令各级法院遇风化类案件"应酌量情形依法停止公开"[54]。但不管怎样,案件引起舆论广泛关注,但审判过程却完全封闭,而最终定谳不仅迅速,且留下许多疑点,给人敷衍、秘密之感。如林郁沁所言,进入二十世纪之后,大众传媒开始发展起来,公众对法庭的认识途径发生了质变。媒体基本上可以不受任何阻碍地报道地区法院与高等法院审理的案件。一些基层法院对重大案件的审理情况往往同步地被报道给广大读者。[55] 然而到了这时,法院以"风化"为由拒绝各界旁听,无疑直接损害了公众与媒体对于案件"监督"和参与的权力,招致反对也是理所当然。

此外,媒体方面还注意到其他审理中的问题:开审时法院特许姬某汽车停放院内(特院早已命令不准停放汽车),退庭时姬觉弥与法官偕出法院之门,法官拒传原告提出之证人并拒绝原告更正原诉状内时日之错误,法官违规鉴定原告徐玉英年龄等等。概言之,不论是案情还是审判程序上,都存在许多严重瑕疵。

法院宣判之后,徐玉英方面也不服判决,加聘律师章士钊等,再次提起上诉。特别是此时徐玉英方面注意到法院承审法官萧燮棻与姬觉弥素有交集,在《哈同先生荣哀录》中,还有萧燮棻所赠之挽联。刑庭长冯世德等人也曾率领一众法官前往姬觉弥的爱俪园游玩,当时接待他们的正是姬觉弥本人。徐玉英方认为上海第一特区法院法官与姬觉弥相熟,有包庇嫌疑,要求转移管辖,在其他地区法院重新审理此案。

除了徐玉英案外,前面提到的姬觉弥控告《上海商报》损害名誉案也很快宣判。令时人感到诧异的是,媒体方面被判处了重刑。

---

[53] 《徐玉英控姬觉弥案昨仍禁止旁听》,载《申报》1934年1月9日,第11版。
[54] 《法界消息:有关风化案件应停止公开》,载《法律评论(北京)》1932年第25、26期。
[55] 参见[美]林郁沁:《审判中的感情因素:记1935—1936年戏剧性的审判——施剑翘奇案》,载刘东主编:《中国学术》第22辑,商务印书馆2006年版,第211页。

姬觉弥诉《上海商报》案由第一特区地方法院推事邓葆荪承审，经1933年12月25日审讯，[56] 1934年1月26日，判决《上海商报》经理孙鸣岐无罪，编辑张季平有期徒刑四月。[57] 张季平亦因难甘折服，向第一特区地方法院提起上诉，后以添请律师辩护等手续尚未就绪，展缓审理。[58]

因《上海商报》张季平被判处徒刑，舆情更为汹涌。《上海商报》闻判后，"以其显属偏颇，并念恶例一开，新闻事业前途将不堪设想，故除提起上诉以求法律救济外"，将经过情形报告日报公会、记者公会，请求主持正义。日报公会在1934年2月2日下午召集会议讨论，记者公会则在2月2日下午开会讨论，[59]《上海商报》为此事还发表了《告各界书》。[60] 新闻界同样"以此例一开，后患堪虞，均极重视其发展"。[61] 1934年2月22日，上海市新闻记者公会执行委员会议决组织专门委员会、邀请法律专家参加讨论张季平案。[62] 上海市各业同业公会发表《呈文》：

---

[56] 参见亚文：《姬觉弥控〈商报〉案》，载《福尔摩斯》1933年12月26日，第1版；《徐姬控案枝节横生本报无端被控》，载《上海商报》1933年12月26日，第2版。
[57] 参见《上海商报总编辑因载徐案新闻被判徒刑》，载《申报》1934年2月3日，第13版。
[58] 参见《商报编辑张季平上诉后昨请展缓审理》，载《申报》1934年2月27日，第11版。
[59] 参见《商报总编辑因徐案判处徒刑 日报公会与记者公会开会讨论》，载《时报》1934年2月3日，第5版。
[60] 参见《上海商报总编辑因载徐案新闻被判徒刑》，载《申报》1934年2月3日，第13版。
[61]《商报编辑张季平上诉后昨请展缓审理》，载《申报》1934年2月27日，第11版。
[62] 该次会议议决在本案未确定前，"宜静候法院公平之裁判，另由本公会通告各会员，于本月二十七日下午二时上海第一特区地方法院第一法庭公开审理本案时出席旁听，暂不加以评论"。《记者会对张案研讨 认张案性质系属出版法范围通知会员缓加评论》，载《申报》1934年2月23日，第12版。

《商报》之记载此项新闻,既据来稿,编辑人本有闻必录之责,并非凭空捏造,意图妨害之可比,自不能强以个人行动,有违民刑法之规定,而治人于罪,况新闻报纸另有出版法制规定,苟或办理失当,自以有无违背出版法之范围为断,依出版法第十四条,新闻一经更正,即不得控诉,《商报》既经更正,于法自己尽其责任,乃舍此而不问,竟处编辑以徒刑,既开报纸之创例,复背法令之规定,偏颇失当者一也,社会龌龊,于今为甚,奸邪淫盗之行为,无所不用其极,幸尚有报纸以揭发而诛伐之,以稍济法律所不逮,果如此,则此次之处分,则此后为非作恶之徒,尽以妨害名誉四字为护符,使报纸箝口结舌,不敢再作忠实之记载,恐此例一开,微特有碍言论自由,而助长恶风,社会前途,更将不堪设想,偏颇失当者二也。且查系徐玉英案第一特区法院受理有案,沪上各报均有记载,已成普遍之传述,何能独责《商报》,且事关社会风化,公共利益,与仅涉个人私法者不同,故依刑法第三百二十六条之编辑人,自更正不负刑事上之责任,今竟以犹太富商哈同总管之故,而判编辑以徒刑,偏颇失当者三也。[63]

可见在各界看来,法院对于媒体的惩戒已经严重妨害了"言论自由",是以司法的手段剥夺媒体自由报道与监督社会的职能,而言论自由、舆论监督正是近代中国重要的价值追求。1934年3月3日,上海市记者公会举行执行委员会议讨论援助张季平案,"对会员张季平因编辑上之服务而蒙受委曲,应表示深切之遗憾"[64]。

除了《上海商报》的张季平外,持续跟踪报道徐玉英后援会新闻的

---

[63]《上海市同业公会呈文》,1934年2月20日,档号Q181-1-740,上海市档案馆藏。
[64]《记者会昨开执委会对张案静候公平解决 决组织委员会负责办理此事》,载《申报》1934年3月4日。

《时事新报》、新声社等也受到侦查。新声社长期向各报广播，《上海商报》《晨报》《民报》《中华日报》《时事新报》等皆一律刊载，但《时事新报》不久就接到上海第一特区地方法院传票，被讯问新闻来源。新声社被开庭侦查，法庭要求新声社限期交出交送广告之人，"新声社社长严谔声，闻之殊为愤慨，及据情报告新闻记者公会，新闻记者公会据严谔声报告后，乃亦将此事并交张案专门委员会"[65]。

受到惩处的还有《金刚钻》报，该报在姬觉弥被判无罪后，刊登了一幅漫画。画上画着大门，上标"法"字，左右对联曰"衙门堂堂开，无钱莫进来"，其中有"禁止旁听""后门处如"等标语，门口画一穿着袈裟之人，正大摇大摆走入。漫画刊载后，《金刚钻》编辑郑逸梅被上海第一特区法院提起诉讼，认为"公然侮辱法院"。后经上海第一特区法院判处罚金三百元。没收金刚钻报两张、铜板一块。[66]

图 1　延哲漫画《衙门堂堂开 无钱莫进来》[67]

---

[65]　无忌：《新声社与徐案广告》，载《福尔摩斯》1934 年 2 月 23 日，第 2 版。
[66]　参见《江苏上海第一特区法院刑事判决 二十二年检字第 3 号》，1934 年 3 月 3 日，档号 Q181-1-740，上海市档案馆藏。
[67]　延哲：《漫画：衙门堂堂开 无钱莫进来》，载《金刚钻》1934 年 1 月 17 日，第 1 版。

众声喧哗:"姬觉弥诱奸案"中的司法、舆论与社会

在姬觉弥案宣判之际,《上海商报》受罚以及《时事新报》、新声社、《金刚钻》等媒体被侦查,无异于在社会上投了一颗炸弹,引发轩然大波。

姬觉弥无罪,揭露姬觉弥案的媒体有罪,这已令许多旁观者倍感不满。然而,接下来的事件发展更出人意料——"原告律师"也被付惩戒。

1934年1月31日,徐玉英再次上诉后,其代理律师龚文焕被第一特院传讯侦查,检察官郭炜在十四法庭审讯龚文焕,同样严禁旁听。根据上海档案馆所藏案卷所载,侦查龚文焕律师乃因法官怀疑徐玉英再次上诉的诉状为龚文焕代拟。在讯问中,龚文焕坚称他对于诉状不知情。经提审接收诉状的法院院长张春山等人与笔迹比对,确认诉状是龚文焕所写。[68] 按《律师章程》第18条"律师代诉讼当事人撰拟书状须署名盖章于骑缝及添注涂改之处"[69] 以及《上海律师公会暂行会则》第27条"代撰各种契约或证明文件须备具同式缮本交与各当事人并留存一份备查"[70]。检察官郭炜即向江苏高等法院提起诉讼,要求惩戒龚文焕。结束讯问后,龚文焕亦立即向律师公会报告,提出抗议。[71]

前已述及,《申报》此时因种种利害关系,谨慎持中,甚少发言,我们不妨看此时他们对于龚文焕一事的报道:

> 第一特区地方法院认龚律师有教唆嫌疑,曾经传案侦查。而龚律师以法院不应用传票饬传律师,认法院滥用职权。而第一特区法院以该律师违反律师章则,请高分院律师惩戒委员会提付惩戒,经委员会认此案龚文焕有违背会章,令饬第一特区

---

[68] 参见《江苏高等法院第二分院关于外籍律师调查事项、龚文焕违背律师章程的文件》,档号Q181-1-351,上海市档案馆藏。

[69] 《意见书》,1934年2月20日,档号Q183-1-340,上海市档案馆藏。

[70] 《上海律师公会暂行会则》,载《上海律师公会报告书》1928年第23期。

[71] 参见《龚文焕律师为徐案昨突被侦查》,载《上海商报》1934年2月1日,第4版;《龚文焕律师突被传案侦查》,载《社会日报》1934年2月3日,第1版。

地方法院检察处送达该律师,先行停职。[72]

法院确已查明龚文焕有不合规章之行为,发起调查应无疑义,但提起刑事侦查以及判处停职似乎就有判决过重之嫌。何以判决如此?《申报》报道中"第一特区地方法院认龚律师有教唆嫌疑"这一表述值得我们注意。

事实上,如果我们注意到徐玉英案的判决结果,也可以注意到,法官在审理此案时其实有着很强的偏向性:法官对原告的动机和不合之处总是表示怀疑,而对于被告方存在的疑窦却视而不见。

这种"价值偏向"在江苏高等法院对龚文焕的判决中更加明显。1934年3月31日上午,江苏高等法院第二分院开会讨论龚文焕案,委员长报告时就说:

> 律师如仅违反上海律师公会暂行会则第27条,情节原属甚轻,惟龚文焕情形略有不同,查徐玉英自诉姬觉弥一案本具敲诈性质,龚文焕接受此案,可推知其用心所在。又明知此案结果不能有利于自诉人,故临时声请承审推事回避,于该声请书内不署名盖章,是其违背会则,情节虽轻,而察其动机,则恶性甚深……[73]

江苏高等法院在没有证据的情况之下,一开始就认定徐玉英自诉姬觉弥一案"具敲诈性质",再由这个预设的论点出发,审视龚文焕未加盖公章一事,所以觉得兹事体大,认定龚文焕"用心不良",因而要对其重重惩罚,以儆效尤。最终江苏高等法院第二分院决定将其停职六

---

[72]《徐案牵累律师龚文焕被付惩戒先行停职》,载《申报》1934年4月10日,第13版。

[73]《律师龚文焕惩戒案开会笔录》,1934年3月31日上午9时,档号Q183-1-340,上海市档案馆藏。

个月。

看似符合章程的判决，细究其表述，却发现背后藏着法官的"预设"。在后来江苏省高等法院对于徐案委员会的审判的复核中，也出现了"每为处厚之家，宵小窃伺强者，则结党□劫，后者想来□讹诈，近年恶习""不肖律师""互相结合""每藉可以入人于罪者，以自诉获□以和解为终结"等字句，法官的倾向亦不问可知。

法院方面在没有证据的情况下为被告作无罪推论，宣判姬觉弥无罪。但同时也在没有证据的情况下，给原告徐玉英及其律师作了有罪推论，将徐玉英案事先定为"敲诈"。这种标榜为"司法独立"的法庭审判，虽然杜绝了外界的干涉，但在其内部仍不能避免司法者自身的情感倾向和价值判断，这也是舆论斥责法院的原因所在。

法院以"司法独立"为号，自居"神圣"，在审讯出现众多瑕疵的情况下，不仅拒绝舆论的监督与批评，而且对于质疑法院的媒体进行处罚。但从审讯过程来看，司法也未必真正做到了"公平"与"公正"，其在证据缺失的情况之下，分别对原告做有罪推论，又对被告做无罪推论，无疑已充满法官的"偏见"。

如有学者所言，民国时期报纸对诉讼活动的持续报道，带动了全社会对司法制度的关注，有利于司法制度的完善，而审判制度的良好运行既促进和规范了报业的发展，也约束了人治的随意，为政治的转型提供了可能。[74] 然而一方面，如前文所述，报纸的舆论审判加大了司法与民意关系的处理难度，使政治、司法和民意的博弈变得更为复杂；另一方面，从本节来看，法院在这一过程中也未处理好自己的角色和定位，其自身的"独立"定位和标榜名不符实。法官在审判时已经带有预设的立场，而不是基于事实依据进行审理。故而法院不仅没有厘清舆论与司法之间的界限，反而导致了更大层面的矛盾和冲突。

---

[74] 参见侯欣一：《清末民国时期报纸与审判机关关系实态研究》，载《政法论坛》2018年第1期。

四、民情汹涌：公众同情与抗议请愿的兴起

姬觉弥案件宣判后，又接连产生了系列案件，可谓"一波未平，一波又起"。通过媒体的竭力塑造，姬觉弥已成为强权的代表，而法院接二连三的处置措施，则使其自身成为社会质疑的焦点。如《时代日报》论者苏三所言"此事业已轰动社会，引起一般人士之注意"[75]。在此情形之下，公众的情绪被调动，最终导向了声势浩大的请愿和抗议活动。

公众的同情一方面来自原告徐玉英自我诉求的表达。早在第一次起诉前，徐玉英因"深恐冤不得伸"，就呈文中华女权运动同盟会请求援助，同盟会亦去函上海第一特院要求主持公道。[76] 当宣判姬觉弥等无罪以后，徐玉英除了重新申请再审并转移管辖外，再次投书各界请求援助。[77] 1月16日，即姬觉弥案宣判次日，上海各团体代表二百余人在市商会议事厅召开联席会议，主席舒蕙桢在会上将徐玉英呈请援助一事提交大会讨论，"经各代表异常愤激，公决组织上海市各界援助徐案委员会"。推定王鸿辉、王汉良、陈炳辉、孙鸣歧、黄香谷、舒蕙桢、张达夫、叶家兴、蒋持平、曹志功、朱养吾、张一尘、李如璋、胡一波、郁警宇、邵虚白等十七人为委员，请各界一致援助徐玉英。[78]

如果我们仔细考察这一份委员会名单，则会发现，其中包括黄香谷这样的国民党上海市党部民众运动负责人，以及一众市党部重要人物叶家兴、朱养吾、张一尘、王汉良等。由此可见，徐玉英援助会的成立，

---

[75] 苏三：《徐案后援会》，载《时代日报》1934年3月17日，第1版。
[76] 参见《姬觉弥被控诱奸案今续审 徐玉英乞援同盟会》，载《上海商报》1934年1月8日，第4版。
[77] 参见《徐玉英控姬觉弥案昨日宣判无罪 两度开庭审判之结果 徐玉英泣求各界援助》，载《上海商报》1934年1月16日，第4版。
[78] 参见《各团体前日联席会议议决要案多起组徐案援助会》，载《申报》1934年1月18日，第12版；参见《各团体成立委员会 进行援助徐案》，载《上海商报》1934年1月17日，第4版。

国民党上海市党部在其中发挥了重要的作用。对于当时的国民党党部来说，发动、参与民众运动是他们的重要活动，而他们的参与，也在无形之中给予民众抗议很大的支持，这也是公众同情兴起及其转化为公众行动的另一原因。

1934年1月20日，徐案援助会召开执行委员会，公推叶家兴为主席，[79] 决议发表宣言，函各报馆主持公道，公开报道案情，并定期举行二次执委会议。宣言指出：

> 佥以此案，天下果尚有正义公道在，终难逃社会最后之制裁。各团体为社会各界人士之集合，拯弱伸义，责无旁贷。爰经全场一致决议，组织上海市各界援助徐案委员会。为弱者求生路，为司法争光明。世人有怀疑正义不能存于今日，公道无法透过金钱者，吾人将于此次运动觇之，谨此宣言，函各报馆：
>
> 径启者，查姬觉弥蹂躏徐玉英一案，虽经法院审理，人言啧啧，颇滋怀疑，本市各界为维护司法援助弱者起见，爰有"上海市各界援助徐案委员会"之组织。兹经本会第一次执委会议决，函请各报馆，主持公道，对于本会一切新闻，尽量登载等语。贵报言论公正，素所企仰，拯弱伸义，谅可同情，嗣后关于本会一切新闻，务希设法尽量登载，以张公道。实深盼祷。[80]

这则材料为我们展示了公众同情兴起的另一缘由，即是公众"惩强扶弱"的心理，由此，他们产生了对徐玉英的"同情"。如有人观察的

---

[79] 参见《徐玉英案后援会昨召开执行委员会》，载《新闻报》1934年1月21日，第11版。

[80] 《本市各界徐案援助会发表宣言定廿四日召开二次执委会》，载《申报》1934年1月22日，第11版。

那样，以前"强暴欺凌贫弱，在弱者只有忍气吞声"，旁观者也总是抱着"不管他人瓦上霜"的态度，至多亦不过代发几句牢骚，而姬觉弥案发生后，竟有人发起后援会，做具体的申冤，"激昂慷慨，不可一世，大有古侠客之风"[81]。所以姬觉弥案的宣判会引起上海各界的强烈不满，进而引起各界自发的行动，原因就在于宣言中屡次提到的"援助弱者"。后来各界给司法部的呈文中也有这样的表述：

> 第一特区法院关于是案审判之偏颇，袒庇之明显，创例之众奇，嫌疑之重大，实为有法院以来所仅见，因之舆论哗然，中外腾笑，至其欲盖弥彰之窘态，助桀为虐之措施，益若非此不足取媚姬某之悦，不足夸扬姬某潜势之伟大，暗示控诉者之不必再行控诉，虽控诉亦不断不得直也，属会等全体会员，旅食上海，谁无子女，难保不为豪势者之所欺凌，平时所祝为生命财产之讬者，唯有神圣尊严之司法耳，今竟如此，则保障尽失，前途危险，不堪设想，兴言及此，不寒而栗，为特不揣渎闻，联名呈控。[82]

案件的被告是家财万贯、权势滔天的上海滩名人，原告则是一个籍籍无名的弱女子。因此，当"姬觉弥无罪"，便"吓坏了社会上一班有血有肉有心肝的人"，各团体纷纷组织徐玉英后援会，"否则便人人自危，谁也保不定会有有钱的人强要闯到自己家里来强奸自己妻女。大家想要有一个保障，所以不但为徐玉英，而且为自己计，非组织徐玉英后援会帮助她上诉不可"[83]。

1934年1月24日，徐玉英后援助会收到各业同业公会公开来函五十多件，决议聘请章士钊、王荫泰等五位律师为法律顾问，请求法医鉴

---

[81] 伊蔚：《评姬觉弥案》，载《女声（上海1932）》1934年第9期。
[82] 《上海市各团体呈司法部文》，档号 Q181-1-740，上海市档案馆藏。
[83] 起凤：《觉弥无罪》，载《礼拜六》1934年第539期。

定所公布年龄鉴定技术，也请求律师公会一致主持公道[84]。后援会还致信薛笃弼，认为薛"虽根据法律讲话，不作非法之图"，但已被姬觉弥利用，因而"此案将成唯一污点"[85]。当第一审未终结前，薛笃弼就迭接恐吓电话，于是薛笃弼发表声明，表示司法与辩论均为独立，不受任何势力干涉。[86] 除了薛笃弼外，受到舆论攻击的法医鉴定所亦发布公告称该案鉴定属于公务员保密内容，不能公布。同年2月3日，援助徐玉英委员会再次决议，要求相关负责人能够作公开演讲，把鉴定技术详细讲明。同时，该会呈请上海市党部，请严厉检举枉法乱犯之官吏，通电全国各省市政府各党部各民众、团体、报馆，宣布本案真相，主持正义。[87]

1934年2月4日，上海市特区市民联合会、第五区分会等十余团体致函宣委员会，愿意作为后盾："姬觉弥蹂躏少女徐玉英一案，轰动社会，令人发指，贵会起而拯弱伸义，为天下彰公道，曷胜钦迟。昨读报载该案之法院判决原文，字里行间，莫不流露委曲求全之意，凡原告所提之人证物证，皆不足为证，而被告所陈志一言一语，莫不'信而有征'，诚不知以何因缘而能出此，不禁为法治前途悲"[88]。

在各大媒体受到法院的处置之时，沪市各团体"为保持法律尊严计，为援救弱女计"，派代表王鸿辉、叶家兴、王汉良、薛光前、李如璋、王和松、葛暨英等晋京请愿，"俾公理得伸，勿为外力摧残"[89]。其向司法部的呈文主要控告了刑庭庭长冯世德、推事萧燮棻等"优容姬

---

[84] 参见《援助徐案委员会之进行》，载《新闻报》1934年1月25日，第12版。
[85] 《徐案会昨函薛笃弼律师》，载《申报》1934年1月31日，第12版；《徐案会昨函薛笃莫为徐案留污》，载《上海商报》1934年1月31日，第4版。
[86] 参见《薛笃弼律师启事》，载《申报》1934年2月3日，第3版。
[87] 参见《徐案后援会委员会》，载《新闻报》1934年2月4日，第15版。
[88] 《十余团体函徐案会愿为后盾共勉》，载《上海商报》1934年2月5日，第4版。
[89] 《姬觉弥案财势凌人沪各团体代表向中央及最高院请愿保持法律尊严》，载《法治周报》1934年第9期。

某,公开袒庇",审判有违法显证等诸多不当,并且钳制舆论、威胁律师。[90] 1934年2月24日,司法部核定:

> 该张季平对于原判,如有不服,应依法提起上诉,请求救济,所请令饬撤销原判之处,于法不合,惟既据称有偏颇失当情事,仰候令行江苏高等法院查明具复。[91]

嗣后江苏省高等法院等展开层层复核。3月6日,江苏高等法院推事周翰回复上海市各团体呈诉,对于各项指控全部辩驳,认为冯世德等人曾被姬觉弥招待到爱俪园游览,也曾赠送挽联,但并不能认为二人有关系往来。但在回复中,复核此事的周翰也透露了其自身亦曾到姬觉弥之爱俪园游览,并承蒙其招待,因此《哈同先生荣哀录》里周翰"亦在致送之列",他认为"此为社交上极平常之事,无所谓密交,况被挽者为哈同,与姬觉弥更不相涉"[92]。但从另一个角度看,复核人周翰本人也不具备复核条件,其实应回避此次调查,但复核就这样草草结束。

接下来的事情,更加出人意料。就在江苏省高等法院回复司法部的当日,上海第一特院认为"徐玉英后援会"有侮辱法院、"妨害公务"嫌疑,传票该会委员十七人于1934年3月6日到该院十四庭侦查。[93] 1934年3月6日为第一次侦查,黄香谷、蒋持平、邵虚白等在庭上皆称不知该会,乃被推举,对于问话,均称不知。[94] 1934年3月14日,第二次侦查。受讯十二人均以各种理由否认与宣言有关。嗣后检察官认为

---

[90] 参见《上海市各团体呈司法部文》,档号 Q181-1-740,上海市档案馆藏。
[91] 《司法行政部训令第678号》,档号 Q181-1-740,上海市档案馆藏。
[92] 《呈复上海市各团体呈诉案的呈文》,1934年3月6日,档号 Q181-1-740,上海市档案馆藏。
[93] 参见《第一特区地方法院定期侦查徐案后援会》,载《新闻报》1934年3月5日,第13版。
[94] 参见《第一特区法院传讯徐案后援会委员》,载《新闻报》1934年3月7日,第14版;《特一院检察处传徐案后援会委员》,载《时报》1934年3月7日,第7版。

王汉良、王鸿辉、李如璋、叶家兴、薛光前等五人罪责较重,要求交三百元取保。

二次侦讯时,庭外聚集五六百人,"庭外院中,时时有人大呼,要求公开侦查之口号,其声甚大"。诸人出时,"院内站立诸人,皆拍掌欢呼,挤之而行,行至高等第二分院转角处,又大放炮竹,以示胜利"[95]。"一时拍拍之声盈耳,此种情状在法院尚属创见也"。下午五点后,上海各团体召集市民代表大会,各区市民联合会、同乡会、各业工会、各学校等代表2000余人集会,叶家兴、王汉良等报告审讯经过。会议决议组织上海市市民法益保障会,推举张贤芳、徐再康、魏志秋、陈九峰、刘仲英、郑东山、金楚湘、林均、王志祥等为委员。[96] 到这时,各界亦不畏惧法院,在被侦讯之后又成立新团体,可以视作一种新的对抗。

通过媒体的渲染,公众的惩强扶弱心理不断偏向徐玉英一方,而法院的举措无疑使得局势更为严峻。此时上海市党部及各群众团体不断介入其中,将公众的情感诉求转化为声势浩大的抗议行动。而当法院一再努力压制这种抗议活动之时,矛盾势必导向更大的层面。

五、中央介入:"姬觉弥诱奸少女案"的终结

如前所述,不只是一般民众对于此事表示热切的关注,当时的国民党上海党部诸要人亦持续关注此案。当上海市第一特院对徐案后援会委员提起侦查后,民意沸腾,国民党上海方面的负责人潘公展、吴开先、王延松等人十分愤怒,急电蒋介石,请其出面处理此事:

> 上海各团体前因上海第一特区地方法院审理少女徐玉英控告哈同花园总管姬觉弥诱奸一案,对于姬某种种待遇及审理手

---

[95]《徐案后援会二次侦查》,载《福尔摩斯》1934年3月15日,第1版。
[96] 参见《第一特区法院传讯徐案后援会男女全体委员》,载《时报》1934年3月15日,第8版。

续超出法院规定,并特开创例,以予优容,如特许姬某汽车停留院内,准其坐而受鞫,与法官偕出法坛之门,抹煞证人之证言,违法武断,检完被告之年龄,采取伪造《哈同先生荣哀录》证据,且复钳制舆论,威胁原告律师,提付惩戒,并判《商报》总编辑张季平徒刑四月,处新声通讯社罚金三百元,复搜查《晨报》,传讯《时事新报》等,至《金刚钻》报因刊载一讽刺插画,而被牵入姬案,罚金三百元。而道途传闻,更属人言啧啧,以致群情益复愤激,遂由各团体组织援助徐案委员会,冀为公理上下声援,讵因此更触怒法院,认为有妨害公务之嫌,对该会委员十七人,均加以侦查,似此多方罗织,非特舆论哗传,抑且贻讥中央。查该会委员多属本党同志,又为各工团代表,平日努力民运,颇多表演,此次被各团体推举援助徐案,应属见义勇为之举,倘此而遭受刑事处分,将使努力于民运之本党同志,不复再敢工作。钧座澄清吏治,惩处贪污,雷厉风行,殁通景仰,当不使司法黑暗,腾笑中外,开先等旅居沪上,见闻较切,用敢屡呈详情。请赐迅电制止法院此种不顾民意之行为,以顺舆情,免酿事故,如能由监察院查明,据实弹劾,则整顿纪纲,人情始快。迫切陈词,伏祈垂察。[97]

从电文可见,潘公展等人亦对法院的系列判决和侦查行为表示疑惑与不满。特别是潘公展等人主持《晨报》,该报副刊在案件审理中也受到法院侦查,因此他对于媒体的境遇应有更直接的体认。

更重要的是,正如电文中提到的,援助徐案委员会中有许多国民党党部与工团运动人士,援助徐玉英本就是他们参与群众运动的重要举措,通过援助一个弱女子,党部无形中迎合了"民心""民意",这是建立其权威和塑造群众基础的大好机会。然而,此时法院却要处分这些

---

[97]《吴开先、潘公展、王延松致蒋介石电》,1934年3月8日,档号002-080200-00152-129,台北"国史馆"藏。

组织社会运动的人士。若这些组织运动的党团干部受到司法制裁,国民党内民众运动的积极性也将受到重挫。此外,法院在某种程度上代表着"政府"的形象,当时民众与法院已成对立,法院完全秉持独立自主原则,对民众与舆论不仅不管不顾,而且还对民众运动、媒体报道均大加干涉,在社会上造成"公权力"滥用之感,有损政府形象。故而无论是潘公展等人还是各界民众,都有"司法黑暗"之感。

电文上达蒋介石处后,蒋介石随文批示:

> 援助徐案委员会之组织,是否合法,是否有妨害公务之嫌,应否加以制裁,此纯属司法问题,如认法院之裁决为不公,自应依诉讼法所规定之程序,以为救济,审判独立为法治国家之要件,中岂能去电制止,兄等身为党委,尤应格外审慎,免贻党委日事干涉司法之讥也。[98]

1934年3月9日,蒋介石正式批示"此事中不能去电干涉,由兄等依法办理可也",次日复电。可见,在蒋介石看来,"司法独立"是最重要的原则,即便此中有种种不公,仍需通过法律自身的途径来解决。

其实蒋介石所看重的,是"党委"与"司法"的关系。蒋对潘公展等人的训诫,也是强调在社会观感层面上不能给外人"党"干涉"司法"的印象。这样的想法其来有自,蒋介石对"训政"时期的"以党治国"有着自己一以贯之的看法,1928年他就指出,虽然"训政"是以党领政,由党部组织政府,但"党员如对于行政不以为然,则当就其意思而忠告之,忠告之不听,则呈其意见于上级党部而弹劾之。弹劾之无效,则用中央之权力而改组之,而其最要之标准,则党员党部决不

---

[98]《蒋介石拟覆吴开先、潘公展、王延松电文》,档号002-080200-00152-129,台北"国史馆"藏。

能直接以干涉或处置政治"[99]。"最要"一词可见党不干政在蒋介石心中的重要性。事实上，这样一套想法也不是蒋介石一人专有。而在实践的层面上，南京国民政府也确实一直要求在地方上严格做到"党政分开"，地方的党部与政府一直分属两个独立系统。[100] 司法问题属于广义的政治问题，蒋介石对于党部与司法的上述思考，也不脱这一大思路。

　　蒋介石令下以后，上海市党部已经难以干涉此事，原本参与民众抗议运动的党部成员只能偃旗息鼓。1934年3月17日，被认为罪责较重的五人由商界大腕虞洽卿出为作保，同时，虞洽卿劝导各界代表，特区法院乃"由上海市民费极大之代价，始能订立协定，幸勿操之过激，致为外人借口，深信法院诸公，亦能明了情形，当不为已甚也云"[101]。此后，叶家兴等五人因为曾向中央请愿，被认为是领头分子，在徐案中"别具作用""对于本案公然侮辱"而受到公诉。[102] 1934年4月5日该案宣判，叶家兴因为是军人暂未处理，[103] 其他四人各罚200元。[104] 诸人声明不服，再次提起上诉，但全体拒绝出席此后的审判。[105]

　　但故事到这里还未结束。1934年4月28日，上海律师公会致函第一特区法院，对于龚文焕律师被处分一事提出交涉，认为法院对于龚文

---

[99]《第五次中央全体会议重要提案汇存（一）：（二）党部与政府政府与民众之关系及其职权案》，载《国闻周报》1928年第5卷第32期。

[100] 参见王奇生：《党员、党权与党争：1924—1949年中国国民党的组织形态》，华文出版社2010年版，第231页。

[101]《虞洽卿为徐案委员作保》，载《新闻报》1934年3月18日，第15版。

[102] 参见《援助徐案委员会五委员被提起公诉》，载《时报》1934年3月26日，第4版；《江苏高等法院第二分院关于姬觉弥案一特地院被控案卷令的文件》，档号：Q181-1-740，上海市档案馆藏。

[103] 此后法院针对叶家兴的军籍问题也有过多次讨论。参见《徐玉英案后援会委员之一叶家兴与第一特院仍须传审身份问题，当庭裁决不能认为现役军人》，载《时报》1934年7月13日，第2版；《徐案后援会余波》，载《新闻报》1934年7月13日，第13版。

[104] 参见《徐案后援会委员受罚》，载《时报》1934年4月5日，第3版。

[105] 参见《徐案后援会四委员上诉 开庭均不到案宣告辩论终结》，载《时报》1934年5月15日，第6版。

焕的处理,于法无据。[106] 龚文焕也向南京监察院呈控弹劾。龚文焕认为,纵然未盖章违反律师章程之规定,但惩戒处分,"断不能越乎律师章程第三十七条锁定除名停职训诫三款之范围",上海第一特区法院庭长冯世德签发刑事传票,检察官郭炜开庭秘密侦查,"认似龚律师已沦为刑事被告之地位,显然违法滥行职权"[107]。

1934年5月17日,中央监察院以上海地方法院院长沈家彝、推事冯世德等审理姬觉弥诱奸徐玉英案涉嫌"裁判偏袒",派监委郑螺生等赴沪调查,经李梦庚等审查,情况属实,准备提案弹劾,交付惩戒。[108] 1934年6月11日,监察院正式对上海第一特区法院诸法官提起监察,由监察院移付中央公务员惩戒委员会惩戒。[109] 至1936年,中央公务惩戒委员会认定各位法官在审判中并无明显不当,但对于未行回避一事,对庭长冯世德进行惩戒。[110] 法院方面亦汲取姬觉弥案的经验,早在4月6日,第二分院以"姬案"为鉴,告诫法官"交游当慎""即寻常酬应,亦宜自立崖岸,其有易惹是非之地,易招嫌疑之人,切应屏迹绝交,严防瓜李。公余之暇,多亲问学,少接宾朋,于以维法院之尊严,即以保自身之信誉,有厚望焉"[111]。到此,延续三年多的姬徐讼案终于告一段落。

风波渐已平息,然而故事最初的主人公徐玉英呢?1934年2月20日,徐玉英提起上诉后,江苏高等法院原定在2月20日由庭长郁华开庭审讯,但徐玉英先已申请高二分院准予转移管辖,并坚持在高二分院

---

[106] 参见《票传律师之反响既系违反律师章程应按法定程序办理》,载《申报》1934年4月28日,第11版。

[107]《龚律师呈控弹劾冯世德郭炜》,载《上海商报》1934年6月13日,第2版。

[108] 参见《姬觉弥案法官将被弹劾》,载《大公报(天津)》1934年5月18日,第3版。

[109] 参见《特一法院刑庭长推事因姬觉弥案被弹劾审理不公违法渎职实难容恕冯世德萧燮荣邓葆苏付惩戒》,载《申报》1934年6月11日,第11版。

[110] 参见《中央公务员奖惩委员会有关上海第一特区地方法院推事冯世德等被付惩戒案决议书的文件》(1936年2月19日),档号:Q181-1-165,上海市档案馆藏。

[111]《第二分院为姬案诰诫法官文》,载《申报》1934年4月6日,第11版。

未批准前绝不到庭陈述。[112] 后徐玉英要求终止开庭，审讯延期。[113] 尔后最高法院驳回徐玉英方面提出的转移审讯的请求，3月12日，在江苏高等法院第二法院审讯时，徐李氏、徐玉英均不到案，该案未能进行审理。[114] 再后来的审讯中，因为始终得不到转移审讯，徐玉英等以患病为由不出庭，庭长郁华与陪审推事赵钲锴、周翰等认为上诉人有意拖延诉讼，在4月17日裁决撤销上诉，24日批示驳斥其转移审理的申请。[115]

在舆情鼎沸中，社会将"诱奸案"的讨论导向更为宽广的层面，随后演化为一场媒体、法院与公众的角力，而"受害者"最终却成为最被忽视的人。当案件点燃了司法与舆论的对立和争论之时，原有的案件与原告却已隐居其后，亦无人关注徐玉英母女的去向。"姬觉弥诱奸徐玉英"这样的问题被抛出后，总是容易发展为其他更大社会问题的讨论，最后案件本身却消失无踪了，这样的结果亦令人深思。

结语

民国时期"姬觉弥诱奸少女案"这类性侵案件，其审理困境在于难以取证或根本无法取证。因此，彼时此类案件虽然屡见不鲜，却基本无法审出结果。如果按照当时的一般审判经验，若无法认定事实，则常常是将其作为一桩"桃色纠纷"以罚款的方式调解打发而已。

面对这样的案件，社会观众最盼望的当然是结果的正义，若这一结果未能得到满足，如果"程序"本身正义，那么仍能接受。在姬觉弥案中，要实现前者是几乎不可能的。而舆论沸腾的很大原因就是法院的程序不合理，当审判过程被认为忽视弱者而偏向强者时，便容易令人质疑司法与强权是否产生勾连。

---

[112] 参见《姬觉弥被控案上诉今日开审》，载《时报》1934年2月20日，第5版。
[113] 参见《徐玉英控姬觉弥案上诉庭改期》，载《新闻报》1934年2月21日，第11版；《徐玉英上诉姬觉弥案延期开审原因》，载《新闻报》1934年2月22日，第11版。
[114] 参见《徐玉英母女上诉案》，载《新闻报》1934年3月14日，第12版。
[115] 参见《喧传一时之姬案告一段落》，载《时报》1934年3月27日，第2版。

在本案中，除了案件本身的原被告之外，还存在四个主体的碰撞：代表司法的法院，代表舆论和民意的媒体、公众，代表官方的上海国民党党部与蒋介石。

本案的第一层意义在于，它展现了"情"与"法"在现代中国历史中的困境。从一开始，舆论就代表着一种情感参与的诉求。这种诉求一方面来自社会大众对于"强弱"的感知，其背后带有道德的天然倾向；另一方面，这种参与的诉求来自传统情理法关系的近代余绪，人们希望在审判中考虑到社会道德与情感等更多方面，因此"扶弱"是媒体与公众关注此案最基本的动机。近代中国的法律现代化，是在仿效西方走向了形式化、理性化也即现代化的过程。这一理性化既包括在审判中依法判决而排除人情、道德等因素的干扰，也包括在外部拒绝政治权力、舆论等的干涉。极端的情形就是如本文中的上海第一特区法院那样，讲求司法独立以至于完全封闭在"形式理性"之内，不仅排斥舆论，而且将舆论的批评视为"敌人"。

此外，本案中展现的类似于林郁沁所说的"公众同情"[116]，其兴起的另一背景是近代的"民主"催生的大众对于公共事务广泛参与的热情。然而，在近代的舆论与公众同情迅速兴起之时，它却遭遇了正在日益"形式理性"的司法。媒体与"舆论"崇尚民主与言论自由，并以此作为改造社会、监督公权力的重要手段，它强调的是"民意"。但是"司法独立"忠实于"形式理性"，它反对一切干预。近代中国处于一个现代化的过程中，当两种理念相遇时，二者的崇信者都主张各自的价值，并且还未找到彼此界限之所在，"不容置疑"的司法与"民主"催生的舆论监督的矛盾就发生了。而彼时上海的司法部门没有选择和平对话，而是动用法律手段，以司法机关的名誉权受损等理由对舆论监督进

---

[116] ［美］林郁沁：《施剑翘复仇案：民国时期公众同情的兴起与影响》，陈湘静译，江苏人民出版社2011年版，第32页。

行压制，因此将这一矛盾推向了更严重的境地。[117]

　　而如果我们再注意到文章最后短暂出现的"官方"（包括上海党部与蒋介石），则可以看到，蒋介石基于种种缘由，并不支持以政治手段在这样对峙、矛盾的社会事件中进行协商和调解，而是让矛盾在其内部解决。这在维护司法独立的层面值得称许，但此时的"司法独立"虽几成"神圣"口号，但就如本案中一样，"司法"有时本身并不一定"正义"。因此蒋介石尊重司法、拒绝行政干涉的指令虽然可以阻止党部活动，抑制民众运动和请愿，但对于国民政府处理社会危机和社会治理而言，无疑是下下之策。不论是现代化还是社会的转型，都是一个长期的历史过程，当司法、舆论的严重对峙发生后，更需要政府有为地厘清它们彼此的界限。若矛盾激发之时，执政者只是崇信司法正确抑或舆论正确的口号，而不积极地在司法与舆论之间寻找平衡点和解决之道，那么司法的胜利，最后也代表着国民政府与舆论的失败，反之亦然。

---

　　[117] 关于舆论监督与政府机构的"名誉权"，参见侯健：《舆论监督与政府机构的"名誉权"》，载《新闻与传播研究》2002 年第 3 期。

禁而不绝：
清代命案私和的面相、成因及治理

李 谦*

引言

中国古代法律禁止的和解，称为"私和"。从禁止私和的案件典型种类来看，古代所禁止的和解主要有命案和奸情，也即国家严令禁止个人未经官府便随意私下处理人命案件或通奸案件。其中，针对人命案件，自唐代首将"亲属为人杀私和"纳入法律规制的范围起，对命案私和的打击和控制受到了历代统治者的重视。然而，这种现象仍无法根治。至清代，私和已成为民间社会解决命案的常见方式，甚至不乏成熟的运作模式和处理方法，对国家司法秩序和社会人伦道德造成了影响与破坏。因此，考察清代司法和社会治理，人命私和是一个值得注意的现象。对此，法学界、历史学、社会学界都进行过相关的讨论和研究。国内学界如赖惠敏、徐忠明、茆巍、赵娓妮、邱捷等，国外学界如梅凌

---

* 作者系西南政法大学行政法学院博士研究生。

寒、寺田浩明。[1] 这些学者以刑科题本、官员日记、诉讼习惯调查报告书、州县司法档案为研究材料，在论及刑事审判文化、地方司法活动、法律与社会矛盾等问题时都不同程度地涉及命案私和的讨论，但都未对法律意义上的"命案私和"与社会场域下的"人命私和"做出甄别与划分，亦未对清代命案私和的成因和治理详加解释与研究。因此，有必要对清代命案的面相作进一步诠释。本文在前人研究的基础上，结合清代刑科题本、官员奏折和皇帝上谕、地方法律文献等史料，试图提出并回答这样几个基本问题：第一，清代法律场域下的"命案私和"是如何表达的，与社会话语下的"人命私和"有何差异？第二，清代命案私和的普遍存在是由哪些因素造成的？第三，清代针对命案私和做出了怎样的治理？通过解答这三个问题，以期展示清代命案私和的独特样貌。错谬之处，还请方家指正。

一、清代法律场域下的命案私和

（一）民间社会话语下的"人命私和"

开宗明义，本文所讨论的"命案私和"，为清代法律所禁止的违法行为，以"真命案"出现为凭。因此，探究清代法律场域下的命案私和，有必要先与民间社会场域普遍存在的"人命私和"现象及"假命

---

〔1〕 相关研究，参见游志能《论中国古代亲属为人杀私和罪》，载《湘潭大学学报（哲学社会科学版）》2018年第2期；茆巍：《清代命案私和中的法律与权力》，载《社会科学研究》2016年第4期；萨其荣桂：《刑事和解实践中的行动者——法社会学视野下的制度变迁与行动者逻辑》，载《现代法学》2012年第2期；赵娓妮：《国法与习惯的"交错"：晚清广东州县地方对命案的处理》，载《中外法学》2004年第4期；邱捷：《晚清官场镜像：杜凤治日记研究》，社会科学文献出版社2021年版，第228~233页；林文凯：《清代刑事审判文化：以台湾命盗案件审判为个案之分析》，载《法制史研究》2014年总第25期；赖惠敏：《但问旗民：清代的法律与社会》，台湾五南图书出版有限公司2007年版，第212~230页；徐忠明：《清初绅士眼中的上海地方司法活动——以姚廷遴〈历年记〉为中心的考察》，载《现代法学》2007年第3期；[法] 梅凌寒：《明清法律中的死伤赔偿》，尹子玉译，载周东平、朱腾主编：《法律史译评》（第七卷），中西书局2019年版；[日] 寺田浩明演讲：《清代州县档案中的命案处理实态——从〈巴县档案（同治）〉命案部分谈起》，陈宛妤译，载《台湾东亚文明研究学刊》2009年第2期。

案"进行甄别与划分。人命私和之于民间社会的描述,多见于《儒林外史》《阅微草堂笔记》《官场现形记》《雍正剑侠图》等清人笔记小说中。在这些私家著作里,描绘出官员纵容私和人命、宗族贿和顶凶、亲属畏祸求和的社会现象。比如,《阅微草堂笔记》中就记载了张福被富豪推倒致死后,他托梦给富豪,让其供养母亲,如此便不用他偿命,富豪允诺并立下字据的故事。[2]

与笔记小说不同,清代地方官员和佐杂所撰的日记详细记载了他们的日常公务、官场交往实态、办案过程,更为细致、真实地描绘出人命私和在地方社会的运作场景。比较典型的,有清初上海吏员姚廷遴所撰《历年记》。据学者统计,《历年记》中明确事由为"人命"的案件共计五例,而最终以和息结案的就有三例。[3] 其中,"姚瑞官状告朱奎打死其兄姚三官"一案有载:"正月初六日,余秀官来,为江境庙前朱奎打死姚三官也。三官之弟瑞官来寻,初八日至北,初九日出邑。十二日告准本县,差康旭初,时有陆文宗、周裕凡调停,当官和息,虽不近钱,竟有人感激。"[4] 可以看出,调停说和者通过在官民间斡旋,将本不应属于调解的命案以和息结案。这类人虽不为律法所容,但官方对此有时亦采取消极的处理态度。清人王有光在《吴下谚联》就有载:

> 吾乡一耆民,生平为人排难解纷,然未免涉及分外,恩怨参半耳。上宪访提到案,诘以私和人命,多至三十六头。乃从容对曰:'是亦不能。某果私和三十六头人命,则已保全七十

---

[2] 参见(清)纪昀撰:《阅微草堂笔记》卷五《滦阳消夏录五》,华文出版社2018年版,第95页以下。

[3] 参见徐忠明:《清初绅士眼中的上海地方司法活动——以姚廷遴〈历年记〉为中心的考察》,载《现代法学》2007年第3期。

[4] 姚廷遴:《历年记》,载本社编:《清代日记汇抄》,上海人民出版社1982年版,第157页。

二家矣。'上台领而释之。[5]

同样的态度，也可在晚清广东地方官杜凤治的《望凫行馆宦粤日记》中看到。比如，当时罗定一小孩被寡妇追打失足落井至死后，族老说合寡妇兄长陈明基接受"二千文埋葬小儿"的条件私了。陈明基没钱，死者婶母陈钟英牵走了他的牛。后来，陈明基去官府诬告陈明英抢牛。呈堂后，杜凤治认为抢牛一事"枝节多端，两词为执"，[6] 让绅士对牛只的归属进行调解，但对小孩的死亡只字不提。又如针对岗边村民因赌债纠纷打死三人的情况，前任知县曾灼光采取了调处的方式，杜凤治接任后也继续默许宗族调处，说道："予不管此，唯待你们十日，为日太多恐干上诘，十日外不息，亦只可待曾官报出去矣。"[7]

可见，众所周知的人命大案，在宗族和地方官的干预下，也可以采取私了的方式解决。类似的情况，道咸年间的士大夫张集馨在《道咸宦海见闻录》中也有记载。彼时，民间命案多半贿和，因宗族械斗引起的命案，族人甚至以"三十洋元，于祠堂公所供一忠勇公牌"的条件就贿和买命，不愿诉讼。[8] 不过，私和并非可完全消弭命案，有时也会因家属翻控而失败。《清稗类钞》就有提及家属因凶犯未能如数给付赔偿，最后激愤而"来城指名鸣官"。[9]

结合上述记载，大体可以归纳出民间社会话语下的人命私和主要有四个特征：（1）人命私和在社会普遍存在，其参与人员广泛，牵涉面较

---

[5]（清）王有光撰：《吴下谚联》（卷四《人命两家穷》），石继昌点校，中华书局1982年版，第115页。

[6] 参见（清）杜凤治：《望凫行馆宦粤日记》，载桑兵主编：《清代稿钞本》（第17册），广东人民出版社2007年版，第480~481页。

[7]（清）杜凤治：《望凫行馆宦粤日记》，载桑兵主编：《清代稿钞本》（第17册），广东人民出版社2007年版，第544~545页。

[8] 参见（清）张集馨撰：《道咸宦海见闻录》，杜春和、张秀清整理，中华书局1981年版，第266页。

[9] 参见（清）徐珂编撰：《清稗类钞》（第5册），中华书局2010年版，第2208页。

广,百姓和官员并不排斥这种做法,甚至主动寻求私和。(2)从时间和运作程序来看,私和时限相对宽松,并不仅限于呈控之前,还可发生于告官后。私和在地方社会已有一套较为完整的运作方式,包括但不限于协商、备酒讲和、给付钱银等环节。(3)私和的赔偿条件形式多样,既有单纯的口头允诺,也有书面字据为凭,形式较为灵活。根据赔偿者的经济情况、死者家属与死者的服制关系不同,赔偿条件和形式还可进行变通。(4)私和受清代诉讼风气和官场陋习影响较大,私和过程中很有可能牵涉诬告、图赖、官员渎职等违法行为。

(二)法律话语下的"命案私和"

1. 法律文本

人命私和在民间社会的普遍存在,不仅影响了良性的司法运转秩序,同时也腐蚀了"杀人偿命"的道德根基,必然会受到立法层面的制约与反对。清代对命案私和的规制,直接见于《大清律例》"尊长为人杀私和"条(表1)

表1 "尊长为人杀私和"条[10]

名称	尊长为人杀私和
律文	祖父母、父母、及夫,若家长为人所杀,而子孙、妻妾、奴婢、雇工人私和者,杖一百、徒三年。 期亲尊长被杀,而卑幼私和者,杖八十、徒二年。大功以下,各递减一等。 卑幼被杀,而尊长私和者,各(依服制)减卑幼一等。 若妻、妾、子、孙,及子孙之妇、奴、婢、雇工人被杀,而祖父母、父母、夫、家长私和者,杖八十。受财者,计赃准窃盗论,从重科断。 常人(为他人)私和人命者杖六十(受财准枉法论)

---

[10] 参见郭成伟主编:《大清律例根原》(第3册),上海辞书出版社2012年版,第1309~1312页。

续表

名称	尊长为人杀私和
例文	凡尸亲人等私和人命，除未经得财，或赃罪较，轻仍照律议拟外，如尸亲期服以下亲属受财私和者，俱计赃准枉法从重论。其祖父母、父母、及夫，若家长被杀子孙及妻妾奴婢雇工人受贿私和者，无论赃数多寡，俱杖一百流三千里。 若子孙及妻妾奴婢雇工人被杀，祖父母、父母、夫、家长受贿私和，无论赃数多寡，俱杖一百。 其以财行求者，如系凶犯之缌麻以上有服亲属，及家长奴婢雇工人，均不计赃数，拟杖一百。 若凶犯罪止军流者，以财行求之亲属等各杖九十罪。止拟徒者各，杖八十。 说事过钱者，各减受财人罪一等。

相较于前代而言，清律对命案私和的规制主要有三点变化：一是加重常人、子孙私和的处罚。清律文在小注中明确常人私和人命杖六十，有受财情节的，按照数额多寡"以枉法论"。乾隆三十七年（1772）后，亲属命案私和的处罚从"计赃准盗论"改为"计赃准枉法论"，不分尊长卑幼一律从重处罚。子孙受财私和的，一律"杖一百，流三千里"，处罚更为严格。二是减轻对尊长私和人命、卑幼以财行求的处罚。卑幼、雇工人被杀，祖父母、父母、丈夫、家长受财私和的，以财行求为缌麻以上亲属的，无论数额多寡均只杖一百。三是针对丈夫及家长被杀，妻妾、奴婢、雇工人受贿私和无明文治罪的问题，明确比照"尊长为人杀私和"条处理。总体来说，清代对私和的规制受服制的直接影响很大。同样的行为，卑幼与尊长的处罚却相差甚远，体现了儒家道德伦理之于命案私和法律规制的渗透，这亦给私和提供了滋长的空间，此处下文再述。

除了直接性规定以外，清代针对命案私和的规定还散见于其他律例及会典中，兹摘录如下表2所示：

表2 命案私和其他规定[11]

律条（出处）	具体规定
发冢	若地界内有死人，里长、地邻不申报官司检验，而辄移他处及埋藏者，杖八十。
斗殴及故杀人	广东、福建省械斗贿买顶凶……查明该族祠产，酌留祀田数十亩以资祭费。其馀田亩及所存银钱，按族支分散。若族长乡约不能指出敛财买凶之人者，族长照共殴原谋例拟以杖流，按致死人数一每人加一等，罪止发遣新疆为奴。乡约于杖六十徒一年上（按乡约如何拟徒一年并未叙明）每一人加一等罪止杖一百徒三年。
殴祖父母父母	子妇殴毙翁姑之案，如犯夫有匿报贿和情事，拟绞立决。
不应为	凡不应得为而为之者，笞四十。事理重者，杖八十。律无罪名所犯事有轻重，各量情而坐之。
检验尸伤不以实	凡（官司初）检验尸伤，若（承委）牒到托故（迁延），不即检验，致令尸变，及（虽即检验）不亲临（尸所）监视，转委吏卒，（凭臆增、减伤痕）。若初（检与）复检官吏相见扶同尸状，及（虽亲临监视）不为用心检验移，易（如移脑作头之类）。轻重（如本轻报重，本重报轻之类）增减（如少增作多，如有减作无之类）尸伤不实定执（要害）致死根因不明者，正官杖六十；（同检）首领官杖七十；吏典杖八十；仵作行人检验不实，扶同尸状者罪亦如（吏典以杖八十坐）之（其官吏仵作）因（检验不实）而罪有增减者，以失出入人罪论（失出减五等失入减三等）。

---

[11] 参见郭成伟主编：《大清律例根原》（第3册），上海辞书出版社2012年版，第1126、1261~1262、1416、1641、1871~1874页；《乾隆朝钦定大清会典则例》卷二十六《吏部·考功清吏司人命》，第8页。

续表

律条（出处）	具体规定
	斗杀故杀谋杀等项当检验者，不许听凭仵作混报拟抵，其仵作受财增减伤痕扶同尸状，以成冤狱，审实赃至满数者依律从重科断（不先究致死根因明确概行检验者官吏以违制论）。
	凡人命重案，必检验尸伤注明致命伤痕，一经检明即应定拟。若尸亲控告伤痕互异者，许再行覆检，勿得违例三检，致滋拖累。
考功清吏司·人命	如将受伤身死之人作为病毙擅自掩埋结案者，自发觉之日将该地方官照殴死捏报例议处。再有不肖官员莫绁将譬盗命案竟行隐匿不报者，事发之日将地方各官并上司皆照讳盗讳命例议处

通过对上述法律文本的归纳可以看到，清代对命案私和的规制，在法律责任和法律程序上形成了一套较为完整的规范体系：首先，先以直接规制禁止命案私和的行为，对违反者严惩。其次，在命案审理程序、官员渎职、案件上报、宗族治理等方面做出具体规定，以降低私和的可能性。最后，再以"兜底性"条款"不应为"律对私和的帮助性行为予以处罚。

2. 法律解释

上述可见，清代的法律文本并未对何为命案私和作出解释。理清清代律学著作有关命案私和的释义，有助于从法律层面对命案私和做进一步的理解。清承明制，明代律学著作有关命案私和的释义详见于《大明律集解附例》。其中，附例明确两点：其一，从命案类型来看，适用"尊长为人所杀私和"的前提是以"谋杀、故殴杀、戏杀误杀"的案件，也即"真命案"。威逼、过失杀行为属于排除性规定，按律分别杖一百、收赎，不再适用命案私和的规定。其二，从私和本身的行为释义来看，纂注解释为："不专谓不告官，虽告官，而复和，因妄自招诬者亦是",也即将私和分为匿而不报、告而复和、自愿诬服三种情形。[12] 这种解释,笔者目力所及,与《读律私笺》《大明律附例笺释》《大明律集解》《大明律释义》《律条疏议》大体保持一致。[13] 稍有不同的,是《律条疏议》与《大明律集解》未明确提及"妄自招诬"是否属于命案私和的具体情形。

清人所说的命案私和,据《六部成语》的定义,为"两造不经官府公断,私自和解谓私和"[14]。凌铭麟在《新编文武金镜律例指南》中对私和所涉命案类型和律例适用解释到:

> "私和,就各该抵命者而言,如谋、故、误、斗殴杀人,各有本罪者,而尊卑受财私和,当计赃准窃盗论,照追入官。若威逼、过失二杀,则犯人罪止收赎……"[15]

此处,凌铭麟关于私和命案的分类与明代无二异。但在私和的行为表现形式上,沈之奇做出了不同的解释,其言:

> 私和,是言不告官者。诸家谬谓告官之后,又复私和,妄自招诬者亦是。夫以杀命告官,又私和妄供,则有诬告之罪矣,岂能私和哉?民间先告后和者,大概真命少,假命多。断

---

[12] 详见东京图书馆藏:《大明律集解附例》卷十九,第38~40页;(明)应檟:《大明律释义》卷十九《人命》,第18页;王樵:《读律私笺》,中国国家图书馆藏刻本;(明)胡琼撰,《大明律集解》,明正德16年刻本;(明)张楷:《律条疏议》,载杨一凡编:《中国律学文献》(第1辑第3册),黑龙江人民出版社2007年版,第323~326页。

[13] 参见《大明律讲解》卷十九,载杨一凡编:《中国律学文献》(第1辑第4册),黑龙江人民出版社2007年版,第371~372页;(明)雷梦麟撰:《读律琐言》,怀效锋、李俊点校,法律出版社1999年版,第364~365页。

[14] 李鹏年等编著:《清代六部成语词典》,天津人民出版社1990年版,第370页。

[15] (清)凌铭麟:《新编文武金镜律例指南》,载杨一凡主编:《历代珍稀司法文献》(第8册),社会科学文献出版社2012年版,第354页。

狱者每顺人情，不复按律探究，而以之论律则不可也。"[16]

沈之奇对私和的行为认定标准作出了限制解释，仅保留了知而不告一层，着重强调"不告官"的行为。对于明代"妄自诬服"与"告而复和"的两种情形，沈之奇则认为应归入诬告和"假命案"的范畴。至此，清代律学对命案私和的认定条件已发生变化。具体而言，从行为层面来看，亲属或他人应有明知有命案发生，但却匿报、瞒报行为。从结果层面来看，是否得财并不影响罪名的成立，只影响处刑的轻重。从排除性内容来看，若出现告官后和息、不堪被诬而私和或认罪的，视具体情节以诬告罪论处，不再适用命案私和的规定。此处也可看出明清两代律学家对"私和"作为法律用语理解的不同。究其原因，窃以为主要是由于明代法律解释基于经验总结，多为社会经验的枳累和归纳，受社会现实影响较大，而非单纯对法律用语的抽象诠释。从明清司法档案的记载来看，有人因自杀或事故死亡，但家属或他人装作杀人案件而呈控诬告的情况很多，畏事者大多就范或在狱中不堪勒索便达成"私和"。明代将前述两种情形纳入私和行为的判断标准，很大程度是受这种社会风气和司法现实所影响。

清代官方对命案私和的情形进行具体划分比较详细的，笔者目之所及，应为乾隆二十八年（1763）题准的通行。在此，刑部解释道：

> "惟是私和人命之案，其情形各有不同，有受贿而和者，有迫于凶犯之强悍隐忍而和者，有孤儿寡妇力弱势居住居僻远不能控诉而和者，有瞻顾平日亲爱之谊而和者，其中惟受财一项最为贪利忘仇，忍心害理。"[17]

---

[16]（清）沈之奇撰：《大清律辑注》，怀效锋、李俊点校，法律出版社1998年版，第710~711页。

[17]（清）祝庆祺等编：《刑案汇览三编》（二），北京古籍出版社2000年版，第1343页。

刑部将命案私和分为受财私和、被迫隐忍私和、因无法控告而私和、为息事而私和四种情形，将司法层面的"命案私和"从社会话语下的"人命私和"抽离出来，在法律层面与社会中的人命私和行为做出了解释与细分。至此，我们已可明显看出，民间社会的人命私和与法律话语下的命案私和不尽相同。本文认为，"人命私和"可看作是社会普遍存在的现象。在社会话语下，"人命"案件包含了全部有事件性的"人的死亡"，不是只有出现杀人事件才是命案，还包括溺死、病死、自杀、威逼致死、过失杀人等情形。而"命案私和"，则是由社会现象归结到法律层面的专门表达，指适用"尊长为人杀私和"条及其他相关规制的禁止性法律行为。作为社会现象的人命私和，显然比法律话语下命案私和的范围更广、涉及情形更多、面相也更为复杂，但二者之间又存在互动和影响的关系。

二、清代命案私和的成因

从史料来看，私和所涉命案的肇因多为打架斗殴、争吵谩骂，具备较强的突发性和临时性。因此，能使各方在命案发生后很短一段时间内就决定以私和替代法定程序，必是多种缘故综合所致。本文认为，造成命案私和主要有以下四点原因。

（一）法定程序漫长和处理结果差强人意

基于"恤刑"的司法理念，命案呈报到官经州县检验后，还需层层上报，经上级机关审判、批示、复审、判决，直到皇帝批示方算结案。因此，即便在主犯已获、案情清晰、证据完备、主审官员无调动的情况下，命案还要几经解审，甚至几经批驳才可具题，不可能在短期内完结。据研究，清代涉及命案的处理时间，90%左右的案件可在两年以内题结，各省间的题结效率相差不大，但在19世纪50年代之后效率又有所下降。[18] 从笔者整理的多个案件亦与此观点相互佐证：从案发与题

---

[18] 具体研究样本及数据来源，可参见陈志武等：《清代命盗重案的统计特征初探——基于10.6万件案件的分析》，载《新史学》2020年第1期。

本落款或上奏的时间差来看，案件平均耗费时长为一年左右，有的命案甚至连年不决。相比之下，私和的效率则高出很多，且和解协议约定的金额有的也比埋葬银的数额高。以嘉庆二十四年（1819）的命案为例，死者方玉陇于十一月十一日五更被殴打致死后，案犯的父亲便马上与方玉陇的妻子陈氏讲和。第二天，陈氏便已拿到许诺的田亩和现钱，直接着手处理后续丧葬及生活事宜。

前文已述，就法律层面来讲，私和所涉"命案"为"各该抵命者而言"。因此，于法律和受害者两方来说，理想的处理结果应是"一命抵一命"。然而，私和所涉命案多肇始于未能妥善处理的细事，案犯并非穷凶恶极之人。根据规定，在刑事责任上，这些案犯很有可能在秋审过后被减至流刑，保住性命。如符合一定的年龄、身份要求，又可照例收赎，免除刑事责任。[19] 从死伤赔偿上看，清代的法定死亡赔偿不尽相同，但斗殴及戏杀、误杀的法定埋葬银赔偿数额一般为一十两或二十两，[20] 除此之外并无其他赔偿。

进一步来说，清代法律也并不倾向于以给付赔偿的方式来弥补死者家属的损失。命案中被免死减刑等处理的案犯虽负有对家属赔偿的义务，但履行实效难以保证。虽然统治者强调埋葬银不可"止存给付之名、而无领受之实"[21]，但结合《大清律例》"给没赃物""斗殴及故杀人""戏杀误杀失杀伤人"条目的法律文本，[22] 可以发现它们共同指向一个现实：官员虽有责任督促并可采取强制措施监禁案犯，迫使他们在一定期限内履行赔偿义务。但期限过后，案犯确无力赔偿死者家属的，他们的法律义务可以减少至赔偿一半埋葬银，甚至被免除，死者家

---

[19] 参见胡星桥、邓又天主编：《读例存疑点注》，中国人民公安出版社1994年版，第64页。

[20] 参见胡星桥、邓又天主编：《读例存疑点注》，中国人民公安出版社1994年版，第583、592~594页。

[21] 《大清世宗宪皇帝实录》卷三十七，雍正三年十月，第6页。

[22] 参见胡星桥、邓又天主编：《读例存疑点注》，中国人民公安出版社1994年版，第66、583、592~594页。

属的经济权益也因此被漠视。从地方档案的记载来看,案犯因十分贫苦而无力赔偿的情况十分常见,有时候还要族人连带赔偿。[23] 即便按各省成例,家属私和所得医药费、丧葬费虽可免追入官,但其余约定赔偿如已给付,则均要追缴,未给付的协议也要被地方官驳回。最终的结果,乃是家属不仅失去既得利益,还需耗费相当长的一段时间等待法定赔偿与结果。

再者,清律减轻命案私和处罚也是私和不能杜绝的重要原因。从案件记载来看,参与或主张和解的大部分是尊长亲属。于他们而言,私和事败按例也仅杖一百。再加上受家长教令权的影响,有的尊长甚至认为自行决定卑幼生死也不为罪。嘉庆十六年(1811),刘周氏因大儿子不孝,逼迫二儿子扎伤大儿子。后来大儿子伤重死亡,根据她的供述:"因大儿子忤逆不孝死了也罢,又恐二儿子抵罪,小妇人无人养活,原不必报官,叫二儿子买了棺木,央同赵三远们把大儿子殓埋了。"[24] 本案中,刘周氏教唆打伤大儿子和起意私埋尸体的行为,因律得容隐不用承担刑事责任,而二儿子则杖一百,流三千里,帮同殓埋的族人也被判决折责三十大板。法律责任的减轻,很大程度上无法对私和者形成足够的刑罚威慑力。

综上,在法律实体层面,法律处理结果与家属心理期待出现了背离和差异:一方面,刑事责任上,于家属而言,案犯不仅无需抵命,还因监禁获得了发配前的逗留时间,难以满足其制裁案犯和"杀人偿命"的心理需求。对私和法定处罚的宽纵也使家属漠视法律,给选择私力救济留下考虑的余地。另一方面,经济赔偿上,复杂的命案审理程序和埋葬银的减免制度无法抚慰与满足受害者家属的需求。这样的处理结果叠加在一起,最终不仅为私和制造了在民间社会蔓延的空间,也极易引发进

---

[23] 参见[法]梅凌寒:《明清法律中的死伤赔偿》,尹子玉译,载周东平、朱腾主编:《法律史译评》(第七卷),中西书局2019年版。
[24] 杜家骥编:《清嘉庆朝刑科题本社会史料辑刊》(第1册),天津古籍出版社2008年版,第211页。

一步的纠纷与世仇。明时,就已有人指出:

> 人命苦主或亲老子幼不愿抵偿,求得埋葬银自给者,此法所不载,情有可原。苟事情暧昧,宁可听其情愿。若拘泥已见,恐老幼牵连奔走,或死者之冤未雪而生者且有性命之忧,不可不为动念。[25]

(二) 官员的贪腐与避责

命案发生后,地方官放纵私和的原因主要有两点:一是私和能给地方官带来经济利益,二是私和可使地方官避免和减少案件背后的司法责任。

清代建立后,地丁银划分为起运、存留。其中,存留银成为中央法定的地方政府行政经费的税收来源。然而,从支出用途来看,"存留"部分主要是用来支付中央政府在各地的驻军军费和驿站经费,只有很小的部分留作地方政府的开支。[26] 微薄的俸禄和有限的养廉,明显难以维持地方官府内亲戚、长随、仆人、书吏等人员的开支,及满足其排场、事上、生活的需要,地方官唯有以其他手段谋求经费。又因清律规定命案检验过程中的夫价、饭食、差费等都由州县经费承担,公务开支不菲。如若私和,则又可减少这项支出。不仅如此,地方官还以和息命案为由索取"和息费",与胥役勾结,增加"灰色收入"。道光二十年(1840),黄爵滋就上奏指出福建地区斗殴致死命案中,百姓因地方官勒索而不肯报官的问题,其言:

> 偶有报官者,又先索相验之礼,路菜刍粮,非银二三百元

---

[25] (明)不著撰者:《居官必要为政便览》,载官箴书集成编纂委员会编:《官箴书集成》(第2册),黄山书社1997年版,第67页。

[26] 参见 [美] 曾小萍:《州县官的银两——18世纪中国的合理化财政改革》,董建中译,中国人民大学出版社2005年版,第29页。

不可，银一日不缴，官一日不出，有迟数十日不相验者，于是有腌尸之事。至已经相验，官令胥役，劝其调和，复择其所告之富者，勒派多银，尸属所得，不过数十金，其余尽充官之囊橐……其毙命太多者，官虑处分太重，不准入呈，即相验通报之案，亦必出结换案，归于通缉。民习知其弊，故报案者百无一二。"[27]

奏折的描述，也透露出地方官参与私和的另一层原因，即清代官员司法责任和考核制度的缺陷。命案发生后，地方官负有侦查、勘验、审理、承缉案犯的义务，稍有不慎，就要承担相应责任。即便离任，地方官也要对任期内的失报、瞒报、改报命案终身负责。[28] 可以说，在命案周密的处理机制和严格的司法行政责任规制下，地方官必须如实上报地方命案。然而，命案的多寡又直接关乎官员的考评、奖惩，处理不慎便会影响考成，有碍仕途。对比之下，私和不仅可规避审转程序的约束和审查，使案件既无需向上级审转，官员也不必承担风险。因此，命案私和成为地方积习，有的案件直至亲属上控才补报，甚至服制重情命案也被采取串通其他办案人员的方式掩盖。光绪四年（1878），曾国藩上奏说道：

> 山西州县，遇人命重案，往往概令贿和寝息。如岢岚州有历六月余命案，不为相验，迫尸亲上控，始行补报。又祁县有土豪霸占河渠，殴死二命，伤及多人，该县皆勒令和息。忻州知州戈姓，在任十余年，命案皆令私和。襄垣县有子殴父死一案，该县以重贿求潞安府知府高姓，将该犯饿毙了案。其余州

---

[27] （清）黄爵滋：《会议查禁械斗章程疏》，载齐思和整理：《黄爵滋奏疏》卷十四，中华书局1959年版，第118页。
[28] 参见《钦定大清会典则例》卷二十六。

县中贿结命案者不可枚举。[29]

私和的命案中,地方官大多并无缉凶压力,此时如与亲属、乡保、其他承办官员串通隐瞒,既迁就两造,又符合自身利益。

(三) 地方势力的介入和说合

私和在地方社会得以层层运作成功,还与地方胥役、乡保、乡绅、宗族等地方势力的介入和说合紧密关联。在清代地方社会"皇权不下县"及"以乡人治其乡事"的金字塔式权力运行结构下,清代宗族、乡绅有调解地方纠纷、维护家族和社会稳定的义务,相当于家族内的执法者和仲裁者。乾隆五年(1740),经刑部上奏废除了给予宗族生杀大权的律例后,[30] 按规定,轻微刑事案件,可听由族长或乡里处理,如遇命案,则有义务往上呈报,不可徇私包庇。但实际上,处在官方与民众之间的宗族势力,在命案发生后并未履行法定职责与义务。在地方宗族的层层管理下,族长、合族绅耆秉承族内与地方社会"多一事不如少一事"的观念,将处理民间纠纷的"和解""劝谕"方式延伸至本不该介入的刑事命案领域,充当"调和人"的角色,说合两造以赔偿钱财、给付田产、赔礼道歉等方式化解命案,这也反映出宗族绅耆操纵和影响命案审理的力量。

一般而言,宗族势力参与私和不一定带有私利成分,更多的是考虑到族内的声誉与秩序,而胥役参与私和大多是为了渔利。清代设立地方胥役制度,是为了使胥役掌管文书律例、协助衙门办事、维护地方公务行政。他们人数众多,以广东一省为例,"衙役小县数百,大县千余"[31],地方财政显然难以供养数量庞大的胥役群体。在"工食"少,且办理公事的费用也多靠自筹的现实下,胥役唯有靠勒索作为收入来源

---

[29] (清)曾国荃撰,梁小进主编:《曾国荃集》,岳麓书社2008年版,第379页。
[30] 参见《大清会典事例》卷八一一《刑部》。
[31] (清)不着撰者:《邓廷桢》,载王锺翰点校:《清史列传》卷三八,中华书局1987年版,第2973页。

的补充。加上胥役多为当地人，他们通过长期，甚至世代供职把持衙门运作，享有一部分官员权力。命案发生后，如要私和，有时也需依靠胥役从中斡旋打点、包庇。因此，如有命案发生，胥役或借命案上报旁敲侧击死者家属和凶犯收取案费，或私下教唆两造私和，挣得一笔"和息费"。

清代将地方权力下放至宗族、乡绅、乡保，并让胥役辅佐公务的规定，原意本为巩固地方统治、维护地方治安、沟通官民。然而，在地方社会中，这些势力实际上获得了民间细事甚至刑事案件的处理权力，成为私和得以成功的关键结构性因素，不仅与设立制度的初衷背道而驰，也打开了滋生贪腐的漏规漏洞。

（四）家属的畏惧与逐利

家属选择命案私和，既有对现实司法状况的消极应对而产生的畏惧心理，也是原被告双方在趋利避害的本能下的权衡与抉择。从题本可见，于案犯一方而言，命案发生后的畏惧心理主要体现为案犯及其亲属的畏罪、畏法。嘉庆十七年（1812），凶犯樊受海就供述道："樊朱氏当要报验，小的畏罪，求免报官。情愿出议棺殓，并恳邻佑樊胜德们代为容隐，樊朱氏当即应允。"[32] 于两造而言，则体现为双方对报官后所需诉讼成本的顾虑。到官后，两造难保遭受代书费、传呈费、路费、听刑费等各名目的层层盘剥，往往命案未结便散尽家产，甚至累及亲族邻保。以贵州一省为例，"每遇命案报官，先令差查，该差雇备夫马，动须数日始达该处，无论殴毙自缢之案，辄将干证人等一并锁押，先索夫马挂红之费，然后为两造说和；如允贿和，又讲开销衙门之费，傥被告贫无可索，则以干证中有钱者当之；或干证亦贫，则波及邻右，中人之户往往破家；钱已如数，乃带原被人等进城具结，免验息案。"[33] 此

---

[32] 杜家骥编：《清嘉庆朝刑科题本社会史料辑刊》（第2册），天津古籍出版社2008年版，第654页。

[33] （清）贺长龄：《耐庵公牍》，载氏著：《贺长龄集》卷十三，雷权德校点，岳麓书社2010年版，第360页。

外,清代司法为诬告所扰,为抵制对方,涉案当事人、旁亲地邻乃至无关人员均有可能捏造、隐瞒、夸大案件事实,造成证词、记录、禀报失实,使命案的审理变得错综复杂,给两造带来额外的诉讼负担。

清代地方社会资财匮乏,并非所有家庭都能承受亲属死亡带来的冲击和抵御钱财的诱惑。在"人死不能复生"的情况下,原告一方的亲属更在意的是纠纷究竟如何解决、死人了怎么处理和赔偿的现实问题。选择私和,不仅可使受害方免去讼累,还能在一定程度上解决其生存问题,案犯也无需担心牢狱之灾,或为告官后贿赂多少、如何打点发愁。因此,对利益的需求成了家属同意私和的重要动机。有论者认为,这种动机只具备可能性而不具有现实性,此观点值得商榷。[34] 实践中,有家属会选择拿到赔偿了结命案,也有家属会因和解不顺或对方未充分履行和解协议而愤激报官,还有亲属则坚持杀人偿命,拒绝私和。因此,逐利的动机为私和的存在与发生提供了现实可能。从案件的口供可了解到,为达成和解,案犯或说合者大多会向亲属提出一定的赔偿条件,考虑到贫穷及急需钱财殓埋下葬,死者家属,特别是女性家属一般都会同意和解。比如,嘉庆十四年(1809),帅直旬被殴打致死后,其母帅刘氏贿和匿报。在供述中,她就明确自己是"因家贫"才同意私和。[35]

三、清代命案私和的治理

(一) 中央态度

中央对地方人命私和的态度,多在皇帝批复给官员的奏折或谕旨中有所体现。通过梳理可以发现,自雍正年间起,命案私和的现象逐步引起统治者的重视。特别是自嘉道以来,有关地方隐匿命案的内容开始逐渐增加。比较典型的,有嘉庆十七年(1812)因知县贿和人命《谕内

---

[34] 参见茆巍:《清代命案私和中的法律与权力》,载《社会科学研究》2016年第4期。

[35] 参见杜家骥编:《清嘉庆朝刑科题本社会史料辑刊》(第3册),天津古籍出版社2008年版,第1754页。

阁、吏部奏已革山西文水县知县捐升知府陈廷圭、在部具呈渎诉、请饬交都察院详查各案、请昱办理一折》、道光二年（1822）因地方械斗顶凶《谕军机大臣等、御史董国华奏、请除械斗命案积弊一摺》、道光五年（1825）因州县拖延命案检验《谕内阁、御史廖敦行奏、审理命案宜慎初验一摺》、咸丰九年（1859）因知县包庇门丁贿和《谕内阁、骆秉章奏、知县庇护门丁委员听纵不行提解一摺》等。[36] 从这些谕旨或批复的内容可见，统治者对人命私和的治理态度出现了转变。举例来说，雍正二年（1724），雍正帝命令广东督抚多留心地方命案私和的状况，说道："地方私和人命，乃断乎不可之事。务令地方官审得实情，督抚题请定夺。当抵偿者，抵偿当开，释者开释，国法昭彰久之命案自少，何必以多为讳。"[37] 乾隆五十六年（1791），地方知州张璇因审理争产案件，使三十年前王谷平杀死胞兄王谷治、其母私和匿报的案件浮出水面，乾隆皇帝认为张璇"立寘宪典，尚属留心"，并着刑部引见。[38] 此时，统治者对命案私和的态度还大多停留在"勉励整饬"上，并非十分强硬。而至道光十二年（1832），为清查胥役串通家属私和之事，道光皇帝下谕：

> 署安化县知县胡德瑛、不能禁约衙蠹，致李世富等率众滋扰，诈赃毙命。经府饬提，并不批解，辄以赔赃了结。且于田陇等殴毙宋大年之案、尸父宋添明受贿私和，串同差役李占先等、捏情拦验，又不查明虚实，率行批准，匿不详报，实属谬

---

[36] 详见《大清仁宗睿皇帝实录》卷二百五十六，嘉庆十七年四月，第16~17页；《大清宣宗成皇帝实录》卷三十二，道光二年闰三月，第12页；《清史录道光实录》，道光十二年闰九月下，第16页；《大清文宗显皇帝实录》卷二百九十四，咸丰九年九月中，第16页。

[37] 《钦定四库全书》卷五十《诏令奏议类·世宗宪皇帝硃批谕旨》，清世宗胤禛卷七之一，第73a页。

[38] 参见《大清高宗纯皇帝实录》卷一千三百八十九"谕据毕沅等奏审明杀死胞兄年远稽诛之王谷平一犯即行办理一摺"，第32页。

妄。署安化县事永宁州知州胡德瑛着革职。思南府知府闻人熙、近在同城，于县差滋事妄为逼毙人命案，漫无觉察，又不勤提审办，亦属玩延。闻人熙着解任，交该抚督同臬司李文耕、提同两案人证秉公彻底究明，严行惩办。[39]

上述"实属谬妄""严行惩办"的措辞，在嘉庆及其后十分常见。除了对官员革职查办外，为达到严惩的效果，有时还会加重处罚。咸丰元年（1851），咸丰皇帝就对监管不力的上级官员进行加重处分："已革巡检马汝霖，于家人李明求托时得受洋银三百圆，始而不肯成招，继复自行残伤，抗违不到，情殊刁诈。所拟发附近充军，尚觉过轻。著改为边远充军。"[40]

可以看出，中央对命案私和的治理，主要从严守命案处理程序、严惩渎职官员、严整社会风气三个方面入手，其基本方式与律例规定并无二异。但随着时间的推移和社会风气的恶化，中央的态度开始逐步强硬，对人命私和的打击重点逐步从要求官员如实上报命案转移到稽查承办官员渎职、清查地方门丁之弊、督促官员履行规定审限、严惩地方械斗、打击火器杀人、控制官民诬告的制度性和社会风气治安问题上来，命案私和也成了治理这些问题的其中一部分。

（二）地方社会

由于各地社情民风不同，在中央的态度和要求下，地方政府还需针对本辖区实况进行治理。从史料来看，地方政府大多通过告示、禁令、省例等形式对辖区内的陋规和风气进行禁革与治理。

1. 革除陋规，禁止陋习

人命私和的出现，与地方社会讼师唆使调词架讼的陋习密不可分，且地方官也常把原因归结到胥役身上，认为"地方官未必有虐民之心，

---

[39]《清史录道光实录》，道光十二年闰九月下，第16页。
[40]《大清宣宗成皇帝实录》卷九十一，道光五年十一月，第32页。

往往有虐民之政,大半为差役所误,各省皆然"[41]。康熙年间,朱奇政在《命案示》中就表明严惩唆讼的态度,其言:

> 人命案件,尸亲混指不尽真凶…皆有讼棍主唆,所以尸亲每逢命案居为奇货,甚至舍下手之真凶不问,而飘空影射于无干之人。本不知斗殴之故,而指为主谋者;有之本不在斗殴之场,而指为元凶者;有受他人贿而嘱托抱怨者,有之涎富人之金而索诈,遂欲者有之,或一门大小尽行株连,迫至真情审出而被诬之人已不胜焦头烂额之憾矣…为此谕阖邑等知悉,嗣后尸亲报告命案,务要开明真正元谋、下手之人,不许妄扯无辜者害一门。如敢因循陋习故违宪令,仍前混诬者,尸亲依诬告反坐罪,讼棍主唆问罪。[42]

同时,地方政府也意识到从投禀到审理的时间间隙易导致拖累人证、书役讹诈的发生,山东地区就严格规范官员责任,人命案件必须遵照定例期限通报。按照程序规定,命案应速报速检,单骑简从前往现场,一切费用均有捐廉银办理。无论案犯人数多寡,都应在投禀五日内获得大概供述,详报和具禀未在五十日完结的,记大过一次,再延二十日的,记大过两次。[43]

除了禁止性规定外,地方社会还注重民间力量对私和的打击。刘衡说道:"寻常命案,能于未报官之先,登时将正凶挐获者,审实从重给赏。如挐获正凶或指引差挐在既报官之后,亦酌量给赏。有关服制重案,族邻地保毋论何项人,能将正凶挐获者,本县查核服制酌量案情,

---

[41] (清)王庆云:《荆花馆日记》(下册),载中国社科院近代史所:《近代史资料》编译室点校,商务印书馆2015年版,第961页。

[42] (清)朱奇政撰:《朱奇政告示·命案示》,载杨一凡、王旭编:《古代榜文告示汇存》(第6册),社会科学文献出版社2006年版,第317~318页。

[43] 参见《东省通饬·命盗案件详禀解审延迟章程》,载杨一凡、刘笃才编:《中国古代地方法律文献》(丙编·第14册),社会科学文献出版社2012年版,第155~157页。

多则赏银三四百两至少亦赏银一百两"[44]。通过赏罚分明的措施,有助于动员百姓捉拿真凶,提高对命案的关注度,降低私和的可操作性。

2. 谨慎取供,重视尸检

命案必以检验为据,但亲属作为命案私和的关键参与者,其口供具有很强的干扰性。清律规定,若死者是自缢、溺水、病死身亡的,亲属自愿安葬的,官府审查后可同意免检。[45] 实践中,地方官出于怜悯之心或为求便利,亲属以"不忍尸身暴露"为由请求免验时,官员有时不加辨别便直接同意,将命案当事故死亡来处理,给私和提供了可乘之机。王又槐就提醒地方官要甄别亲属口供,查明隐情:

> 命案有并未报官私自掩埋者,或经访闻或尸亲告发,如审有谋、故、斗殴重情,则先开棺验明尸伤。若尸久腐烂,无从相验,即叙明凶犯证佐各供,通详请检。如审无别故,尸亲狡供不服,即令尸亲指明伤痕、器械,取具切供甘结,然后开棺验尸。有伤则究明正凶详报,无伤则将尸亲坐诬……[46]

以上所说的私自掩埋尸体,主要针对两种情形:一是因谋杀、故杀、斗殴引起的"真命案",亲属私自掩埋,被发现后狡诈不认,二是"假命案",即死者亲属把因意外死亡的尸体作为一种"工具",捏造事实,以敲诈强取金钱。此处明确,口供不能成为判断死因的唯一依据,必须结合尸检结果方可得出结论。确有问题的,则视具体行为将行为人以诬告罪或图赖罪处罚。但是,这里也带来了私自装棺入殓的尸体是否应该检验、何时应该检验、谁来决定检验的问题。有的地方官恐尸体遭蒸刷,拘泥例文,坚不开检。由于中央未有划一规定,乾隆五十六年

---

[44] (清) 刘衡撰:《自治官书·庸吏庸言》,载官箴书集成编纂委员会编:《官箴书集成》(第6册),黄山书社1997年版,第190~191页。

[45] 参见田涛、郑秦点校:《大清律例》,法律出版社1998年版,第592页。

[46] (清) 王又槐:《办案要略》,华东政法学院语文教研室注译,群众出版社1987年版,第8页。

（1791），浙江地区作出回应，规定在"私和棺殓人命或后访闻或经告发拘犯到案"的案件中，同时符合天气平和、入殓未久、确有必要且检验不会破坏尸体的三个条件下，赋予地方官酌定开棺验尸的权力。[47]

为防止亲属告官后因私和翻供，《福建省例》还规定各州县控告人命只准报告正凶，并以第一次递交的呈词为准，官府接收后，"不准再行移易一字，并不许续递悔词拦息。其凶犯何人，呈内均须指出，不得用一等字打混。次及被殴日时，凶器、伤痕、部位、干证，一一声叙明白，不得稍事含混。投呈之时，先提告者，诘其呈词何人所作，查讯情节是否与呈词相符，责令出具如虚坐诬摹结。迅速轻舆往验，实则立为拿办，虚即照例坐诬。"[48]承办官员、仵作有意隐瞒检验结果的，也要承担处分。例如，四川地区《州县相验承审不实分别记过撤众章程》、山东《州县相验命案必须亲自饬仵作详细辨验章程》、江苏《办理详案章程》就规定州县官检验必须按规定亲自逐项检验，依照《洗冤集录》的相关规定查明尸体有无生前伤，不得串通仵作增减尸伤，或妄开邻证、妄控帮凶、妄指伤痕。不依法检验的，要按章程规定记过。[49]

3. 禁止械斗，疏通官民

命案私和的积习在地方社会相沿已久，与械斗风气有所关联。与寻常命案不同，械斗案件伤亡人数更多，牵涉更广，社会危害性更大。光绪八年（1882），福建巡抚就指出当地"械斗之风，甲于天下，例有明

---

[47] 参见（清）万维翰辑：《成规拾遗·私殓人命如天时平和私和棺殓未久即开棺相检》，载杨一凡、刘笃才编：《中国古代地方法律文献》（乙编·第13册），世界图书出版公司2009年版，第109~111页。

[48] 《福建省例·计开清讼事宜八条》，载台湾银行经济研究室编印：《台湾文献丛刊》第一九九种，台湾银行1964年版，第1038页。

[49] 参见（清）钟庆溪辑：《四川通饬章程》，载杨一凡、刘笃才编：《中国古代地方法律文献》（丙编·第15册），社会科学文献出版社2012年版，第549~553页；（清）不著撰者：《东省通饬》，载杨一凡、刘笃才编：《中国古代地方法律文献》（丙编·第14册），世界图书出版社2009年版，第169~171页；（清）万维翰辑：《办理详案章程》，载杨一凡、刘笃才编：《中国古代地方法律文献》（乙编·第13册），世界图书出版社2009年版，第199~201页。

文,乃十数年以来,从未见办过一案。"[50] 为应对这一问题,福建巡抚再次规定下属地方官员失察责任,"实力整顿,认真缉捕,务使有犯必惩,以儆凶顽,而昭宪典。倘再仍前玩泄,遇案不孥,定即由司择尤揭请严参",严惩将械斗案件化大为小、分案呈报、任其私相议抵的情况。[51] 地方官府也出示告示,晓谕民众要抛弃仇隙,不可参与械斗。台湾总兵蓝廷珍发布《谕闽粤人民》,其言

> 以后不许再分党羽,再寻仇衅,各释前怨,共敦新好,为盛世之良民。或有言语争竞,则投明乡保、耆老,据理劝息,庶几兴仁兴让之风;敢有攘夺斗殴负嵎肆横,本镇执法创儆,决不一毫假借!其或操戈动众相攻杀者,以谋逆论罪;乡保、耆老、管事人等,一并从重究处。[52]

从这则告示也可看出,不仅是地方官府,地方势力在治理械斗问题上也应承担一定责任。因此,地方乡绅也和官府保持一致的立场,在语言和行动上积极为整治械斗出谋划策。咸丰八年(1858),淡水厅同知恩煜应地方人士之请,出示晓谕泉州与漳州府两籍人士械斗会导致"或就父兄而是问,或就戚族而牵连"[53],不可分气类而自相残杀,并冀望两方能互敬互助、和睦相处,停止"以杀止杀"的行为。通过官府和基层组织人员的双重力量约束族众的方式,在地方形成官民共治的格局,一方面可以使治理械斗的力量延伸至族众内部,另一方面也能加强对基

---

[50] 《淡新档案选录行政编初集》,载台湾银行经济研究室编印:《台湾文献丛刊》第二九十五种,台湾银行1971年版,第256~257页。

[51] 参见《淡新档案选录行政编初集》,载台湾银行经济研究室编印:《台湾文献丛刊》第二九十五种,台湾银行1971年版,第258页。

[52] (清)蓝鼎元:《东征集·谕闽粤民人》,载台湾银行经济研究史编印:《台湾文献丛刊》,第一二种,台湾银行1958年版,第81页。

[53] 刘枝万撰:《台湾中部碑文集成·漳泉械斗谕示碑》,载台湾银行经济研究史编印:《台湾文献丛刊》第一五十一种,台湾银行1962年版,第107页。

层士绅的自我约束。

贿和买凶的习惯还与百姓怀疑地方官能否公断命案相关。魏源就潮州私和顶凶现象曾说道:"潮州之弊,在官民隔绝……百年以来,潮民之恶官,如恶蛇蝎,今欲与之亲,民必远避而不肯亲。官即百般解说,呕出心血与示,民亦不信,曰:'是为某案而来,以甘言诱我,欲缚我而置之狱,以剥我皮也。'必闭门而不许入。"[54] 故此,正本清源,禁止私和命案还需官员以身作则,重建官民信任。魏源指出要率先倡率,与百姓"道家常,谈风俗,问疾苦",为百姓立乡规、解纷争、释仇怨,便可达到"畏威怀德,令行禁止"的效果。[55]

大体言之,清代地方社会对因械斗导致命案私和的禁革和治理,在一定时期内对地方起到移风易俗的作用。但由于措施的制定与执行之间存在比较大的差距,地方社会对治理械斗并未找到太多行之有效方法。当命案私和与地方械斗、吏治腐败、官民隔阂等问题共同成为地方社会的顽疾时,私和之风明显难以止息,甚至随着社会风气的败坏而不断滋长。

结语

综上所述,中央及地方对待私和命案的处理,无论是直接规制还是间接规制,首先要进行的都是用律例对私和行为进行严惩,使行凶者抵偿。其次,为杜绝私和在地方积习相沿,地方还对命案的受理、检验、断狱等环节做出进一步规定。最后,地方通过规范命案处理程序、改善和整治社会风气、严惩地方胥役、禁止械斗、加强官民沟通的方式,以期从根本上杜绝命案私和的发生。然而,地方社会的官员、胥役、乡保、仵作、宗族,他们作为参与私和的重要人员,如若彻底整治或将他

---

[54] 参见(清)程含章:《论息斗书》,载(清)魏源撰,本书编辑委员会编:《魏源全集》(第14册·卷23),岳麓书社2004年版,第440页。

[55] 参见(清)程含章:《论息斗书》,载(清)魏源撰,本书编辑委员会编:《魏源全集》(第14册·卷23),岳麓书社2004年版,第440~441页。

们剔除出清代地方管理系统，地方社会将无法正常运转。这种现象的出现，绝大部分是清代行政制度和司法制度的缺陷使然。命案私和作为内生制度的缺陷，私和现象并未随着法律的严禁而消弭，这也揭示了清代法律的施行和法律执行存在较大的差距。命案再三审详的"恤刑"司法理念，与死者家属对私利的追求及"杀人者死"观念形成无法消弭的分界，在法律秩序与家属情感的冲突下，直至清末，命案私和已成为积淀的社会问题，禁而不绝，甚至成为一种诉讼惯行在民间稳固起来。

西汉"赎"的类型化分析

刘智明*

张家山汉简出土后,对西汉赎刑的认识发生了非常大的变化。张家山汉简《二年律令》中所见的"赎"与《汉书》等传世文献中常见的"赎"存在一定的差异,可以弥补过往研究中的空白。而随着胡家草场西汉简的出土,通过其与《二年律令》中相似律令简文的对读,对于汉初赎刑发展、变化的情况还可以有更进一步的认识。

本文将西汉的"赎"分为三类:律令赎、特赦赎、诏书赎,并在此基础上研究其特点及变化。律令赎主要为《二年律令》中所见的作为成文法适用的,长期有效的赎刑。特赦赎、诏书赎一般都通过诏令的形式适用,但其适用范围有所不同,因而分为两类。

一、汉初的律令赎

(一)"规定刑"与"替换刑"的概念辨析

角谷常子将秦汉时期的赎刑分为"规定刑"与"替换刑"两种,规定刑是基于犯罪性质而适用的赎刑;替换刑是基于行为人身份适用的赎刑,与犯罪性质无关。[1] 此后对于汉代赎刑的研究多沿用这种分类方法。

现在看来,"规定刑"与"替代刑"的划分只能适用于赎刑本身的讨论,如果需要将赎刑置于刑罚体系中考察其地位,这种分类就缺乏意

---

* 作者系华东政法大学法学院硕士研究生。

〔1〕 参见[日]角谷常子:《秦汉时代的赎刑》,陈青、胡平生译,载李学勤、谢桂华主编:《简帛研究(二〇〇一)》,广西师范大学出版社2001年版,第587~601页。

义。举例来说,角谷常子认为唐代赎刑也可以分为"规定刑"与"替换刑"两种,适用于老小残疾者、有一定身份者的赎刑为替换刑,适用于过失杀伤者、疑罪者的为规定刑。[2]

如果将这种分类方式适用于唐律中的五刑。首先,五刑多是依照犯罪性质适用的,因此五刑都是规定刑,无须多言。同时,唐律中有"减章"等规定:

> 诸七品以上之官爵得请者之祖父母、父母、兄弟、姊妹、妻、子孙,犯流罪已下,各从减一等之例。[3]

该律文中刑罚减等适用的条件就是行为人的特殊身份。如果按照上述替换刑的定义,减等之后的刑罚都可以视为减等之前刑罚的替代刑。"减章"之中减等后的刑罚可能为笞、杖、徒,这三类刑罚均可视为替代刑。得出的结论是:赎、笞、杖、徒均可划分为规定刑与替换刑两种,这种结论无法体现出赎刑与五刑之间的差异。

在研究赎刑于整个刑罚体系中的地位时,首先应该肯定赎刑本身在刑罚体系中的统一性,不同律文中出现的同种赎刑,不论其是否为上述的"规定刑"或"替代刑",其概念和适用的结果应当是相同的。无论行为人以何种原因适用赎刑,只要适用同种赎刑,其结果相同。

如果需要在一个刑罚体系内区分替代刑与正刑,首先要确定两者的差异,这种差异体现在适用方式上。替换刑"皆有本刑",替换刑的适用以本刑的存在为前提,适用替换刑就是在某种情况下以替换刑替代本刑的过程。这一差异仍不足以区分替换刑与正刑,因为这种适用也包含刑罚减等的情况,刑罚减等实际上也是以另外一种刑罚替代原有刑罚。

---

[2] 参见[日]角谷常子:《秦汉时代的赎刑》,陈青、胡平生译,载李学勤、谢桂华主编:《简帛研究(二〇〇一)》,广西师范大学出版社2001年版,第587~601页。

[3] (唐)长孙无忌等撰:《唐律疏议》,刘俊文点校,中华书局1983年版,第33页。

更为重要的差异是替换刑只能以替换本刑的方式适用，替换刑除了其对应的本刑之外，与其他任何正刑之间不存在直接联系，不同替代刑之间也可以不存在直接联系。一种刑罚如果是正刑，这种刑罚的替换适用实质上就是一种刑罚的加等或减等。因此替换刑与正刑的性质是相互排除的，且正刑的性质优先于替换刑的性质，正刑可以通过加等、减等替换适用，而替换刑无法作为正刑直接适用。

（二）汉初赎刑的性质

以上述统一性和互斥性为基础，可以对《二年律令》中所见西汉初赎刑性质进行分析。

1. 赎刑的统一性

《二年律令·具律》中有关于赎金标准的规定：

> 赎死，金二斤八两。赎城旦舂、鬼薪白粲，金一斤八两。赎斩、府（腐），金一斤四两。赎劓、黥，金一斤。赎耐，金十二两。赎迁，金八两。……[4]（具律简119）

可见赎刑共有赎死、赎城旦舂、赎鬼薪白粲、赎斩、赎府（腐）、赎劓、赎黥、赎耐、赎迁九种，六个等级。根据《二年律令》中存在的这种关于赎刑的总则性规定，可以认为《二年律令》中所见的"赎死"等赎刑，如其名称相同，应当代表同种赎刑，其概念和适用结果也应相同。

韩树峰认为《二年律令》中的赎刑可以按照适用结果划分为独立赎刑与附属赎刑。独立赎刑是一种财产刑，与"赎"字之后的实刑无关，附属赎刑是实刑判决之后的执行方式，行为人可以通过入赎的方式替代

---

[4] 张家山二四七号汉墓竹简整理小组编：《张家山汉墓竹简〔二四七号墓〕》，文物出版社2001年版，第150页。

实刑的执行。而附属赎刑表述为"令赎",且与犯罪者的身份有关。[5]其主要依据是《二年律令·贼律》的内容:

> 父母殴笞子及奴婢,子及奴婢以殴笞辜死,令赎死。[6]
> (贼律简 39)
> 诸吏以县官事笞城旦春、鬼薪白粲,以辜死,令赎死。[7]
> (贼律简 48)

但是从其他条文来看,"令赎"与附属赎刑之间未必存在联系。《二年律令·户律》中有律文:

> 田宅当入县官而诈代其户者,令赎城旦,没入田宅。[8]
> (户律简 317)

此条中亦也采用"令赎"的表述,但本条的罪状中未见到与身份有关的内容,应当不是附属赎刑。因此"令赎"的表述只能显示律文内容源于诏令,而与赎刑的适用结果并没有必然的联系。基于《二年律令》中的总则性条款可以认为其中规定的赎刑具有统一性。

2. 赎刑的正刑性质

从《二年律令》中的条文来看,存在适用赎刑而无本刑的情况,如:

---

[5] 参见韩树峰:《汉魏法律与社会——以简牍、文书为中心的考察》,社会科学文献出版社 2011 年版,第 26、27、32~34 页。

[6] 张家山二四七号汉墓竹简整理小组编:《张家山汉墓竹简〔二四七号墓〕》,文物出版社 2001 年版,第 139 页。

[7] 张家山二四七号汉墓竹简整理小组编:《张家山汉墓竹简〔二四七号墓〕》,文物出版社 2001 年版,第 140 页。

[8] 张家山二四七号汉墓竹简整理小组编:《张家山汉墓竹简〔二四七号墓〕》,文物出版社 2001 年版,第 176 页。

盗铸钱及佐者，弃市。同居不告，赎耐。……[9]（钱律简201）

上述条文中的赎刑应该是直接作为正刑适用。"盗铸钱及佐者"适用的刑罚是弃市，属于死刑，而"同居不告"适用的刑罚并非赎死，而是赎耐，赎耐并非作为弃市的替换刑出现，而是独立的正刑。在上述《二年律令·户律》简317中，也未见其他相关且处以城旦刑的犯罪，而是直接以赎城旦作为正刑。

基于上述正刑与替换刑相互排斥且正刑优先的观点，《二年律令》所见汉初刑罚体系中的赎刑应当是一种正刑。

（三）汉初赎刑的替换适用

1. 赎刑替换适用的原则

《二年律令》中可见两种刑罚替换适用的原则，一种是以正刑为基础的减等适用原则，另一种是以赎刑为基础发展而来的"以赎论"原则。

"以赎论"的替换原则见于《二年律令·具律》：

鞫（鞠）狱故纵、不直、及诊、报、辟故弗穷审者，死罪，斩左止（趾）为城旦，它各以其罪论之。其当系城旦舂，作官府偿日者，罚岁金八两；不盈岁者，罚金四两。【笞罪罚金一两】，购、没入、负偿，各以其直（值）数负之。其受赇者，驾（加）其罪二等。所予臧（赃）罪重，以重者论之，亦驾（加）二等。其非故也，而失不【审，各】以其赎论之。爵戍四岁及系城旦舂六岁以上罪，罚金四两。赎死、赎城旦舂、鬼薪白粲、赎斩宫、赎劓黥、戍不盈四岁，系不盈六岁，及罚金一斤以上罪，罚金二两。系不盈三岁，赎耐、赎迁、及

---

[9] 张家山二四七号汉墓竹简整理小组编：《张家山汉墓竹简〔二四七号墓〕》，文物出版社2001年版，第160页。

不盈一斤以下罪，购、没入、负偿、偿日作县官罪，罚金一两。[10]（具律简93-简98）

爵戌、系城旦舂、罚金、购、没入、负偿、偿日作县官以及各种赎刑等处罚没有相应赎刑，因此需要单独规定替换适用的刑罚。这种替换适用可以视为是"以赎论"原则的扩张。

减等适用的原则见于《二年律令·告律》：

告不审及有罪先自告，各减其罪一等，死罪黥为城旦舂，黥为城旦舂罪完为城旦舂，完为城旦舂罪☒☒鬼薪白粲及府（腐）罪耐为隶臣妾，耐为隶臣妾罪耐为司寇，司寇、迁及黥颜䪻罪赎耐，赎耐罪罚金四两，赎死罪赎城旦舂，赎城旦舂罪赎斩，赎斩罪赎黥，赎黥罪赎耐，赎耐罪☒[11]（告律简127-简129）

此处有两个问题需要说明：

第一，《二年律令》中对于赎刑的替换适用规定多采用具体规定的形式，而未采取原则化的表述，但不能据此认定赎刑没有按照"以赎论"或减等的原则适用。因此下文将通过比较条文的犯罪构成及其赎刑适用的方式，确定赎刑替换所适用的原则。并在确定赎刑替换适用的基础上，推测其替换适用的原因。

---

[10] 张家山二四七号汉墓竹简整理小组编：《张家山汉墓竹简〔二四七号墓〕》，文物出版社2001年版，第160页。另见熊北生等：《湖北云梦睡虎地77号西汉墓出土简牍概述》，载《文物》2018年第3期。睡虎地汉简《告律》中存在与《二年律令》简93-简98基本相同的简文，《二年律令》简文中未释出的内容，据睡虎地汉简释文补充。

[11] 彭浩、陈伟、[日]工藤元男主编：《二年律令与奏谳书——张家山二四七号汉墓出土法律文献释读》，上海古籍出版社2007年版，第144页。另见周波：《说张家山汉简〈二年律令〉几枚简的拼缀与释读问题》，载《出土文献》2019年第1期，根据该文改释。

第二，赎刑的两种替换适用方式存在重叠之处。据减等原则可知，刑罚的减等存在两个相互独立的序列，从"死罪"至"司寇、迁及黥颜頯罪"为一序列，从"赎死罪"至"赎黥罪"为另一序列。两个不同序列中的刑罚，在刑罚减等适用时应该是无法相互转化的。虽然《二年律令》中存在"耐罪以上""赎罪以下"的表述，似乎耐以上的刑罚均重于赎刑，但是在减等适用中，却设置了相互独立的两个序列。其原因或许是赎刑作为财产刑与劳役刑、肉刑之间的实际轻重程度未必明确，赎金数额较高的赎刑有可能重于劳役刑。因此将赎刑纳入正刑的减等适用体系中，增加了正刑替换适用的复杂性。

这种双重体系同时也造成了刑罚替换适用的不平衡，黥颜頯罪减等后是赎耐，赎黥减等后也是赎耐，赎黥与黥刑是替换刑与本刑的关系，两者之间应该存在轻重差异，而两者减等后的刑罚相同，似乎并不合理。

如果对比"以赎论"的适用原则。在适用"赎死"至"赎劓、黥"以及"赎迁"的情况下，如果确定本刑与替换刑都存在，就可以认为是按照"以赎论"原则适用的。但是在耐与赎耐的情况下，由于耐刑"以赎论"是赎耐，而在减一等的情况下耐为司寇对应的刑罚也是赎耐，无法仅据此区分其适用是依据何种原则，还需要通过其他有关内容的比较得出结论。

同时，对于耐刑，其"以赎论"和减一等的结果相同，均为赎耐，而对于黥刑，其"以赎论"后为赎黥，减一等之后为赎耐，则减等的减轻力度更大。而对于赎黥，其"以赎论"之后为罚金二两，减一等之后为赎耐，则"以赎论"的减轻力度更大。因此，两种刑罚替换适用的减等程度因刑罚种类的不同而变化，存在不合理之处。

2. 赎刑替换适用的实例

对于《二年律令》中赎刑替换适用的条文，可以通过分析其替换适用的情况，判断其所依据的原则。

贼杀人，斗而杀人，弃市。其过失及戏而杀人，赎死；伤

人,除。[12](贼律简 21)

本条中,贼杀、斗杀者处以死刑,"过失及戏而杀人"适用相应的替换刑赎死,是依照"以赎论"的原则适用赎刑,其适用原因应当为行为人主观要素的差异。

斗伤人,而以伤辜二旬中死,为杀人。[13](贼律简 24)
父母殴笞子及奴婢,子及奴婢以殴笞辜死,令赎死。[14](贼律简 39)
诸吏以县官事笞城旦舂、鬼薪白粲,以辜死,令赎死。[15](贼律简 48)

上述三条中,在斗伤人的情况下,如果被害人"以辜死",行为人按照杀人处理,结合上述《二年律令·贼律》简 21 的内容,斗而杀人的处罚是弃市,即斗伤人,以辜死应当弃市。在"父母殴笞子及奴婢"和"诸吏以县官事笞城旦舂、鬼薪白粲"的情况下,被害人"以辜死",对行为人适用赎死的替换刑,是依照"以赎论"的原则适用赎刑,其适用原因应当为行为人与被害人身份关系的特殊性。

一、御史言,越塞阑关,论未有□,请阑出入塞之津关,黥为城旦舂;……智(知)其请(情)而出入之,及假予人

---

[12] 张家山二四七号汉墓竹简整理小组编:《张家山汉墓竹简〔二四七号墓〕》,文物出版社 2001 年版,第 137 页。

[13] 张家山二四七号汉墓竹简整理小组编:《张家山汉墓竹简〔二四七号墓〕》,文物出版社 2001 年版,第 137 页。

[14] 张家山二四七号汉墓竹简整理小组编:《张家山汉墓竹简〔二四七号墓〕》,文物出版社 2001 年版,第 139 页。

[15] 张家山二四七号汉墓竹简整理小组编:《张家山汉墓竹简〔二四七号墓〕》,文物出版社 2001 年版,第 140 页。

符传，令以阑出入者，与同罪。……[16]（津关令简488、简489）

□、相国上内史书言，请诸诈袭人符传出入塞之津关，未出入而得，皆赎城旦舂；将吏智（知）其请（情），与同罪。·御史以闻，·制曰：可，以□论之。[17]（津关令简496、简497）

上述两条中，"阑出入塞之津关"，即无符传出入塞之津关的处罚是"黥为城旦舂""诈袭人符传出入塞之津关"实质上是无符传出入塞之津关的情况之一，在"未出入而得"的情况下适用赎城旦的刑罚，是依照"以赎论"的原则适用赎刑，其原因应当为"未出入而得"，即犯罪形态的差异。

女子当磔若要（腰）斩者，弃市。当斩为城旦者黥为舂，当赎斩者赎黥，当耐者赎耐。[18]（具律简88、简89）

本条是对女性适用犯罪刑罚的特殊规定，女性在本应适用耐的情况下，可以适用赎耐。这种赎刑的适用并非"以赎论"的刑罚，而是正刑的减等适用。

当斩为城旦者黥为舂，按减等适用原则，减等后为黥为城旦舂的刑罚为死刑，而斩为城旦舂是重于黥为城旦舂而轻于死刑的刑罚，[19]两

---

[16] 张家山二四七号汉墓竹简整理小组编：《张家山汉墓竹简〔二四七号墓〕》，文物出版社2001年版，第205页。

[17] 张家山二四七号汉墓竹简整理小组编：《张家山汉墓竹简〔二四七号墓〕》，文物出版社2001年版，第207页。

[18] 张家山二四七号汉墓竹简整理小组编：《张家山汉墓竹简〔二四七号墓〕》，文物出版社2001年版，第146页。

[19] 参见丁义娟：《秦及汉初刑罚体系研究——以出土资料为主要依据》，吉林大学2012年博士学位论文。

者之间的替换适用接近减等,当赎斩者赎黥,则符合减等适用的原则。此处"当耐者"依照《二年律令·具律》简90:"有罪当耐,其法不名耐者,庶人以上耐为司寇,司寇耐为隶臣妾"[20],应当是指耐为司寇,符合司寇减等后为赎耐的原则。

另有两组涉及赎耐,适用原则较难确定的条文:

> 船人渡人而流杀人,耐之,船啬夫、吏主者赎耐。其杀马牛及伤人,船人赎耐,船啬夫、吏赎迁。……[21] (贼律简6)

本条中,船人"渡人而流杀人"的刑罚是耐刑,而船啬夫、吏主者作为管理者需要承担相应的监管责任,适用赎耐。在没有"杀人"而是"杀马牛及伤人"的情况下,船人适用赎耐,而船啬夫、吏适用赎迁。

赎耐与赎迁的转化并不符合"以赎论"或减等的适用原则。但是从刑罚的跨度方面来看,赎耐"以赎论"之后的刑罚是罚金一两,与赎迁之间尚有罚金二两、罚金四两两个刑罚等级。而赎耐减一等后为罚金四两,赎迁与罚金四两间的跨度更小,且从《二年律令·具律》简119来看,在赎刑序列中,赎迁即为赎耐次一等之赎刑,因此推测其适用更接近于减一等适用。

另有一组值得对比的律文:

> 殴兄、姊及亲父母之同产,耐为隶臣妾。其夬詾詈之,赎黥。[22] (贼律简41)
> 殴父偏父母、男子同产之妻、泰父母之同产,及夫父母同

---

[20] 张家山二四七号汉墓竹简整理小组编:《张家山汉墓竹简〔二四七号墓〕》,文物出版社2001年版,第147页。

[21] 张家山二四七号汉墓竹简整理小组编:《张家山汉墓竹简〔二四七号墓〕》,文物出版社2001年版,第134页。

[22] 张家山二四七号汉墓竹简整理小组编:《张家山汉墓竹简〔二四七号墓〕》,文物出版社2001年版,第140页。

产、夫之同产,若殴妻之父母,皆赎耐。其奊訽詈之,罚金四两。[23](贼律简42、简43)

从这两则简文的前半部分规定来看,前者适用的刑罚是"耐为隶臣妾",后者适用的刑罚是"赎耐",二者间应当具有替换适用的关系,其原因应为"兄姊、亲父母之同产"与"父偏父母、男子同产之妻、泰父母之同产、夫父母之同产、夫之同产"在亲属关系上的亲疏差异。

从减等的角度看,此处可能是刑罚减二等的替换适用,耐隶臣妾减二等之后为赎耐,而赎黥减二等以后为罚金四两,因而这种替换适用应刑罚的减等,赎刑减二等适用的情况仅见此一处。

(四)赎刑的正刑化及其影响

《二年律令》虽未显示汉律法律的全貌,但从上述条文已经可以看出此时赎刑在"以赎论"原则下适用的特点:第一,适用情况多样化;第二,条文表述具体化。

从现在可见的律文来看,汉初"以赎论"可以适用的情况已经比较多样化,包括"失不审""过失及戏而杀人",行为人与被害人之间特定的身份关系,"未成而得"的情况。关于条文表述的具体化,前文已经提及,此处不再详述。

赎刑首先作为替换刑产生,在《二年律令》中却体现出正刑的性质,张建国认为可以用刑罚的扩张来解释。[24] 从《二年律令》反映的汉初刑罚体系来看,赎刑的正刑化可能是其替代适用的特点所导致的,换言之,"以赎论"的替换适用方式促使了作为正刑的赎刑的产生。

"以赎论"原则的特殊之处在于,其原本只能适用于本刑与赎刑之间,但是由于律文中适用"以赎论"原则的情况多,在一次量刑过程中可能出现多次"以赎论"的适用。"以赎论"原则与减等原则的差异在

---

[23] 张家山二四七号汉墓竹简整理小组编:《张家山汉墓竹简〔二四七号墓〕》,文物出版社2001年版,第140页。

[24] 参见张建国:《论西汉初期的赎》,载《政法论坛》2002年第5期。

于，减等原则可以在一次量刑过程中多次适用，而"以赎论"由于限于本刑与赎刑之间，因此在一次量刑过程中仅能适用一次。多次适用"以赎论"原则的需要促使了这一原则的扩张，其中就包括各种赎刑可以按照"以赎论"原则被替换为罚金刑。由此，赎刑与本刑之间替换使用的唯一性以及赎刑与正刑体系的相对独立性不复存在，赎刑就可以转化为正刑体系的一部分。

在赎刑转化为正刑之后，又可以采用减等的替换适用方式。由于两种替换适用方式的不统一性，造成了汉初刑罚替换适用的不平衡，并可能成为后世法典将赎刑设置为纯粹替代刑的原因。同时，汉初赎法的正刑性质为其之后向罚金的转化提供了条件。需要注意的是，这种赎刑的正刑化可能发生在秦代或更早的时代，此处只是根据《二年律令》律文推测赎刑正刑化的原因。

二、西汉的特赦赎与诏书赎

特赦赎与诏书赎一般都通过诏令的形式实施，均只具备一时之效力，因而与作为定制的律令赎之间存在差异，而两者在适用范围、适用条件上存在差异，因此有必要进行分类。

（一）西汉的特赦赎

特赦赎是针对特定个体以诏令形式实施的赎法，例如：苏建赎斩。

> 三月丙辰封，六年坐为前将军与翕侯信俱败，独身脱来归，当斩，赎罪，免。[25]
> 苏建至，上弗诛，赎为庶人。[26]

---

[25]（汉）班固撰：《汉书》卷十七《景武昭宣元成功臣表》，中华书局 1962 年版，第 643 页。

[26]（汉）班固撰：《汉书》卷五十五《公孙刘田王杨蔡陈郑传》，中华书局 1962 年版，第 2878 页。

西汉"赎"的类型化分析

公孙贺为儿子公孙敬声赎罪。

> 敬声以皇后姊子,骄奢不奉法,征和中擅用北军钱千九百万,发觉,下狱。是时诏捕阳陵朱安世不能得,上求之急,贺自请逐捕安世以赎敬声罪。[27]

由于这种赎法的适用因人而异,适用条件模糊,因此存在行为人或其家属请求赎罪而遭到拒绝的情况,例如霍显请求为儿子霍禹赎罪,汉宣帝未同意。

> 山又坐写祕书,显为上书献城西第,入马千匹,以赎山罪。书报闻。(师古曰:"不许之。")[28]

赵王刘彭祖请求为儿子刘丹赎罪,汉武帝未同意。

> 久之,太子丹与其女弟及同产姐奸。江充告丹淫乱,又使人椎埋攻剽,为奸甚众。武帝遣使者发吏卒捕丹,下魏郡诏狱,治罪至死。彭祖上书冤讼丹,愿从国中勇敢击匈奴,赎丹罪,上不许。[29]

这种赎没有事前的规定,其适用的实质条件是皇帝的同意,入赎之物为何反而是次要的考虑,所以适用的条件非常多样化,比如前文已经提及的公孙贺以抓捕朱安世为条件为公孙敬声赎罪,霍显以城西第、马

---

[27] (汉)班固撰:《汉书》卷六十六《卫青霍去病传》,中华书局1962年版,第2478页。
[28] (汉)班固撰:《汉书》卷六十五《霍光金日䃅传》,中华书局1962年版,第2956页。
[29] (汉)班固撰:《汉书》卷五十三《景十三王传》,中华书局1962年版,第2421页。

千匹为霍山赎罪,刘彭祖以出击匈奴为条件为刘丹赎罪,其他特殊的入赎之物还包括:

杨仆以竹两万枚赎死。

> 三月乙酉封,四年,元封四年,坐为将军击朝鲜畏懦,入竹二万箇,赎完为城旦。[30]

阳城侯刘安民以封户五百为弟刘更生赎罪。

> 上乃下更生吏,吏劾更生铸伪黄金,系当死。更生兄阳城侯安民上书,入国户半,赎更生罪。上亦奇其材,得踰冬减死论。[31]

> 以宗正关内侯行谨重为宗室率侯,子安民以户五百赎弟更生罪,减一等,定户六百四十户。[32]

(二) 西汉的诏书赎

诏书赎是普遍适用的带有赦免性质的赎。此类赎法在西汉最早的记载为汉惠帝元年:

> 元年冬十二月,赵隐王如意薨。民有罪,得买爵三十级以免死罪。(师古曰:"令出买爵之钱以赎罪。")[33]

---

[30] (汉)班固撰:《汉书》卷十七《景武昭宣元成功臣表》,中华书局1962年版,第653页。《酷吏传》《西南夷两粤朝鲜传》中也有关于杨仆因击朝鲜而赎罪的记载,但是两处记载赎罪的结果是"免为庶人""赎为庶人",与本卷"完为城旦"的说法并不相符。

[31] (汉)班固撰:《汉书》卷三十六《楚元王传》,中华书局1962年版,第1929页。

[32] (汉)班固撰:《汉书》卷十八《外戚恩泽侯表》,中华书局1962年版,第697页。

[33] (汉)班固撰:《汉书》卷二《惠帝纪》,中华书局1962年版,第88页。

"民有罪"说明了对这种赎的适用没有身份要求,同时也未见其他限制性规定,虽称"买爵三十级",似是以爵赎罪,然而依照汉初适用的军功爵制,爵共二十级,因此赎罪的实质条件仍然是财产,"买爵三十级"仅是赎罪所需财产的衡量标准。

(三)律令赎与诏书赎的差异

律令赎与诏书赎的差异主要体现在六个方面:适用依据、适用阶段、适用范围、不入赎的后果、入赎的结果、入赎之物。

1. 适用依据

律令赎和诏书赎的分类标准就是其适用的依据,前者为律令、后者为诏书。律令一般为定制,具有长期的效力,而诏书如果没有转化为律令,则一般仅具有一时之效力。

2. 适用阶段

律令赎和诏书赎分别在量刑阶段和执行阶段适用。两种赎的其他差异多是建立在这一差异的基础上。

诏书赎只有先按照一般司法流程对行为人处理之后,才能确定行为人所应适用的刑罚。在定罪量刑的过程结束后,行为人才可以按照标准入赎,以减免本应执行的刑罚。

3. 适用范围

律令赎是否能够适用与犯罪本身相关,只有在满足一定条件的情况下才能适用,因此适用的范围具有较大的局限性。而诏书赎并无此类要求,一部分的规定中未见任何要求,例如:

汉武帝天汉四年(公元前97)、太始二年(公元前95)关于赎死罪的诏令。

> 秋九月,令死罪入赎钱五十万减死一等。[34]

---

[34] (汉)班固撰:《汉书》卷六《武帝纪》,中华书局1962年版,第205页。

秋，旱。九月，募死罪入赎钱五十万减死一等。[35]

居延新简中的简文。

> 大司农臣延奏罪人得入钱赎品 E. P. T56：35
> 赎完城旦舂六百石 直钱四万 E. P. T56：36
> 髡钳城旦舂九百石 直钱六万 E. P. T56：37[36]

以及前述汉惠帝元年（公元前194）关于赎罪的诏令，其内容之与入赎之物和可适用的刑罚有关，而不涉及其他。

悬泉汉简所见的诏书赎设置有排除性条件，仅列出不得适用赎的情况，其适用范围也远大于律令赎。例如：

> 鞫谤非盗受赇所监临以县官事贼伤吏父母吏父母妻子同产及贼伤人縊人胸人折扸齿指断决鼻耳 它皆得入钱赎罪免为庶人如前版诏品大司农调给边 ⅡDXT0115③：078
>
> 制 未盗受赇它皆得赎臣延请入狱已鞫论得入钱赎罪免为庶人及囚击臣谓诏徒品 赎比司寇各使入所乘郡国二千石治所县三辅太常入都内期尽甘露三年上赎者人数 ⅡDXT0115③：093

上述两则简文中，"非"字以后至"它"之前的内容应当为适用赎

---

[35]（汉）班固撰：《汉书》卷六《武帝纪》，中华书局1962年版，第206页。另见（汉）班固撰，（清）王先谦补注：《汉书补注》帝纪第六卷《武帝纪》，上海古籍出版社2008年版，第298、299页。陈浩认为天汉四年（公元前97）、太始二年（公元前95）赎罪诏令"二文相类，必有一讹"。顾炎武认为"此一事而重见，又同是九月，疑衍文也"。此处暂且将两处记载都收录在正文中。

[36] 甘肃省文物考古研究所等编：《居延新简：甲渠候官与第四燧》，文物出版社1990年版，第308~309页。

的排除性条件,盗、受赇等行为无法适用赎,而其他犯罪均可以入钱赎罪,免为庶人,适用的范围非常广泛。

第二则简文中还提及"臣延",上述居延新简中有"大司农臣延",角谷常子认为延是五凤元年(公元前57)任大司农仅一年的人物,[37]并据此确定居延新简中"罪人得入钱赎品"的发布时间为五凤元年(公元前57)。这一观点可能并不正确。

这种说法可能源于《汉书》卷十九下《百官公卿表》中的记载。五凤元年(公元前57)延出任大司农,五凤二年(公元前56)刘丁出任宗正,[38]而大司农、宗正记录在同一行,因此得出延大司农仅在五凤元年(公元前57)的结论。但大司农、宗正应为两个相互独立的官职,刘丁在五凤二年(公元前56)出任宗正,应当并不影响延的大司农官职存续。延担任大司农的时间下限可至《百官公卿表》下一次关于大司农官职变动的记录。换言之,延出任大司农的时间可能为五凤元年(公元前57)至黄龙元年(公元前49)。悬泉汉简中也有关于大司农延的记载,时间可能为五凤四年(公元前54):

　　五凤四年二月癸亥☒
　　大司农延□始行趣☒
　　为驾二封轺传 外十一　Ⅱ90DXT0215S:399[39]

此处的"延"与上述居延新简简文所见"大司农延"应为同一人。基于相同的理由,上述第二则悬泉汉简简文最后提及"期尽甘露三年,上赎者人数",其发布时间应在甘露三年前一段时间内,其中的"臣

---

[37] 参见[日]角谷常子:《秦汉时代的赎刑》,陈青、胡平生译,载李学勤、谢桂华主编:《简帛研究(二〇〇一)》,广西师范大学出版社2001年版,第587~601。
[38] 参见(汉)班固撰:《汉书》卷十九下《百官公卿表》,中华书局1962年版,第808~809页。
[39] 张德芳:《悬泉汉简中的"传信简"考述》,载《出土文献研究》2005年第7辑。

延"或与前述两处记载的"大司农延"为同一人,简文或可相互对照。

沈家本认为诏书赎的适用范围很狭窄:终西汉之世,赎法只禁锢、坐臧二事,其他罪未尝行。[40] 其主要依据是:

> 于是大司农陈臧钱经用,赋税既竭,不足以奉战士。有司请令民得买爵及赎禁锢免臧(减)罪。[41]

但是此处的"臧"字应为"减"字之误。[42] 同一事的记载另见两处:

> 大将军攻匈奴,斩首虏万九千级,留蹛无所食。议令民得买爵及赎禁锢免减罪。[43]
>
> 日者大将军巡朔方,征匈奴,斩首虏万八千级,诸禁锢及有过者,咸蒙厚赏,得免减罪。[44]

两处均作"免减罪",似指当事人可以通过赎的方式免罪或减罪,反而未见关于适用赎的限制性条件,因此汉武帝这一诏令涉及的赎应该可以普遍适用于各种犯罪。

综上来看,律令赎对行为人的犯罪性质有较为明确的要求,只有行为人的犯罪性质符合特定条件才能适用。诏书赎对行为人的犯罪性质的要求较少,目前所见材料中或没有限制,或以排除性条件限制适用范

---

[40] 参见(清)沈家本撰:《历代刑法考》,邓经元、骈宇骞点校,中华书局1985年版,第443页。

[41] (汉)班固撰:《汉书》卷二十四下《食货志》,中华书局1962年版,第1159页。

[42] 参见(汉)班固撰,(清)王先谦补注:《汉书补注》第二十四卷《食货志》,上海古籍出版社2008年版,第1619页。王先谦认为"臧"与"减"形近而误。

[43] (汉)司马迁:《汉书》卷六《武帝纪》、《史记》卷三十《平准书》,中华书局2014年版,第1717页。

[44] (汉)班固撰:《汉书》卷六《武帝纪》,中华书局1962年版,第173页。

西汉"赎"的类型化分析

围,整体上适用范围比律令赎大很多。

4. 不入赎的后果

对于律令赎来说,本刑仅为量刑过程中的一个依据。虽然在立法和量刑过程中,赎刑可以是本刑替换适用的结果,但是从适用结果来看,赎刑与罚金刑相似,不入赎的后果应该也与罚金近似。虽然未见西汉关于不入赎后果的直接材料,但睡虎地秦简《秦律十八种·司空律》有:

> 有罪以赀赎及有责(债)于公,以其令日问之,其弗能入及赏(偿),以令日居之,日居八钱;公食者,日居六钱。……公士以下居赎刑罪、死罪者,居于城旦舂,毋赤其衣,毋枸椟杕。[45](秦律十八种简133、简134)

可见此时,有赀、赎、公债而不能偿还或缴纳财物的,其后果是以劳役抵偿债务。"居赎刑罪、死罪"说明这种劳役抵偿既可以适用于赎刑,[46] 也可以适用于赎死,因而律令赎似乎均可以适用这种抵偿。

诏书赎由于原判刑罚已经确定,不入赎的结果就是适用原判刑罚,或者说只有当事人入赎才能避免原判刑罚的执行。

5. 入赎的结果

诏书赎由于其适用结果与罚金刑类似,当事人入赎之后,刑罚即执行完毕,类似于原判刑罚的免除。

诏书赎可以分为赎免、赎减两种。前述汉武帝天汉四年诏令即规定"减死一等",及"议令民得买爵及赎禁锢免减罪",可见这种赎法存在减罪的情况。在赎减的情况下,当事人并非单纯用入赎之物替换原本应当执行的刑罚,而是以入赎之物和减等后的刑罚替换本应执行的刑罚。

---

[45] 睡虎地秦墓竹简整理小组编:《睡虎地秦墓竹简》,文物出版社1990年版,第51页。

[46] 此处的"刑"特指损伤肢体的肉刑。参见朱红林:《竹简秦汉律中的"赎罪"与"赎刑"》,载《史学月刊》2007年第5期。

6. 入赎之物

律令赎对应的入赎之物的范围相对较小，且具有稳定性。《二年律令·金布律》中有：

> 有罚、赎、责（债），当入金，欲以平贾（价）入钱，及当受购、偿而毋金，及当出金、钱县官而欲以除其罚、赎、责（债），及为人除者，皆许之。各以其二千石官治所县十月金平贾（价）予钱，为除。[47]（金布律简 427、428）

据《二年律令·具律》简 119，赎刑的原始入赎之物为黄金，而据上述《二年律令·金布律》简文，行为人可以用钱代替黄金入赎，且黄金与钱的比值并非固定值，而是以浮动的平价为准。

诏书赎入赎之物的范围大于律令赎，且入赎之物的种类受政策的影响很大。例如晁错提议移民边塞，其中涉及以丁奴婢赎罪：

> 先为室屋，具田器，乃募罪人及免徒复作令居之；不足，募以丁奴婢赎罪及输奴婢欲以拜爵者；不足，乃募民之欲往者。……上从其言，募民徙塞下。[48]

其他材料中尚未见到西汉有以奴婢赎罪之制，应当是晁错为增加移民数量特别创设的制度。另有晁错关于促进农业的提议：

> 贵粟之道，在于使民以粟为赏罚。今募天下入粟县官，得以拜爵，得以除罪。……使天下入粟于边，以受爵免罪，不过

---

[47] 张家山二四七号汉墓竹简整理小组编：《张家山汉墓竹简〔二四七号墓〕》，文物出版社 2001 年版，第 190 页。

[48] （汉）班固撰：《汉书》卷四十九《爰盎晁错传》，中华书局 1962 年版，第 2286、2287 页。

三岁，塞下之粟必多矣。
　　于是文帝从错之言，……
　　后十三年，孝景二年，令民半出田租，三十而税一也。其后，上郡以西旱，复修卖爵令，而裁其贾以招民；及徒复作，得输粟于县官以除罪。[49]

上文特别说明输粟于县官以除罪，并附于晁错促进农业的上书之后，实则就为表明这次赎的设置与"上郡以西旱"的特殊情况相关。同时，从上述与大司农延有关的材料来看，诏书赎的发布与管理国家财政的大司农存在密切关系，说明诏书赎的适用很大程度上是出于财政的考量。

基于上述六个方面的差异，可见律令赎与诏书赎是两种几乎完全不同的制度，对二者的研究应当建立在这种差异的基础上。

三、汉代赎法的发展

（一）西汉诏书赎的发展

诏书赎在武帝以前适用次数少，且限制较多，自武帝时开始诏书赎的数量增多，且适用范围增大，其原因应为国家财政收入的需要，同时虽然史籍未载，但西汉的诏书赎在武帝之后可能一直沿用不废。

汉元帝时，贡禹上书：

　　孝文皇帝时，贵廉洁，贱贪污，贾人、赘婿及吏坐赃者皆禁锢不得为吏，赏善罚恶，不阿亲戚，罪白者伏其诛，疑者以与民，亡赎罪之法，故令行禁止，海内大化，天下断狱四百，与刑错亡异。武帝始临天下，尊贤用士，辟地广境数千里，自见功大威行，遂从耆欲，用度不足，乃行一切之变，使犯法者

---

[49]（汉）班固撰：《汉书》卷二十四上《食货志》，中华书局1962年版，第1133、1134页。

> 赎罪，入谷者补吏，是以天下奢侈，官乱民贫，盗贼并起，亡命者众。……今欲兴至治，致太平，宜除赎罪之法。[50]

从中可以总结出两点：第一，贡禹认为西汉赎罪之制自武帝为一变；第二，这种赎罪之法一直延续到汉元帝时期。这种说法应当是以事实为基础的。

首先，关于文帝时是否有赎罪之法的问题。前述晁错关于移民边塞的上言涉及以丁奴婢赎罪，而贡禹认为文帝时不存在赎罪之法，此处推测可能是由于下述两个原因之一：

在晁错上言之后，"上从其言，乃募民徙塞下"，而晁错提议中共涉及三类人：罪人及免徒复作、丁奴婢、民之欲往者。[51] 如果认为"募民徙塞下"中的民与晁错所说的"民之欲往者"含义相同，则以丁奴婢赎罪仅是出现在晁错的提议中，而未被汉文帝所接受。

或者由于以丁奴婢赎罪毕竟与入钱赎罪存在差异，因此贡禹将其与汉武帝实施的赎刑区分开。从另一方面来看，律令赎至少在汉文帝刑制改革之前仍然存在，而贡禹说文帝时无赎罪之法，可见其所称赎罪之法，并非泛指所有赎法，而是有所限定。

综上，贡禹认为文帝时无赎罪之法，至少是没有与武帝增设的赎法相近的规定，这种观点应当是合理的。

其次，关于武帝时赎法改革的问题。从武帝元朔六年（公元前123）关于赎罪的诏令看，其中提到：

> 朕闻五帝不相复礼，三代不同法，所繇殊路而建德一也。……日者大将军巡朔方，征匈奴，斩首虏万八千级，诸禁

---

[50] （汉）班固撰：《汉书》卷七十二《王贡两龚鲍传》，中华书局1962年版，第3077、3078页。

[51] 参见（汉）班固撰：《汉书》卷四十九《爰盎晁错传》，中华书局1962年版，第2286、2287页。

锢及有过者，咸蒙厚赏，得免减罪。[52]

诏令篇首提到"五帝不相复礼，三代不同法"，说明汉武帝明确认识到自己实施的制度与之前的皇帝有所不同。而武帝改革的制度之一就是下文所提到的"诸禁锢及有过者，咸蒙厚赏，得免减罪"，诏令中虽然说"得免减罪"，但是与前引《汉书·食货志》："有司请令民得买爵及赎禁锢免臧（减）罪"实为一事，汉武帝改革的内容之一就是赎罪之法。从贡禹的批评来看，武帝改革的一个方面是将赎法适用到禁锢上，当事人可以通过入赎的方式解除不得为官的禁止。从另一个方面来看，《汉书》中所载武帝元朔六年（公元前123）之前西汉的诏书赎，景帝二年（公元前155）之赎罪仅适用于徒复作，而不涉及其他刑罚。武帝天汉四年（公元前97）、太始二年（公元前95）之赎罪仅提到减死一等。前者对适用赎罪的刑罚有限制，仅限于刑罚等级很低的徒复作，后者似限制于死刑，且并非赎免而是赎减，仅能达成减死一等的结果。而仅有惠帝元年（公元前194）的赎罪之法可以免死，但似乎又仅限于死刑。

而武帝元朔六年（公元前123）的赎法并未见到没有上述限制，免减罪的赎法或可适用于所有类型的刑罚，乃至不属于刑罚的禁锢，因而与此之前的赎法有很大的差异，可见汉代诏书赎至武帝元朔六年（公元前123）确实有一大变化。

关于这种赎法是否一直使用到元帝朝。首先，基于诏书赎的性质，武帝元朔六年（公元前123）诏书本身的效力应当是无法延续到元帝时期的，但是武帝及其之后的皇帝可以通过发布新诏令的方式保证这种赎法的实际存续。

虽然《汉书》中未见宣帝、元帝时赎刑的记录，且汉宣帝神爵元年（公元前61），京兆尹张敞与左冯翊萧望之、少府李强展开议论，其争议为是否应该为增加粮食储备而允许有罪之人入谷陇西以北、安定以西

---

[52]（汉）班固撰：《汉书》卷六《武帝纪》，中华书局1962年版，第173页。

八郡以赎罪。最终萧望之、李强在丞相魏相、御史大夫丙吉的支持下阻止了张敞提议的实施。[53]

然而依照上述与大司农延相关的两则出土文献材料，可见在五凤元年（公元前 57）至黄龙元年（公元前 49）间至少有一至两次适用诏书赎的情况，且适用的刑罚等级可至髡钳城旦舂。而居延新简中可见两处关于复作赎罪的记载：

> 神爵三年六月己巳朔乙亥、司空佐安世敢言之。复作大男子吕异人、故魏郡繁阳明里。西神爵元年十一月庚午、坐伤人论。会二年二月甲辰赦令、复作县官一岁三月廿九日。三月辛未罚作、尽神爵三年四月丁亥、凡已作一岁一月十八日、未备二月十一日、以诏书入钱赎罪、免为庶人、谨为偃检。封入居延。谒移过所 73EJH1：3 正

> 永光四年六月己酉朔癸丑、仓啬夫勃敢言之。徒故颖川郡阳翟宜昌吏陈犬、永光三年十二月中、坐伤人论鬼新。会二月乙丑赦令、免罪复作、以诏书赎免为庶人。归故县。谒移过所河津关，毋苛留止。县次赎食。73EJT37：526[54]

第一则材料中，吕异人于神爵二年（公元前 60）二月二十八日因赦令赦免，被处以复作一年三月二十九日。神爵二年（公元前 60）三月二十六日开始罚作，至神爵三年（公元前 59）四月十八日，罚作已执行一年一月十八日，未执行二月十一日，吕异人按照诏书的规定入钱赎罪，恢复庶人的身份。

第二则材料中，陈犬于元帝永光三年（公元前 41）十二月，因伤

---

[53] 参见（汉）班固撰：《汉书》卷七十八《萧望之传》，中华书局 1962 年版，第 3275-3278 页。

[54] ［日］鹰取祐司：《肩水金関遺址出土的通行証》，载简帛网：http://www.bsm.org.cn/show_ article.php? id=2813，最后访问日期：2021 年 4 月 24 日。

人而被判处鬼薪的刑罚。永光四年（公元前40）二月辛亥朔十五日因赦令后免罪复作，并以诏书赎，恢复庶人身份。

从"诏书赎"[55]这一表述来看，这一赎法并非常制，作为常制的律令条文可以通过诏书转化而来，[56]但是在转化为律令条文之后，似不应再将诏书本身作为法律依据，因此这两则材料中的"诏书赎"不为常法。从另一方面来看，吕异人在被免为复作之后，在罚作执行一年一月十八日之后，剩余二月十一日未执行的情况下，才以诏书入钱赎罪，可能是因为此前并没有发布涉及赎罪的诏书。

两则简文中神爵二年（公元前60）二月、永光四年（公元前40）二月的赦令在《汉书》中均有记载，[57]但两次涉及赎罪的诏书未见于《汉书》。前文所述三则与大司农延有关的材料，除五凤四年（公元前54）的文书性质无法确定之外，其余两则均与赎刑相关，一则时间不明，另一则应当在甘露三年（公元前51）前不久，在《汉书》中也均未见记载。

由此，至少甘露、神爵、永光年间均有诏书赎的存在，虽然两则简文均适用于徒复作而未见他种刑罚，仍可在一定程度上说明，虽然《汉书》未载宣帝、元帝时，诏书赎仍在继续适用，而未停止。

针对贡禹的提议，沈家本认为"此时石显用事，此议格不行也"[58]，就结果来说应当并无疑问，《汉书》记载贡禹提议的结果：

> 天子下其议，令民产子七岁乃出口钱，自此始。又罢上林官馆希幸御者，及省建章、甘泉宫卫卒，减诸侯王庙卫卒省其

---

[55] 本文将此类赎法称为"诏书赎"就是采用了此处两则简文的表述。
[56] 参见孟彦弘：《秦汉法典体系的演变》，载《历史研究》2005年第3期。
[57] 参见（汉）班固撰：《汉书》卷八《宣帝纪》、卷九《元帝纪》，中华书局1962年版，第262、291页。
[58] （清）沈家本撰：《历代刑法考》，邓经元、骈宇骞点校，中华书局1985年版，第443页。

半。余虽未尽从，然嘉其质直之意。[59]

除赎罪之法的提议似属于"余虽未尽从"的范围。因此元帝以后，未见有关于诏书赎是否存续的记载，但依照前述出土文献与传世文献对比，有关赎法的诏书与赦令不同，未必为史书所载，甚至大部分都未有记载，所以可以推断元帝以后诏书赎仍然持续存在。从另一角度来看，贡禹关于除赎罪之法的提议虽未被采纳，但仍然被《汉书》记载，如果此后诏书赎的制度被废除，则更有记录的必要。由于未见此种记载，或可推断诏书赎在武帝以后沿用不废。

（二）西汉特赦赎的发展

特赦赎的适用在汉武帝时大幅增加。武帝之前，《汉书》所见适用特赦赎的情况仅有二例。其一是梁王彭越为栾布赎罪：

……荼为燕王，布为将。及荼反，汉击燕，虏布。梁王彭越闻之，乃言上，请赎布为梁大夫。[60]

臧荼谋反结束于汉高祖五年（公元前202）九月，[61] 梁王彭越为栾布赎罪应当在此前后不久。

其二是留侯张不疑犯死罪，赎为城旦：

高后三年，侯不疑嗣，十年，孝文五年，坐与门大夫杀故

---

[59]（汉）班固撰：《汉书》卷七十二《王贡两龚鲍传》，中华书局1962年版，第3077、3078页。

[60]（汉）班固撰：《汉书》卷三十七《季布栾布田叔传》，中华书局1962年版，第1979页。

[61] 参见（汉）班固撰：《汉书》卷一下《高帝纪》，中华书局1962年版，第58页。

楚内史，赎为城旦。[62]

上述两处适用的应当都是特赦赎，梁王彭越"乃言上，请赎布为梁大夫"，说明其是直接向汉高祖请求赎罪。张不疑赎罪在孝文帝五年（公元前175），而贡禹称汉文帝时无除罪之法，可见栾布、张不疑均是通过特赦赎赎罪。彭越为异姓诸侯王，其为栾布赎罪时，刘邦称帝仅半年有余。张不疑为张良之子，颜师古注："萧何功第一，户唯八千。张良食万户，而位过六十。"[63] 由此可见武帝以前特赦赎的适用不仅数量极少，同时，适用者的身份都具有特殊性。

从武帝为赵平君赎罪一事，也可以看出武帝以前特赦赎的适用应当很少：

> 久之，隆虑公主子昭平君尚帝女夷安公主，隆虑主病困，以金千斤钱千万为昭平君豫赎死罪，上许之。隆虑主卒，昭平君日骄，醉杀主傅，狱系内官。以公主子，廷尉上请请论。左右人人为言："前又入赎，陛下许之。"上曰："吾弟老有是一子，死以属我。"于是为之垂涕叹息，良久曰："法令者，先帝所造也，用弟故而诬先帝之法，吾何面目入高庙乎。又下负万民。"乃可其奏，哀不能自止，左右尽悲。[64]

不论汉武帝最终的处理结果如何，他提出"用弟故而诬先帝之法，吾何面目入高庙乎。又下负万民"，这种不愿意适用特赦赎的态度与汉武帝时期诏书赎、特赦赎的大量适用形成对比。似可以说明在汉武帝处

---

[62] （汉）班固撰：《汉书》卷十六《高惠高后文功臣表》，中华书局1962年版，第540页。

[63] （汉）班固撰：《汉书》卷一下《高惠高后文功臣表》，中华书局1962年版，第540页。

[64] （汉）班固撰：《汉书》卷六十五《东方朔传》，中华书局1962年版，第2851、2852页。

理昭平君案时，特赦赎的适用数量还是很少的，因此武帝才会感叹为昭平君赎罪是"诬先帝之法"，在此之后特赦赎的数量才开始增加。

数量增加的原因，应当与汉武帝时期与匈奴的战争有关，与匈奴的战争对赎法的影响主要体现在两个方面。第一，对军事将领适用赎法的数量增加。从《汉书·景武元成功臣表》来看，武帝时就有苏建、公孙敖、张骞、高不识、杨仆等人因为在战争中的失职行为被判死罪，然后适用赎罪，其中前四人是与匈奴作战，杨仆是出击朝鲜。因为连年战争对军事将领的需要，允许其赎罪免死。

第二，与因军费等需要而扩张诏书赎有关。从武帝时期特赦赎与诏书赎扩张的重合性来看，存在这种情况，即《汉书》中对赎罪的情况单独记载，但实际上当事人适用的赎法并不是仅针对其个人的特赦赎，而是普遍适用的诏书赎。汉武帝时诏书赎的范围扩大，而能够负担高额赎金者中以有官爵者为多，因而出现许多列侯、关内侯适用赎法的案例。

（三）西汉律令赎的发展

汉文帝实施刑制改革，汉代刑罚体系随之发生变化。在废除肉刑的情况下，与肉刑对应的赎刑：赎斩、赎黥、赎劓等刑罚发生了变化，其中有部分转化为罚金刑。除此之外，在这一时期，不对应肉刑的赎耐、赎迁等刑罚也出现了转化为罚金刑的情况。

1. 赎死

冨谷至认为在文帝十三年（公元前167）刑制改革后，西汉的律令赎为诏书赎所替代，[65] 但是汉武帝在与诸侯王列侯讨论如何处理淮南王刘安时，胶西王刘端提议：

> 其非吏，它赎死金二斤八两，以章安之罪，使天下明知臣

---

[65] 参见［日］冨谷至:《秦汉刑罚制度研究》，柴芳生、朱恒晔译，广西师范大学出版社2006年版，第132~133页。

子之道，毋敢复有邪辟背畔之意。[66]

其中提到的赎死金二斤八两，与《二年律令·具律》中所载数额相同，应当为律令赎，可见武帝时应仍有"赎死"这一赎刑等级，因此至少不是所有的律令赎在刑制改革之后都被诏书赎所替代。

2. 赎黥

胡家草场简中有：

> 越邑、里、官、市院垣，若故坏决道出入，及盗启门户，皆罚金一斤，其垣坏……[67]（简56）

《二年律令·杂律》有：

> 越邑里、官市院垣，若故坏决道出入，及盗启门户，皆赎黥。其垣坏高不盈五尺者，除。[68]（杂律简182）

这两组律文的内容非常相近，胡家草场简此条汉律应当就是由《二年律令·杂律》条文修改而成，修改之处就是"赎黥"被修改为了"罚金一斤"。而根据《二年律令·具律》简119的记载，赎黥所对应的黄金重量正是一斤。出土胡家草场简的胡家草场墓地M12的下葬年代不早于汉文帝后元元年（公元前163），[69] 下葬距汉文帝十三年（公元前167）刑制改革已至少有三年时间。一种可能的推测是黥刑作为肉刑

---

[66]（汉）班固撰：《汉书》卷四十四《淮南衡山济北王传》，中华书局1962年版，第2152页。
[67] 荆州博物馆、武汉大学简帛研究中心编著：《荆州胡家草场西汉简牍选粹》，文物出版社2021年版，第51页。
[68]（汉）班固撰：《汉书》，中华书局1962年版，第157页。
[69] 参见李志芳、蒋鲁敬：《湖北荆州市胡家草场墓地M12发掘简报》，载《考古》2020年第2期。

在刑制改革中被废除，与之对应的赎黥从名称看也就失去了依附，而由于赎刑正刑化，赎黥在实际适用上并不依赖于黥刑的存在。因此，赎黥转化为了对应数额的罚金刑，即罚金一斤。

3. 赎耐、赎迁

胡家草场简有：

> 诸当成，已受令而逋不行盈五日，若盗去署及亡过一日到五日，罚金十二两；过五日，耐为隶臣；过三月，完为城旦……[70]（简49、简50）

《二年律令·兴律》有：

> 当成，已受令而逋不行盈七日，若成盗去署及亡盈一日到七日，赎耐；过七日，耐为隶臣；过三月<日>，完为城旦。[71]（兴律简398）

这两组律文的内容也非常相近，两者之间应当也有继承关系，主要的修改之处除了"七日"改为"五日"之外，就是将"赎耐"修改为了"罚金十二两"，而根据《二年律令·具律》简119的记载，赎耐所对应的黄金重量就是十二两。

胡家草场简中另有一条律文可与《二年律令·贼律》简6对读。

> 船人渡人而流杀人，耐为司寇；船啬夫、吏主者，罚金十二两。其杀马牛及伤人，船人罚金十二两；船啬夫、吏，罚金

---

[70] （汉）班固撰：《汉书》卷四十四《淮南衡山济北王传》，中华书局1962年版，第46页。

[71] 张家山二四七号汉墓竹简整理小组编：《张家山汉墓竹简〔二四七号墓〕》，文物出版社2001年版，第186页。

八两。其败亡粟米、它物,出其半,以半负船人,舳舻负二,……[72]（简26、简27）

这两组律文之间应当也存在继承关系,"赎耐"被修改为"罚金十二两""赎迁"则被修改为"罚金八两",这些变化都符合《二年律令·具律》简119中赎刑与黄金的对应关系。

"耐"与"迁"并不是在文帝刑制改革中废除的肉刑,同时上述胡家草场简1123中还有"耐为司寇"的表述,说明至少"耐"在文帝刑制改革之后仍然存在。在这种情况下,赎耐仍然被修改为罚金十二两,正是由于赎刑正刑化以后,其实质与罚金刑相同,因此出现了赎刑向罚金刑转化几乎没有阻碍。

但是,赎刑并没有就此消失,胡家草场简有:

匿罪人,各与同罪。舍若取亡罪人为庸（佣）,不智（知）其亡,盈五日,罪司寇以上,各以其赎论之。……[73]（简35、简36）

由该条律文中"各以其赎论"可知,赎刑在此时仍在适用,而且是以"以赎论"的方式适用。结合前述部分赎刑的适用转化为罚金刑的情况,这似乎显示出汉代赎刑从正刑向替换刑转化的雏形。但是,无论在律文中的表述如何,律令赎在适用结果上是相同的。由于部分赎刑的适用转化为数额较大的罚金,而赎刑本身因为"以赎论"的存在而仍然保留,形成了赎刑、罚金刑处罚金额相同的情况。

值得注意的是"司寇以上"的表述在《二年律令》中是比较少见

---

[72]（汉）班固撰:《汉书》卷四十四《淮南衡山济北王传》,中华书局1962年版,第26页。

[73]（汉）班固撰:《汉书》卷四十四《淮南衡山济北王传》,中华书局1962年版,第34页。

的，结合上述《二年律令·贼律》简6中的"耐之"在胡家草场简1123中被修改为"耐为司寇"，或可以推断虽然同是指"耐为司寇"，但胡家草场简中的表述更偏重于"司寇"，因此《二年律令》中的赎耐，在胡家草场简写作的时代可能表述为"赎司寇"，但是其实质应该没有发生变化。

此外，睡虎地汉简《告律》中有与《二年律令》简93-简98基本相同的内容，而墓主越人在汉文帝十年以后的十多年间，担任安陆县官佐及该县阳武乡乡佐，约在文帝后元七年（公元前157）去世。[74] 推测其律典简内容应当也是在文帝十年（公元前170）至后元七年（公元前157）这段时间内形成的，此时《二年律令》所见赎刑种类均保留在律典中，包括胡家草场简中已经向罚金刑转化的赎黥、赎耐、赎迁等。在此，仅能推测虽然睡虎地77号汉墓的下葬时间上限晚于胡家草场墓地M12，但是其律令简的书写年代可能早于胡家草场简。或者，由于该条告律的内容一定程度上具有总则的性质，综合性较强，不便修改，因此在具体赎刑发生改变后，该律文仍得以保留。具体的情况仍然有待睡虎地汉简进一步的公布后才能进行考察。

综上，汉初的律令赎是一种正刑，其正刑性质是由替换刑性质发展而来。赎刑正刑化的基础是赎刑"以赎论"适用的多样化、具体化导致的"以赎论"原则的扩张。赎刑的正刑化增加了刑罚替换适用的复杂性和不平衡性。律令赎在汉文帝时期发生变化，其内容包含名称的改变以及赎刑向罚金刑的转化，其原因或有可能为汉文帝刑制改革以及赎刑正刑化以后与罚金刑实质上的相似性。诏书赎与律令赎在适用依据、适用阶段、适用范围、入赎与不入赎的后果以及入赎之物方面均存在差异，两者是性质完全不同的制度，研究时应当以此为基础。而诏书赎与特赦赎在武帝时期的适用均有大规模增长，主要是因为武帝时期与匈奴战争而产生的财政、人事需要，武帝以后，虽然史籍未载，诏书赎的适用依然在延续。

---

[74] 参见熊北生等：《湖北云梦睡虎地77号西汉墓出土简牍概述》，载《文物》2018年第3期。

"依礼男子无大功尊"考
——兼论《唐律疏议》与《仪礼》的礼法冲突

何元博[*]

一、《礼经》与《唐律疏议》姑侄服制互证

《唐律疏议》中有:"依礼:"男子无大功尊""[1] 一句,字面意思虽然很好理解,但其中所涉及的问题颇多,首先是服制中"尊"与"长"二者间的关系。按《唐律疏议》:

> 尊长,谓祖父母、父母、伯叔父母、姑、兄姊是也。[2]

则"尊长"关系中既包括了比自己高辈分的父祖辈,也包括了比自己年龄长的兄姊辈。唐律对于尊与长之间的规定是明确有区别的,如"殴告大功尊长、小功尊属者,亦不得以荫论"[3] 一条中,就体现得很明显:对于大功亲等来说,无论尊或长都能受到法律的格外优待,殴告其后辈不能受到荫赎;而在小功亲等中,尊属即尊也,就只有"尊"一级,即高辈分的小功亲能得到和大功亲等一样的待遇。当然,

---

[*] 作者系青海师范大学历史学院硕士研究生。
[1] 刘俊文笺解:《唐律疏议笺解》卷二《名例律》,中华书局1996年版,第63~64页。
[2] 刘俊文笺解:《唐律疏议笺解》卷二《名例律》,中华书局1996年版,第163页。
[3] 刘俊文笺解:《唐律疏议笺解》卷二《名例律》,中华书局1996年版,第486页。

无论是尊还是长,比起同等服制级别的卑幼而言,也是会得到法律上更多的维护。

宋人车垓对于尊和长之间也做了专门的认定和分类,在其《内外服制通释》一书中就分别列举了大功尊、大功长、小功尊、小功长各自涵盖的亲属,并且车垓也是少有的一位在《唐律疏议》之后提出"按礼:男子无大功尊"的礼学家。[4]

相同的提法最早见于《唐律疏议》十恶条,第八为不睦:

> 谓谋杀及卖缌麻以上亲,殴告夫及大功以上尊长、小功尊属。
>
> 疏议曰:依礼:"夫者,妇之天。"又云:"妻者,齐也。"恐不同尊长,故别言夫号。大功尊长者,依礼:"男子无大功尊,唯妇人于夫之祖父母,及夫之伯叔父母是大功尊。"大功长者,谓从父兄姊是也。以上者,伯叔父母、姑、兄姊之类。小功尊属者,谓从祖父母、姑,从祖伯叔父母、姑,外祖父母、舅、姨之类。[5]

其中所云"依礼,男子无大功尊"一句颇使人疑惑,对五服稍有认识即可知道,亲属中极为常见的"姑",在出嫁之后服制就是大功,又因为姑是长辈,自然是属于大功尊的。

按《仪礼·丧服》:

> 大功布衰裳,牡麻绖,缨,布带,三月,受以小功衰,即葛,九月者:姑、姊妹、女子子适人者。

---

[4] 参见(宋)车垓:《内外服制通释》卷二,钦定四库全书本,第14~15页:"按礼:男子无大功尊,惟妇人于夫之祖父母及夫伯叔父母是大功尊。"

[5] 刘俊文笺解:《唐律疏议笺解》卷二《名例律》,中华书局1996年版,第63~64页。

传曰:"何以大功也,出也。[6]

既然《仪礼》已经明言姑之适人者为大功,那么是否《唐律疏议》中所依的"礼"并非《仪礼》,而是另有所本呢?

按之,在《唐律疏议》这一语境下的"礼",共有四种可能的解释:其一是泛指各种日常的行为规范与礼仪;其二是所谓的六礼[7]、九礼[8]之类;其三是特指五经中的《礼经》[9];其四则是指代儒家经典中的"三礼",即《仪礼》《礼记》《周礼》三者的合称。

细考之下,《唐律疏议》中出现"依礼"而引用者凡18处,出现"礼云"或"《周礼》云"而引用者凡25处,广泛分布于从《名例律》到《捕亡律》的各条疏文之中。

而这些《唐律疏议》中引"礼"之处的史源,可以发现都是来自三礼之中。以"十恶"不睦条为例,其中所引用的"妻者,齐也"最早语出《白虎通》[10],但《白虎通》又并非一部标准的礼学著作,之所以出现在这里,应该和郑玄在《礼记·内则》注中对其的化用"妻之言齐也"[11]有关。而"夫者,妇之天"更是借用了《仪礼·丧服》:"夫者,妻之天

---

[6] (汉)郑玄注,(唐)贾公彦疏:《仪礼注疏》卷三十一《丧服》,载(清)阮元校刻:《十三经注疏:清嘉庆刊本》,中华书局2009年版,第2406~2407页。

[7] "六礼:冠、昏、丧、祭、乡、相见。"(汉)郑玄注,(唐)孔颖达疏:《礼记正义》卷十三《王制》,载(清)阮元校刻:《十三经注疏:清嘉庆刊本》,中华书局2009年版,第2918页。

[8] "冠、婚、朝、聘、丧、祭、宾主、乡饮酒、军旅此之谓九礼。"(清)王聘珍撰:《大戴礼记解诂》卷十三《本命第八十》,王文锦点校,中华书局1983年版,第252页。

[9] 《仪礼》一般被认为成书于战国时期,是为最早的"礼经",《礼记》中很多内容就是解释和讨论《仪礼》而作的。但在秦汉之后,《仪礼》中的一些制度由于过分烦琐而被逐渐搁置,《仪礼》也不复之前地位。相反由于《大戴礼记》和《小戴礼记》的影响,《礼记》地位日升,甚至在唐代正式取代了《仪礼》,被尊为"经",被孔颖达编入《五经正义》。

[10] (清)陈立撰:《白虎通疏证》卷九《嫁娶篇》,吴则虞点校,中华书局1994年版,第490页。

[11] (汉)郑玄注,(唐)孔颖达疏:《礼记正义》卷二十八《内则》,载(清)阮元校刻:《十三经注疏:清嘉庆刊本》,中华书局2009年版,第3187页。

也"[12]这一句。再如律文456条的疏议中有："依礼："五家为邻，五邻为里。"[13] 就是完全照搬了出自《周礼》中的原话。[14]

凡此种种，一一核查，可知除了"依礼：男子无大功尊"一句之外，《唐律疏议》所引之"礼"皆不出"三礼"范畴，尤其是有相当的部分承袭自郑玄所注的"三礼"之中。

那么是否是《三礼》彼此间在"大功尊"的问题上有所矛盾，又或者不同注家、不同时代的礼学文献，特别是唐代孔颖达将礼学定于一尊的《五经正义》与郑注的《仪礼》有所抵牾呢？

《五经正义》编订于太宗朝，又于唐高宗永徽四年（653）三月壬子朔"颁孔颖达《五经正义》于天下，每年明经令依此考试。"[15] 而这正与《唐律疏议》所修成的时间出奇的一致，按长孙无忌《进律疏表》所载，《唐律疏议》是在"永徽四年（654）十月十九日进"[16]，其时《礼记正义》已经成为唐代在礼学方面最权威的官方著作。可以推测，在《唐律疏议》的编写修订过程中，除了可能对郑注的"三礼"有所承袭之外，受到《礼记正义》，特别是其中孔颖达对于服制理解的影响，同样是极有可能的事情。并且《礼记》与《仪礼》在礼制上的确是有一定程度的细节差异，尤其是《礼记》在"《间传》《丧服小记》《杂记》等篇中将斩衰、齐衰的一次变服扩大到小祥、大祥、禫祭的多次变服……第二是在用杖制度中限制了女子的用杖权。"[17]

然而细考《礼记》中丧服部分，至少在有关"姑"的服制方面和

---

[12]（汉）郑玄注，（唐）贾公彦疏：《仪礼注疏》卷三十《丧服》，载（清）阮元校刻：《十三经注疏：清嘉庆刊本》，中华书局2009年版，第2394页。
[13] 刘俊文笺解：《唐律疏议笺解》卷二十八《捕亡律》，中华书局1996年版，第1967页。
[14] 参见（汉）郑玄注、（唐）贾公彦疏：《周礼注疏》卷十五《地官司徒·遂人》，载（清）阮元校刻：《十三经注疏：清嘉庆刊本》，中华书局2009年版，第1595页。
[15]（后晋）刘昫等撰：《旧唐书》卷四《本纪第四·高宗上》，中华书局1975年版，第71页。
[16] 钱大群撰：《唐律疏义新注》，南京师范大学出版社2007年版，第1015页。
[17] 丁凌华：《五服制度与传统法律》，商务印书馆2013年版，第96页。

《仪礼》却是基本一致的。《礼记·檀弓上》中有："姑、姊妹之薄也，盖有受我而厚之者。"郑玄注为："姑、姊妹之薄也，盖有受我而厚之者也。欲其一心于厚之者，姑、姊妹嫁大功，夫为妻期。"[18] 另外《礼记·杂记》中引孔子言："伯母、叔母疏衰，踊不绝地；姑、姊妹之大功，踊绝于地，如知此者，由文矣哉。"[19] 都证明了在《礼记》的叙事体系中"姑"也是与《仪礼》中一样，在出嫁后同样属于"大功"的服制序列，孔颖达在《丧服》这一方面也是因循郑学，疏不破注，并没有提出什么异论。

那么从礼学上唯一的解释，就是《唐律疏议》的引礼部分，依循了郑玄提出的"三服"说，即郑氏曰："盖大功之丧，有降服，有正服，有义服。"[20] 同时，《唐律疏议》又只承认了郑氏所云"正服"这一部分的服等。

然而郑玄虽然分出了降、正、义三服，其目的只是为了解释《礼记》中所载的服大功丧时是否需要废业，还是可以继续弦诵的内在矛盾。并没有否认降服或义服所产生亲等的正式性与权威性。并且直到魏晋时期，主流话语上仍然十分重视"降服"的实际效力。《通典·凶礼》有载：

> 征西庾亮府仓曹参军王群从父姊丧，无主后，继子俄而又卒。群以为："姑姊妹无主后者，反归服，经虽不及，从设教必自亲始。以经言则宜不降，以记论例在加服。又与此姊同在他邦，无余亲，情所不忍，准经不降，不亦可乎？"通咨府主及僚采详断……庾亮答曰："存没礼终而丧其嗣，此之无后，

---

[18] （汉）郑玄注，（唐）孔颖达疏：《礼记正义》卷八《檀弓上》，载（清）阮元校刻：《十三经注疏：清嘉庆刊本》，中华书局2009年版，第2793页。

[19] （汉）郑玄注，（唐）孔颖达疏：《礼记正义》卷四十三《杂记下》，载（清）阮元校刻：《十三经注疏：清嘉庆刊本》，中华书局2009年版，第3396页。

[20] （清）孙希旦撰：《礼记集解》卷七《檀弓上》，沈啸寰、王星贤点校，中华书局1989年版，第186~187页。

虽复可哀,然非复本宗之所知矣。故不得以小功之末,以亡者丧后而反服大功也。"[21]

在王群从父姊,即其堂姑身丧的这一案例中,以《礼》论:堂姑出嫁,本应降服,从大功降至小功。而王群从亲情伦理出发,希望能准其不降服,而府主庾亮不允。不难看出,尽管存在一些特殊情况,但在这一场争论中王群所持的意见其实与《唐律疏议》编修者是一个立场,即降服应该让位于亲情,姑姑或堂姑出嫁后与侄子之间在"无主后"的情况下其服制还是不应降服,而是遵其本服,这一观点其实也是有一定的礼学依据,《仪礼注疏》中有:"何以期也?为其无祭主故也。注:无主后者,人之所哀怜。不忍降之。"[22] 射(谢)慈也认为:"士为姑、姊妹、女子子适人无主者,齐衰周(期)。"[23]

但毕竟如王群所言这是"经虽不及"的,因为《仪礼》中所规定的是亲姑,而此处则是堂姑,亲疏有别。所以无怪最后的权威裁定者庾亮给出了完全相反的意见,即女子出嫁后的降服不应更改。由此可见。适人之姑不降服的情况被严格限定在"无主后者"和"亲姑"的前提下,传统上对于姑、姊妹、女子子适人降服大功的观念依然非常根深蒂固,紧密贴合《丧服》的规定。

这在魏晋之时并不是纯粹的礼仪问题和经学争论这么简单,对于实际生活也有很强的指导意义,甚至与法律都有着密切的关联。邓长春认为:"在晋初礼法之士的主导推动下,泰始律令被深深烙上礼法之治的印记……其对礼制中丧服制度之吸收更为直接,其中若干篇章直接以丧服制度为内容来源。"[24] 华喆也指出:"两晋人对违礼极为看重……礼

---

[21] (唐)杜佑:《通典》卷九十九《凶礼·二十一》,钦定四库全书本,第2页。
[22] (汉)郑玄注,(唐)贾公彦疏:《仪礼注疏》卷三十一《丧服》,载(清)阮元校刻:《十三经注疏:清嘉庆刊本》,中华书局2009年版,第2399页。
[23] [美]射慈:《丧服变除图》,载(清)马国翰辑:《玉函山房辑佚书》,上海古籍出版社1990年版,第851页。
[24] 邓长春:《礼法之治与泰始律令》,载《法律史评论》2019年第2期。

对于两晋人生活的约束力要远远超过汉人。"[25]

综上，《唐律疏议》所见"依礼：男子无大功尊"中的"依礼"，在丧服上所依照的基本都是郑玄注"三礼"中的内容，即所谓"礼是郑学"。再参考东晋时王群的案例，同时翻检《玉函山房辑佚书》中所辑存的整个汉晋到南北朝时期一共二十四本丧服学著作，以及唐初将礼学定于一尊的《五经正义》来看，都没有关于"男子无大功尊"的说法。[26] 可以说唐代对于姑侄之间的服制关系相较于汉代时也并未发生什么大的变化，并且因为降、正、义三服的区别，所以不承认降服和义服的服制地位，在礼学上也是说不通的。

第二个考虑是修律者昧于礼制，或粗心大意，忽略了姑之适人者为大功亲的情况。但这一立场依然存在很大的问题，首先《唐律疏议》向来以严谨著称，特别是其中对于服制的规定之详密，足见编写者的礼学素养。《四库全书总目提要》评价其为："唐律一准乎礼，以为出入得古今之平。"[27] 足见对于《唐律疏议》的认可。而"姑"又是一种极为

---

[25] 华喆：《礼是郑学：汉唐间经典诠释变迁史论稿》，生活·读书·新知三联书店2018年版，第270页。

[26] 邓长春根据《隋书·经籍志》《新唐书·艺文志》《晋书·礼志》《太平御览》四书进行统计，发现汉晋之际见载于史册的《丧服》著作共有30种。参见邓长春：《礼法之治与泰始律令》，载《法律史评论》2019年第2期。此外见于《隋书·经籍志》记载的南北朝丧服学著作也有30种，但这些著作大多已经散佚，今《玉函山房辑佚书》中共辑存有24本丧服学著作，分别是：《大戴丧服变除》一卷〔汉戴德〕、《丧服经传马氏注》一卷〔汉马融〕、《郑氏丧服变除》一卷〔汉郑元〕、《五宗图》一卷〔汉郑元〕、《新定礼》一卷〔汉刘表〕、《丧服经传王氏注》一卷〔魏王肃〕、《王氏丧服要记》一卷〔魏王肃〕、《丧服变除图》一卷〔吴射慈〕、《丧服要集》一卷〔晋杜预〕、《丧服经传袁氏注》一卷〔晋袁准〕、《集注丧服经传》一卷〔晋孔伦〕、《丧服经传陈氏注》一卷〔陈铨〕、《丧服释疑》一卷〔晋刘智〕、《蔡氏丧服谱》一卷〔晋蔡谟〕、《贺氏丧服谱》一卷〔晋贺循〕、《葬礼》一卷〔晋贺循〕、《丧服要记》一卷〔晋贺循〕、《丧服要记注》一卷〔谢徽〕、《葛氏丧服变除》一卷〔晋葛洪〕、《凶礼》一卷〔晋孔衍〕、《集注丧服经传》一卷〔宋裴松之〕、《略注丧服经传》一卷〔宋雷次宗〕、《丧服难问》一卷〔宋崔凯〕、《丧服古今集记》一卷〔齐王俭〕。见（清）马国翰辑：《玉函山房辑佚书》卷二十一、卷二十三，上海古籍出版社1990年版，第821~899页。

[27] （清）永瑢等撰：《四库全书总目提要》（上），中华书局2003年版，第778页。

常见的亲属,《尔雅·释亲》云:"父之姊妹为姑。"[28] 在中国古代重男轻女、传宗接代的社会观念影响下,很多没有生出男孩的家庭只要有条件都会选择一直生下去,因而家中有姑姑的存在是再正常不过了,姑是极普遍又重要的亲属,编修《唐律疏议》者绝不至于弄混了姑侄之间的服制关系。

又《唐律疏议》第 120 条有:

> 疏议曰:"出降"者,谓姑、姊妹本服期,出嫁九月。若于九月内释服从吉者,罪同期亲尊长科之,其服数止准大功之月。余亲出降,准此。[29]

按此,则《唐律疏议》的编撰者定然是极为熟悉姑、姊妹出嫁后服制要由期亲降为大功亲的礼制,绝无可能是因为疏忽或不懂才提出了"男子无大功尊"的说法。

事实上在南宋时,朱熹也曾尝试对"无大功尊"的问题做出解释:

> 父母本是期,加成三年。祖父母、世父母、叔父母本是大功,加成期。其曾祖父母小功,及从祖伯父母、叔父母小功者乃正服之不加者耳。母之姊妹服反重于母之兄弟,缘于兄弟既嫁则降服,而于姊妹之服则未尝降故,为子者于舅服缌,于姨母服小功也。[30]

按朱熹之说,祖父母、世父母、叔父母本应为大功亲等,但是由于加服成期,所以男子并无大功尊。这一说法有关父母的前半段是渊源有

---

[28] (晋)郭璞注,(宋)邢昺疏:《尔雅注疏》卷三《释亲》,钦定四库全书本,第 26 页。

[29] 刘俊文笺解:《唐律疏议笺解》卷十《职制律》,中华书局 1996 年版,第 799~800 页。

[30] (宋)黎靖德编:《朱子语类》卷八十五,钦定四库全书本,第 12 页。

自的,《礼记·三年问》中有:

> 曰:"至亲以期断,是何也?"曰:"天地则已易矣,四时则已变矣,其在天地之中者,莫不更始焉,以是象之也。"然则何以三年也?曰:"加隆焉尔也,焉使倍之,故再期也。"[31]

《荀子·礼论》中也有与《礼记》类似的表述,其后《白虎通义·丧服》中对其做了进一步的解释:

> 三年之丧,何二十五月?以为古民质,痛于死者,不封不树,丧期无数,亡之则除。后代圣人,因天地万物有终始,而为之制,以期断之。父至尊,母至亲,故为加隆,以尽孝子恩。恩爱至深,加之则倍,故再期,二十五月也。[32]

按照朱熹的理解,显然是依据"至亲以期断"这一句而进行推论,认为父母本应是服期,但以其至亲至尊之故,隆服为三年之丧。这一观点与吴承仕先生颇相吻合:

> 三至亲即是一个血族单位,其互相为服,皆是期服。由此出发:子为父期,则为祖大功,为曾祖小功,为高祖缌麻,此名上杀。[33]

然而这一解读却很大程度是来自对于"至亲以期断"一句的误读,

---

[31] (汉)郑玄注,(唐)孔颖达疏:《礼记正义》卷五十八《三年问》,载(清)阮元校刻:《十三经注疏:清嘉庆刊本》,中华书局2009年版,第3610页。
[32] (清)陈立撰:《白虎通疏证》卷十一《丧服》,吴则虞点校,中华书局1994年版,第507~508页。
[33] 吴承仕:《中国古代社会研究者对于丧服应认识的几个根本观念》,载陈其泰等编:《二十世纪中国礼学研究论集》,学苑出版社1998年版,第322页。

据吴飞的研究,实际在服制中并不存在一个父母初始服期的状态:

> 服之所以加隆,首先是因为情的加隆,即,父母的恩情本来就是倍于其他至亲的,所以对他们的丧服应该倍于一般的至亲,而不是父母与所有其他的至亲按照亲亲之情都是期年之服,但因为尊尊的原则,又加倍其服,成为三年。所以郑注云:"言于父母,加隆其恩,使倍期也。"[34]

回到朱熹对于"无大功尊"的解释,可知这一解释存在两个漏洞。第一个是无论《礼记》还是《荀子》都只说了父母的情况,而祖父母、世父母、叔父母能否这样推论,属于朱熹个人对丧服学的阐释和发挥,并且在这个服制脉络里,朱熹仍然回避了适人之姑的服制问题。第二个是朱熹本身对"至亲以期断"的理解或还存在一定的偏差,构造的成分比较大,并非郑康成本意。

其实所谓"依礼:男子无大功尊"的答案从一开始就不在三礼学的理论体系之中,而是在《唐律疏议》名例律的第52条中:

> 称袒免以上亲者,各依本服论,不以尊压及出降。[35]

这是唐律所见服制关系中极为重要的原则,即只论正服,而不论服之升降。刘俊文先生解释为:"服制有尊压及出降,律不承认尊压及出降也。"[36]

如此一来,就可以合理地解释为什么按《丧服》学,姑之适人者的服制为大功尊,而唐律却认为"男子无大功尊"这个问题。但唐律这一

---

[34] 吴飞:《人道至文——〈礼记·三年问〉释义》,载《史林》2016年第3期。
[35] 刘俊文笺解:《唐律疏议笺解》卷二《名例律》,中华书局1996年版,第498页。
[36] 刘俊文笺解:《唐律疏议笺解》卷二《名例律》,中华书局1996年版,第503页。

观点说是"依礼",深究之下实又与礼相悖,这又是基于什么逻辑呢,男子除了姑之适人者以外还有其他的大功尊吗?

二、丧服中男子的其他大功尊

其实除了姑之适人者为大功尊的服制外,在《仪礼注疏·丧服》的记载中,男子仍有其他的大功尊亲属。

(一) 与尊卑有关的大功尊

> 大功布衰裳……大夫为世父母、叔父母、子、昆弟、昆弟之子之为士者;公之庶昆弟、大夫之庶子为母、妻、昆弟,皆为其从父昆弟之为大夫者;为夫之昆弟之妇人子适人者;大夫之妾为君之庶子;女子子嫁者、未嫁者,为世父母、叔父母、姑、姊妹;大夫、大夫之妻、大夫之子、公之昆弟为姑、姊妹、女子子嫁于大夫者;君为姑、姊妹、女子子嫁于国君者。[37]

从上述士大夫到国君的服制体系可以发现,在周代宗法制的体系下,男子相关的大功尊与后世不尽相同,并不单单是和血缘挂钩,还与亲属的身份地位关系密切。

其中就男子而言,形成大功尊亲属关系的共有四种情况:

第一种是大夫为世父母、叔父母之为士者。

此处是因为尊卑不同之故,同阶层者,如庶人间、士与士之间,对世父母、叔父母本服齐衰不杖期,但因此处为大夫对士,降而服大功。

第二种为公之庶昆弟、大夫之庶子,父在为其母。

其实学界对此处的"公之庶昆弟"颇有一些争论,胡培翚认为此处

---

[37] (汉)郑玄注,(唐)贾公彦疏:《仪礼注疏》卷三十一《丧服》,载(清)阮元校刻:《十三经注疏:清嘉庆刊本》,中华书局2009年版,第2406~2414页。

"昆弟"为衍文,[38] 而章景明则据武威汉简丙本《丧服经》认为"昆弟"是原文,[39] 丁鼎在《〈仪礼·丧服〉服制考述》中从其前者。[40] 应该说以公、大夫之庶子为母服大功来解释这句,更符合礼制,因为大夫要降其妾和庶妇,即《传》中曰:"何以大功也?先君余尊之所厌,不得过大功也",只有当其父亲去世后,才能为其母伸本服。但无论如何理解这句话,至少可以确定大夫庶子,父在为其母服丧时,是服大功丧的。

第三种是大夫、大夫之子为姑之嫁于大夫者。

此条略同于"姑之适人者",按郑注曰:"凡女行于大夫以上曰嫁,行于庶人曰适人。"其遵循的原理是"庶女子子在室大功,其嫁于大夫亦大功"。即因为尊同,得服其亲服,不受因厌而降,只受因出而降规则的影响。

对于这些尊降规则,李如圭总结归纳为:

> 六命夫者,世父一、叔父二、子三、昆四、弟五、昆弟之子六;六命妇者,世母一、叔母二、姑三、姊四、妹五、女子子六。大夫为命夫、命妇以尊同不降,故其子亦不敢以厌降之。[41]

第四种是君为姑之嫁于国君者。

这一条看似于庶人、士、大夫为姑之嫁于同阶层者情况相似,服制都为大功,但所依循的礼制却完全不同。马融曰:

---

[38] 参见(清)胡培翚撰:《仪礼正义》卷二十三,段熙仲点校,江苏古籍出版社1993年版,第1504~1505页。

[39] 参见章景明:《先秦丧服制度考》,台湾中华书局1971年版,第130页。

[40] 参见丁鼎:《〈仪礼·丧服〉考论》,社会科学文献出版社2003年版,第164~165页。

[41] (宋)李如圭撰:《仪礼集释》卷十七,钦定四库全书本,北京大学出版社2018年版,第41页。

> 君，诸侯也。为姑、姊妹、女子子嫁于国君者服也……天子元士、卿、大夫嫁女诸侯，皆为大功也……诸侯绝周，姑姊妹在室，无服也。嫁于国君者，尊与己同，故服周亲服。[42]

即诸侯无旁期，其姑无论在室还是出嫁都于己无服，唯有嫁于其他国君的情况下，因为"尊与己同"，因为服大功之服。不光"诸侯绝周"，大夫也"绝缌"，徐乾学引《宋史》解释为："诸侯绝周、大夫绝缌者，所以杀旁亲不敢废大宗之祭事。"[43] 则君为姑之嫁于国君者服大功，某种程度反倒可视作一种升服。

（二）与长殇、中殇有关的大功尊

这四种情形以外，男子还有与长殇、中殇有关的大功尊。《仪礼注疏》中有：

> 大功布衰裳，牡麻绖，无受者：子、女子子之长殇、中殇，叔父之长殇、中殇，姑、姊妹之长殇、中殇，昆弟之长殇、中殇，夫之昆弟之子、女子子之长殇、中殇，适孙之长殇、中殇，大夫之庶子为适昆弟之长殇、中殇，公子之长殇、中殇，大夫为适子之长殇、中殇。其长殇皆九月，缨绖；其中殇，七月，不缨绖。
>
> 传曰：年十九至十六为长殇，十五至十二为中殇，十一至八岁为下殇，不满八岁以下皆为无服之殇。[44]

在这一段中可以发现，按照字面意思理解，当有亲人去世时年龄正

---

[42]（唐）杜佑：《通典》卷九十一《凶礼·十三》，钦定四库全书本，第8页。
[43]（清）徐乾学撰：《读礼通考》卷一百零四，钦定四库全书本，北京大学出版社2018年版，第6页。
[44]（汉）郑玄注，（唐）贾公彦疏：《仪礼注疏》卷三十一《丧服》，载（清）阮元校刻：《十三经注疏：清嘉庆刊本》，中华书局2009年版，第2405页。

好处在十二岁到十九岁这个区间,就会涉及一种特殊的服制关系,即中殇与长殇。[45] 其中长殇服期为九月,中殇为七月,都属于降服之后形成的大功亲等关系。

其中就男子而言形成大功尊亲关系的有"叔父之长殇、中殇"和"姑之长殇、中殇"(未适人之姑)两种情况。

(三)"姨又是父母大功尊"

《容斋随笔》中有:

> 姑舅兄弟为昏,在礼法不禁而世俗不晓。案刑统户昏律……父母姑舅、两姨姊妹于身无服,乃是父母缌麻,据身是尊,故不合娶。及姨又是父母大功尊。[46]

此条又被《五礼通考》所引,颇有流传。若此说确实,则母之姐妹,也为自己的大功尊。但细考《仪礼注疏》,其中有:

> 小功布衰裳……从母,丈夫妇人报。"
> 传曰:何以小功也,以名加也,外亲之服皆缌也。[47]

可见在《仪礼》中,从母的服制为小功。而所谓从母,即"母之姊妹",也就是唐代的所谓姨。无独有偶,在《唐律疏议》里也有:

---

[45] 关于此处年龄的界定在礼学上略有争议,马融注:"男女异长也,男子二十而不为殇,女子十五许嫁,笄而不为殇也。未嫁如男子,二十乃不为殇。"(汉)马融:《丧服经传马氏注》,载(清)马国翰辑:《玉函山房辑佚书》,上海古籍出版社1990年版,第832页。《开元礼》中则认为:"男子已娶,女子许嫁,皆不为殇。"(唐)萧嵩:《大唐开元礼》卷一百三十二,钦定四库全书本,北京大学出版社2018年版,第9页。

[46] (宋)洪迈:《容斋随笔》卷二十五,钦定四库全书本,北京大学出版社2018年版,第14页。

[47] (汉)郑玄注,(唐)贾公彦疏:《仪礼注疏》卷三十三《丧服》,载(清)阮元校刻:《十三经注疏:清嘉庆刊本》,中华书局2009年版,第2421页。

小功尊属者，谓从祖父母、姑，从祖伯叔父母、姑，外祖父母，舅、姨之类。[48]

包括在后世的法律实践中，也是都认为"姨"这一亲属是属于小功尊的。在《刑案汇览》中有《偷窃母姨衣服之后故杀事主》一案，判官就是"将该犯依故杀外姻小功尊属律，拟斩监候具题。"[49]

岳纯之在《宋刑统校正》中据《唐律疏议》和车垓的《内外服制通释》把"姨又是父母大功尊"一句的大功尊易为小功尊，并注明："早在宋元时期，《宋刑统》已有此误。"[50] 虽然只是运用了文献学的方法，而未从礼制的角度考辨，但也可谓是正论。

综上，实则男子共有四种情形会出现有大功尊的服制[51]：其一是因出而降，即普通平民以及士大夫的姑姑因出嫁给同一阶层的男子而从期亲降为大功亲；[52] 其二是因厌而降，即大夫为世父母、叔父母之为士者；公之庶昆弟、大夫之庶子，父在为其母，皆从期亲降为大功亲；其三是因尊而升，这是仅出现于国君之间，因为国君特殊的礼法地位而

---

[48] 刘俊文笺解：《唐律疏议笺解》卷一《名例律》，中华书局1996年版，第64页。

[49] （清）祝庆祺等编：《刑案汇览三编》（一），北京古籍出版社2000年版，第639页。

[50] （宋）窦仪等详定：《宋刑统校证》卷十四《户婚律》，岳纯之校正，北京大学出版社2015年版，第186页。

[51] 理论上来说还有一种情况会出现大功尊，即"为人后者为在室之姑"。《仪礼注疏·丧服》中有："小功……为人后者为其姊妹适人者。"虽不言姑，但推而可知为人后者为在室之姑应服大功尊。（汉）郑玄注，（唐）贾公彦疏：《仪礼注疏》卷三十三《丧服》，载（清）阮元校刻：《十三经注疏：清嘉庆刊本》，中华书局2009年版，第2421页。

[52] 锡恭按："出而降，常道也。然姑与父一体也；姊妹上与父一体，而下与己一体者也；女子子与己一体者也。宜虽出而不降，而犹必降之者，以有受我而厚之者也。出而降，宗族之女所共也；有受我而厚之者而降，此四人所独也。"（清）张锡恭撰：《丧服郑氏学》卷十《成人大功》，吴飞点校，上海书店出版社2017年版，第641页。按张锡恭此说，则姑、姊妹、女子子适人而降者，并非因出而降，而是因"有受我而厚之者而降"，但此解读具有过多礼学家的个人色彩，并非主流，不再展开，聊备一说。

产生的;其四是因殇而降,即有期亲在十二到十九岁去世时,会降服为大功亲。

三、唐律对于《仪礼·丧服》的损益

(一)《唐律疏议》中的"依本服论"

可以发现,尽管男子于《仪礼》服制中有不止一种大功尊关系,但在《唐律疏议》的修订者看来基本都是属于"尊压及出降",因而不予认定,只述其本服,所以疏为:"男子无大功尊"。但既然《唐律》在服制关系上都是参照的《仪礼·丧服》,甚至对《仪礼》服制的继承还体现在《大唐开元礼》之中:

> 大功:为叔父之长殇、中殇;为姑姊妹之长殇、中殇。
> 成人九月:为姑、姊妹适人者报;为人后者为其姑、姊妹在室者报。[53]

可见唐代并未真正抛弃《仪礼》中服制的"出降"原则,那么为何这一原则没有被《唐律》所采用呢,其背后应该还有更深层次的考虑。

在《唐律疏议》120 条有:

> 闻期亲尊长丧,匿不举哀者,徒一年;丧制未终,释服从吉,杖一百。大功以下尊长,各递减二等。卑幼,各减一等。
> 疏议曰:期亲尊长,谓祖父母,曾、高父母亦同,伯叔父母,姑,兄姊,夫之父母,妾为女君。此等闻丧,即须举发,

---

[53] (唐)萧嵩:《大唐开元礼》卷一百三十二,钦定四库全书本,北京大学出版社 2018 年版,第 9~10 页。

若匿不举哀者，徒一年。[54]

在这里"姑"没有去分辨是否适人，就被划入了期亲尊长，而唐律对于闻期亲尊长丧，却"匿不举哀"行为的处罚力度是远远大于大功及以下尊长的，要足足徒一年，大功尊长则能够递减二等，判为杖刑。那么是否在唐代，对于亲属间的相犯以及涉及服制间的法律规定，都是按照"本服"来进行判断的呢？核诸《唐律疏议》，"依本服"判罪共在不同的九条律例中出现，[55]其中的本服既有"正服"之意，也有类似"本家"的含义。这里主要讨论的是"依本服"为"正服"之意的情况，且由此可以将其分为"亲属间的容隐庇护"、"亲属间的相犯"和"亲属间的财产"这三种法律关系予以讨论：

1. 亲属容隐庇护关系中的"依本服论"

据《唐律疏议》第37条：

> 注：缘坐之罪及谋叛以上本服期，虽捕告，俱同自首例。
> 疏议曰：缘坐之罪者，谓谋反、大逆及谋叛已上道者，并合缘坐。及谋叛以上本服期者，谓非缘坐，若叛未上道、大逆未行之类，虽尊压、出降无服，各依本服期。虽捕告以送官司，俱同罪人自首之法。[56]

此条的意思是说"受缘坐之人及谋反、谋大逆、谋叛罪犯的本服期亲，即使捕捉罪犯去告发，主犯都同本人自首之法例。"[57]按唐律，遭

---

[54] 刘俊文笺解：《唐律疏议笺解》卷十《职制律》，中华书局1996年版，第799~800页。

[55] 分别为《唐律疏议》中的第37条，第46条，第52条，第120条，第143条，第148条，第186条，第207条，第328条。

[56] 刘俊文笺解：《唐律疏议笺解》卷五《名例律》，中华书局1996年版，第366页。

[57] 钱大群撰：《唐律疏义新注》，南京师范大学出版社2007年版，第161页。

人代首者,于法若得相容隐者,如罪人自首。而自首者,只要所犯罪行还没有案发,就可以免于处罚。在这条律文中,规定了"谋叛以上本服期者……虽尊压、出降无服,各依本服期。"其立法的蕴意实际上是对于谋叛以上未案发之人的一种宽宥,所谓"虽捕告以送官司,俱同罪人自首之法",也是鼓励其期亲知道此十恶之事后,帮助他们去自首,哪怕以将其"捕告"的形式扭送官府,也可以将其视作自首,予以宽宥。在这种立法精神下"各依本服期"的规定可以扩大这一亲等的范围,某种程度上也可以减少社会的不稳定因素,起到维护统治的作用。

和这一条类似的是《唐律疏议》第 52 条中有关"依本服论"的规定:

> 称袒免以上亲者,各依本服论,不以尊压及出降。义服同正服。
> 疏议曰:皇帝荫及袒免以上亲……若有犯及取荫,各依本服,不得以尊压及出降即依轻服之法。[58]

这里都是涉及了亲属之间的容隐庇护关系,可以发现,无论是期亲触犯十恶之罪时行使容隐权,还是皇帝对袒免以上亲行使庇荫权,都是依照本服关系,而非通过尊压出降后的服制来判断是否适用该条文的。

2. 亲属相犯时的"依本服论"

涉及亲属相犯问题时要"依本服论",这一内容主要体现在《唐律疏议》的第 207 条:

> 假令故放杂畜产,觝蹋及齧杀子孙,于徒一年半上减一

---

[58] 刘俊文笺解:《唐律疏议笺解》卷六《名例律》,中华书局 1996 年版,第 498 页。

等，合徒一年；余亲卑幼，各依本服、于斗杀伤上减一等。[59]

此外还有《唐律疏议》的第 328 条：

> 若殴杀弟妹及兄弟之子孙、曾、玄孙者，各依本服论。外孙者，徒三年；以刃及故杀者，流二千里。过失杀者，各勿论。[60]

如果说这里的"各依本服论"还不太能明显看出亲属相犯是否受到尊压出降所产生的服制关系的影响，《唐律疏议》第 327 条则十分直白的陈述了这个原则：

> 诸殴缌麻兄姊，杖一百。小功、大功，各递加一等。尊属者，又各加一等。
> 疏议曰：尊属者，又各加一等，谓殴缌麻尊属，徒一年；小功尊属，徒一年半。大功尊属，依礼，唯夫之祖父母及夫之伯叔父母，此并各有本条，自从"殴夫之祖父母，绞；夫之伯叔父母，减夫犯一等，徒二年半"，即此大功无尊属加法。[61]

这一条明确表示了，在涉及亲属相犯的案件中，特别是殴伤案件，哪怕是已适人之姑也是不算入大功尊属的，那只能是按照前面强调了数次的"各依本服"原则，将姑姑算作期亲尊长，所以将对其的规定放在了后面的第 328 条中：

---

[59] 刘俊文笺解：《唐律疏议笺解》卷十五《厩库律》，中华书局 1996 年版，第 1119 页。
[60] 刘俊文笺解：《唐律疏议笺解》卷二十二《斗讼律》，中华书局 1996 年版，第 1558 页。
[61] 刘俊文笺解：《唐律疏议笺解》卷二十二《斗讼律》，中华书局 1996 年版，第 1552~1553 页。

诸殴兄姊者，徒二年半；伤者，徒三年；折伤者，流三千里……伯叔父母、姑、外祖父母，各加一等。[62]

3. 亲属财产关系间的"依本服论"

亲属间涉及财产关系时，也不乏要求"各依本服"的例子，这主要体现在《唐律疏议》第 143 条：

> 若有吉凶，借使所监临者，不得过二十人，人不得过五日。其于亲属，虽过限及受馈、乞贷，皆勿论。亲属，谓缌麻以上及大功以上婚姻之家。余条亲属准此。
> 疏议曰：亲属，谓本服缌麻以上亲及大功以上亲共为婚姻之家，并通受馈饷、借贷、役使，依法无罪。余条亲属准此者，谓一部律内，称亲属处，悉据本服内外缌麻以上及大功以上共为婚姻之家，故云准此。[63]

还有《疏议》第 148 条：

> 诸因官挟势及豪强之人乞索者，坐赃论减一等；将送者，为从坐。亲故相与者，勿论。
> 注云：亲故相与者，勿论，亲谓本服缌麻以上，及大功以上婚姻之家。[64]

---

[62] 刘俊文笺解：《唐律疏议笺解》卷二十二《斗讼律》，中华书局 1996 年版，第 1557 页。

[63] 刘俊文笺解：《唐律疏议笺解》卷十一《职制律》，中华书局 1996 年版，第 885 页。

[64] 刘俊文笺解：《唐律疏议笺解》卷十一《职制律》，中华书局 1996 年版，第 906~907 页。

唐律中的"亲属"一般并非泛指，而是有一个特定范围的专称，以上两条中的"本服缌麻以上亲，及大功以上亲共为婚姻之家"则是对其普遍的限定。在《唐六典》中就有"凡鞫狱官与被鞫人有亲属、仇嫌者，皆听更之。亲谓五服内亲及大功以上婚姻之家"[65] 的相关规定。在《唐律疏议》中也有另外五条不同的律文都涉及对亲属的定义和对"婚姻之家"的限定，其目的都是防范官员以权谋私，同时调节亲属间的相犯问题与经济关系。[66]

针对监临官的有关规定就是其中一条。唐代对于监临官的限制极其严格，尤其是在财产上，为防范其贪污，一般监临官都不许接受旁人的馈赠、借贷等，即便是亲人间允许破例，也在亲等关系上进行了一定程度的限制。将"亲"严格限定在了狭义"亲属"的范围内：在本服中必须"内外缌麻以上"，即五服内的本家亲属才可以。而正服之外则必须"大功以上共为婚姻之家"，这里的大功服制显然是指监临官与本家嫁出之女，或与外姓嫁入之女的服制关系。因此就会涉及一个问题，即此处的大功服制是否会受到尊压与出降关系的影响，还是如其他地方一样是"各依本服论"呢？

在《唐律疏议》第299条中，恰有可以解释这一疑惑的答案：

> 诸盗经断后，仍更行盗，前后三犯徒者，流二千里；三犯流者，绞。三盗止数赦后为坐。其于亲属相盗者，不用此律。
>
> 疏议曰：亲属，谓缌麻以上及大功以上婚姻之家。假有于堂兄弟妇家及堂兄弟男女婚姻之家，犯盗徒、流以上，并不入三犯之例。[67]

---

[65]（唐）李林甫等撰：《唐六典》卷六《尚书刑部》，陈仲夫点校，中华书局2014年版，第191页。

[66] 这五条分别出现在《唐律疏议》中的第143条，第148条，第186条，第299条，第358条。

[67] 刘俊文笺解：《唐律疏议笺解》卷二十《贼盗律》，中华书局1996年版，第1450~1451页。

已知《唐律疏议》中对于亲属的定义,是"缌麻以上及大功以上婚姻之家"。这里则进一步补充了如果有堂兄弟男女婚姻之家,也不算入"三犯"的处理范围,而是依"亲属相盗"来进行处置。依礼,堂兄弟男女与己的服制都应为小功,这里显然是将有关他们的婚姻之家作为了一种例外情况而补充进"亲属"的范围来。

堂侄女在室小功,出嫁后服制应该从小功降为缌麻才对。可若是如此,一则对亲属的界定会显得太过宽泛;二则是将小功姻亲视比大功本来已为例外开恩,如果再将缌麻婚姻之家,跨两级和大功婚姻之家视作同一种待遇未免也太不合常理。可想而知,这里的"大功以上婚姻之家",当是在"不以尊压出降,各依本服"的原则下来进行计算的。

也只有这样,才能解释为何律文对"亲属"进行补充解释时,只提了"堂兄弟妇家及堂兄弟男女婚姻之家",而没有提虽然关系更为亲近,但如果按照降服,应该视作小功亲,被排斥在"亲属"范围之外的兄弟女婚姻之家。因为侄女即使出嫁了,也依照本服论为大功亲,不受降服影响,所以不必再通过例外原则来进行补充规定。

除此之外,在唐开元二十五年(737)《丧葬令》之中也载有相关规定:

> 诸身丧户绝者,所有部曲、客女、奴婢、店宅、资财,并令近亲(亲依本服,不以出降)转易货卖,将营葬事及量功德之外,余财并与女。[68]

此条更可说明唐代考虑亲属财产关系时,也有将出嫁女与在室女放在同一等地位上予以考虑的情况,这背后所依据的道理就是唐律中"不以尊压及出降"的原则。

综上,可知在唐代,无论是于亲属相犯的刑事问题中,还是在容隐

---

[68] [日]仁井田升:《唐令拾遗》,栗劲等编译,长春出版社1989年版,第770页。

荫庇等自身权利的伸张上,乃至在亲属间的一些财产关系上,都奉行着"不以尊压及出降,各依本服"的原则,可见《唐律疏议》的确是将这一理念贯彻到了律文中从刑事到民事的方方面面。

(二)"依本服"的局限和余绪

尽管唐人已经尽可能全面和系统地将"各依本服"的原则通盘融入了《唐律疏议》之中,然而这一规定毕竟是与传统的《仪礼·丧服》理念相悖,在实际的司法实践与日常生活之中,也会遭遇种种不便和龃龉之处。

比如在"匿不举哀"这一问题上,我们可以从常理推断,有出嫁的姑姑对于正常家庭而言是极为普遍的现象。而已经出嫁的姑姑按理已经属于其他家庭的成员了,若姑姑在其夫家逝世时子女尚幼,除此之外又没有期亲,那么如果此时夫家匿不举哀,身为期亲的侄子能够越俎代庖去举丧吗?在这种情况下如果侄子未举丧,是否还要按照"各依本服论"的原则,以"闻期亲尊长丧,匿不举哀者"为由判其侄子徒刑一年?这显然是极不合于常理的事情。

唐人其实也敏锐察觉到了"依本服论"在社会生活中所造成的一些不便之处,比如《唐律疏议》第119条:

> 出降者,谓姑、姊妹本服期,出嫁九月。若于九月内释服从吉者,罪同期亲尊长科之,其服数止准大功之月。余亲出降,准此。若有殇降为七月之类,亦准所降之月为服数之限,罪依本服科之。其妻既非尊长,又殊卑幼,在礼及诗,比为兄弟,即是妻同于幼。[69]

我们可以发现,尽管在此处《唐律疏议》遵循了《仪礼》的五服学说,承认了出嫁之姑、姊妹的大功关系,但是用词异常委婉,只言

---

[69] 刘俊文笺解:《唐律疏议笺解》卷十《职制律》,中华书局1996年版,第799~800页。

"服数止准大功之月",而非服制等级准于大功,甚至还在特别规定在九月丧期内释服从吉,"罪同期亲尊长科之"。对于殇降只言"所降之月为服数之限",且如有犯罪,也是"罪依本服科之"。从其遣词造句来看,对于"出降"和"殇降"所造成的服制关系变动,在《唐律疏议》中只是将其视作了服数"所降之月"的变动,并无实质上法律关系的变更。

这与《唐律疏议》中"各依本服论,不以尊压及出降"的原则是相一致的。但这同时也让《唐律疏议》在礼法问题上的矛盾进一步凸显了出来:一方面在唐律中强调涉及服制要"各依本服论";另一方面在纯粹的丧服礼仪上却还是依照《仪礼》的出降规则。遇到"释服从吉"这类小矛盾时,施以特殊的规定来协调礼法冲突,但是遇到很多更为尖锐的现实问题,更为纷繁复杂的服制案件时,比如"匿不举哀"的责任归属,却没有给出明确的解答。

类似的冲突矛盾也出现在财产方面。在落款为唐天复八年(908)的敦煌文书羽田亨53《吴安君分家契》中,户主吴安君共有两男两女,可只有其中一个被认为是他女儿,叫做阿师的人参与了析产。[70] 有学者据此认为:"她(阿师)可能是未出嫁的在室女或出嫁后又回归娘家的归宗女。"[71]

这一推测其实是有一定的法律依据,因为到了《宋刑统》之中,有关户绝资产的法律较开元时期的唐令已经有了很大的不同:

请今后户绝者所有店宅、畜产、资财、营葬、功德之外,

---

[70] 参见陈丽萍:《杏雨书屋藏敦煌契约文书汇录》,载中国社会科学院历史所隋唐宋辽金元史研究室编:《隋唐辽宋金元史论丛》(第4辑),上海古籍出版社2014年版,第177~180页。

[71] 魏道明:《羽53〈吴安君分家契〉研究——兼论唐宋时期所谓"遗嘱"的性质》,载《青海师范大学学报(哲学社会科学版)》2016年第5期。

有出嫁女者，三分给与一分，其余并入官。[72]

原来唐令中对于在室女和出嫁女在户绝析产时同等的法律地位已经被改变，出嫁女仅能获得原来三分之一的财产，其余必须交由官府，和在室女待遇已大有不同。

这其实仍然折射出了唐律中"不以尊压出降，各依本服"原则的局限性，所以宋人才在修《宋建隆重详定刑统》（以下简称《宋刑统》）之初就予以订正。因为按照这一原则来看，在室女和出嫁女应该是处在同一等服制地位，都与户主是期亲关系，而在古代的家族宗法制社会中，经济关系又深受服制因素的影响，所以才有了开元《丧葬令》中发生绝户现象时"亲依本服，不以出降"的规定。

但这一规定显然是不尽合理的，因为在室女本没有生活来源，而出嫁女不仅已有了嫁妆，嫁到夫家后也完全可以算作夫家的一份子，吃穿用度相较户绝后无依无靠的在室女一般都更为优渥。若按同一规格析产，不仅在道理上对在室女极为不公平，于情感上也很难以让人接受，很难得到老百姓的真正遵循。

由于《宋刑统》基本全盘承袭了《唐律疏议》，在律文上直接予以变更之处不多。但是早在北宋仁宗年间所修的《天圣令》中，除却和皇室有关的服制问题外，就已经极少有"各依本服"的规定了。并且《天圣令》中全面系统地申明了五服各自的范围，使其从传统的经文转化为了广义的律文，其立法精神和司法理念也从唐代的"服轻情重"逐渐过渡为宋朝"言礼定刑"。[73]

到了南宋《庆元条法事类》的《服制格》之中，针对五服问题和《天圣令》也有着一样的表述：

---

[72]（宋）窦仪等详定：《宋刑统校证》卷十二《户婚律》，岳纯之校正，北京大学出版社2015年版，第170页。

[73] 参见天一阁博物馆、中国社会科学院历史研究所天圣令整理课题组校证：《天一阁藏明钞本天圣令校证：附唐令复原研究》卷二十九《丧服年月附》，中华书局2006年版，第359~367页。

> 齐衰不杖期：正服：为姑、姊妹、女及适人无主者。
> 大功九月：降服：为姑、姊妹适人者。[74]

此外在《庆元条法事类》中有关官员丁忧的《职制令》《服制令》等法律里，也已经基本看不到宋人对《唐律疏议》中"不以尊压出降，各依本服"这一重要原则的申明和强调。

再到明清时期，这些有关"各依本服"的律例规定在《大明律》以及《大清律例》中就已经全然看不见了。在清律里，只有在极少数的特例中才会有类似的情况，如见于《大清律例》第319条：

> 为人后及女之出嫁者，如于本生祖父母、父母有犯，仍照殴祖父母、父母律定罪。其伯叔兄姊以下，均依律服图降一等科罪。尊长杀伤卑幼，同。[75]

但此条的判刑依据已经和《唐律疏议》中"不以尊压出降"的系统性理由有了非常大的区别。首先，清人仅是将其作为了一种亲属相犯的特例予以比附定罪，而对于伯叔兄姊以下还是按照律例中的五服图予以定罪量刑。其次，本条也是在乾隆二十六年（1761）续纂时才修入例中，是一种基于司法实践和维护伦理纲常需要的改动，与前代律例并无直接承袭关系。[76] 在其他律例中，比如对皇家八议袒免以上亲的规定

---

[74]《庆元条法事类》卷七十七，载杨一丹、田涛主编：《中国珍稀法律典籍续编》（第1册），戴建国点校，黑龙江人民出版社2002年版，第825~826页。

[75] 郭成伟主编：《大清律例根原》卷八十八《刑律斗殴下》，上海辞书出版社2012年版，第1411页。

[76] 此条文有一定的礼学依据，可能和《仪礼·丧服》中："女子子嫁者、未嫁者为曾祖父母……何以服齐衰三月？不敢降其祖也"的观念有关系。参见（汉）郑玄注，（唐）贾公彦疏：《仪礼注疏》卷三十一《丧服》，载（清）阮元校刻：《十三经注疏：清嘉庆刊本》，中华书局2009年版，第2405页。

上；对于释服从吉的问题上；对于监临官所受钱财的要求上……都已经没有了"各依本服"的相关解释或规定，可以说"不以尊压出降"这一唐律中的重要原则，在明清时期几乎已被完全舍弃。

（三）服轻情重：《唐律疏议》与外亲服制

因为"依本服"原则而引起的"男子无大功尊"问题当然是唐律改造三礼学后的一大特点。但《仪礼·丧服》与《唐律疏议》之间的矛盾之处其实远不止于此，还体现在涉及外亲等诸多服制关系的问题之中。

自贞观十一年（637）唐朝正式定礼以来，直到玄宗朝《开元礼》修成为止，唐人曾对于外亲服制，诸如舅甥的服报关系进行过长达数朝的讨论。吴丽娱先生认为："贞观改礼后，丧服礼制尚不十分确定……至贞观十四年，才明令提出修改曾祖服和嫡子服、众子服、舅服，增加嫂叔服等，开始从具体礼条和精神原则上对原来的礼制加以改革。"[77]

开元二十三年（735），唐人在外亲服制问题上又进行了一次大讨论，《旧唐书》载：

> 二十三年，藉田礼毕，下制曰："服制之纪，或有所未通，宜令礼官学士详议闻奏。"[78]

其中"承父家学，明习典礼"的太常卿韦縚就提出将外祖父母的服制从小功提至大功：

> 窃以古意犹有所未畅者也，且为外祖小功，此则正尊情甚亲，而服制疏者也，请加至大功九月。[79]

---

[77] 吴丽娱：《唐礼撮遗——中古书仪研究》，商务印书馆2002年版，第391页。
[78] （后晋）刘昫等撰：《旧唐书》卷二十七《礼仪志七》，中华书局1975年版，，第1031页。
[79] （后晋）刘昫等撰：《旧唐书》卷二十七《礼仪志七》，中华书局1975年版，第1031页。

而《唐律疏议》的立法实践之中，尽管明确将外祖父母定位为小功亲，但对于外祖父母的维护是远远超过小功甚至大功亲等的。在《唐律疏议》"十恶"恶逆条有：

> 谓殴及谋杀祖父母、父母，杀伯叔父母、姑、兄姊、外祖父母、夫、夫之祖父母、父母。[80]

即《唐律疏议》46 条中所谓"服轻情重"的范畴：

> 诸同居，若大功以上亲及外祖父母、外孙，若孙之妇、夫之兄弟及兄弟妻，有罪相为隐。
> 疏议曰：外祖父母、外孙若孙之妇、夫之兄弟及兄弟妻，服虽轻，论情重。[81]

《唐律疏议》253 条中也有：

> 谋杀期亲尊长、外祖父母，皆斩。[82]

类似例子很多，这里不再一一列举，由此可见在具体的法条制定中，《唐律疏议》对于外祖父母的态度并不依据服制而定，更多是根据"服轻情重"的理念来进行考虑。这也是唐代礼法观念的一个重要特征，甚至可以说"服轻情重"正是唐人之所以要改造《丧服》学，在《唐

---

[80] 刘俊文笺解：《唐律疏议笺解》卷一《名例律》，中华书局 1996 年版，第 58 页。

[81] 刘俊文笺解：《唐律疏议笺解》卷六《名例律》，中华书局 1996 年版，第 466~467 页。

[82] 刘俊文笺解：《唐律疏议笺解》卷十七《贼盗律》，中华书局 1996 年版，第 1263 页。

律疏议》中提出"各依本服论,不以尊压及出降,义服同正服"这一原则的立法精神所在。

其实早在贞观十四年（640）太宗让礼官议亲服之时,就已有了"亲重而服轻者,亦附奏闻"的记载,[83] 其中太宗对"亲重而服轻者"的重视,也是与《唐律疏议》中"服轻情重"原则的一脉相承,可谓渊源有自,是自太宗朝起就贯穿于整个唐朝礼法问题的重要理念。

钱大群先生对以上唐代外亲服制问题进行了专门的研究,并认为:"《名例》在理论上仍将外祖父母定性为'小功',但在立法和司法的实践上,却把外祖列入'大功'甚至'大功以上'对待,从这个角度上说,《律疏》在对待外祖上虽然是'礼法不一',但实际上是法理服从了情理。"[84]

除了外祖父母和适人之姑外,《唐律疏议》亲等律文与《仪礼》服制之间的差异还有数种。如父母按五服分别为斩衰和齐衰,但律文中却规定居母丧生子、别籍异财者徒一年,和居父丧这样做处于同一个惩罚力度。再如对于曾高祖父母、曾玄孙这些亲等,论服制分别为齐衰三月、五月与缌麻,但是在《名例律》中却规定:

诸称"期亲"及称"祖父母"者,曾、高同……称"孙"者,曾、玄同。[85]

除此之外,《唐律疏议》在祖父母、叔嫂妯娌、出继子、长子、继父等亲属的服制问题上,都存在和《仪礼》丧服等级有所差别的现象,

---

［83］ 参见（唐）吴兢编撰:《贞观政要》卷七《论礼乐》,钦定四库全书本,第22页。

［84］ 钱大群:《〈唐律疏义〉原创内容质疑举隅》,载中国政法大学法律古籍整理研究所编:《中国古代法律文献研究》（第7辑）,社会科学文献出版社2013年版,第217~219页。

［85］ 刘俊文笺解:《唐律疏议笺解》卷六《名例律》,中华书局1996年版,第497页。

此处不再一一列举。丁凌华先生对此问题已有了非常深入的研究，认为唐律中"以具体亲属称谓代替一般服叙称呼，出现了一些与服叙等级不同之特例，以作为对服叙制度之补救。这些补救大致可分为亲等拔高、亲等降低、宗法原则三个方面。"[86] 而郑定则将唐律中这一现象总结为："在法律效果上重新以血亲进行衡量，如出降、长子与众子；以义服而服者，一般降低其在法律上的效果，如继父。这反映了唐律突出血亲与尊卑差异，而弱化宗法影响的倾向。"[87]

可见因为世殊时异，加之唐人自身礼法观念的影响，《唐律疏议》在编订时针对于《仪礼》中的五服秩序进行了一定程度的损益。尽管其核心的服制等级并没有变更，但是在一些细节上面，依据"服轻情重"的观念，特别针对《仪礼·丧服》里复杂过时的服制关系，还有其中不尽合于孝道及亲情的方面进行了一系列系统地调整。

四、余论

所谓"依礼男子无大功尊"，体现了唐人对于"各依本服论，不以尊压及出降"原则的坚持和尊重。但是这句话确是有错漏，至少是不准确的，因为依礼，男子恰恰是有大功尊的，而且还不止一位。真正正确的表述应该是"依律：男子无大功尊"或"依礼：男子无正服大功尊"。

众所周知，唐律与礼的关系非常密切，刘俊文先生以为："第一，唐律的修撰以礼为指导原则；第二，唐律的条文大多源出于礼；第三，唐律的实施在相当大的程度上为礼所左右。"[88]

那为何如此重视"礼"指导作用的唐人，却宁愿造成《唐律疏议》与《仪礼》的礼法冲突，也要这样规定呢？其中一方面是因为《仪礼》

---

[86] 丁凌华：《五服制度与传统法律》，商务印书馆2013年版，第215~217页。

[87] 郑定、马建兴：《略论唐律中的服制原则与亲属相犯》，载《法学家》2003年第5期。

[88] 刘俊文：《唐律与礼的密切关系例述》，载《北京大学学报（哲学社会科学版）》1984年第5期。

中大部分关于"尊压"的特殊礼制都随着周王室世卿世禄制的崩溃而一去不复返，基本已不再适用于唐代社会。少数流传下来的，如"殇降"因为涉及的一方已经是死人了，除非极其特殊的情况，比如涉及尸体和墓地相关的犯罪,[89] 否则就只是纯粹丧服上的礼仪关系，与司法实践上的服制关系并不相同。

如此一来就还剩下"出降"这一种情况，但是基于唐律中"服轻情重"的理念，唐人并不希望本家的亲人因为出嫁而使得服制关系下降，认为这有悖于天然的"姑侄之情"。唐朝是一个重视发挥礼法和弘扬孝道的教化功能来进行统治的朝代。玄宗亲注《孝经》："朕闻上古，其风朴略，虽因心之孝已萌，而资敬之礼犹简。"欲效仿明王"以孝理天下"[90]。又"'折衷'唐贞观、《显庆礼》，解决和协调对《礼记》经传认识的矛盾"[91]，修了《大唐开元礼》。

正是唐人对于孝道的重视，才让其将"情"放在了和"服"同等甚至更加重要的位置上，这一点很好地表达在了《唐律疏议》之中：将外祖父母的实际法律地位从小功提升到了期亲；将姑、姊妹、女子子之适人者也仍旧视作期亲……这些举措正是"服轻情重"这一孝道理念的体现。

但是在这一过程中，唐人不可避免的会和传统的三礼学服制观念产生碰撞冲突，完美解决这种冲突是《唐律疏议》力有未逮的。因而只能更多地以模糊化、例外化，以及表达与实践的背离[92]来进行协调；或

---

[89] 唐律第 266 条："诸残害死尸，谓焚烧、支解之类。及弃尸水中者，各减斗杀罪一等；缌麻以上尊长不减。"第 267 条："诸穿地得死人不更埋，及于冢墓熏狐狸而烧棺椁者，徒二年；烧尸者，徒三年。缌麻以上尊长，各递加一等；卑幼，各依凡人递减一等。"刘俊文笺解：《唐律疏议笺解》卷十八《贼盗律》，中华书局1996年版，第1322~1327页。

[90] （唐）李隆基注、（宋）邢昺疏：《孝经注疏》，钦定四库全书本，北京大学出版社2018年版，第21~22页。

[91] 吴丽娱：《营造盛世：〈大唐开元礼〉的撰作缘起》，载《中国史研究》2005年第3期。

[92] 参见黄宗智：《清代的法律、社会与文化：民法的表达与实践》，上海书店出版社2001年版。

者在法律之外进行三礼学上的讨论、整理与汇编,以求尽可能调适民众的礼法观念,缓和礼制、法律与社会生活之间的矛盾冲突。[93]

其中很值得注意的是,后世学人在研究中国古代法律史问题时,往往会倾向于将"情"与"法"相对立起来,这一现象在明清法制史的研究中尤为普遍。但《唐律疏议》在有关服制的问题上,却呈现出了"情"与"法"关系的另一个面相:即"法"恰恰才是代表了"情"的那一方,而与之相对立的则是作为立法原则之一的"礼",或者说礼之载体的"服"。

随着朝代的更替,"情与服"的冲突似乎逐渐淡化,礼学慢慢回归到纯正三礼学的轨道上来。尽管在《唐律疏议》中像"各依本服论,不以尊压及出降"与"服轻情重"这类重要的礼法原则并没有在后世律法中得到完整的继承与发展,但仍旧伏脉千里、润物无声地影响着后世的律学与礼学的发展。[94] 尤其"情与服"背后所代表着的"情与法"的问题更是长期存在着,不仅为我们展现出了唐人对于礼法问题的思考和实践,对于三礼学的态度与损益,也悄然影响着后来历代王朝律法的制定,不断浸润着中国人的情法与伦常观。

---

[93] 唐人对《仪礼·丧服》的损益主要体现《大唐开元礼》中,主要有废止缌衰服饰、受服简化、增添加服等三个方面。参见丁凌华:《五服制度与传统法律》,商务印书馆2013年版,第103~104页。

[94] 到了宋代,虽然在律法上已看不太出"各依本服论"的影响,但是宋人却在礼学中提出了:"姑、姊妹,骨肉也。姑、姊妹虽因已出降,其情犹不杀也。"可见"服轻情重"这一观念的草蛇灰线,伏脉千里。(宋)李如圭撰:《仪礼集释》卷十八,钦定四库全书本,北京大学出版社2018年版,第13页。

"脱欧"下的英国法治危机
——以"吉娜·米勒等诉英国政府脱欧程序案"为例

孙海龙*

英国脱欧已成定局,但由此引发的法治危机却终难善了。"吉娜·米勒等诉英国政府脱欧程序案"发生以后,国内学界大多将目光聚焦于英国高等法院的一审判决,并对此进行了不同角度的解读。学者姚国建和朱铮从英国高等法院脱欧案的裁判、理路与发展的角度,讨论了英国脱欧程序的启动权问题;[1] 学者傅宏宇和万猛则对该案的一审情况进行了评述。[2] 但对于英国最高法院对该案的终审判决,国内学界却鲜有论述。本文将从英国政府脱欧程序的司法性审查、英国脱欧权力归属的宪法性判定及英国代议制民主与直接民主之间的张力三个层面,对英国最高法院做出的终审判决进行解读,并由此讨论其背后隐藏的法治危机。

一、案情综述

"英伦三岛"向来有着不同于欧陆国家的历史传统,英国前首相温斯顿·丘吉尔(Winston Churchill)曾经说过:"英国不属于任何一个大

---

* 作者系南京大学法学院硕士研究生。

[1] 参见姚国建、朱铮:《谁来启动英国脱欧程序——英国高等法院脱欧案的裁判、理路与发展》,载《法律适用(司法案例)》2017年第2期。

[2] 参见傅宏宇、万猛:《英国脱欧案(米勒诉英国国务大臣案)评述与启示》,载《法律适用(司法案例)》2017年第2期。

洲，英国属于全球"[3]。然而，第二次世界大战之后的英国再也无法维系其"日不落帝国"的地位，迫于欧洲一体化所带来的压力，英国开始改变其一贯奉行的孤立主义外交政策。从 20 世纪中叶开始，英国开启了它的"入欧"之旅。1972 年，英国议会立法通过了《欧洲共同体法案》(the European Community Act)，1973 年，英国正式加入欧盟的前身——欧洲煤钢共同体。《欧洲共同体法案》确立了"欧盟法在英国的直接或间接适用""欧盟法高于英国法""欧盟法院适用欧盟法的判决对英国法院有约束力"三大原则。英国作为非成文宪法国家，"议会主权"(parliamentary sovereignty) 是其最为基本，也是最为重要的原则之一。显然，上述"三大原则"与英国的议会主权原则存在严重冲突，因此，英国保守党一直试图通过议会立法来实现"脱欧"，但由于工党的掣肘，难以在议会达成共识。为绕开议会决议，保守党采取了"全民公投"的方式，并由英国政府单方面做出脱欧通知。1975 年 6 月，英国曾经就脱欧问题举行过第一次全民公投，当时的英国国民以 67.2% 的多数票选择继续"留欧"。四十年后的 2015 年 12 月，英国议会立法通过了《欧洲联盟全民公决法案》(the European Union Referendum Act)，随后在 2016 年 6 月 23 日举行的全民公投中，以 51.9% 的多数票决定脱离欧盟。英国前首相大卫·卡梅伦（David Cameron）随即宣布：英国政府将于 2017 年 3 月底前正式启动《里斯本条约》(the Treaty of Lisbon) 第 50 条项下的脱欧程序。

针对上述情况，以英国投资基金经理吉娜·米勒（Gina Miller）和理发店主戴尔·多斯·桑托斯（Deir Dos Santos）等人为代表的主张留欧的人士认为：首先，脱欧势必直接影响到每一位英国居民的权利，因此任何一位英国居民都有资格向法院提起诉讼，主张自己的权利；其次，如果通过全民公投启动《里斯本条约》第 50 条项下的脱欧程序，英国议会根据欧盟所通过的国内立法将会面临废止，这就意味着英国行

---

[3] M. Wolff ed., "he Collected Essays of Sir Winston Churchill", *Library of Imperial History*, Vol. II, 1976, p. 184.

政权对议会主权的成功挑战；最后，根据 1972 年《欧洲共同体法案》中的规定，英国政府不经过议会决议，通过全民公投就擅自启动脱欧程序是违反英国宪法的。据此，吉娜·米勒等人于 2016 年 11 月向英国高等法院提起诉讼，控告以英国国务大臣（Secretary of State）为代表的英国政府违宪。

英国政府辩称，行政机关有权启动《里斯本条约》第 50 条项下的脱欧程序。首先，英国政府代行王权处理外交事务符合普通法的宪法惯例，决定是否退出欧盟属于外交事务，英国政府行使该权力无须经由议会准许；其次，1972 年的《欧洲共同体法案》以及后续的案例都确立了这样一个原则，即除非有明示或者默示的禁止性规定，否则行政机关有权行使王权，而无论是在 1972 年的《欧洲共同体法案》中，还是在英国的其他法律中，都找不到明示或者默示禁止行政机关行使王权的规定。因此，英国政府有权单方面做出脱欧通知。

英国高等法院做出了支持原告的判决，判定行政机关无权在未经议会同意的情况下单方面做出脱欧通知，并认为《欧洲共同体法案》属于宪法性法律，对于《欧洲共同体法案》的修订和废止，必须经由议会以明确文本（express words）或基于必然含义（necessary implication）的方式做出。[4]

就英国高等法院的一审判决，英国政府上诉（leapfrog appeal）至英国最高法院。在上诉状中，英国政府认为，议会必须以明确的方式做出立法权对王权的限制，否则王权的行使可以不受制于立法权。同时，英国政府大量援引包括加拿大、澳大利亚、新西兰等国家的法律，来论证缔约权和解约权完整的归属于行政机关。基于外交事务行政权优先的论断，英国政府指出，《欧洲共同体法案》只是欧盟法在英国国内产生效力的渠道（conduit pipe）和必要条件，而非充分条件。英国议会在解约权方面的空白规定，正是含蓄地承认，行政机关通过王权行使退出此类条约的权力是存在的，并且可以在议会没有事先立法的情况下行使。因

---

[4] See Miller v. Secretary of State for Exiting the European Union [2016] EWHC 2768.

此，英国高等法院的一审判决不能成立。而且，英国议会已经于2015年通过了《欧洲联盟全民公决法案》，并将是否脱欧的决定权交予公众，那么，英国议会就不得再以立法的形式对该权力进行二次审查。英国最高法院最终以8：3的多数通过终审判决，驳回英国国务大臣的上诉。在代表多数法官的联合判决中，最高法院认为，英国政府在未经议会同意的情况下，无权单方面做出脱欧通知，并重点审查了一审法院对《欧洲共同体法案》的宪法性解释。[5]

英国脱欧从来都不是简单的外交问题，就"吉娜·米勒诉英国政府脱欧程序案"的整个案情而言，其争议焦点主要集中在对1972年《欧洲共同体法案》的宪法性解释，以及王权、行政权和议会主权三者之间的关系问题。英国最高法院终审判决的背后，实际上是英国议会的代议制民主与全民公投的直接民主之间所形成的张力问题。

二、英国政府脱欧程序的司法性审查

英国最高法院的终审判决重点审查了一审法院对《欧洲共同体法案》的宪法性解释，并由此展开了对英国政府脱欧程序的司法性审查。现将英国最高法院终审判决的多数意见梳理如下：

1972年《欧洲共同体法案》第2条建立了一种动态机制，通过这个机制，在没有进一步的主要立法时（在某些情况下，即使没有任何国内立法），欧盟法不仅成为英国法的一个渊源，而且实际上优先于英国法的所有国内渊源，包括成文法。但是，根据议会主权原则，这种前所未有的情况只能在议会允许的情况下才会持续下去，《欧洲共同体法案》可以像其他任何法令一样被废除。因此，最高法院不接受英国法律的基本承认规则（即所有其他规则的基本规则）因《欧洲共同体法案》而

---

[5] See R (on the application of Miller and another) (Respondents) v. Secretary of State for Exiting the European Union (Appellant) [2017] UKSC 5. On appeals from：[2016] EWHC 2768 (Admin) and [2016] NIQB 85.

改变，或因其废除而改变。[6]

最高法院认为，尽管《欧洲共同体法案》使欧盟法在国内生效，但它本身并不是该法律的渊源。正如国务大臣的代表回应菲尼斯教授富有启发性的分析时所说的那样，这是将欧盟法引入英国国内法的"渠道"。只要《欧洲共同体法案》仍然有效，其效果就是使欧盟法成为国内法一个独立的、最重要的渊源。[7]

2011年《欧洲联盟法》(the European Union Act) 第18节的颁布，是为了明确自1973年初以来，欧盟法虽然优先于国内立法，却并不妨碍其被国内立法所废除。但欧盟法的首要地位意味着，与其他国内法不同，欧盟法不能仅仅因为国内颁布了与其不一致的法律而被默认取代。因此，《欧洲共同体法案》具有宪法性质。然而，改变欧盟机构或欧盟法国内宪法地位的立法，是不受欧盟法限制的。就这类立法而言，不存在欧盟法具有优先地位的问题，因此，这类立法即使违反了欧盟法，也会产生国内效力（无论《欧洲共同体法案》是否仍然有效，情况都是如此）。这是因为议会主权原则是英国宪法的根本安排，而欧盟法只能享有该原则所允许的国内法地位。所以，只有在《欧洲共同体法案》继续适用的情况下，它才具有这种地位，而这一切只能由议会决定。[8]

由于上述原因，最高法院不接受作为一种法律渊源的欧盟法，可以与欧洲委任立法进行适当比较的建议。《欧洲共同体法案》实际上是议会向欧盟立法机构部分移交立法权力，或者将立法权限分配给立法机构的规定，而不是权力下放的规定。只要英国议会没有另行决定，欧盟法

---

[6] See R (on the application of Miller and another) (Respondents) v. Secretary of State for Exiting the European Union (Appellant) [2017] UKSC 5, para. 60-64.

[7] See R (on the application of Miller and another) (Respondents) v. Secretary of State for Exiting the European Union (Appellant) [2017] UKSC 5, para. 65.

[8] See R (on the application of Miller and another) (Respondents) v. Secretary of State for Exiting the European Union (Appellant) [2017] UKSC 5, para. 66-67.

的适用就是一种立法权力重新配置的结果。[9]

众所周知,英国脱欧意味着英国国内法律秩序的改变,英国居民在原有欧盟法框架下所享有的权利也将会受到相应的影响。

在本案中,英国政府辩称,欧盟法的变化是通过《欧洲共同体法案》第 2 条[10]的媒介纳入国内法的,一旦英国不再受"欧盟条约"的约束,就没有第 2(1)条可以适用的权利和补救措施等,也没有第 2(2)条要求委任立法的欧盟义务,因此第 2 条的措辞赋予了退出"欧盟条约"的可能性。因此,英国政府认为,《欧洲共同体法案》并未排除部长们行使退出"欧盟条约"的权力,该法第 2 条实际上为其提供了这样的权力,正如它可以赋予欧盟法在英国的法律效力一样。[11]

最高法院同意通过《欧洲共同体法案》第 2 条纳入国内法的权利和补救措施等范围,因英国根据"欧盟条约"的义务而不同。然而,这一命题在本质上也是有限的。因此,新的"欧盟条约"不能通过第 2 条自动纳入国内法,只有在第 1(2)条的"条约"和"欧盟条约"中以法律形式添加了这些规定之后,第 2 条才能使新的"欧盟条约"在国内生效。第 2 条只适用于能够在英国"具有法律效力",或"使用",或"享有"的权利和补救办法。而且,最高法院不同意《欧洲共同体法案》设想或考虑在英国政府未经议会事先授权,而通过特权法案退出"欧盟条约"时废除欧盟法的说法。恰恰相反的是,根据《欧洲共同体法案》的规定,英国通过议会批准使其成为如今"欧盟条约"所规定的欧盟成员国,与现在英国政府行使退出该条约的任何特权都不

---

〔9〕 See R (on the application of Miller and another) (Respondents) v. Secretary of State for Exiting the European Union (Appellant) [2017] UKSC 5, para. 68.

〔10〕 See R (on the application of Miller and another) (Respondents) v. Secretary of State for Exiting the European Union (Appellant) [2017] UKSC 5, para. 18-19.

〔11〕 See R (on the application of Miller and another) (Respondents) v. Secretary of State for Exiting the European Union (Appellant) [2017] UKSC 5, para. 75.

相符。[12]

简言之，如果英国退出"欧盟条约"，欧盟法将不再是英国国内法的一部分，这一事实并不意味着议会设想或打算让部长们在未经议会事先批准的情况下促使英国退出"欧盟条约"。欧盟新立法引起的欧盟法律内容变化导致的国内法变化，与英国退出欧盟引起的国内法变化之间存在着重大差异。前者涉及对欧盟法的修改，但可以通过《欧洲共同体法案》第2条纳入国内法；后者涉及有关宪法机构的单方面行动，从而对英国的宪法安排产生根本性影响。这种根本变化，是通过英国向欧盟发出退出欧盟的"意向通知"，而必然产生的一种效果。因此，最高法院不能接受仅靠部长们，就能对英国宪法安排做出重大改变。这必须以英国宪法承认的唯一方式，即通过议会立法来实现。而这一结论，是从宪法基本概念对目前问题的普遍适用中得出的。[13]

退出欧盟这一事实将会使得英国居民现在享有的部分法律权利消失，同时，它也意味着在没有英国议会事先授权的情况下，政府不得直接行使启动脱欧程序的权力。[14]

如上所述，"欧盟条约"不仅涉及英国的国际关系，而且也是国内法的重要渊源，是国内法权利的重要渊源，其中许多权利与其他渊源的国内法密不可分。因此，完全在国际层面上运作，具有缔约权和解约权的王室特权（the Royal prerogative），不能在"欧盟条约"中行使，至少在没有适当法定形式的国内制裁的情况下不能行使。因此，国务大臣不能主张《欧洲共同体法案》中没有任何排除退出"欧盟条约"特权的规定。恰当的分析是，除非该法案在这些条约方面积极规定了这种权

---

[12] See R (on the application of Miller and another) (Respondents) v. Secretary of State for Exiting the European Union (Appellant) [2017] UKSC 5, para. 76-77.

[13] See R (on the application of Miller and another) (Respondents) v. Secretary of State for Exiting the European Union (Appellant) [2017] UKSC 5, para. 78-82.

[14] See R (on the application of Miller and another) (Respondents) v. Secretary of State for Exiting the European Union (Appellant) [2017] UKSC 5, para. 83.

力,否则它不存在。[15]

实际上,议会可以明确规定,只要英国政府没有做出其他决定,特别是没有决定退出"欧盟条约",《欧洲共同体法案》引入的宪法安排和欧盟权利本身就应该不时地占据上风。但是,《欧洲共同体法案》的规定,特别是考虑到这些条约的不寻常性质和该法案不寻常的立法历史,远远没有表明部长们有权退出"欧盟条约",而是支持相反的观点:尽管《欧洲共同体法案》规定了国务大臣参与欧盟立法进程,但是该法第2条并不构成对政府退出欧盟的授权,国务大臣径行启动脱欧程序,恰好走向了第2条的对立面。[16]

国务大臣必须以自己的行为对议会负责,本案事实表明,政府在这一点上是违宪的。如果英国议会在第一时间没有行使其权力,那么,国务大臣直接启动脱欧程序的权力行使就会排除英国议会的作为,而且其后果是不可挽回的。[17]

根据《欧洲共同体法案》的条款和效力,并在考虑到随后的立法和其他活动的效力的情况下,最高法院认为,在没有议会法案授权政府启动《里斯本条约》第50条的前提下,国务大臣不得被允许,向欧盟层面直接提交退出联盟的"意向通知"。[18]

仔细观察英国最高法院的上述终审判决意见不难发现,英国最高法院的司法性审查是圆滑而又审慎的。其避重就轻地着重审查了高等法院对于《欧洲共同体法案》的宪法性解释,并由此展开了对英国政府脱欧程序的司法性审查,从而避免了卷入重大政治纠纷的危险。然而,这份

---

[15] See R (on the application of Miller and another) (Respondents) v. Secretary of State for Exiting the European Union (Appellant) [2017] UKSC 5, para. 86.

[16] See R (on the application of Miller and another) (Respondents) v. Secretary of State for Exiting the European Union (Appellant) [2017] UKSC 5, para. 87-88、95.

[17] See R (on the application of Miller and another) (Respondents) v. Secretary of State for Exiting the European Union (Appellant) [2017] UKSC 5, para. 92.

[18] See R (on the application of Miller and another) (Respondents) v. Secretary of State for Exiting the European Union (Appellant) [2017] UKSC 5, para. 101、111.

判决的实质却是对英国脱欧权力归属的宪法性判定。

三、英国脱欧权力归属的宪法性判定

英国作为"近代宪政第一国",它没有也不可能像近代早期其他资产阶级国家那样,通过资产阶级革命或政治改革摧毁专制制度以后,按照启蒙思想家们的理论设计,先创制一部成文宪法,再塑造一个宪政国家。英国既没有现成的宪政模式可供借鉴,也缺乏系统成熟的宪政理论以供参考。学者凯利(John Maurice Kelly)评价道:孟德斯鸠(Montesquieu)所设计的任何仪表在英国的运用在今天只会给出令人困惑的读数。[19] 本案中所涉及的有关英国脱欧权力的归属问题,正是英国王权、行政权和议会主权三者之间复杂关系的体现。

在议会主权尚未确立之前的英国,行政权只是国王诸多权力中的一种而已。按照威尔金森勋爵(Lord Browne-Wilkinson)的话来说,整部英国宪法史实际上就是一部王权日益衰落,逐步为民选议会所蚕食的历史。[20] 然而,英国王权自1066年"诺曼征服"以来,曾经一度成为欧洲最强大的君权,只是这种集权化的王权在性质上绝对不是专制的王权。因为在理论上讲,专制主义的王权意味着君权是绝对的、不受限制的。[21] 而实践中,英国王权要受到贵族、教会以及法律的限制。这导致的结果就是,英国王权的实力虽然远远超过任何单一贵族或教会的实力,但是却没有强大到像古代东方国家一样,成为社会压倒一切的力量。如果教、俗贵族联合起来反对国王,国王只能"束手就擒"。[22] 正是在这种情况下,英国平稳走向君主立宪之路,在欧洲最早实现宪

---

[19] 参见[爱尔兰] J. M. 凯利:《西方法律思想简史》,王笑红译,汪庆华校,法律出版社2002年版,第268页。

[20] See R. v. Secretary of State for the Home Department, ex p. Fire Brigades Union [1995] 2 AC 513, 552.

[21] 参见马克垚:《英国封建社会研究》,北京大学出版社2005年版,第69页。

[22] 参见李栋:《英国宪政的精髓:议会主权与司法独立相结合的宪政体制》,载《法学论坛》2012年第2期。

政。实现这一平稳过渡的代价,自然就是王权的日益衰落。

1688年"光荣革命"以后,国家统治权(立法权和行政权)逐渐由国王转交给了议会和政府。尽管17世纪以后议会的立法套语(legislative formula)保留着"(该法)由无上圣明之国王陛下依本届议会僧俗两界贵族与平民之建议,并经其同意而制定颁行,其权威、效力亦源于上述三者"的说法,然而,国王、上院与下院在行使立法权时各自的地位和作用是不同的,议会下院逐渐在议会主权中起到支配性的地位。申言之,国王虽是立法机构中的一个组成部分,但只能照例签署法律、条约,并不能过问,甚至修改其内容。[23] 在英国著名法学家戴雪(A. V. Dicey)看来,议会主权,即"巴力门主义"已经成为一项毋庸置疑的法律事实:一是议会法可以合法地处理任何实质问题,所以,法院不得因它的内容而将其裁定为无效;二是议会在法律上无法制造出一部不能为随后的制定法所废除的法律。[24] 如此一来,"议会至上(parliamentary sovereignty)"实际上取代了中世纪"基本法(fundamental law)至上"的宪政地位。

起初,国王并未放弃对行政权的行使,或者说,国王将行政权交由政府代行完全是偶然性的结果。但不论如何,英国如今的行政权却实实在在由政府代行。梅特兰(F. W. Maitland)在《英格兰宪政史》对十九世纪的公法概述中这样写道,但我们必须努力,这里我冒险提议将"国王权力"(powers of "the crown",我将该术语理解为国王的权力和王国高级官员们的权力)做如下分类:1. 与议会之组成、召集和解散相关的权力,及批准制定法的权力。2. 与外交事务及战争、和平等相关的权力。3. 委任与解除官员(文职与军事、行政与司法)职务的权力。4. 与税收的征缴和国库开支相关的权力。5. 与陆海军武装力量相关的权力。6. 与司法相关的权力。7. 与维持治安秩序相关的权力。8 与社会经

---

[23] 参见李栋:《试析英国的封建制度及其宪政之生成》,载《环球法律评论》2011年第4期。

[24] 参见何永红:《戴雪宪法理论研究》,知识产权出版社2015年版,第127页。

济事务（如公共卫生、教育、贸易等）相关的权力。9. 与宗教及国教相关的权力。[25] 显然，本案中英国政府向欧盟层面直接提交退出联盟的"意向通知"的依据，就是由政府代行的上述王权中的第 2 项行政权力——与外交事务及战争、和平等相关的权力。如此一来，本案的实质就变成了对议会立法的审查和对王权边界的划定。

对于英国普通法而言，经过漫长发展和斗争，尤其是普通法法官科克（Sir Edward Coke）的努力，英国司法权在英国政制中获得了超然的地位。司法权在英国政制中的作用与功能并不是一个简单的传统政治学说研究中的三权划分中的司法权，它不仅关涉司法机构独立享有的审判权问题，而且关乎国家政治事务和规范、平衡国家统治权等问题。[26] 埃尔曼（Henry W. Ehrmann）甚至把英国法官的法律解释权称为"间接的司法审查权。"[27] 戴雪曾将"王权"定义为"君主权力的剩余部分，"[28] "但王权行使的边界在哪里却应由法官依据普通法的规则在审判中划定。"[29] 因此，本案的法官完全有权对政府是否对王权享有代行权做出判断。鉴于"强硬"的判决有可能将英国最高法院卷入重大政治纠纷当中，英国最高法院避重就轻地着重审查了高等法院对于《欧洲共同体法案》的宪法性解释，并由此展开了对英国政府脱欧程序的司法性审查。然而，英国最高法院的判决却存在瑕疵。

首先，英国最高法院的终审判决一直在强调是普通法创制了王权。但是，从英国普通法的发展历史来看，王权恰恰是普通法的权力来源，

---

[25] 参见［英］梅特兰：《英格兰宪政史：梅特兰专题讲义》，李红海译，中国政法大学出版社 2010 年版，第 271 页。

[26] See R. v. Secretary of State for the Home Department, ex p. Fire Brigades Union [1995] 2 AC 513, 552.

[27] ［美］H. W. 埃尔曼：《比较法律文化》，贺卫方、高鸿钧译，清华大学出版社 2002 年版，第 227~228 页。

[28] A. V. Dicey and E. C. S Wade, "Introduction to the Study of the Law of the Constitution", *Macmillan*, 1959, p. 424.

[29] Patrick J. Birkinshaw, "Editor's Comments on Brexit", *European Public Law*, Vol. 23, IS 1, March 2017.

两者之间的关系错综复杂。其次,英国最高法院对王权的解释自相矛盾。如果认为由英国政府行使王权脱离欧盟会改变英国国内法,从而损害议会主权,那么,政府在 1973 年行使王权加入欧盟时,也曾改变了英国国内法,为何没有损害议会主权?政府可以代行王权加入欧盟,却被禁止用来脱离欧盟,这是自相矛盾的。尽管英国最高法院一再强调,英国政府在行使脱欧权力时,必须事先接受议会批准,但英国议会已经于 2015 年通过了《欧洲联盟全民公决法案》,并将是否脱离欧盟的决定权交了公众,那么,英国议会就不得再以立法的形式对该权力进行二次审查。换言之,通过全民公投来启动《里斯本条约》第 50 条下的脱欧程序,未必就会损害议会主权。最后,英国最高法院的终审判决,虽然维护了英国宪政传统,但却不得不对民意做出让步,以至于视瑕疵而不见。

四、英国代议制民主与直接民主之间的张力

英国最高法院在终审判决中写道,2016 年的全民公投具有重大的政治意义,并承认全民公投是英国宪法实践中一个相对较新的特点。从 20 世纪 70 年代以来,英国已经举行过三次全民公投:1975 年的欧洲经济共同体成员国资格公投,2011 年的议会选举投票制度公投和 2016 年的欧盟成员国资格公投。此外,关于苏格兰、威尔士和北爱尔兰的权力下放以及苏格兰的独立也举行过公投。[30] 尽管英国最高法院判定,任何特定的全民公投的效果都必须取决于授权进行全民公投的条款的规定。但毫无疑问,一次次的全民公投作为直接的民意展示,已经使英国代议制民主与直接民主之间形成巨大张力,这一张力的实质,则是英国从共和主义走向民主主义的一次危险尝试。

主权理论在古代政治体制中是没有的,不论是古希腊亚里士多德(Aristotle)的《政治学》,还是古罗马西塞罗(Marcus Tullius Cicero)

---

[30] See M. Wolff ed., "The Collected Essays of Sir Winston Churchill", *Library of Imperial History*, Vol. II, 1976, para. 116–124.

的《论法律》和《论共和国》,都没有提及主权的概念。直到马基亚维利(Niccolò Machiavelli)《君主论》和《论李维》的出现,才使民族国家在理论上第一次具有了独立存在的主体意义,由此"国家理由"成为君主国家实施政治统治的依据。而全面阐释主权理论的,则是博丹(Bodin),他在1576年发表的《国家六论》中,第一次系统地论述了国家主权学说。书中明确规定国家的概念是主权者和臣民,这一观点在逻辑上把社会的、伦理的和宗教的关系置于政治伦理范畴之外,强调了主权对内的最高性和对外的独立性。但是,在戴雪看来,作为君主立宪政体的英国,"主权是一个包含君主、上院和下院三方的'君临议会'(King in Parliament)主权。"[31]"君临议会"才是真正的主权者,而构成该议会的任何一方都不能单独成为主权者。换言之,"英国的王权经由议会而成为主权,国王依然是国家主权的体现者,是最高的国家统治者,是英国人民的王,是国家人格的象征。但是与过去不同的是,英国王权与国家主权并不是直接等同的,君主并不是可以按照自己的意志任意行为,国王并不能任意制定法律,肆意行使国家主权,而是必须通过议会,是通过议会这个机制而获得主权资格。"[32]

尽管"君临议会"中的任何一方都不能单独成为主权者,但议会至上的绝对性仍旧令人感到恐惧,对此,哈耶克(Friedrich August Hayek)曾不无担忧地指出:"显见不争的是,在英国为我们这个世界贡献出那项弥足珍贵的代议政府制度的同时,它也给我们带来了议会至上那项可怕的原则;而根据议会至上这项原则,代议机关不仅是最高权力机构,而且也是不受限制的权力机构。"[33] 然而,事实并非如此。

---

[31] 李栋:《英国宪政的精髓:议会主权与司法独立相结合的宪政体制》,载《法学论坛》2012年第2期。

[32] 高全喜:《现代政制五论》,法律出版社2008年版,第88页。

[33] [英]弗里德利希·冯·哈耶克:《法律、立法与自由》(第二、三卷),邓正来等译,中国大百科全书出版社2000年版,第270~271页。

正如孟德斯鸠所言:"英国是一个'隐藏在君主制形式下的共和国。'"[34] 英国的代议制议会,则是中世纪各等级共治的现代版本。从英国现代政制的发展、演变来看,我们通常所谓的"宪政理论"在十三世纪已经随着《大宪章》的签署不断地、缓慢地发展起来,现代宪法实质上是普通法与"封建主义"相结合的产物,因为封建时代领主与封臣之间的关系,在封建制度下保持着独特的平衡。封臣的权利受封建法及封建习惯所保护,即使是国王亦不得侵犯。如果国王索要的服务超出习惯许多,他们则可以根据法律而严加拒绝。在这种讨价还价的相互妥协中,国王发现与其和每个贵族讨论每个争议,倒不如和全体贵族在"谘议院"或"国会"共同协定,以解决全部争议。1215年颁布的《大宪章》中提到:"未经全国广泛协商(common council),不得在朕之国家征收任何代役金或摊派任何捐助",……"向伦敦市摊派之捐助,以相同方式处理。"[35] 此处所谓的"广泛协商",或可翻译为"谘议院或国会共同协定"。固然"广泛"的范围仅限于严格的大领主封建议会,但却已经产生了"无代表不纳税"原则,并诞生了现代议会的雏形。

问题在于,在一次次作为直接民意展示的全民公投冲击之下,英国能否继续维系其传统的宪法秩序,继续维护"隐藏在君主制形式下的共和国"政体。显然,前述哈耶克的担忧不无道理,但哈耶克同时也指出了英国宪政的奥秘所在。在哈耶克看来,英格兰的宪政生成模式就是,"政制依存于法律,法律又依存于法官,从政治到法律再到司法,这是政治秩序自身的一套演进序列。"[36] 仔细观察会发现,在这套生成模式中,人民仅仅存在于政制——代议制民主之中,或者说从来没有出现过直接民主的影子。从共和主义走向民主主义的危险之处,是哈耶克对议会至上的担忧很有可能变成了更加可怕的"暴民之治"。如果说,英国

---

[34] M. Wolff ed., "The Collected Essays of Sir Winston Churchill", *Library of Imperial History*, Vol. II, 1976, p. 82.

[35] 陈国华译:《大宪章》,商务印书馆2016年版,第33页。

[36] 高全喜:《法律秩序与自由正义——哈耶克的法律与宪政思想》,北京大学出版社2003年版,第131页。

议会的代议制民主中尚存有共和主义的政治均衡之理性的话，那么，全民公投的直接民主则极易陷入"无法可制"的尴尬境地，即使如英国最高法院所判定的那样，任何特定的全民公投的效果都必须取决于授权进行该全民公投的条款的规定。在实践中，议会往往不得不屈从于民意，从而进行立法追认。

虽然在本案中，英国保守党的反常行为令人感到吊诡，但必须承认的是，保守党的根本逻辑是为了解决自1972年签署《欧洲共同体法案》以来，由于"欧盟法在英国的直接或间接适用""欧盟法高于英国法""欧盟法院适用欧盟法的判决对英国法院有约束力"三大原则对议会主权原则带来的严重冲击。尤其是在欧盟获得立法权后，大规模的立法行为早已使英国不堪重负。在欧洲一体化与英国宪政传统之间，在去政治化与再政治化之间，在全球化与地方化之间，英国保守党选择了后者。但这种以现代性反对现代性的手段和方式，仍旧给英国带来了难以预料的不良后果。如上文所述，英国已经在代议制民主与直接民主所形成的巨大张力之间，开启了从共和主义走向民主主义的一次危险尝试。尤其是在2005年《宪法改革法案》颁布以后，"不仅将最高司法权孤立于巴力门之外，而且将融合司法、内阁及上议院三大机构的御前大臣（Chancello）改成了一个只有御前大臣头衔的行政官员，相当于将某种分权的原则植入到英国宪法之中。"最致命的是，在尚未厘清议会与最高法院之间关系的情况下，权威的力量与秩序的力量一旦被分开，这就大大增加了议会主权原则与法治之间发生冲突的可能性。[37] 尽管本案表面上是英国政府与议会的冲突，其背后，却暗藏着直接民主影响下的议会主权与英格兰传统宪法秩序相冲突的危机。

---

[37] 参见张玮麟：《法治的黄昏——英国2005年宪法改革法案立法研究》，中国政法大学出版社2018年版，第185页。

三等奖获奖论文

司法人员推荐委员会考

王博闻*

一、问题的提出

香港特别行政区司法人员推荐委员会（以下简称"司法人员推荐委员会"）是一个负责向行政长官推荐司法人员人选的法定机构。这一机构在香港特别行政区法官任命制度中承担重要职能、发挥重要作用。根据《中华人民共和国香港特别行政区基本法》（以下简称《香港基本法》）第88条，"香港特别行政区法院的法官，根据当地法官和法律界及其他方面知名人士组成的独立委员会推荐，由行政长官任命"。香港基本法所规定的这一"独立委员会"，即司法人员推荐委员会。司法人员推荐委员会的组成和职能由香港特别行政区《司法人员推荐委员会条例》（香港法例第92章）规定。司法人员推荐委员会对特别行政区法官队伍构成和建设具有重要作用，为特别行政区行使独立的司法权提供了有力保障。

近年来，香港社会一些人批评司法人员推荐委员会的组成受行政长官"控制"，导致该独立委员会行使推荐法官人选的职能时"不够独立"，进而影响香港特别行政区独立的司法权。这种观点迄今仍然是媒体上个别人士只言片语的批评和臆断，或是有关团体基于其自身利益的发声和意见；在理论上，不仅缺乏对这种观点的学理论证，甚至几乎没

---

* 清华大学法学院博士研究生。本文为马克思主义理论研究和建设工程重大项目《香港社会深层次矛盾及制度缺陷问题研究》（2020MZD006）的阶段性成果。

有以司法人员推荐委员会作为主题的系统研究。[1] 如果要在理论上评判这种观点是否成立，就应当对司法人员推荐委员会进行整体考察和判断：作为一个机构，司法人员推荐委员会在香港的制度渊源和流变是怎样的？香港特别行政区成立后，司法人员推荐委员会实践的情况如何？除了司法人员推荐委员会，还可以考虑何种功能上等同（functionally equivalent）[2] 的参考方案？如果要发展司法人员推荐委员会有关制度机制，有哪些可以完善之处？本文试图从历史、实践和比较的角度，对司法人员推荐委员会作出一个初步的整体考察，以回应和批驳前述观点，并针对性提出完善建议。

二、作为渊源的"司法人员叙用委员会"

从历史角度看，司法人员推荐委员会直接来源于港英当局1976年开始设立的"司法人员叙用委员会"（The Judicial Service Commission，JSC）。这一机构是港英时期法官任命制度的一部分，其制度源流集中体现了英国殖民法律体系之下法官任命制度的政治性。

（一）"司法人员叙用委员会"产生前的法官任命方式（1841-1975）

自1841年至1975年长达135年间，港英当局在法官任命方式上，尚未采用"司法人员叙用委员会"及有关制度，而是采用英国同意、总督任命的方式。

在英国强迫清政府1842年签订《南京条约》、割让香港岛之前，英

---

〔1〕 香港特别行政区有关讨论和部分意见请参见，司法及法律事务委员会：《任命法官程序的报告》，载香港特别行政区立法会，https://sc.legco.gov.hk/sc/www.legco.gov.hk/yr01-02/chinese/panels/ajls/papers/ajcb2-paj-c.pdf，最后访问日期：2021年6月15日；立法会秘书处资料研究组：《选定地方的司法任命程序检讨》，载香港特别行政区立法会，https://www.legco.gov.hk/research-publications/chinese/1920in04-review-of-judicial-appointment-process-in-selected-places-20200302-c.pdf，最后访问日期：2021年6月15日。

〔2〕 比较法上的功能等同概念，可参见 Ralf Michaels, "The Functional Method of Comparative Law,", in M. Reimann and R. Zimmermann eds., *The Oxford Handbook of Comparative Law*, Oxford: Oxford University Press, 2006, pp.339-382.

国军队已于 1841 年 1 月 26 日强占香港；2 月 1 日，英国发布公告规定香港的本土居民将受制于英国巡理府（subject to the control of a British magistrate）；4 月 30 日，威廉·坚伟上尉（Captain William Caine）被任命为香港首位总巡理府（chief magistrate）。[3] 威廉·坚伟司法资历不足，因贪腐和滥刑臭名昭著，并曾因此受到英国议会一委员会的调查。

1843 年 4 月 5 日，英国发布其殖民统治香港的第一份宪制性文件《英皇制诰》[the Letters Patent（The Hong Kong Charter）]，其中规定："我们在此授权并赋予上述香港殖民地的总督以权力，指定并任命法官……"[4] 由于港英统治初期司法人才匮乏，英国政府直接或间接通过殖民地法律服务部（Colonial Legal Service）指派英国的法律界人士到香港的司法机构任职，就变成了顺理成章的安排。[5] 香港首位首席按察司晓吾（John Walter Hulme）即是由英国政府指派而来；在任期间挑战总督戴维斯爵士（Sir John Francis Davis）权威而被其免职，但该免职决定却被英国政府推翻。[6] 这一时期港英当局的法院往往先入为主，一旦出现华人被告则先认定其有罪，晓吾即以重判非欧籍被告闻名。

1888 年 1 月 9 日，英国废除 1843 年《英皇制诰》及 1877 年的修订版本后，发布《英皇制诰》1888 年版本（the Letters Patent of 19 January 1888），其中第 13 条第一次规定了在法官任命方式上采用英国同意、总

---

[3] See James William Norton-Kyshe, "The History of the Laws and Courts of Hong Kong From the Earliest Period to 1898", *International and Comparative Law Quarterly*, Vol. 21, 1972, pp. 594-595.

[4] "We do hereby authorize and empower the Governor of our said Colony of Hong Kong, for the time being, to constitute and appoint Judges…" 参见 1843 年《英皇制诰》，载香港特别行政区立法会，https://www.legco.gov.hk/general/english/library/infopacks/yr11-12/1112 infopacks-lc-04-e.pdf，最后访问日期：2021 年 6 月 15 日。

[5] 参见林峰：《"一国两制"下香港"外籍法官"的角色演变》，载《中外法学》2016 年第 5 期。

[6] See James William Norton-Kyshe, *The History of the Laws and Courts of Hong Kong: From the Earliest Period to 1898*, Vol. I, London: T. Fisher Unwin; Hongkong: Noronha and Company, 1898, pp. 159-160.

督任命的方式:"总督得指定并任命依法得由英皇指定并任命之本殖民地按察司、专员、太平绅士以及其他必要之官员。除法律另有规定外,所有上述或指定或任命之人士须依英皇意愿出任相应职位。"〔7〕这一条所明确的"英国同意、总督任命"的规则在《英皇制诰》其后直到1995年的修订版本均没有改变。〔8〕

(二)"司法人员叙用委员会"的建立(1975-1990)

1975年10月23日,港英当局立法局通过《司法人员叙用委员会条例》〔9〕;1976年2月20日,司法人员叙用委员会据此建立。自1976年起至1997年的21年间,港英当局在法官任命方式上采用"司法人员叙用委员会"及有关制度,"英国同意、总督任命"须考虑司法人员叙用委员会的推荐。在此制度下,港英当局共有两名首席按察司、25名上诉法院大法官及64名高等法院法官获任命。〔10〕

1976年至1990年是司法人员叙用委员会运作的第一阶段。从法律规定看,该委员会一般由6人组成,即由任当然主席的首席按察司、律政司、公务员叙用委员会主席及不多于3名由总督委任的成员组成。其主要职能是就司法职位空缺的填补并就任何影响司法人员的事宜向总督提供意见。主席连同不少于两名委员可行使及执行委员会的任何职能、权力及职责,除非主席及所有曾考虑某项决议的委员一致通过该项决

〔7〕 "XIII. the Governor may constitute and appoint all such Judges, Commissioners, Justice of the Peace, and other necessary Officers and Ministers in the Colony, as may lawfully be constituted or appointed by Us, all of whom, unless otherwise provided by law, shall hold their offices during Our pleasure."参见1888年《英皇制诰》,载香港特别行政区立法会,https://www.legco.gov.hk/general/english/library/infopacks/yr11-12/1112infopacks-lc-04-e.pdf,最后访问日期:2021年6月15日。

〔8〕 该条款自1917年《英皇制诰》的沿革,参见强世功编:《香港政制发展资料汇编(一):港英时期及起草〈基本法〉》,三联书店(香港)有限公司2015年版,第9页。

〔9〕 Judicial Service Commission Ordinance, No. 65 of 1975, Historical Laws of Hong Kong Online, https://oelawhk.lib.hku.hk/items/show/2418,最后访问日期:2021年6月15日。

〔10〕 参见张惠霖:《香港自1976年起任命法官的程序》,载香港特别行政区立法会,https://www.legco.gov.hk/yr00-01/chinese/library/0001rp-7.pdf,最后访问日期:2021年6月15日。

议，否则议案不获委员会通过。属于香港公务员队伍的官员不得获委任为委员会委员，但已退休的官员则不在此限。此外，立法局议员亦不得获委任为委员会委员。[11] 该委员会是总督的一个纯粹的咨询机构。[12]

从运作实践看，该委员会遴选候选人时，委员会若认为委员有需要作出商讨，或有重要事宜须予处理，均可召集委员会会议。否则，委员会会向委员送交参阅文件，供委员作出决定。委员会作出一项法官任命推荐后，会向总督汇报结果，供其考虑。最高法院法官如首席按察司、上诉法庭按察司和原讼法庭按察司，由总督遵照英王经由外交及联邦事务大臣颁发的训令委任。至于地方法院法官、裁判司及其他司法人员，则由总督听取司法人员叙用委员会的提名而直接委任。[13] 自1976年起，所有最高法院法官均是根据司法人员委员会的意见任命[14]；但在裁判官任命实践中，仍然发生了总督违反程序性规定任命裁判官的情况。[15]

---

[11] 参见张惠霖:《香港自1976年起任命法官的程序》，载香港特别行政区立法会，https：//www.legco.gov.hk/yr00-01/chinese/library/0001rp-7.pdf，最后访问日期：2021年6月15日。

[12] See Eric Barnes, "The Independence of the Judiciary in Hong Kong", *Hong Kong Law Journal*, Vol.6, 1976, p.20.

[13] 参见刘曼容:《港英政府政治制度论（1841~1985）》，社会科学文献出版社2001年版，第159页。

[14] 参见张惠霖:《香港自1976年起任命法官的程序》，载香港特别行政区立法会，https：//www.legco.gov.hk/yr00-01/chinese/library/0001rp-7.pdf，最后访问日期：2021年6月15日。

[15] 根据《司法人员叙用委员会条例》，裁判官（Magistrate）也是司法人员，根据《英皇制诰》由总督任命。1983年底之前，所有裁判官的任命都是由总督作出的；但这一做法在1984年1月开始有所改变，当时由香港首席按察司开始作出这些任命。1991年4月，香港社会在学者提示之下发现，自1984年1月以来，在香港的61名裁判官中，有60名是由首席按察司非法任命的，从而使香港市民对他们过去裁决的有效性产生了严重质疑。该事件最终导致1991年5月20日英国再次更新修订《英皇制诰》，增加第14条第2款规定，使首席按察司的任命在法律上有追溯力地获得总督的授权。See David J. Clark, "Are All Appointments of Magistrates Since January 1984 Invalid?", *Hong Kong Law Journal*, Vol.19, 1989, p.331. Ming K. Chan, "Imperfect Legacy: Defects in the British Legal System in Colonial Hong Kong", *University of Pennsylvania Journal of International Law*, Vol.18, 1997, pp.146-147.

根据司法人员叙用委员会出版的 1976 年及 1977 年版至 1982 年及 1983 年版《香港司法人员叙用委员会主席报告》，其相关工作情况如下[16]：

表1　1976 年至 1982 年司法人员叙用委员会的工作

年份	会议次数	按委员会建议填补的法官职位			属委员会管辖范围的职位
		所有职位	上诉法院法官	高等法院法官	
1876—1977	4	16	2	1	83
1977—1978	4	18	0	2	86
1978—1980	10	56	4	9	89
1980—1981	7	40	1	4	115
1981—1982	7	53	3	5	130
1982—1983	11	29	1	2	125

为什么"司法人员叙用委员会"的建立发生在 1976 年？实际上，这一机构的建立是港英政府二十世纪六十年代末至七十年代初期回应社会诉求、加强管治的整体改革的一部分。在 1966 年天星小轮加价事件和 1967 年反英抗暴运动后，港英当局开始逐步改变殖民管治策略，采取各种改善民生、提高市民权利的措施，先后创立了廉政公署整治官员贪污，设立劳工署调解劳资纠纷，制定解雇补偿等劳工保护法例，同时启动长期建公屋和"居者有其屋"计划，实施九年制免费基础教育以及兴建地铁。[17] 新的政策通常会有立法方面的配合，涉及的领域包括前

---

[16] 参见香港司法人员叙用委员会主席报告，1976 年及 1977 年版至 1982 年及 1983 年版，转引自张惠霖：《香港自 1976 年起任命法官的程序》，载香港特别行政区立法会，https://www.legco.gov.hk/yr00-01/chinese/library/0001rp-7.pdf，最后访问日期：2021 年 6 月 15 日。

[17] 参见严飞：《殖民管治香港的要义——评〈管治香港〉》，载《二十一世纪》2013 年第 137 期。

述劳工政策、廉政、语文政策，也包括法律机构上有关法律教育、死刑执行、法律援助等方面的法律改革。建立司法人员叙用委员会，改进法官任命制度，据此也可以视为港英政府加强管治的一个例子。

（三）"司法人员叙用委员会"的重构（1990-1997）

1990 年至 1997 年是司法人员叙用委员会运作的第二阶段。第一阶段和第二阶段的划分以 1990 年 7 月 11 日港英当局立法局通过《1990 年司法人员叙用委员会（修订）条例草案》为界限，这一界限标准直接影响了回归后司法人员推荐委员会的实践。

在 1990 年 7 月 11 日之前，我国政府已经通过《香港基本法》确认包括"司法人员叙用委员会"在内的港英当局法官任命制度有效，可以延续至 1997 年 7 月 1 日我国对香港恢复行使主权之后。1984 年 12 月 19 日签署的《中英联合声明》附件三《中华人民共和国政府对香港的基本方针政策的具体说明》第三条指出："香港特别行政区法院的法官，根据当地法官和法律界及其他方面知名人士组成的独立委员会的推荐，由行政长官予以任命。"根据现有公开文献，中英双方均未就该问题产生争议。在《香港基本法》起草过程中，起草委员会委员对该条款进行了充分讨论，前后 9 稿的规范内容完全一致，仅有一些文字表述上的修正。[18] 从 1987 年 4 月 13 日、5 月 30 日香港基本法咨询委员会法律及政制专责小组专题文件来看，香港社会对司法人员叙用委员会两点关键规定有所共识，倡议《香港基本法》予以延续：一是认同整体上应保留《司法人员叙用委员会条例》，该委员会组成、产生、职能亦可基本保持不变；二是《司法人员叙用委员会条例》第 92 条规定，该委员会的所有决议均须得到成员的一致赞成，否则不能通过，此项条例应予保留。[19] 这反映了香港社会对 1976 年建立的司法人员叙用委员会运作实

---

[18] 参见李浩然主编：《香港基本法起草过程概览（下册）》，三联书店（香港）有限公司 2012 年版，第 841~845 页。

[19] 参见李浩然主编：《香港基本法起草过程概览（下册）》，三联书店（香港）有限公司 2012 年版，第 842 页。

践的认可，而我国政府对此承认并在《香港基本法》中予以延续。

但是，在 1990 年 4 月 4 日全国人大通过《香港基本法》后，7 月 11 日港英当局立法局修改了 1976 年的《司法人员叙用委员会条例》。第一个主要的修改是改变了委员会的组成：委员会委员人数由 6 人增至 9 人；取消公务员叙用委员会主席在委员会的席位；增加总督委任的一名大律师及一名律师进入委员会，总督在作出有关委任前，必须征询香港大律师公会执行委员会及香港律师会理事会的意见。第二个主要的修改是改变了委员会的执行和决议制度：在执行制度上，要求"主席连同不少于 6 名其他委员可行使及执行委员会的任何职能、权力及职责"，即至少有包括主席在内的 7 名委员才可行使委员会职权；在决议制度上，过去委员会作出决定必须一致通过，修改后只需大多数票通过即可，即有 9 人参与审议时需有 7 票、有 8 人审议时 6 票、7 人审议时 5 票通过。[20] 这次修改基本上改变了在《香港基本法》起草过程中香港社会对司法人员叙用委员会的共同认识，是一次对司法人员叙用委员会的重构。

（四）英国殖民体系下法官任命的方式与原理

港英时期法官任命的方式，不论是否采用"司法人员叙用委员会"及有关制度，其都属于英国殖民体系之下的法官任命方式。那么，在英国殖民法律体系下，有哪些法官任命方式可供选择，又是依据什么原理进行选择的呢？本文从英联邦及其殖民法律体系的有关论述中找到了对此问题的回应，以下予以简单介绍[21]：

在二十世纪中叶的英国法中，法官任命方式原则上是行政机构负责法官任命，实践上的不同之处在于行政机构作出法官任命的方式不同。当时英联邦的法官任命方式主要有四种，任命方式的不同与英国对其殖民统治区域的政治定位有着密切关联。

---

[20] 参见张惠霖：《香港自 1976 年起任命法官的程序》，载香港特别行政区立法会，https：//www.legco.gov.hk/yr00-01/chinese/library/0001rp-7.pdf，最后访问日期：2021 年 6 月 15 日。

[21] 以下有关英联邦及其殖民统治区域实践参见，Kenneth Roberts-Wray, *Commonwealth and Colonial Law*, London: Stevens, 1966, pp. 478-482.

1. 根据部长建议任命（appointment on ministerial advice）

第一种任命方式是根据部长建议任命，主要被英国本土、英联邦的原始成员和一些新的成员所采用。截至二十世纪上半叶，英国首相在法官任命上具有很大影响，皇家首席大法官（the Lord Chief Justice）、主事官（the Master of the Rolls）、遗嘱检验、离婚与海事分庭庭长（the President of the Probate, Divorce and Admiralty Division）、上诉法官和常任上诉法官（the Lords Justices and the Lords of Appeal in Ordinary）是由女王根据首相的建议任命的。

在许多英联邦原始成员中，法官同样是由行政首长根据部长的建议任命的。加拿大最高法院和澳大利亚高等法院的法官是由其总督会同该地枢密院/行政局任命的。在新西兰和加拿大各省，这一权力只归属于总督。澳大利亚各州在形式上存在差异：在新南威尔士州、南澳大利亚州和西澳大利亚州，由总督任命；在昆士兰州和塔斯马尼亚州，由总督会同行政局任命；而在维多利亚州，由总督根据行政会议的建议任命，相当于总督会同行政局任命。

在英联邦的新成员中，锡兰的法官是根据部长的建议任命的，加纳的法官是由总统任命的（他不需要根据建议行事），尼日利亚和马耳他的法官则是根据总理的建议任命的，塞浦路斯最高宪法法院和高等法院的法官由共和国总统和副总统共同任命。

2. 征求司法或其他方面意见后任命（appointment after judicial or other consultation）

第二种任命方式是征求司法或其他方面意见后任命，主要在印度、巴基斯坦、马来西亚、坦噶尼喀（Tanganyika）、（南）罗得西亚等地采用。这些地方虽然任命法官的责任由行政机构承担，但该行政机构也有义务咨询司法部门的意见。比如在印度，最高法院的法官由总统在与总统认为必要的最高法院和各邦高等法院的法官协商后任命；除任命首席大法官的情况外，他必须始终与首席大法官协商；在任命高等法院的法官时，总统必须与印度首席大法官和该邦的总督协商，而且除了任命首席大法官的情况外，还必须与高等法院的首席大法官协商。

3. 司法人员叙用委员会（Judicial Service Commission）

第三种任命方式是司法人员叙用委员会，主要被独立的英联邦国家和发达的殖民统治区域所采用。司法人员叙用委员会大多数成员是在职或退休法官，首席大法官通常是主席；虽然成员中也可能包括总检察长和公务员叙用委员会主席等职务的人员，但只要有任命权的人按照委员会的建议行事，就可以有效地将任命权力与政治压力隔离开。比如锡兰（即斯里兰卡）在1947年后即采用这种方式任命法官。

4. 由总督根据英国政府的指示任命

第四种任命方式是由总督根据英国政府的指示任命，即"英国同意、总督任命"的方式，主要在欠发达的殖民统治区域存在。截至二十世纪上半叶，这种方式和程序仍在欠发达的殖民统治区域实行。控制权掌握在行政机构手中，而且没有切实可行和可取的替代办法。这样做的主要考虑是，由于法官和法官职位候选人是多个地区的统一法律服务部门的成员，并且空缺的填补很可能涉及从一个地区转移到另一个地区，因此，集中控制任命是至关重要的，向女王提供建议的责任由殖民地事务大臣承担。这种制度确保在出现空缺时，每一个可能感兴趣的候选人都会被考虑，这些人多年来对英国各个殖民统治区域的需求和情况非常了解，并对个别的候选人有所了解。

按照上述英国殖民法律体系下法官任命的原理与实践，独立委员会遴选法官与由行政机关直接任命法官在原理上仍然是由行政机构任命法官，但在方式上恰好是四种制度方案中两个差异最大的方式；[22] 1976年之前长达135年的时间里，港英当局采用英国同意、总督任命的方式，1976年之后采用司法人员叙用委员会的方式，都是英国基于香港在

---

[22] 司法任命程序的全球近期趋势反映了这一点，参见秘书处资料研究组：《选定地方的司法任命程序检讨》，载香港特别行政区立法会，https://www.legco.gov.hk/research-publications/chinese/1920in04-review-of-judicial-appointment-process-in-selected-places-20200302-c.pdf，最后访问日期：2021年6月15日。

英国殖民体系中政治定位而作出的决定。[23] 只是由于二十世纪七十年代英国政府计划在短时间内尽量提升香港各方面的发展和香港市民生活水平，以大幅超出我国内地，突出香港社会和制度的优势，从而影响我国在处理香港问题时的态度，[24] 所以刻意抬高了香港在英国殖民体系中的政治定位，导致港英当局法官任命方式有所改变。这充分体现了香港在英国殖民统治之下法官任命制度的政治性。

三、司法人员推荐委员会在香港回归后的实践

从实践角度看，司法人员推荐委员会的组成与职能由《司法人员推荐委员会条例》规定，其运作程序则主要在实践中形成。作为香港特别行政区法官任命制度机制的一部分，司法人员推荐委员会的组成及运作在理论上有其理据。

（一）组成与职能

1997 年 7 月 1 日之后，司法人员推荐委员会根据《司法人员推荐委员会条例》成立，取代司法人员叙用委员会。《司法人员推荐委员会条例》在香港回归后根据实际情况进行了多次修订，但是该委员会的组成和职能未作改变。

根据现行有效的《司法人员推荐委员会条例》，司法人员推荐委员会一般由 9 名委员组成：终审法院首席法官和律政司司长是该委员会的当然委员，终审法院首席法官为该委员会主席，委员包括律政司司长和 7 名由行政长官委任的人士，分别为 2 名法官、1 名大律师、1 名律师以及 3 名行政长官认为与法律执业完全无关的社会人士。在委任大律师及律师委员时，行政长官须分别咨询大律师公会执行委员会及律师会理事会意见，但行政长官最终仍可委任其他没有获得上述专业团体推荐的人

---

[23] See Eric Barnes, "The Independence of the Judiciary in Hong Kong", *Hong Kong Law Journal*, Vol. 6, 1976, p. 20.

[24] 参见李彭广：《管治香港：英国解密档案的启示》，牛津大学出版社 2012 年版，第 62 页。

士。行政长官委任的委员每届任期两年，也可以向行政长官给予书面通知而辞职；该等委员可连续获得委任，但按照香港民政事务局关于法定组织成员"六年任期"指引的要求，该等委员出任有关组织同一职位应连续不超过六年。此外，立法会议员或出任可享有退休金的职位（除法官职位外）的人士不能获委任为该委员会委员。

司法人员推荐委员会的职能主要有三项：一是司法职位空缺的填补，现行有效的《司法人员推荐委员会条例》附表1列明的"司法职位"不仅有法官，还有各类裁判官、各种审裁处审裁官、各级法院的司法常务官等，这是本文主要探索研究的职能。二是司法人员就服务条件提出的申述，而该申述又经由行政长官转介予委员会。三是影响司法人员而可予订明或可由行政长官转介予委员会的任何事项。

此外，该委员会在行使其职能或履行其职责时享有相应保障、并应遵守相应义务。一是委员会的报告及陈述书或其他通讯为享有特权的通讯，不得强制将其在任何法律诉讼程序中呈堂。二是在针对委员会委员就其执行委员职责时作出的任何作为的法律行动或诉讼中，该委员会委员享有的保障及特权与法官执行其职务作出作为时所享有的保障及特权相同。三是该委员会委员禁止向未获授权的人发布及披露资料，如委员未经行政长官许可，向任何未获授权的人发布或披露他在根据本条例或与本条例有关的执行职责的过程中所知悉的任何文件、通讯或资料的内容或部分内容，或在其执行职责的过程以外发布或披露该等内容，即属犯罪。

（二）推荐法官人选的运作程序

根据《香港基本法》、包括《司法人员推荐委员会条例》在内的香港本地法例以及回归以来的实践，香港特别行政区法官须在获得司法人员推荐委员会的推荐后，由行政长官任命；资深法官（即高等法院首席法官和终审法院法官）人选须征得立法会同意后才能任命，并须报全国人大常委会备案。因此，香港特别行政区的法官任命程序一般包括遴选、推荐、任命三个阶段，而终审法院法官与高等法院首席法官的任命程序则包括遴选、推荐、立法会同意、行政长官任命及全国人大常委会备案五个阶段[25]；其中司法人员推荐委员会行使职能主要涉及的是推荐阶段，也涉及遴选阶段。[26]

在遴选阶段，通常由委员会秘书（回归以来均由司法机构政务长兼任[27]）在征询终审法院首席法官的意见后，整理一份候选人遴选名单供委员会所有成员考虑。终审法院首席法官可以酌情决定该名单是否包括所有合资格人士。委员会的其他成员也可以提名名单之外的合资格人士。[28]

在推荐阶段，委员会有关推荐的讨论和决定通常通过会议进行，但有时也会借助传阅文件的方式进行；委员会的决议也可采取书面表决方式，将决议草案连同表决表格交予委员传阅，委员在表决表格上签署及将其交回委员会秘书而表决。根据《司法人员推荐委员会条例》，表决规则沿用1990年7月11日后司法人员叙用委员会有关规则，其运作的法定人数为包括主席在内的7名成员；表决规则为至多不能有超过3张反对票，亦即有9人参与审议时需有7票、有8人审议时6票、7人审议时5票通过。从回归后的实践看，委员会的推荐决定均为一致通过，而委员会推荐的法官人选均获得任命。香港特别行政区司法机构网站刊载的1997年至2019年各年度司法人员推荐委员会报告，披露了委员会会议及就法官任命提出建议的工作情况如下：

---

[25]《香港基本法》第90条第2款：除本法第八十八条和第八十九条规定的程序外，香港特别行政区终审法院的法官和高等法院首席法官的任命或免职，还须由行政长官征得立法会同意，并报全国人民代表大会常务委员会备案。

[26] 参见张惠霖：《香港自1976年起任命法官的程序》，载香港特别行政区立法会，https：//www.legco.gov.hk/yr00-01/chinese/library/0001rp-7.pdf，最后访问日期：2021年6月15日。

[27] 参见《新报告：司法人员推荐委员会》，载香港特别行政区司法机构，https：//www.judiciary.hk/doc/zh_cn/publications/NewPublicationC.pdf，最后访问日期：2021年6月15日。

[28] 参见张惠霖：《香港自1976年起任命法官的程序》，载香港特别行政区立法会，https：//www.legco.gov.hk/yr00-01/chinese/library/0001rp-7.pdf，最后访问日期：2021年6月15日。

表2　1997年至2019年司法人员推荐委员会会议及就法官任命提出建议有关情况

年份	会议次数	法官任命建议人数	终审法院			高等法院					区域法院		裁判法院及审裁处		
			首席法官	常任法官	非常任法官	高等法院首席法官	上诉法庭法官	原讼法庭法官	原讼法庭特委法官	聆案官	区域法院	聆案官	审裁处审裁成员	裁判官	特委裁判官
1997[29]	4	58	1	3	17	1	3	5	6		1	6			14	1
1998	5	21					2	3			6				10	
1999	4	27					4	3			5	4			11	
2000	4	42		2	5	1	2	2	8	3	4	1			12	2
2001	3	7					1	2			1					
2002	3	12					3							2	7	
2003	4	22			3	1		7	6		4			1		
2004	1	3					1		2							
2005	4	10			2			8								
2006	4	35						6	5		12				12	
2007	2	6														6
2008	4	13			3		1	7			1				1	
2009	3	48					1	12	4		13	2			16	

---

[29] 1997年7月1日至12月31日。凡于1997年7月1日前已在任，而获任命于1997年7月1日起继续在其原位任职的法官及司法人员，则不计算在内。

续表

年份	会议次数	法官任命建议人数	终审法院			高等法院					区域法院		裁判法院及审裁处		
			首席法官	常任法官	非常任法官	高等法院首席法官	上诉法庭法官	原讼法庭法官	原讼法庭特委法官	聆案官	区域法院	聆案官	审裁处审裁成员	裁判官	特委裁判官
2010	5	7	1		5	1									
2011	2	9					3〔30〕	6							
2012	4	60	1	2		2	10	2		24				14	5
2013	3	24	1	3		1	2	4					7〔31〕	6	
2014	2	28				1	4							18	5
2015	2	12					2	4	5		1				
2016	3	17			2			4			9	2			
2017	3	23	1	3				7			12				
2018	5	12		1			2	6	2		1				
2019	4	25					1				6		3	15	
总计	78	521	2	8	46	5	27	65	82	9	104	1	17	136	19
年均	3.4	22.7	1.0	1.6	4.2	1.0	1.9	5.0	4.8	3.0	6.9	1.0	2.8	11.3	3.8

数据来源：1997 年至 2019 年各年度司法人员推荐委员会报告，载香港特别行政区司法机构，https://www.judiciary.hk/zh_cn/about_us/judicial_officers_reports.html，最后访问日期：2021 年 6 月 15 日。根据报告内容整理自制，排除了委员会对司法常务官任命建议。

---

〔30〕 包括 1 项确认委员会先前推荐的决议。

〔31〕 包括 1 项就延迟任命生效日期的建议作出的决议。

总体来说，香港回归以来司法人员推荐委员会运作情况良好。截至2020年1月6日，香港共有182名法官及司法人员，包括23名终审法院法官、51名高等法院法官（包括高等法院首席法官）、45名区域法院法官，以及63名裁判法院及审裁处司法人员。[32] 1997年至2019年间，司法人员推荐委员会年均召开会议3.4次，年均作出法官任命建议23人；最多一次曾在2012年作出60项任命建议，至少已经有521名法官（包括裁判官）获得推荐。2020年6月24日，行政长官林郑月娥签署委任书，接纳司法人员推荐委员会的推荐，任命张举能法官为终审法院首席法官，成为香港回归后第三任终审法院首席法官。香港回归以来，司法人员推荐委员会历次推荐均获得行政长官接纳，终审法院法官和高等法院首席法官的人选建议也均获得立法会同意及全国人大常委会备案。

另一方面，司法人员推荐委员会运作在实践中也存在不规范之处。南华早报曾于2014年报道一些法官集体抨击香港特别行政区司法机构"任人唯亲"，部分暂委裁判官对常任裁判官的委任方式感到沮丧和失望，当中至少三名暂委裁判官决定离开司法机构，因他们不满获推荐晋升常任裁判官，不是以工作表现来衡量，而是以朋友关系决定晋升仕途。[33] 大公报也曾报道退休裁判官黄汝荣在2001年申请常委裁判官、进行升职面试时，只有五名司法人员推荐委员会委员列席，批评司法机构没有依法安排至少七名委员面试申请者，还指出当时面试的委员竟然清一色是法官，包括彭键基法官、汤宝臣法官、郭伟健法官、李瀚良法官及Queenie欧阳法官。黄并指直至2016年他退休前，据悉常委裁判官

---

[32] 参见秘书处资料研究组：《选定地方的司法任命程序检讨》，载香港特别行政区立法会，https://www.legco.gov.hk/research-publications/chinese/1920in04-review-of-judicial-appointment-process-in-selected-places-20200302-c.pdf，最后访问日期：2021年6月15日。

[33] See Howard Winn, "Deputy magistrates unhappy with appointment process", *South China Morning Post*, Nov. 5, 2014, https://www.scmp.com/business/article/1632058/deputy-magistrates-unhappy-appointment-process. 最后访问日期：2021年6月15日。

的招聘程序，都只有五名法官委员面试申请人。[34]

以上正反两方面运作实践充分说明，司法人员推荐委员会在特别行政区法官队伍构成和建设方面的重要作用，同时也反映出该委员会依法履行职责的重要性，因此司法人员推荐委员会的委员构成和委任至关重要。

(三) 对司法人员推荐委员会所谓"批判"的批判

作为法官任命制度机制的一部分，司法人员推荐委员会被批评易受行政长官"控制"，从而使法官任命受到行政机关施加的压力，进而影响香港特别行政区独立的司法权。这一批判观点在三个方面引申出进一步的批评。第一，有意见认为，从委员会组成上，律政司司长作为特别行政区政府的主要官员，不适合作为委员会当然委员、不应成为委员会委员，原因在于由行政部门的"政治人物"参与法官人选推荐不能独立于行政部门的意见，并且会使其过程政治化，易使司法屈从于行政部门的"操控"。第二，有意见认为，从运作程序上，委员会运作实践透明度有所欠缺，使社会公众无法知悉并监督委员会的运作，易使委员会工作受到行政部门意见的"操控"。第三，有意见认为，为确保司法机构拥有独立的司法权，委员会就资深法官的司法任命提出建议，行政长官予以任命，还需加强立法会在此任命过程中的参与，由立法会议员对资深法官人选进行实质审查，以此种"政治化"方式制衡行政部门对委员会运作的"操控"。[35]

---

[34] 参见《爆港司法机构人员升迁任人唯亲 司法步向"独大"》，载大公报，http://www.takungpao.com/news/232109/2020/1102/515244.html，最后访问日期：2021年6月15日。

[35] 有关观点参见张惠霖：《香港自1976年起任命法官的程序》，载香港特别行政区立法会，https://www.legco.gov.hk/yr00-01/chinese/library/0001rp-7.pdf，最后访问日期：2021年6月15日；司法及法律事务委员会：《任命法官程序的报告》，载香港特别行政区立法会，https://sc.legco.gov.hk/sc/www.legco.gov.hk/yr01-02/chinese/panels/ajls/papers/ajcb2-paj-c.pdf，最后访问日期：2021年6月15日；秘书处资料研究组："选定地方的司法任命程序检讨"，载香港特别行政区立法会，https://www.legco.gov.hk/research-publications/chinese/1920in04-review-of-judicial-appointment-process-in-selected-places-20200302-c.pdf，最后访问日期：2021年6月15日。

这些批判观点在理论和实践上都理据不足，而且是一些反事实的观点或者相互矛盾的观点。第一，对于律政司司长作为委员会当然委员的批评有失偏颇，且与第三方面批评存在矛盾。若认为律政司司长易受行政长官控制、不能独立于行政部门的意见，那么委员会其他成员（包括终审法院首席法官在内）均由行政长官委任或任命，是否也会受到行政长官"操控"？若批评律政司司长参与推荐程序存在政治化的风险，那么由立法会议员对资深法官人选进行实质审查是否同样也存在政治化的风险？第二，对于委员会工作不透明的批评不符合法律要求。委员会保密运作符合《香港基本法》的宪制要求，也符合《司法人员推荐委员会条例》关于委员行使职能时有关披露的法定义务，这是对委员会作为"独立委员会"独立性的法律保障；并且司法机构已经根据立法会司法及法律事务委员会有关建议，[36] 在回归后首份司法人员推荐委员会报告中阐明委员会工作透明度方面的有关理由，并按照年度披露委员会工作情况。[37] 第三，加强立法会在自身法官任命过程中行使实质审查的建议，没有相关法律和实践理由。立法会议员对资深法官人选进行实质审查，没有确切的法律依据，也不是港英时期或特别行政区成立后的实践，且也存在被政治化进而影响独立的司法权的风险。

作为法官任命制度机制的一部分，司法人员推荐委员会的组成及运作在理论上有其理据。从委员会组成上，司法人员推荐委员会委员均直接由行政长官委任或间接来源于行政长官任命的职位，是香港社会和司

---

[36] 参见司法及法律事务委员会：《任命法官程序的报告》，载香港特别行政区立法会，https：//sc.legco.gov.hk/sc/www.legco.gov.hk/yr01 - 02/chinese/panels/ajls/papers/ajcb2-paj-c.pdf，最后访问日期：2021 年 6 月 15 日。

[37] 参见《司法人员推荐委员会报告（1997-2002）》，载香港特别行政区司法机构，https：//www.judiciary.hk/doc/zh_cn/publications/jorcr_1997to2002.pdf，最后访问日期：2021 年 6 月 15 日。

法界实质代表制的体现（virtual representation）[38]，这种安排既能够体现香港社会和司法界各方面较为全面的意见，也符合香港特别行政区"行政主导"的政治体制。从运作程序上，司法人员推荐委员会的内部保密运作以及与行政长官任命、立法会同意、全国人大常委会备案的制度衔接，充分体现了司法人员推荐委员会的独立性，有利于充分形成政治共识，为由该种制度机制产生的司法机构行使独立的司法权提供有力保障。

四、比较法上参考方案的可能性

从比较法角度看，除了司法人员推荐委员会，域外经验是否可以对香港特别行政区法官任命制度机制提供更加完备的参考方案？如前所述，司法人员推荐委员会组成合法合理、运作行之有效；但这并不意味着有关制度机制要一成不变、固步自封，不能对司法人员推荐委员会作出任何改变。但是，经过对现有有关研究和建议的考察，本文认为香港特别行政区借鉴域外经验、采用比较法上参考方案存在较大问题，因为参考方案必须既遵守基本法有关规定，也符合特别行政区宪制秩序，还能解决香港的实际问题。事实上，这些要求正是进一步发展完善司法人员推荐委员会有关制度机制的标准。

（一）比较法上功能等同的参考方案

在比较法学上，一方面类似制度在不同社会或不同时期可以实现不同功能，另一方面类似功能的需求可以由不同制度来实现，这就是功能等同（functional equivalent）的概念。[39] 针对香港特别行政区采用的法

---

[38] 这种实质代表制指"在那些以作为民众之描绘的名义行事的人与被这些人借了名义的民众之间，存在着利益上的相连以及情感、愿望上的相通，尽管托管者们实际上并不是由民众选出的。"[美] 汉娜·费尼切尔·皮特金：《代表的概念》，唐海华译，吉林出版集团有限责任公司 2014 年版，第 213 页。

[39] See Ralf Michaels, "The Functional Method of Comparative Law", in M. Reimann and R. Zimmermann eds., *The Oxford Handbook of Comparative Law*, Oxford: Oxford University Press, 2006, p. 357.

官任命制度，为了实现任命合资格法官的功能，香港社会回归以来已经根据其他普通法法域司法任命程序的经验，提出了多种参考方案。[40] 本节以下将对香港社会曾经提出的、比较法上功能等同的英国、美国、加拿大方案进行考察和评估。

1. 英国方案

如前所述，英联邦及其殖民统治区域法官任命方式有四种类型，但是英国本土的英格兰和威尔士法官在 2005 年的司法改革之前的三个世纪一直由行政机关负责任命。[41] 这种法官任命制度是根据宪制惯例形成的，没有成文法依据。[42]

英国议会于 2005 年 3 月通过《宪法改革法》(Constitutional Reform Act 2005)，彻底改变了过去由司法大臣主导法官选任工作的机制，形成了新的法官任命制度。《2013 年罪行及法院法》(The Crime and Courts Act 2013) 及《2013 年司法任命委员会条例》(The JAC Regulations 2013) 规定司法任命委员会由 15 名成员组成，包括 7 名司法界人士、2 名法律专业人士和 6 名业外成员，司法界成员的数目必须少于其他成员的数目，且业外成员不可是议员或公务员；3 名司法界成员经法官委员会由同业选出，其余 12 名成员则由一个 4 人小组选出，该小组大部分成员由首席法官提名。如资深司法职位（包括首席法官、分庭庭长、资深审裁处

---

[40] 一些研究和建议的方案，参见"研究刊物-司法制度-法官"一栏有关研究，载香港特别行政区立法会，https://www.legco.gov.hk/research-publications/chinese/justice-system-judges.htm，最后访问日期：2021 年 6 月 15 日；《香港可参考英智库建议梁振英倡由律政司司长任命法官》，载大公报，http://www.takungpao.com/news/232109/2021/0217/552612.html，最后访问日期：2021 年 6 月 15 日。

[41] 参见秘书处资料研究组：《选定地方的司法任命程序检讨》，载香港特别行政区立法会，https://www.legco.gov.hk/research-publications/chinese/1920in04-review-of-judicial-appointment-process-in-selected-places-20200302-c.pdf，最后访问日期：2021 年 6 月 15 日。

[42] 参见张惠霖：《若干海外国家委任法官的程序：英国》，载香港特别行政区立法会，https://www.legco.gov.hk/yr00-01/chinese/library/crp02.pdf，最后访问日期：2021 年 6 月 15 日。

庭长和上诉法院法官）出现空缺，司法任命委员会辖下会成立一个由5人组成的遴选委员会处理，该委员会的成员包括最少2名司法任命委员会业外成员和2名法官（该2名法官可能并非司法任命委员会的成员）。英国最高法院法官的遴选按照《2013年最高法院（司法任命）法》(The Supreme Court (Judicial Appointments) Regulations 2013) 规定，则由5人组成的特别遴选委员会负责，该委员会由最高法院正、副院长二人以及英格兰和威尔士司法任命委员会（Judicial Appointments Commission）、苏格兰司法任命委员会（Judicial Appointments Board for Scotland）及北爱尔兰司法任命委员会（Northern Ireland Judicial Appointments Commission）各派出一名委员组成。

英国的行政机关保留了相当程度司法任命否决权：2013年之前司法大臣可以拒绝接纳司法任命委员会及遴选委员会的推荐；2013年后，根据《2013年司法任命条例》第32条（The Judicial Appointments Regulations 2013, reg 32.）明确，司法大臣具有高等法院法官的司法任命否决权。[43] 而议会在法官任命制度中作用有限，法官任命无须议会确认，议会亦无须就司法任命举行公开听证会，力图避免议员参与法官任命程序并使其政治化。[44]

2. 加拿大方案

加拿大作为英联邦成员，其法官由总督任命。1988年之前，加拿大形成了总理推荐最高法院首席法官及法官与联邦法院首席法官的人选，司法部长推荐联邦法院法官的人选的惯例，总督根据总理和司法部长建议作出法律上的任命，总理和司法部长拥有实质任命权。1988年10月

---

[43] See Jan van Zyl Smit, "All Change? Judicial Appointments in England and Wales since the Constitutional Reform Act 2005", in Hugh Corder et al. eds., *Securing Judicial Independence: The Role of Commissions in Selecting Judges in the Commonwealth*, Cape Town: Siber Ink CC, 2017, p. 59.

[44] See "House of Lords Select Committee on the Constitution", *Judicial appointments: Report*. 25th report of session 2010-12, https://publications.parliament.uk/pa/ld201012/ldselect/ldconst/272/272.pdf, 最后访问日期：2021年6月15日。

成立联邦司法任命顾问委员会,就最高法院以下级别法院的联邦司法任命作出建议,在加拿大全国共有17个委员会。每个联邦司法任命顾问委员会有7名拥有投票权的成员,包括1名司法界人士、3名律师及3名公众代表,而主席由成员选出。该委员会亦有1名联邦政府代表成员,但该名成员没有投票权。该委员会内的司法界成员由省首席法官挑选,3名律师成员则由司法部长从省律师会、加拿大大律师公会、省检察总长提供的3份名单中挑选,3名公众代表同样由司法部长委任。由于联邦司法任命顾问委员会并无法定地位,其作出的法官人选推荐不是法定程序,也没有法律拘束力。此外,加拿大国会对司法任命没有否决权。[45]

3. 美国方案

根据美国宪法与有关实践,所有联邦法官均由美国总统经咨询参议院并取得其同意后委任,司法部与白宫职员向总统推荐法官提名人选。联邦法官任命的政治化程度很高,参议院司法委员会通常会召开听证会,对候选人进行公开质询。[46] 大部分普通法法域都没有采纳美国法官任命制度的有关机制。[47] 香港社会对美国方案的关注仅限于联邦法官层面,没有讨论其各州法官选任制度。

(二)对参考方案的评估

以上三个参考方案在其本国均产生较好实效,香港社会选择它们作

---

〔45〕参见张惠霖:《若干海外国家委任法官的程序:加拿大》,载香港特别行政区立法会,https://www.legco.gov.hk/yr00-01/chinese/library/crp08.pdf,最后访问日期:2021年6月15日;秘书处资料研究组:《选定地方的司法任命程序检讨》,载香港特别行政区立法会,https://www.legco.gov.hk/research-publications/chinese/1920in04-review-of-judicial-appointment-process-in-selected-places-20200302-c.pdf,最后访问日期:2021年6月15日。

〔46〕参见张惠霖:《若干海外国家委任法官的程序:美国》,载香港特别行政区立法会,https://www.legco.gov.hk/yr00-01/chinese/library/crp01.pdf,最后访问日期:2021年6月15日。

〔47〕参见司法及法律事务委员会:《任命法官程序的报告》,载香港特别行政区立法会,https://sc.legco.gov.hk/sc/www.legco.gov.hk/yr01-02/chinese/panels/ajls/papers/ajcb2-paj-c.pdf,最后访问日期:2021年6月15日。

为功能等同的参考方案也是基于这些国家是采用普通法制度的代表性地域,享有司法独立并获得国际认可。[48] 但是这些域外经验作为香港的参考方案却存在较大问题,不符合香港特别行政区的宪制地位和实际情况,不能在香港实现功能上等同的效果。

第一,这些其他法域的参考方案不符合《香港基本法》的明确规定。英国方案是与香港特别行政区司法人员推荐委员会最为相近的制度,但是2013年后高等法院以下级别法院的司法任命否决权已转移至首席法官,[49] 这一制度安排并不符合《香港基本法》规定的"由行政长官任命"的规范要求。加拿大方案中的"司法任命顾问委员会"不是法定机构,也不符合《香港基本法》上法定的"独立委员会"的规范要求。美国方案的制度逻辑是将联邦法官选任政治化,更与《香港基本法》对司法机构的政治定位不同。在制度层面,这些参考方案可能造成的后果是架空司法人员推荐委员会的法定地位,或者实际上违反《香港基本法》的法定要求,都不足以作为参考。因此,完善司法人员推荐委员会有关制度机制必须符合《香港基本法》。

第二,这些已研究过的参考方案都属于全国性的司法制度安排,地方性制度不能冒然与全国性制度进行比较。负责遴选英国最高法官的特别遴选委员会,包括英国各王国的司法任命委员会委员代表,体现全国性司法制度的统一性。加拿大各省联邦司法任命顾问委员会也包含体现全国性元素的联邦政府成员。美国方案在全国性与地方性司法制度的差异上表现最为明显。其联邦法官选任制度高度政治化,但是在各州层面

---

[48] 参见秘书处资料研究组:《选定地方的司法任命程序检讨》,载香港特别行政区立法会,https://www.legco.gov.hk/research-publications/chinese/1920in04-review-of-judicial-appointment-process-in-selected-places-20200302-c.pdf,最后访问日期:2021年6月15日。

[49] 参见秘书处资料研究组:《选定地方的司法任命程序检讨》,载香港特别行政区立法会,https://www.legco.gov.hk/research-publications/chinese/1920in04-review-of-judicial-appointment-process-in-selected-places-20200302-c.pdf,最后访问日期:2021年6月15日。

差异性很大：根据各州宪法，各州法官选任制度不同，同一州法院系统内部不同层级的法院也会采用不同的选任制度。州法院法官选任方式上，有非常偏向政治化的选举产生方式，也有非常封闭的从现役和退休的州地区法官、退休的州最高法院法官和律师中选择的方式，而多数方式均要求由州长任命法官。[50] 对香港特别行政区而言，法官任命制度是"一国两制"制度体系中司法制度的一个环节，需要符合和维护特别行政区"行政主导"的政治体制（比如司法任命权归属于行政长官），也需要考虑和体现中央与特别行政区的关系（比如对终审法院法官和高等法院首席法官，全国人大常委会需要进行备案）。因此，完善司法人

---

[50] 选任方式包括：（1）党派选举（partisan election）；（2）无党派选举（nonpartisan election）；（3）党派提名，无党派选举（partisan nomination; nonpartisan election）；（4）党派初选，无党派普选（partisan primary; nonpartisan general election）；（5）州长任命（gubernatorial appointment）；（6）州长从提名委员会提名中任命（gubernatorial appointment from nominating commission）；（7）州长通过提名委员会任命（gubernatorial appointment through nominating commission）；（8）司法任命委员会确认后，州长任命（gubernatorial appointment; confirmation by commission on judicial appointments）；（9）州参议院同意后，州长从司法提名委员会提名中任命（gubernatorial appointment from judicial nominating commission with senate consent）；（10）州参议院确认后，州长任命（gubernatorial appointment with senate confirmation）；（11）州众议员和参议院都确认后，州长任命（gubernatorial appointment from nominating commission with house and senate confirmation）；（12）州众议员和参议院联合确认后，州长任命（gubernatorial appointment with joint House/Senate confirmation）；（13）州长顾问委员会同意后，州长任命（gubernatorial appointment with approval of governor's council）；（14）州长委员会同意后，州长从提名委员会提名中任命（gubernatorial appointment from nominating commission with approval of governor's council）；（15）州长从选任委员会推荐中提名，执行委员会任命（gubernatorial nomination from selection commission recommendation; appointment by the executive council）；（16）州长从司法选任委员会提名，州立法机关任命（gubernatorial nomination from judicial selection commission; legislative appointment）；（17）州立法机关选举（legislative election）；（18）从现役和退休的州地区法官、退休的州最高法院法官和律师中选择（chosen from among active and retired district judges, retired supreme court justices, and attorneys）；（19）联邦参议院确认后，总统从司法提名委员会提名中任命（华盛顿特区）（presidential appointment from judicial nomination commission, with senate confirmation（District of Columbia））。See *Selection of Judges*, National Center for State Courts, http：//www.judicialselection.us/judicial_selection/methods/selection_of_judges.cfm?state =，最后访问日期：2021年6月15日。

员推荐委员会有关制度机制必须符合"一国两制"宪制秩序的要求。

第三，这些域外经验生成参考方案的根本问题在于，其未必能够在香港实现其制度设计的目的，反而可能造成更多的问题。在香港，自1976年以来的司法实践，尤其是1997年以来的司法实践，已经证明采用司法人员推荐委员会的法官任命制度行之有效，为香港的司法机构行使独立的司法权提供了有力保障。甚至于2006年9月时任英国宪制事务大臣兼大法官范克林勋爵（Lord Falconer of Thornton）访港时竟说"香港由司法人员推荐委员会推荐人选予行政长官委任的做法，值得英国进行中的司法改革参考。"[51] 英国在其在前殖民统治区域留下的制度，讽刺地反而成为英国完善其制度时的参考方案。此外，跟随域外法官任命程序发展变化而修改制度，可能造成其他问题：采用加拿大方案将弱化独立委员会的"独立"地位，委员会中司法界人士由司法内部委任且多于业外人士，更加形成"任人唯亲"倾向和空间；采用美国方案更加使法官任命程序政治化，使法官屈从于政治派别、利益集团或舆论民意，也反而不利于维护法治。因此，完善司法人员推荐委员会有关制度机制必须能够针对性解决香港的实际问题。

（三）完善司法人员推荐委员会有关制度机制的对策

从对参考方案的评估中，本文归纳出完善司法人员推荐委员会有关制度机制的标准，那就是对它的发展既要遵守基本法有关规定，也要符合特别行政区宪制秩序，还要能够解决香港的实际问题。关键的问题不是照搬最新的域外法官任命程序来改变法官任命制度，而是针对香港特别行政区面临的问题来完善司法人员推荐委员会有关制度机制。如前所述，问题的关键是司法人员推荐委员会的委员构成和委任。据此，本文认为司法人员推荐委员会在委员构成上要成为香港社会和司法界的缩影，使他们既了解司法界的状况，又独立于司法界的意见，做出独立的、负责的推荐建议。在此意义上，以下建议值得考虑：

第一，增加委员数量。增加委员数量的直接目的是扩大该委员会的

---

[51]《英大臣重申坚决履行对港责任》，载《信报财经新闻》2006年9月9日。

代表性，进而增加其独立性。有建议认为委员会人数可从 9 人增加至 11 人；[52] 而从前述域外实践看，此类独立委员会委员人数多为单数，最多不超过 15 人。因此增加委员数量后应不多于 15 人且为单数较为合适。比如增加委员人数后，委员会运作的法定人数需根据委员数量相应增加，保持至多有 2 名委员缺席的最低法定人数；但表决规则不应改变，至多不能有超过 3 张反对票。委员人数与运作程序相应匹配有利于保持委员会内部继续能够形成共识。

第二，丰富委员类型。丰富委员类型的直接目的也是扩大该委员会的代表性，进而增加其独立性。有建议认为实践中委员会内 3 名与法律执业完全无关的委员，均来自社会中上阶层，应考虑委任 1 名具影响力而又能代表基层利益的人士加入委员会[53]；而从前述域外实践看，此类独立委员会司法界成员的数目必须少于其他成员的数目。因此随委员数量增加要考虑丰富委员类型，保持整体上司法界人士少于其他成员的数目。比如，可以借鉴选举委员会法律界界别分组的设计原理，在代表香港本地法律实践的大律师和律师之外，增加委任 1 名中国法学会香港理事，作为代表国家法律界的人士成为委员。又比如，按照前述建议，增加 1 名具影响力而又能代表基层利益的人士作为委员。

第三，坚持选任方式。坚持行政长官委任委员的选任方式，目的是更为有效地使该委员会从构成上成为香港社会和司法界的实质代表，全面体现香港社会和司法界各方面代表性意见。行政长官委任委员的制度，要与委员会内部保密运作以及委员任期联系起来考虑。比如，委员会内部必须坚持保密运作，会议、文件、表决、决议等运作过程不能公开，避免委员会受到政治派别、利益集团或舆论民意的不当影响，以保持委员会的独立性。又比如，行政长官委任时应将委员任期相互错开：

---

[52] 参见《香港建制派提议"改革"司法教育社福界》，载联合早报中文网，http://www.haozaobao.com/bolg/20200924/78394.html，最后访问日期：2021 年 6 月 15 日。

[53] 参见司法及法律事务委员会：《任命法官程序的报告》，载香港特别行政区立法会，https://sc.legco.gov.hk/sc/www.legco.gov.hk/yr01－02/chinese/panels/ajls/papers/ajcb2-paj-c.pdf，最后访问日期：2021 年 6 月 15 日。

第一个两年任期更替委员会约三分之一委员，第二个两年任期更替约三分之一，第三个两年任期再更替约三分之一，使委员会内部运作保持一定延续性，同时能够保持代表性。

五、结论

本文对司法人员推荐委员会作出一个初步的整体考察，从历史、实践和比较的角度批驳了司法人员推荐委员会受到行政机构控制的观点。历史事实说明，司法人员推荐委员会源于 1976 年设立的"司法人员叙用委员会"，在原理上仍然是由行政机构任命法官。实践经验证明，香港特别行政区成立以来司法人员推荐委员会组成合法合理、运作行之有效。域外比较表明，采用其他普通法法域的参考方案不符合香港实际情况，反而可能造成更多的问题。这三个方面的考察归纳起来，本文认为要使司法人员推荐委员会在委员构成上成为香港社会和司法界的缩影，做出独立的、负责的法官人选推荐建议。

此外，本文对司法人员推荐委员会的考察已经结束，并不代表该委员会有关制度机制的发展就此止步。比如，香港国安法实施对法官资格，尤其是国家安全资格方面审查的要求，如何在委员会运作中体现？又比如，除了法官人选推荐外，该委员会在法官晋升、培训、免职方面的职能如何进一步完善？本文不能完全回答这些问题，但归纳了完善司法人员推荐委员会有关制度机制的标准，即其发展既要遵守基本法有关规定，也要符合特别行政区宪制秩序，还要能够解决香港的实际问题。面对香港特别行政区当前及未来可能出现的问题，司法人员推荐委员会仍有进一步调适和完善的空间，这是我们下一步需要研究的课题。

控制疯人：清代报官锁锢例的立法与实践

沈秀荣[*]

有清一代，疯人杀人问题受到关注。自康熙朝起，各朝均不吝立法动议，先后制定、删改二十余条例文，在国家法层面积极应对现实中复杂的疯人涉法问题。至同治九年（1870）清代最后一次修例，《大清律例》保留下九条相关例文。在处理疯人杀人的问题上，清代法制的一大特色在于设置犯罪预防措施——以例文确立疯人管制制度，冀图通过控制疯人人身来杜绝因疯杀人事件。规定疯人管制制度的例文在清代司法中被称作"报官锁锢例"。

在有关中国古代疯人犯罪问题的研究中，清代报官锁锢例所确立的疯人管制制度常作为法制的一个方面被讨论，详略取决于研究者的旨趣。[1]国外学者伍慧英（Vivien Ng）的《中华帝国晚期的疯癫：从疾病到异常

---

[*] 作者系清华大学法学院博士研究生。

[1] 国外相关研究有：Derk Bodde, "Age Youth and Infirmity in the Law of Ch'ing China", *Essays on China's Legal Tradition*, Princeton University press, 1980; Geoffrey MacCormack, "The Legal Treatment of Insane Persons in Late Imperial China", *The Journal of Legal History*, Vol. 13, No. 3, pp. 251-269, 1992; William P. Alford and Chien-Chang Wu, "Qing China and Legal Treatment of Mental Infirmity: A Preliminary Sketch in Tribute to Professor William C. Jones", *Washington University Global Studies Law Review*, Vol. 2, Is. 1, 2003; Fabien Simonis, *Mad Acts, Mad Speech, and Mad People in Late Imperial Chinese Law and Medicine*, (ph. d. dissertation), Princeton University, 2010.
国内相关研究有：郝秉建：《清代精神病人管制措施考述》，载《清史研究》2002年第2期；蒋铁初：《中国古代精神病人犯罪法探析》，载《北方论丛》2005年第2期；陈立成、王运红：《我国封建社会对涉法精神障碍者处置之法ระ剖析》，中国政法大学证据科学研究院2009年第二届证据理论与科学国际研讨会会议论文；刘白驹：《中国古代精神病人管理制度的发展》，载《社会发展研究》2014年第1期；常修铭：《乾隆朝底层读书人生活探析——以疯人逆词案为中心的讨论》，载《中国社会历史评论》2013年第00期；朱琳：《清代"疯病"杀人法律研究》，华东政法大学2017年硕士学位论文；翟家骏：《从"情有可矜"到"实无罪责"——清代"疯病杀人"的法律规制及其近代转型》，载《法律史评论》2019年第1期；郭嘉园：《清代疯病犯罪问题研究》，郑州大学2020年硕士学位论文。

行为》(*Madness in Late Imperial China: from Illness to Deviance*)(1990)、席璨文(Fabien Simonis)的《清代法律与医学中的疯狂、疯语及疯人》(*Mad Acts, Mad Speech, and Mad People in Late Imperial Chinese Law and Medicine*)(2010)设有专章讨论清代的报官锁锢制度。伍慧英以十八世纪清朝立法规定对未实施犯罪的疯人进行锁锢和处置疯病杀人者的严刑化趋势为主要论据,提出清代的疯癫观念经历了由"正常疾病"向"社会危害"的转变,并将立法的动因归于清朝统治者对于社会控制的深度要求。伍慧英的观点不乏创见,但有学者批评她的研究存在偏取材料的问题,所得结论过于主观,缺乏说服力。[2] 席璨文对伍慧英的观点亦多有质疑。他认为清代法律最初关注的不是疯病,也不是疯人,而是因疯杀人的行为;在立法上,为适应对疯病杀人者的宽大处理而产生对疯人实施人身控制的报官锁锢制度;实践中报官锁锢制度的低效又促使疯病杀人犯罪所对应的刑罚发生转变。[3] 国内学者郝秉建撰有《清代精神病人管制措施考述》(2002)专述清代的报官锁锢制度,详细梳理清代处置疯人犯罪的例文发展过程,认为"清廷对精神病人的政策经历了一个由宽到严再到宽的过程,这正好与清代专制政治的运行轨迹相吻合",对清代的系列立法举措基本持否定态度。[4]

就笔者的阅读体会,外国学者的研究多带有社会史色彩,在解释法律现象时,会提供一种社会史视角的解读。比如,伍慧英在讨论报官锁锢例的实施时,以清代重建保甲制度的失败作为报官锁锢例窒碍难行的主要原因。这种视角和解读方式能为清代法律制度研究提供一些启发,但有时不免有混淆研究边界、过度发挥之嫌。而国内学者往往从文本出发,专注讨论法律制度的形成和发展,有时显得缺少对动态司法实践的关注和反映,或者缺少一些相关义理的发挥。本文拟以清代"报官锁锢

---

[2] See Book review by N. Sivin, "The American Historical Review", Vol. 97, Is. 4, 1992; by Charlotte Furth, "Journal of Interdisciplinary History", Vol. 22, 1992.

[3] See Fabien Simonis, *Mad Acts, Mad Speech, and Mad People in Late Imperial Chinese Law and Medicine*, (ph. d. dissertation), Princeton University, 2010.

[4] 参见郝秉建:《清代精神病人管制措施考述》,载《清史研究》2002 年第 2 期。

例"为研究对象,结合立法文本与司法案例考察例文的形成与实施,尝试从法学立场再解读报官锁锢例。

一、报官锁锢例的立法过程

清朝管制疯人的法律规定最早见于康熙二十八年(1689)。刑部采纳山东巡抚的建议,规定:

> 疯病之人,应令父祖叔伯兄弟或子侄亲属之嫡者防守。如无此等亲属,令邻佑、乡约、地方防守。如有疏纵以致杀人者,照不应重律杖八十。〔5〕

刑部这一定例较为粗疏,笼统地将防守疯人的责任分配给近亲属、邻居以及乡约、地方等基层组织负责人。

至雍正九年(1731),四川省南川县发生一起疯人杀死一家四命的严重案件。南川县民韦巨珍因疯病发作杀死邓士圣、邓妻陈氏及其子女一家四口。依照例文规定,韦巨珍系疯发杀人,无须抵偿人命,给付死者家属埋葬银十二两四钱二分即完结案件。案件情重,而疯犯所得刑罚实轻。有感于疯杀案件的判决情罪失衡,四川总督黄廷桂提议修改报官锁锢例,严密控制疯人以免其犯罪,他在题本中写到:

> 臣思疯病免抵,本系原病者之无知,而定例严加禁锢,正所以预防其意外妄行。其如病者亲属骨肉不加锁禁,而邻里俱瞻顾情面劝望不言,地方官又因无关考成,率多漠视,以致害及无辜,将无底止。且凶恶之徒,奸险莫测,安保将来必无诈伪,惟有禁锢严密,则实病者可以防闲,而诈伪者亦无从肆

---

〔5〕(清)昆冈等修:《钦定大清会典事例》卷六百二十九《刑部·人命》,载沈云龙主编:《近代中国史料丛刊第三编》(第69辑),台湾文海出版社1995年版,第2633页。

志……嗣后各省及八旗有疯病之人，其亲属邻佑人等即报明该地方官该佐领处，令伊亲属严行锁锢看守。如无亲属，即责令邻佑、乡约、地方、族长人等严行锁锢看守。倘亲属、邻佑、乡约、地方、族长等容隐不报不行看守，以致疯病之人自杀者，照不应重律杖八十；致死他人者，照知人谋害他人不即阻挡首报律，杖一百治罪。如亲属、邻佑人等已经报明，该地方官、该佐领不严饬亲属、邻佑人等严行锁锢看守，以致疯病之人自杀者，将该地方官、该佐领照看守疏忽例，罚俸三个月；若致杀他人者，将该地方官、该佐领照防范不严例，罚一年。[6]

在总督黄廷桂看来，亲属顾念亲情不忍锁禁疯人，邻居碍于情面不便锁禁疯人，地方官因无关考绩而无心锁禁疯人，使得疯人未受管控，疯杀案件禁而不止。只有严密锁禁疯人，才能预防疯人杀人致害，使装疯玩法者的奸险意图落空。首先，明确疯人的亲属与邻居具有报官的义务；其次，将看管疯人的责任分配给亲属，若无亲属，则由邻居和乡约等地方组织负责人看守，并将看管手段确定为锁锢；最后，加重相应的事后责任以敦促亲属邻佑人等守法、地方官员履职。

这一建议经刑部议准定例，于乾隆五年（1740）正式纂入《大清律例》，如下：

各省及八旗凡有疯病之人，其亲属、邻佑人等即报明地方官、该佐领处，令伊亲属锁锢看守。如无亲属，即令邻佑、乡约、地方、族长等严行看守。倘容隐不报，不行看守，以致疯病之人自杀者，照不应重律，杖八十；致杀他人者，照知人谋害他人不即阻当首报律，杖一百。如亲属、邻佑人等已经报

---

[6]（清）薛允升：《唐明清三律合编》，载杨一凡、田涛主编：《中国珍稀法律典籍续编》（第八册），田涛、马志冰点校，黑龙江人民出版社2002年版，第430~431页。

明，而该地方佐领各官，不严饬看守，以致自杀及致杀他人者，俱交部议处。[7]

乾隆二十七年（1762），为进一步落实报官锁锢例，刑部奏定：

> 疯病之人原有分别看守禁锢之例，惟是疯者之亲属、邻佑不必力皆充裕，概有空屋间房可容锁锢。且夫妇子女朝夕同居，不忍见其被锁形状，势必私为松脱，往往防范疏懈，致有他虞。疯病之人其家有严密房屋可以锁锢得当，亲属可以管束，并妇人有患疯者，仍照例报官，交与亲属看守。但若听其自行锁锢，仍故为松脱，亦未可定。应令地方官亲发镣铐，严行封固。如果痊愈不发，取具族长、地邻甘结，始准开放。如不行报官，及私启锁封者，照例治罪。其余并无亲属，又无房屋者，即于报官之日，令该管官验讯明确，将犯严加锁锢监禁，具详立案。如果监禁之后，疯病并不举发，俟数年后诊验情形，再行酌量详请开释，领回防范。[8]

根据新规定，须有房屋专门用于锁锢疯人，家庭才可作为管束疯人的场所，不具备家庭锁锢条件的疯人须交由官府进行锁锢监禁（妇女除外，仍由亲属锁锢）；没有亲属的疯人不再由邻佑、乡约等人看守，而直接由官府负责锁锢监禁；锁锢疯人的镣铐由官府统一发放；并规定疯人病愈后的释放程序。

至乾隆三十一年（1766），刑部又奏定：

> 疯病杀人案，旧例但凭地方邻佑呈报验详，并无治罪之

---

[7] 田涛、郑秦点校：《大清律例》，法律出版社1998年版，第434页。
[8] （清）薛允升：《唐明清三律合编》，载杨一凡、田涛主编：《中国珍稀法律典籍续编》（第八册），田涛、马志冰点校，黑龙江人民出版社2002年版，第431~432页。

文,立法尚未严密,应请嗣后如有此等案件呈报到官,该地方官务取被杀之事主,切实供词,并取邻佑地方确实供结,该管官详加验讯。如有假疯妄报,除凶犯即行按律治罪外,将知情隐匿之地方、邻佑、亲属人等,照隐藏罪人知情者,减罪人一等律问拟。至实系疯发无知,并无假捏,如未经杀人者,报官之后,仍照旧例交与亲属看守,官发锁封,严加锁禁。亲属看守不严,致有杀人,即将亲属照例严加治罪。若曾经杀人者,照例永远锁禁,虽痊愈亦不释放。如有锁禁不严,以致疯犯在监扰累狱囚者,将管狱有狱官严加参处,狱卒照例治罪,仍令地方官时加查访晓谕,实力奉行。[9]

这条没有改动对疯人的锁锢规定,但完善了办理疯病杀人案件的取证程序与杀人疯犯在监锁禁的规定。

乾隆三十二年(1767),刑部将乾隆二十七年(1762)、乾隆三十一年(1766)的两条规定合并,定新例,于乾隆三十三年(1768)纂入《大清律例》,如下:

疯病之人,如家有严密房屋,可以锁锢的当,亲属可以管束,及妇人患疯者,俱报官交与亲属看守,令地方官亲发锁梏,严行封锢。如亲属锁禁不严,致有杀人者,将亲属照例严加治罪。如果痊愈不发,报官验明,取具族长、地邻甘结,始准开放。如不行报官,及私启锁封者,照例治罪。若并无亲属,又无房屋者,即于报官之日,令该管官验讯明确,将疯病之人严加锁锢监禁,具详立案。如果监禁之后,疯病并不举发,俟数年后诊验情形,再行酌量,详请开释,领回防范。若曾经杀人者,除照例收赎外,即令永远锁锢,虽或痊愈,不准

---

[9] (清)薛允升:《唐明清三律合编》,载杨一凡、田涛主编:《中国珍稀法律典籍续编》(第八册),田涛、马志冰点校,黑龙江人民出版社2002年版,第432页。

释放。如锁禁不严,以致疯犯在监扰累狱囚者,将管狱有狱官严加参处。狱卒照例严加治罪。地方官遇有疯病杀人之案,呈报到官,务取被杀之事主切实供词,并取邻佑地方确实供结,该管官详加验讯。如有假疯妄报,除凶犯即行按律治罪外,将知情捏报之地方邻佑、亲属人等,照隐匿罪人知情者,减罪人一等律问拟。[10]

同时,为适应新例,使例文简约和谐,乾隆五年例被修改为:

疯病之人,其亲属邻佑人等容隐不报,不行看守,以致疯病之人自杀者,照不应重律杖八十。致死他人者,照知人谋害他人不即阻挡首报律,杖一百。如亲属、邻佑人等已经报明,而该管官不严饬看守,以致自杀,及致杀他人者,俱交部议处。[11]

咸丰二年(1852)修例时将乾隆三十三年例改为:

疯病之人,如家有严密房屋可以锁锢的当,亲属可以管束,及妇女患疯者,俱报官,交与亲属看守。令地方官亲发锁梏,严行封锢。如亲属锁禁不严致有杀人者,将亲属照例严加治罪。如果痊愈不发,报官验明,取具族长、地邻甘结,始准开放。如不行报官,及私启锁封者,照例治罪。若并无亲属又无房屋者,即于报官之日,令该管官验讯明确,将疯病之人严加锁锢监禁,具详立案。如果监禁之后,疯病并不举发,俟数年后诊验情形再行酌量,详请开释,领回防范。若曾经杀人之犯,到案始终疯迷不能取供者,即行严加锁锢监禁,不必追取

---

[10] 张荣铮等点校:《大清律例》,天津古籍出版社1993年版,第459页。
[11] 张荣铮等点校:《大清律例》,天津古籍出版社1993年版,第459页。

收赎银两。如二三年内偶有病愈者，令该地方官讯取供招，出结转详，照复审供吐明晰之犯，依斗杀律拟绞监候，入于秋审缓决。遇有查办死罪减等恩旨，与复审供吐明晰之犯一体查办。如不痊愈，即永远锁锢，虽遇恩旨，不准查办。若锁禁不严，以致扰累狱囚者，将管狱、有狱官严加参处。狱卒照例严加治罪。地方官遇有疯病杀人之案呈报到官，务取被杀之事主切实供词，并取邻佑地方确实供结，该管官详加验讯。如有假疯妄报，除凶犯即行按律治罪外，将知情捏报之地方、邻佑、亲属人等，照隐匿罪人知情者减罪人一等律问拟。[12]

与乾隆三十三年例相比，咸丰二年例将前例中"若曾经杀人者，除照例收赎外，即令永远锁锢，虽或痊愈，不准释放"[13] 改为"若曾经杀人之犯，到案始终疯迷不能取供者，即行严加锁锢监禁，不必追取收赎银两。如二三年内偶有病愈者，令该地方官讯取供招，出结转详，照复审供吐明晰之犯，依斗杀律拟绞监候，入于秋审缓决。遇有查办死罪减等恩旨，与复审供吐明晰之犯一体查办。如不痊愈，即永远锁锢，虽遇恩旨，不准查办"[14]。例文中报官锁锢的规定并未变动，故报官锁锢例实际上在乾隆三十三年（1768）就已经定型，直到清末变法修律时才被废除。

二、报官锁锢例的内容

清代的报官锁锢例由康熙二十八年（1689）的雏形，经雍正九年（1731）、乾隆三十二年（1767）两次大改，最终定型。乾隆三十三年（1768）改定入律的两条例文共同组成清代的疯人管制制度。例文如下：

---

[12] 胡星桥、邓又天主编：《读例存疑点注》，中国人民公安大学出版社1994年版，第598页。

[13] 张荣铮等点校：《大清律例》，天津古籍出版社1993年版，第459页。

[14] 胡星桥、邓又天主编：《读例存疑点注》，中国人民公安大学出版社1994年版，第598页。

> 疯病之人，其亲属邻佑人等容隐不报，不行看守，以致疯病之人自杀者，照不应重律，杖八十。致死他人者，照知人谋害他人不即阻挡首报律，杖一百。如亲属、邻佑人等已经报明，而该管官不严饬看守，以致自杀，及致杀他人者，俱交部议处。
>
> 疯病之人，如家有严密房屋，可以锁锢的当，亲属可以管束，及妇人患疯者，俱报官交与亲属看守，令地方官亲发锁桔，严行封锢。如亲属锁禁不严，致有杀人者，将亲属照例严加治罪。如果痊愈不发，报官验明，取具族长、地邻甘结，始准开放。如不行报官，及私启锁封者，照例治罪。若并无亲属，又无房屋者，即于报官之日，令该管官验讯明确，将疯病之人严加锁锢监禁，具详立案。如果监禁之后，疯病并不举发，俟数年后诊验情形，再行酌量，详请开释，领回防范。[15]

根据例文可知，报官锁锢制度的内容包括：

第一，报告义务：要求疯人的亲属、邻居主动向官府报告疯人患病的情况，由官府登记在案。将报告义务首先分配给疯人的亲属，又将报告义务强加给邻居，作为对亲属报告的补充和监督。

第二，锁锢场所：若家有房屋可专用于锁锢疯人，官府将发放锁铐，命令亲属将疯人锁锢在家；若疯人无亲属或家无可供锁锢的房屋，官府将疯人收监锁锢。将家庭作为控制疯人的第一场所，在亲属缺位或家庭不具备控制条件时，由官府接替亲属对疯人实施有效的控制。

第三，释放程序：疯人若病愈，家属须报告官府，经官府批准，方能释放；由官府监禁的疯人经官府验明，可以释放。

---

[15] 胡星桥、邓又天主编：《读例存疑点注》，中国人民公安大学出版社1994年版，第598页。

第四，违法责任：若亲属、邻居未向官府报告又发生疯人自杀或杀人事件，或亲属未经官府批准私自释放疯人，亲属与邻居将受到相应的处罚，照不应重律杖八十，或照知人谋害他人不即阻挡首报律杖一百；若在亲属邻佑报官后，官府未尽职导致疯人自杀或杀人，吏部将依《吏部处分则例》对该管官做出相应处分。这里并不存在履行义务的正向激励，义务的履行以特定条件下刑罚的实施和对官员的行政处分作为保障。

三、报官锁锢例的施行

报官锁锢例是否得到有效施行，似乎是一个难以定论的问题。

伍慧英在她的研究中表示，虽然无法获得确切数据以证明报官锁锢制度的失败，但观察疯人犯罪案件，其中绝大多数案犯未经报官锁锢。她认为，报官锁锢例的实施有赖于保甲制度，而清代的保甲制度未能发挥切实控制地方的作用，这直接影响了报官锁锢例的施行。另外，亲属、宗族的不配合以及地方官吏的消极态度也是重要的影响因素。[16]

席璨文也持报官锁锢例实行效果不佳的观点。他认为，报官锁锢例自身趋向严厉的修改和现实中频发的疯杀案件都可证明报官锁锢例未能有效施行。但他不太赞同伍慧英将不理想的施行效果归结于保甲制度。席璨文注意到，在大多数的疯杀案件中，疯人亲属事前虽未报告官府却往往对疯人采取了防守措施。人们在一定程度上遵守了报官锁锢例要求锁锢疯人的规定，完全未履行的是例文中的报告义务。那么，人们为什么不向官府报告呢？

清代律学家薛允升曾有论，"如谓预防杀人起见，不知此等科条（报官锁锢例），万难家喻户晓，不幸而遇此事，即科满杖之罪，殊嫌未

---

[16] See Vivien Ng, *Madness in Late Imperial China: from Illness to Deviance*, Norman and London: University of Oklahoma Press, 1990, pp. 74-79.

妥。"[17] 人们是因为不知法而未守法吗？席璨文否定了这种可能性，因为他只在一则案例中看到疯犯的母亲称"小妇人不知有例，没有报官"，其他案件中无论是疯犯亲属或是邻佑、乡约、地方人等均未声明不知有例。他推断人们应当是普遍知晓报官锁锢例的。另外，他认为罹患疯病是一件难以掩藏的事。亲属、邻佑、乡约、地方人等不太可能因为不知晓疯人的存在而不报告官府。人们既能识别疯人，也清楚法律的规定，为什么仍不遵守呢？席璨文总结了两个原因。首先，人们对于疯人危险性的预期与官府不同，对疯人危险性的认知明显低于法律的预设。其次，人们出于同情心而不报告官府。[18]

笔者基本同意前述两位学者关于报官锁锢例实行不力的判断，在原因分析上更认同席璨文的观点。

笔者在《刑案汇览全编》中找到五个关于报官锁锢例的案例，摘录三例如下：

> 乾隆四十八年（1783），镶黄旗蒙古委署笔帖式因疯逃走，后自行投回。刑部审明其家有房屋可供锁锢，由其父领回，锁锢在家。乾隆五十一年（1786），刑部验明其人疯病痊愈，即行释放。

> 嘉庆九年（1804），镶红旗蒙古都统咨闲散常有染患疯病。刑部发给锁铐，将常有锁锢在家。嘉庆十一年（1806），刑部验明常有疯病痊愈，取得甘结后准予释放，并将锁铐缴回。

> 道光六年（1826），民人杨三曾因患疯病，经其父杨胜开呈报官府，因杨三疯病痊愈，官府饬令其父领回看管。后杨三疯病复发，在街乱跑，被官兵拿获送至提督衙门，又转送刑部。刑部验讯杨三实系疯发无知，其父供明家中房屋窄小不能

---

[17] 胡星桥、邓又天主编：《读例存疑点注》，中国人民公安大学出版社1994年版，第599页。

[18] See Fabien Simonis, *Mad Acts, Mad Speech, and Mad People in Late Imperial Chinese Law and Medicine*, (ph. d. dissertation), Princeton University, 2010, pp. 460-468.

看守,将杨三交由大同县官府锁禁。锁禁未满一年,其父杨胜开呈请释放杨三,大同县官验明杨三疯病痊愈,报请刑部决定是否开释杨三。刑部认为,杨三染患疯病,时愈时发,照例应当监禁数年后再行验明、酌量开释,监禁未及一年,未便遽予查办。考虑到杨三之父的请求,令县官查讯其父是否可以管束,以及若是将来杨三疯病复发,能否另行找有严密房屋供锁锢,分别情况办理。[19]

以上三个案例中,没有犯罪的疯病之人依例各自被实施锁锢,在病愈后,也依例核验释放。这或许可以说明报官锁锢例并非完全形同具文。但若民间对报官锁锢的规定遵行不悖,确实约束疯病之人,那么疯病杀人案件应当不会屡形于案牍。以众多的疯病杀人案件为据,可以说,报官锁锢例的实行效果没有达到立法者的预期,也没有实现其杜绝疯人为害的立法目的。

学者常修铭曾对乾隆朝疯人文字狱案中报官锁锢例的实践进行统计,其所选的27例个案中,明确记载曾经报官锁锢者仅有4人。[20] 笔者在第一历史档案馆所藏的刑科题本中选取28件疯病杀人案件,这28名杀人疯犯无一人经家属邻佑人等报告官府后实施锁锢。[21] 疯犯亲属、邻居等的供词常称"染患疯病,时发时愈,并不滋事,是以未经报官"。不滋事的疯人或未发病的疯人往往要参与劳动生产,维持家计。其中8个案件记载疯犯亲属对疯人实施了类似锁锢的防守措施。有22个案件明确记载对违反报官锁锢例的疯犯亲属、邻居、乡约等人照例处罚,其中有6案因遇恩赦得以免除刑罚。另有3案,亲属等人直接免于报官锁锢例的刑罚:

---

〔19〕 前述案例引自(清)祝庆琪编:《刑案汇览全编》卷三十二《疯病之人毋论旗民均应锁锢》,法律出版社2007年版,第1734页。

〔20〕 参见常修铭:《乾隆朝底层读书人生活探析——以疯人逆词案为中心的讨论》,载《中国社会历史评论》2013年第00期。

〔21〕 详见附录一:报官锁锢例施行情况。

其一,同治三年(1864)湖北宜城县民龚紫连因疯杀伤伊妻高氏身死一案中,湖北巡抚以为犯父"龚起荣于伊子龚紫连染患疯病业经锁锢看守,其未经报官立案系因老病难行,并非容隐不报,且杀人系在深夜无从防范;保邻先未报官后已捆送疯病杀人之犯到官,均请从宽免议",[22]刑部表示认可。

其二,同治五年(1866)湖北大冶县客民尹友富因疯杀伤胡伸发身死一案中,湖北巡抚认为"犯父先已将尹友富关闭空房,因十余年未发始开放,帮人驾船亦已数载。现在尹友富忽又疯发杀人,实系猝不及防,应与在外奉法子是无从查报之,邻佑彭宜开、刘三元均请从宽免议"[23],刑部采纳了巡抚的意见。

其三,同治九年(1870)直隶保城县盐巡孙加谟因疯杀死陈万来一案中,直隶总督认为"该犯平日并无疯病,是夜杀人系陡患疯病,他人猝不及防,乡保人等均从宽免其置议"[24],获得了刑部的支持。

这三个案件都发生在清末同治年间,在之前的案件中笔者尚未发现类似的处置。笔者在第一历史档案馆访得一件光绪三十二年(1906)的残缺档案,题名为"刑部为疯病杀人案件亲属邻佑从宽免其治罪条例抄单查照事致宗人府等"[25]。据其记载,疯病杀人案件中亲属邻佑人等容隐不报致杀他人,不再照例科罪,通行各省。这一通行正式确认了之前个案做法的法律效力,对报官锁锢例的内容作出实质的修改。两年后,即光绪三十四年(1908),报官锁锢例被正式废止。

报官锁锢例于乾隆五年(1740)正式纂入《大清律例》,几经增改,光绪三十四年(1908)正式被废。此间,疯病杀人案屡见不鲜,其

---

[22] 《题为会审湖北宜城县民龚紫连因疯杀伤伊妻高氏身死一案依律拟绞监候请旨事》,同治三年十二月初三日,档案号:02-01-007-034043-0015,第一历史档案馆藏。

[23] 《题为会审湖北大冶县客民尹友富因疯杀伤胡伸发身死一案依律拟绞监候请旨事》,同治五年二月初四日,档案号:02-01-007-034149-0010,第一历史档案馆藏。

[24] 《题为会审直隶保城县盐巡孙加谟因疯杀死陈万来一案依律拟绞监候请旨事》,同治九年四月十八日,档案号:02-01-007-034360-0019,第一历史档案馆藏。

[25] 详见附录二:疯病杀人案件亲属邻佑从宽免其治罪条例。

中一些极其恶劣的疯病杀人案甚至推动新的例文产生。清朝统治者通过报官锁锢例对疯病之人严加锁禁以预防其意外妄行的目的大约落了空。薛允升曾概括疯病杀人例的立法走势为"疯病杀人之犯,从前治罪甚宽,而锁禁特严,近则治罪从严,而锁禁甚宽,殊觉参差"[26]。这种宽严变化也说明官方对于报官锁锢例的实施越发失去信心。

四、对报官锁锢例的评价

报官锁锢例是伍慧英的研究重点。她认为雍正九年(1731)颁行的报官锁锢例标志着清代官方对待疯癫的认知由疾病转向社会危害。通过报官锁锢例将疯人隔离于正常社会生活之外是清代相关立法的重要目的之一。报官锁锢制度最先应用于四川地区,以解决当时由移民引发的社会问题。它不仅为四川频发的暴力事件提供合理解释——系疯人作为,还有利于官府控制社会秩序。在十八世纪,报官锁锢例日趋严厉的修改是为了配合清王朝加强社会控制的需要与行动。[27]

席璨文基本否定伍慧英的观点。他认为将雍正九年例作为转折点并不成立,因为早在康熙二十八年(1689)就出现了报官锁锢例。雍正九年例不过是康熙二十八年例的加强版,控制疯人的场所没有变化,将控制手段由笼统的"防守"确定为"锁锢"。报官锁锢例的严厉化趋向不是简单服务于异族王朝控制社会的私心,而是源自坚持对因疯杀人者从轻处置的司法现实。立法者希望通过厉行报官锁锢例来弥合疯杀案件情重而罪轻的法律龃龉。[28]

律学家薛允升论及"报官锁锢例"时称:

---

[26] 胡星桥、邓又天主编:《读例存疑点注》,中国人民公安大学出版社1994年版,第600页。

[27] See Vivien Ng, *Madness in Late Imperial China: from Illness to Deviance*, Norman and London: University of Oklahoma Press, 1990, pp. 74–79.

[28] See Fabien Simonis, *Mad Acts, Mad Speech, and Mad People in Late Imperial Chinese Law and Medicine*, (ph. d. dissertation), Princeton University, 2010, pp. 460–468.

亲属律得容隐，祖父虽实犯罪名，尚不科子孙以隐匿之条，一经染患疯病，即预防其杀人，责子孙以报官锁锢，违者，仍行治罪，似非律意。不报官锁锢，以致疯犯杀人，故照例拟杖一百。若并未杀人，似无罪名可科。不报官锁锢，及私启封锁之亲属人等，亦云照例治罪，究竟应得何罪之处？亦未叙明。至无亲属，又无房屋即行监禁锁锢，尤为不妥。轻罪人犯沿不应监禁，此等疯病之人，有何罪过而严加锁锢，监禁终身，是直谓疯病者断无不杀人之事矣，有是理乎？因有疯病杀人之案，遂将疯病之人，一概恐其杀人，定为此例，是因一人而波及人人，而其实为万不可行之事，此例亦属虚设。[29]

据薛允升所言，首先，报官锁锢例于法理抵牾不合，于人情窒碍不通。"亲属相隐"是一项古老的法律原则。除谋反、谋叛、谋大逆等极其严重的犯罪外，清律允许亲属相互隐匿罪行。隐瞒亲属罪行尚不为罪，但隐瞒亲属病情则可能被科以刑罚，这与"父子相隐，直在其中"的传统法价值观不合。其次，规定对未经报官锁锢的疯犯亲属、邻佑等科以杖刑，却未规定疯人未致害时其不行报官锁锢的亲属邻佑该当何罪。于是，可能产生的局面是：守法者使其亲人饱受锁禁之苦，"藐法者"反而使其亲人免于受难。最后，患疯之人未必尽有杀人之事，迳行规定将疯病之人一概锁锢，难免矫枉过当。身犯轻罪者不须监禁，并无罪过的疯病患者却被锁锢监禁。罹患疯病本就是极大的不幸，疯病患者还得无端承受人祸。

薛允升的批评不无道理，但笔者不赞同对报官锁锢例的绝对否定。报官锁锢例的规定确实与"亲属相隐"的儒家伦理有悖。立法者牺牲了法律与伦理的一致性，以国家强制做后盾，以期获得社会的安全与稳定。在应对疯人犯罪问题时，安全与稳定是立法者的第一追求。报官锁

---

[29] 胡星桥、邓又天主编：《读例存疑点注》，中国人民公安大学出版社1994年版，第599页。

锢例的目的在于避免疯人的非理性状态转化为破坏性行为,保障社会安全与稳定,为实现这一目的而采取的国家立法本身是一种新的创造。

另外,如杨念群先生所言,"处置疯人的空间尽管屡有伸缩,却始终摇摆于'法律空间'和'家庭空间'之间"[30],报官锁锢例"清楚地界定了疯人亲属、地方系统和官方的责任……除家庭外,对疯人禁闭的责任进一步扩大至社区宗族……只有在家庭已全无能力控制疯人对抗的情况下,才会考虑转至法律空间中进行监督。换言之,法律行为只是对家庭禁闭的一种补充形态……禁闭的主体空间既然落在了家庭之内,禁闭的外在法律规条就有可能内化为普通的家庭伦理。疯癫病人至少在亲情监护的环境下,仍具有实质性的家庭成员的地位。"[31] 笔者以为,在实现目的的手段选择和制度安排上,立法者利用了经验。基于清代以家族为本位的社会特点,立法者将家庭作为防治疯人的第一场所,设想利用家庭的力量防治疯人,应当说是考虑到了现实情况,从实际出发的。另外,据学者研究,华人社会具有在家庭空间禁闭病人的传统,即使是在现代社会,中国人仍会认为家庭治疗具有优先性。[32]

五、结论:通过法律的社会控制

在中医传统中,疯病具有与其他疾病一样的病理。由于古代心身一元哲学观和中医理论整体观的影响,精神疾患大多是被当作躯体疾病治疗,与其他类疾病同样应用阴阳五行等中医理论进行解释,运用气血津液腑脏理论辩证。[33] 中医学为将疯病视作一类正常疾病而不被严重污

---

[30] 杨念群:《再造"病人"——中西医冲突下的空间政治(1832-1985)》,中国人民大学出版社2006年版,第128页。

[31] 杨念群:《再造"病人"——中西医冲突下的空间政治(1832-1985)》,中国人民大学出版社2006年版,第128页。

[32] 参见林宗义:《精神医学之路——横跨东西文化》,赵顺文译,稻乡出版社1990年版,第179~180页。

[33] 参见刘雅芳:《身体化的表达与诠释——中国古代精神疾患之历史文化考察》,黑龙江中医药大学2009年博士学位论文。

名化提供了一定观念基础。虽然人们认可疯病属于病理问题,但因其不稳定、不可控而具有潜在危害性,统治者将它纳入法律调整的范围。为了维护社会安全与秩序、实现社会控制,清代统治者与官员通过立法制定疯人管制制度,冀图以事前的积极干预防止疯病杀人的案件发生。这不失为一种以"法律"为手段控制社会的表现,这种做法具有适时的理性精神。

清代的报官锁锢制度将家庭空间作为禁锢疯人的第一场所,要求亲属、邻居、地方组织负责人承担管束疯人的职责,在家庭缺位或无能时,官府介入,由监狱接管疯人,由地方官承担责任。这样的安排不仅具有经济理性,也考虑了人情常理。如果要指责对疯人实施禁锢是一种不人道的做法,须得考虑"人道"判断赖以形成的社会条件。在现代社会,以精神病学的发展和物质文明的积累为基础,不加区别地控制疯人的人身,是一种不人道。但在清代的社会条件下,在医学和经济仍不发达时,锁锢疯人似乎是一种服从于现实的选择。

在前现代国家,禁闭疯人是一种普遍的做法,英国、法国如是。《疯癫与文明:理性时代的疯癫史》的第二章"大禁闭"对此有详细的叙述,福柯称"禁闭这种大规模的、贯穿17世纪欧洲的现象,是一种'治安'手段"[34],"从总医院设立(1656年),德国和英国的第一批教养院开设,直至18世纪末,这个理性的时代实行着禁闭政策。"[35]与同时期欧洲残酷的大禁闭相比,清代选择家庭作为禁锢疯人的场所似乎稍显温情。

日本精神卫生法曾经历与清代报官锁锢例极其相似的时期。1900年,日本颁布了第一部关于精神障碍者的法律《精神病人监护法》,"以维护公共安全为目的对精神障碍者进行家庭拘束,将精神监护的负担完

---

[34] [法]米歇尔·福柯:《疯癫与文明:理性时代的疯癫史》,刘北成、杨远婴译,生活·读书·新知三联书店2012年版,第47页。

[35] [法]米歇尔·福柯:《疯癫与文明:理性时代的疯癫史》,刘北成、杨远婴译,生活·读书·新知三联书店2012年版,第66页。

全托付于家属。精神障碍者家属对精神病人进行家庭式拘禁，使家庭成为牢房，开始了对精神障碍者的'家庭禁闭'时代。"[36]

笔者做以上列举，并非主张清代报官锁锢制度是正义、良善的，而是想说明，在评价报官锁锢制度时要尊重时代的局限性。"任何道德判断都不能独立于特定的社会条件，脱离特定社会环境的超越性道德原则只存在于人们的想象之中。一个社会之所以看上去比另一个社会更加文明、更加人道，最重要的原因是，前者有能力而后者没有能力拒绝去做一些令人于心不忍的事情。"[37] 清代官方为维护社会安全与稳定，通过立法预防疯人犯罪，尽管其手段和效果难逃诟病，但这一作为本身的意义不应被完全忽略。

---

[36] 李霞：《论我国"精神卫生法"的称谓》，载《政法论丛》2014年第3期。还可参考程伟、王静：《日本精神卫生立法的变迁》，载《医学与哲学》1999年第5期。

[37] 桑本谦：《反思中国法学界的"权利话语"——从邱兴华案切入》，载《山东社会科学》2008年第8期。

舆论与真实：
晚明李三才法政形象之塑造与转捩

杨 潇[*]

一、问题的缘起

"三才有姿貌威容，敢言负气……牢笼驾驭，中朝举动，朝发夕闻。"[1] 明朝官吏李三才洞悉政事，广纳人缘，以直谏惩贪留名于世，受民爱戴。近年来，李三才的法政思想与治国实践受到一定的重视，他多元复杂的司法形象为后世不同文献流传与解读，相关的研究成果时有问诸于世。现从法律、政治及学术文化等相关视域做一简要梳理和评述。

李三才的传记研究者并不在少数，但主要以其家世生平、个性特质、法政功绩为研究旨趣。魏名庆在《明朝能吏李三才》一文中阐释了李氏的监察职能以及升擢历程，认为其是明朝一代能吏。[2] 蔡瑞霞的论文《论淮抚李三才》谈及李氏的税法之治与直谏功绩，认为他是正直、忠诚的官吏。[3] 邱雯惠在《晚明李三才行止考论》一文中论及李

---

[*] 中国政法大学法学院博士研究生。
[1] （清）陈鼎撰：《东林列传》卷十六《李三才传》，《钦定四库全书》史部 7 传记类明洪武至崇祯年间影印本，第 8 页。
[2] 参见魏名庆：《明朝能吏李三才》，载《书屋》2018 年第 6 期。
[3] 参见蔡瑞霞：《论淮抚李三才》，载《温州师范学院学报（哲学社会科学版）》1999 年第 4 期。

舆论与真实：晚明李三才法政形象之塑造与转捩

三才政绩斐然的一生，指出派系之争是其去职离乡的主要原因。[4]《〈石匮书·逆党列传〉"李三才"辨正》《明儒李三才及其〈抚淮小草〉孤本考略》《〈明史·李三才传〉勘误一则》等文章则列举不同的史料文献，更正相关内容对于李三才法政经历的误读。[5]

有学者以李三才为群体典型之一，讨论明朝言官的入世精神及其治国理政方面的主张，进而探讨明朝政治架构的演变。蔡明伦在论文《论万历中后期言官对神宗的批判》中以李三才为例，赞扬明朝言官以道事君，批判颓政恶法的无畏气概。[6]何菁菁在《试析明代邸报与言官政治——以李三才入阁风波为例》一文中论及李三才的入阁之争时指出，明代邸报具有巨大的影响力，其与明朝完善的言官之法密切联系。[7]类似观点可见于《明代官员进谏模式及其特点》[8]《制度规定与行政运作——以明万历辛亥京察为例》[9]等文章。

晚明的派系之争弥久激烈，李三才也被卷入利益与法律的纠葛之中。朱子彦在《论明代的内阁与党争》一文中阐释李三才与东林及其他派系的政治联系与冲突矛盾，并认为《大明律》规定的朋党罪在司法实践中效果不彰。[10]刘中兴在文章《论晚明东林党的舆论活动及其影响》中指出，东林党以"三才入阁"为籍，围绕官员诠选、官员考察、

---

〔4〕 参见邱雯惠：《晚明李三才行止考论》，载《台湾师大历史学报》2005年总第39期。

〔5〕 参见赵承中：《〈石匮书·逆党列传〉"李三才"辨正》，载《文献》2010年第1期；赖贵三：《明儒李三才及其〈抚淮小草〉孤本考略》，载《古典文学知识》2017年第6期；史国强：《〈明史·李三才传〉勘误一则》，载《史学月刊》1982年第2期。

〔6〕 参见蔡明伦：《论万历中后期言官对神宗的批判》，载《史学月刊》2006年第4期。

〔7〕 参见何菁菁、谢贵安：《试析明代邸报与言官政治——以李三才入阁风波为例》，载《丝绸之路》2014年第12期。

〔8〕 蔡明伦：《明代官员进谏模式及其特点》，载《北京联合大学学报（人文社会科学版）》2009年第4期。

〔9〕 余劲东：《制度规定与行政运作——以明万历辛亥京察为例》，载《明清论丛》2016年第1期。

〔10〕 参见朱子彦：《论明代的内阁与党争》，载《社会科学战线》1996年第1期。

对阁臣的批判等方面开展一系列舆论活动,最终加剧了党政态势。[11]诸如此类文章还有《从"癸巳大计"看明末东林党与内阁之对立》《东林非党论》《关于东林党的几点思考》《论政治思维定势与东林党人的困境》等。[12]

  以"李三才反对矿税法制"一案为例,探讨经世致用的法学思想与商事文化的研究也不在少数。杨绪敏在《明代经世致用思潮的兴起及对学术研究的影响》一文指出,在空疏浮泛的学术背景下,李三才等晚明学者积极倡导"经世致用"的法学思想,将注意力倾注到以拯弊救亡、完善法制为目的的时务问题和有用之学。[13] 谢国桢的论文《略论明末清初学风的特点》谈到李三才的《请罢矿税的奏疏》,阐述其法治思想对于晚明商业思维及学风文化的重要影响。[14] 林仁川在《明代漳州海上贸易的发展与海商反对税监高寀的斗争》一文中以李三才批判矿法之弊为例,探讨晚明商民反对矿监贪吏的社会背景与法律文化。[15]

  综上,大多成果议论宽泛,停留于党争和政治层面,或侧重于监察直谏的意义,或侧重于学术文化的评价。现有学术研究仅将李三才的法政实践与司法形象作为宏阔论题或法制视野中一个例证材料,未有详细深入的阐释。此外,学者未仔细辨析晚明士人的舆论与书写,将史料文献直接引用,潜移默化地描绘李三才的特定形象,研究结论应被重视。

---

〔11〕 参见刘中兴:《论晚明东林党的舆论活动及其影响》,载《安徽史学》2016年第6期。

〔12〕 参见陈永福:《从"癸巳大计"看明末东林党与内阁之对立》,载《浙江大学学报(人文社会科学版)》2010年第6期;樊树志:《东林非党论》,载《复旦学报(社会科学版)》2001年第1期;夏维中:《关于东林党的几点思考》,载《南京大学学报(哲学·人文科学·社会科学版)》1997年第2期;葛荃:《论政治思维定势与东林党人的困境》,载《天津社会科学》2001年第6期。

〔13〕 参见杨绪敏:《明代经世致用思潮的兴起及对学术研究的影响》,载《江苏社会科学》2010年第1期。

〔14〕 参见谢国桢:《略论明末清初学风的特点》,载《四川大学学报(社会科学版)》1963年第2期。

〔15〕 参见林仁川:《明代漳州海上贸易的发展与海商反对税监高寀的斗争》,载《厦门大学学报(哲学社会科学版)》1982年第3期。

因此，立于法制中的"人"是鲜活的历史个体，士人"言行举止"反映出的社会潜意识对法律文化的影响不可不察。本文综合运用多种文献史料和多学科研究方法，研究李三才形象中主观建构与认知偏差的成分，揭示晚明产生、形成此类叙述与认识的深层原因与影响。探求法政叙事以及舆论书写赋予史实的旨趣，辨析士人塑造李三才形象的意图、心态以及思维偏向，对于研究法制史的书写方式以及史实追求有着重要意义。

二、塑造与顶峰：李三才的廉洁正直之道

"泰华表三秦，灵秀甲寰宇。矫矫中丞公，岳降同申甫。抗志济时艰，誓心报明主。常为慷慨图，宁甘龌龊伍。屡疏叫阊阖，逆鳞岂惮忤。中外久回翔，东南乃开府。赐屦尽江淮，为宪兼文武。裦带何雍容，居然衮职补。谁云天听高，孤忠亦鉴许。纷此苍生情，引领为霖雨。"[16]

"誓心报主""宁甘龌龊""孤忠鉴许"，这是明朝官吏叶向高对李三才的高度赞赏。在士人政客的口传笔授之下，李三才厌恶晚明君主的护臣之私，鄙夷奸辅税臣的权揽之势。他在慷慨激昂的奏疏中批陈皇权，维惜监察法制及言官察吏的重要地位；在直言劝谏的同时力图惩贪治吏。李三才在宫廷朝野及民间舆情中声势大振，地位鹊起。

（一）形象初设：监察法制的悖驳与直谏言官的援持

万历十一年（1583），御史魏允贞上书直谏，"论陈四事，议及科场

---

[16]（明）叶向高：《赠李道甫中丞》（其一），转引自魏名庆：《明朝能吏李三才》，载《书屋》2018年第6期。

弊端。"[17] 神宗以魏之参本"漫逞私臆、语多过当",将其交都察院参看。[18] 首辅朝臣纷纷上疏辨明,朝野侧目观望。此时,户部员外郎李三才趁势随即上奏称:

> "允贞之疏,盖有不得不然者,若不论其心之无他言之可采,只以语侵贵近,遂加之罪,则谁不箝口吞舌,以言为诫乎?且以谏臣之故,而使辅臣闭门请罪,固非皇上隆重大臣之体,然以会试举人止系辅臣之子,而重罪谏臣,亦非皇上优容言官广开忠谏之道也,而况是以重辅臣之疚哉?"[19]

李三才的疏中强调言官有谏议之责,不应受到限制或处罚。他批评神宗顾及辅臣而欲对魏允贞论罪劾处,实有阻断言路之嫌。李三才此疏一出,神宗震怒,"魏允贞遭谪为许州判官;而李三才亦坐谪,降三级调外,贬为东昌府推官。"[20] 魏李遭谪之后,朝野议论四起,静待时机的士人言官群情激奋。

李三才的大胆陈述,不但立刻获得公论的回响与附和,也成为士人眼中勇于言事的清流。诸多仕宦渐被二人的正直、忠义所"震撼",此起彼伏的应援与舆论初构李三才的清流形象,并为之继续扩大个人的道德价值与司法影响。进士刘廷兰认为:"言官有人,散曹有人,可令铨

---

[17] 魏允贞上条陈救弊四事,实录未载,但《万历疏钞》书中有载奏疏全文。参见(明)吴亮辑:《万历疏钞》卷一,载本书编纂委员会编:《续修四库全书》(第468册),上海古籍出版社1995年版,第39~42页。

[18] 参见《万历邸钞》,江苏广陵古籍刻印社1991年版,第162页。

[19] 参见(明)李三才:《乞宥言官以作士气疏》,参见(明)吴亮辑:《万历疏钞》卷十五,载本书编纂委员会编:《续修四库全书》(第468册),上海古籍出版社1995年版,第594页。

[20] "中研院"历史语言研究所编:《明神宗实录》卷一百三十五,"中研院"历史语言研究所印本1966年版,第2517页。

衡无人乎？"[21] 文选郎中顾宪成也认为在科察事件中，只有李三才能不计后果、抗疏论政，实属朝中真能直言之人。[22] 此外，诸科道言官均上疏论救。[23] 相国申时行及时施以援手，并提议将志趣相投的魏李二人从轻处罚，迁官于一处。[24]

士人藉助权力声势和私信往来的手法，先令诸官于廷外谈资评议，掌控德礼风向，再使权威者上疏陈情，引导公众舆论，初设李三才不畏群议、坦言直谏、正直忠义的道德形象，执政者不堪舆论压力做出让步。君主最终从轻处罚，将李三才等一同迁往南礼部任职。[25] 直谏监察一事也为李三才"复为言诸吏部，擢山东佥宪，驯至大用"[26] 酌增优势。

万历二十三年（1595），他起补山东提学副使，其后又累迁南京通政使司右参议、大理寺右少卿、光禄寺卿，直至都察院右佥都御史，巡抚凤阳。[27] 李三才所任此职，乃巡抚淮、扬、庐、凤四府，徐、和、

---

[21]（明）顾与沐编：《顾端文公遗书》，载本书编纂委员会编：《四库全书存目丛书》（子部第14册），台湾庄严文化事业出版社1997年版，第272~273页。

[22]"执政于此两人能优容之，是为真能优容。"参见（明）顾宪成：《顾端文公集》卷二《再上相国瑶翁申老师书》，国家图书馆藏明崇祯间无锡顾氏家刊本微缩资料，第9页。

[23] 参见"中研院"历史语言研究所编：《明神宗实录》卷一百三十五，"中研院"历史语言研究所印本1966年版，第2518页。

[24]"相国谓予曰：向所言魏李二君欲为一处何如？予喜曰：老先生发此一念，天地鬼神亦来呵护矣。时与姚江孙越峰同在选司，因人言之。越峰曰：昨正商诸申相国，相国欣然曰：是吾心矣。"参见（明）顾与沐编：《顾端文公遗书》，载本书编纂委员会编：《四库全书存目丛书》（子部第14册），台湾庄严文化事业出版社1997年版，第349页。

[25] 参见（明）顾与沐编：《顾端文公遗书》，载本书编纂委员会编：《四库全书存目丛书》（子部第14册），台湾庄严文化事业出版社1997年版，第349页。

[26]（明）顾与沐编：《顾端文公遗书》，载本书编纂委员会编：《四库全书存目丛书》（子部第14册），台湾庄严文化事业出版社1997年版，第349页。

[27] 此迁官记录各见"中研院"历史语言研究所编：《明神宗实录》卷二百八十五、卷二百八十六、卷三百二十五、卷三百三十五，"中研院"历史语言研究所印本1966年版，第5276、5301、6036、6208页。

滁三州,总治淮安,并兼管漕运及河道的重要官职。[28] 他的直谏品格和斐然政绩不仅得到朝廷的重视,也赢得朝野士人更加积极的正面评价:

> "荐历藩臬,力持三尺,不少假借。而又最留意教化,张善瘅恶,到处澄清,污暴之吏辄望风解。"[29]

> "允贞为御史……不当以甲第私其子,蹈故相张居正覆辙,切旨谪官。道甫(李三才)以户部郎论救,亦谴降东昌府推官,自此声名籍甚。"[30]

李三才获得了国家及士人的认同。公议舆论开始利用定型(stereotype)和模式书写,以一些修辞语言和传统情节来充实用简历搭起来的架子。[31] 在传统的固化思维中,执法的监察官则不畏强暴,政绩卓然的良吏则秉承教化。除非一个事件,一个人的性格、群体或历史名人的活动,被解释为它在这个模式中的必然后果,否则,就没提供什么解释——因此也就没有历史叙述。[32] 在内疲外困的晚明环境中,舆论着意表现李三才争取直谏权利、保护国家利益的法律行动。士人书写及晚明邸报中的李三才在直谏监察之弊时不顾自身安危,以身犯险,他不仅匡君之操、践君之法,更被塑造为捍卫传统道德的勇者。

"他们的此类象征行动并非只带来具有实际意义的效果,且还带来

---

[28] 参见(清)张廷玉等撰:《明史》卷七十三《职官志二》,中华书局1974年版,第1773页。

[29] (明)顾宪成:《顾端文公集》卷三《上叶相国台山先生书》,国家图书馆藏明崇祯间无锡顾氏家刊本微缩资料,第18页。

[30] (清)陈鼎:《东林列传》卷十六《李三才传》,《钦定四库全书》史部7传记类,明洪武至崇祯年间影印本,第4页。

[31] 类似观点参见[英]崔瑞德:《中国的传记写作》,张书生译,王毓铨校,载《史学史研究》1985年第3期。

[32] 参见[英]以赛亚·伯林:《自由论》,胡传胜译,译林出版社2003年版,第116页。

与其此类行为本身相关的另一效果,亦即产生于其口中的行动以及有着深刻印记的经历中。"[33] 除真实披露外,舆论还通过实践细节"张善瘅恶,到处澄清,污暴之吏辄望风解"的想象与描摹,满足公众对李三才在履行法政责任与践行道德义务的形象追求。即便李氏未能入京升官,世人仍然发出"论者惜之,而道甫意甚乐也"[34] 的感叹。士人以惩奸除恶的模式凸显李三才的处世原则和不俗政绩,将此道德品质视为良吏的必然象征。

(二) 身份成熟:矿税之法的评议与猖獗盗贼的刑罚

若直谏监察事件引起官方的关注与肯定,矿税之案则激起民众的推崇与拥护。万历二十年(1592),朝廷收支失衡,国家无力负担,官方财政的瑕玷涌现。官吏皆上疏矿税之法的流弊,但是君主态度漠然:

> "数日以来,远近传闻凡有章奏,但系税即束高阁,一切不省,臣且信且疑,且警且骇……夫有土有众,则人皆知有朝廷;众畔土崩,则人皆起为敌国。一旦风驰尘骛,四方云扰,介焉之身块然独处,即有黄金过斗,明珠填海,谁为守之?而又谁为运之?"[35]

矿税之变引发了舆论风潮,官吏初时对矿税法制的内容提出改革方案。如有士人提出应据矿税实际的采榷效能来修正执行的方式;有士人则对矿税法律施行的细则提出警告,奏请神宗先行改善以避免可预期的

---

[33] Mary Douglas, *Purity and Danger: An Analysis of the Concepts of Pollution and Taboo*, Routledge, 1991, pp.68~72.

[34] (明)顾宪成撰:《泾皋藏稿》卷八《赠山东佥宪李道甫叙》,上海古籍出版社1993年版,第107~108页。

[35] 此两段详见(明)李三才:《万民涂炭已极乞赐省览以救天下疏》,《明神宗实录》将此疏系于万历二十八年(1600)七月。参见"中研院"历史语言研究所编:《明神宗实录》卷三百四十九,"中研院"历史语言研究所印本1966年版,第6536页。

乱象；亦有士人认为矿税之法的施行危及财税法制，应改行他议。[36]此时的士人多针对各地矿税之法的实践做相关讨论。

然而，这些奏章却不为神宗所接受，不是留中不发、毫无回音，就是驳回不准、照旧办理。但是，神宗对监使申请采榷的奏章，却朝上夕下，立即批准。矿监税使更加得势，朝野士人舆情更张。[37] 历时性变迁的不确定性和与过去相连的失败惨剧，能够在废墟中发现连贯和统一的表达。[38] 万历二十八年（1600）二月，李三才以"境内大盗奸邪四出"之实例强调矿税法制之害，请求皇帝罢除矿税法律、严惩奸臣。[39]李三才言辞恳切，神宗仍置之不理。万历二十八年（1600）三月，李三才在徐淮之间"密遣健卒搜捕，尽获盗匪徒党"[40]，并上疏述及矿税之巨大危害。[41] 他痛斥神宗包庇奸吏、贪婪纵欲的罪责：

---

[36] 相关奏疏及皇帝的态度参见"中研院"历史语言研究所编：《明神宗实录》卷三百八、卷三百二十七、卷三百四十、卷三百五十九，中央研究院历史语言研究所印本1966年版，第5758、6059~6060、6317、6707页。

[37] 吏部右侍郎冯琦所奏，本书编纂委员会编：《续修四库全书》（第469册），上海古籍出版社1995年版，第15页。

[38] 参见［美］杰弗瑞·奥利克、乔伊斯·罗宾斯：《社会记忆研究：从"集体记忆"到记忆实践的历史社会学》，周云水编译，载《思想战线》2011年第3期。

[39] "矿税内使原出万不得已权宜之计，此草上不能朝廷之宪典，远不虑万世之骂名，小不虑自己之灭门，大不虑宗社之颠覆，磨牙鼓吻，朝剥夕吸，四海鼎沸，而彼惟恐明主之或闻天下土崩，而彼惟恐明主之或见百计盅惑，壅蔽聪明，虐焰日炽，民怨日深。不逞之徒藉为口实，共起无将之心，咸动侯王之想，伏乞深惟祸乱之萌，急修消弭之策，悉撤矿税。""中研院"历史语言研究所编：《明神宗实录》卷三百四十四，"中研院"历史语言研究所印本1966年版，第6396~6397页。

[40] "赵古元，本名一平，聚众逞妖，税监陈增曾从古习其教。"以上详见"中研院"历史语言研究所编：《明神宗实录》卷三百四十五，"中研院"历史语言研究所印本1966年版，第6418页。

[41] "当矿税纷纭之秋，正奸雄观望之际，徐州南北咽喉，古元欲扼险据要，图兴大事，群小附和，妖言蜂起，万室惊惶。若非天夺其魄，阴谋豫泄，逆党就擒，则以妖异之流言，鼓易摇之，众听乘人情之缺望，成不逞之狂谋，即黄巾赤眉之祸再见。"详见"中研院"历史语言研究所编：《明神宗实录》卷三百四十五，"中研院"历史语言研究所印本1966年版，第6418~6419页。

"皇上爱珠玉，人亦爱温饱，皇上忧万世，人亦恋妻孥，奈何皇上欲黄金高于北斗之枢，而不使百姓有糠秕生斗之储，皇上欲为子孙千年万年之计，而不使百姓有一朝一夕之计，试观往籍，朝廷有如此政令，天下有如此景象，而有不乱者哉？"[42]

李三才连上多疏，用词犀利，不但在奏书中直言君主应顺应臣民的需求，更批评皇帝的爱财私心及放纵司法的消极态度。至此，矿税之法的争论重点由规章细则的修订转变为严重危害的控诉，最终直指皇帝失德失职，层层递进，令舆论不得不为之动容。李三才的行为引起更多士人的强烈共鸣。叶向高曾褒扬李氏的直谏勇气与救世精神。[43] 郭正域曾对李三才有"至浅至深，至婉至憨，汉廷痛哭不过此矣"[44] 之誉。明朝的邸报素有传布功效："新闻本身不局限于对真实的判断，它也包含了价值观，或者说，关于倾向性的声明。"[45] 矿税事件中，邸报散播官方舆论，使李三才名声更著：

"每阅邸报，见大疏指陈时事，言人所不敢言，批麟触忌，

---

[42] （明）李三才：《政乱民离，目击真切恳乞圣明承天念祖，救之水火以尽君道疏》，参见（明）吴亮辑：《万历疏钞》卷二十九，载本书编纂委员会编：《续修四库全书》（第469册），上海古籍出版社1995年版，第223~225页。

[43] "中丞李公独奋发力争，其为疏无虑十数上，每上无虑百千言，皆披心抉胆，指事开陈无所避忌。如怨如慕，如泣如诉，读之者至于神悸魂摇，舌矫不下；而听之者凛乎见天下势，若抱火厝薪，不能一日安也。"参见（明）叶向高撰：《苍霞草》卷六《中丞李公抚淮疏草序》，载四库禁毁书丛刊编纂委员会编：《四库禁毁书丛刊》（集部第124册），北京出版社2000年版，第154页。

[44] （明）叶向高：《苍霞草》卷六《中丞李公抚淮疏草序》，载四库禁毁书丛刊编纂委员会编：《四库禁毁书丛刊》（集部第124册），北京出版社2000年版，第154页。

[45] [美]沃纳·赛佛林、小詹姆斯·坦卡德：《传播理论：起源、方法与应用》，郭振之等译，华夏出版社1999年版，第358页。

忠胆激烈,同朝谏矿税者不一,未有如尊疏之剀切者,深切敬服。"[46]

"感谢台台忠肝义胆,贾日凌霄,每读大疏,直言极谏,寓内无两。庚子罢矿税三章,坊间已梓之,旷世文渊中固知吾翁不朽之一,而向来立德、立功所脍炙人口者,当与并垂之无数矣。"[47]

此外,李三才多次抓捕盗贼,严惩贪吏。万历三十一年(1603),李三才报奏"睢州大盗蔓延江北,宜分布严防,设法解散",得获"该督抚严加隄(提)备,相机抚剿"之令。[48] 李氏在短短两个月间抓捕盗贼,"睢州新息,盗首既擒,余党许令自新,因以保甲赈恤,弭盗安民事宜。"[49] 这场税法之争旷日持久,争议愈渐激烈。他严控矿税,勇捕盗贼,受众人敬仰,"江淮老幼歌舞相庆,民心大快"[50]。

徐淮一带的矿税中使势力横行无道,藐视法律,尤以陈增遭劾最甚。[51] 他初在山东开矿时,常假以阻挠开矿为由滥用职权,奏请革罢地方官员,引起众怒。[52] 但神宗却置之不理,致使矿吏变本加厉,诸臣一筹莫展。正当焦灼之时,李三才另谋策略,以反间利诱收获奇效,

---

[46] 参见(明)许乐善:《适志斋稿》卷七《复李修吾》,国家图书馆藏明天启五年跋刊本微缩资料,第55页。

[47] 参见(明)许乐善:《适志斋稿》卷八《复李修吾》,国家图书馆藏明天启五年跋刊本微缩资料,第28页。

[48] 参见"中研院"历史语言研究所编:《明神宗实录》卷三百八十八,"中研院"历史语言研究所印本1966年版,第7298页。

[49] "中研院"历史语言研究所编:《明神宗实录》卷三百九十,"中研院"历史语言研究所印本1966年版,第7349~7350页。

[50] (明)谷应泰撰:《明史纪事本末》,上海古籍出版社1994年版,第264页。

[51] "矿税流毒,宇内已无尺寸净地,而淮徐之陈增为甚。"参见(明)沈德符:《万历野获编》卷六《陈增之死》,中华书局1959年版,第175页。

[52] 参见"中研院"历史语言研究所编:《明神宗实录》卷三百二十六、卷三百二十七、卷三百三十,"中研院"历史语言研究所印本1966年版,第6042、6051、6099~6100页。

最终捕获贪赃枉法之徒，严惩陈增、程守训等奸吏。[53] 李三才深得民心，以致去淮之后，"民皆送之"[54]。他的法政能力再次得到公众舆论的高度评价。赵南星曾言：

"君不见李开府，赫赫雄名撼寰宇。傅翼如鹏尽雕虎，四海之人为其脯。百官里居亦受侮，淮上人家独按堵，其辈初时亦欲逞，当遭捉溺登鬼簿。存者缩颈赤舌吐，奔迸不啻避风雨，精诚天地亦相助，近日遂将元恶取。杨（扬）州自古风流地，柳月花烟满歌舞，巧手女儿不绣佛，焚香但绣李开府。"[55]

为了达到历史书写的某些特定目标，"突兀"的修辞方式在所难免。于孔兼指出："屈指当时行事，做得快心满意者谁与？今日无如台下矣。"[56] 冯时可认为："何物中常侍，跳梁甚于虏，一发剪其翼，再发

---

[53] 李三才先密语陈增，以钱财为诱，反间二人之情谊。见陈增"微露肯意"，便"潜令其家奴之曾受守训酷刑者，出首于增，云守训有金四十余万，他珍宝瑰异无算，并畜龙凤僭逆之衣，将谋不轨。"以此说服陈增上疏神宗参奏程守训之贪弊。陈增故"自发于地方抚按，会报于阙下，业已形诸邸报，传诸四方。"然而，陈增在顿失程守训之后，不但榷税收入减少，受到神宗及其部下的质疑。此时李三才"使人胁之，谓阁臣密揭入奏"，转而参劾陈增，使其最终与其党羽死散而亡。以上李三才剿除陈增、程守训之过程记录，详见（明）沈德符：《万历野获编》卷六《陈增之死》，中华书局1959年版，第175~176页。

[54] （明）顾宪成撰：《泾皋藏稿》卷五《与吴怀野光禄》，上海古籍出版社1993年版，第75页。

[55] （明）赵南星撰：《赵忠毅公诗文集》卷三《赠李道甫兼答书中语》，载四库禁毁书丛刊编纂委员会编：《四库禁毁书丛刊》（集部第68册），北京出版社2000年版，第89页。

[56] （明）于孔兼：《于景素先生山居稿》卷六《复李修吾巡抚》，《内阁文库藏明代稀书》明万历四十年序刊12册影印本，第31页。

截其股,鸺鹠不能妖,漏天一手补。"[57] 又如郭正域所述:"公非有耳目之寄,腹心之托,此两者皆批鳞蹈尾之士所不能得。"[58] 言论已用夸张的描写将其神化为力可补天、龙鳞披甲的能人异士,进一步美化他的法政形象。

社会舆论也形成特定的价值意旨,继续引导风向,"方今荐绅辐奏,中丞如高标正鹄,力于峻岳,莫不仪向。"[59] 坊间传颂不仅令李三才的才干能力在士林清议中发酵,李三才的道德品格藉由士人舆论也得到正面评价。"旷世文渊中固知吾翁不朽之一,而向来立德、立功所脍炙人口者,当与并垂之无数矣"这一介乎事实描述与主观想象之间的夸张表达,满足了民众"清官为民除害"的理想,同时表现出公众评价"好官吏"的内心标准———一种符合伦理标准的道德义务。士人在回应民众对沉冤得雪、善恶有报、司法公正之理想社会普遍期待的同时,也试图强化直谏监察的司法效果,尽彰李三才的清明之像与惩贪之功。

在公议舆论的推波助澜之下,李三才加官晋爵,声名远播。万历三十三年(1605),神宗加升李三才为左副都御史。[60] 至此,李三才法政形象的塑造自然带有象征国家的意味。晚明邸报大肆传播李氏的丰功伟德,士人书写也赋予三才"清廉正直"的道德气质,以此为象征,舆论在国家官吏与社会公众的互动关系中,处处传达出王朝公平公正、保障

---

[57] (明)冯时可撰:《冯元成选集》卷四《李中丞道甫邀引有述》,载四库禁毁书丛刊编纂委员会编:《四库禁毁书丛刊补编》(第61册),北京出版社2005年版,第204页。

[58] (明)郭正域:《合并黄离草》卷十六《贺李道甫以大司徒理饷序》,载四库禁毁书丛刊编纂委员会编:《四库禁毁书丛刊》(集部第13册),北京出版社2000年版,第643页。

[59] (明)冯时可:《冯元成选集》卷十四《李道甫中丞漕抚奏草序》,载四库禁毁书丛刊编纂委员会编:《四库禁毁书丛刊补编》(第61册),北京出版社2005年版,第459页。

[60] 冯时可对李三才之升官,曾有"屡疏帝弥倚,十辞官愈尊"的赞誉。参见(明)冯时可撰:《冯元成选集》卷八《赠李中丞道甫》,载四库禁毁书丛刊编纂委员会编:《四库禁毁书丛刊补编》(第61册),北京出版社2005年版,第301页。

民生以及维护社会稳定的价值承诺:"诸侯股肱倚之,咽喉仰之,于公岂有不足?而公议之郁勃,犹若有不尽释者,公之功名于是为盛哉。"[61] 在国家、士人及民众复杂的互动与作用过程中,李三才的正面形象达到顶峰。

(三)"正"与"不正":李三才前期法政形象的建构

在官民对李三才积极评价的同时,舆论也诱使邸报做出了更加符合这一形象的宣传。值得注意的是,个体性的记忆由于必须使用人类社会的基本沟通工具——语言、逻辑以及概念,因此也就必然受到社会框架的结构性限制。[62] 这些生动的描写不能排除是媒体有意营造出一种有别于重现真实的"拟态环境",报刊为了满足某种需要而进行夸张与杜撰。[63] 社会公众对李三才做出"君不见李开府,赫赫雄名撼寰宇"的评价,并非完全基于他的斐然功绩。

在舆论诱导及仕宦支援之下,李三才以"报奏维护谏官权责"及"披露矿税法制疏漏"等事件完成法政形象的初构。但是历史"真实"的背后隐含着价值与感情的衡量。以"上疏直陈监察之弊"为例,在科察事件发生之前,晚明的谏官对监察体制积怨已久,他们殷切期望君主有所收敛:

> "皆由臣等杜绝言路,掩蔽聪明,妒贤嫉能,排抑胜己所致……臣等因循将顺,苟避嫌疑,不能力赞干刚,俯从舆论,别白忠邪,明正赏罚,以致人心惶惑,物议沸腾,草野之下,

---

[61]（明）董其昌:《容台文集》卷三《贺漕抚李公考绩晋副都御史序》,载本书编纂委员会编:《四库全书存目丛书》（集部第171册）,台湾庄严文化事业出版社1997年版,第328页。

[62] 参见［法］莫里斯·哈布瓦赫:《论集体记忆》,毕然、郭金华译,上海人民出版社2002年版,第45页。

[63] 这种拟态环境是根据真实情况进行有选择的加工重构,参见［美］沃尔特·李普曼:《公众舆论》,阎克文、江红译,上海人民出版社2002年版,第12~13页。

其言乃至于此。"[64]

在积怨积弊的社会背景下,魏允贞因直谏获罪的案件已经引起朝野注意,但碍于个性特质或身份地位,诸士言辞委婉,未能切中肯綮:"近者魏允贞所言,诚有过当……二臣已蒙圣明昭鉴,不加罪谴,允贞狂直,亦宜在所矜贷。"[65]而李三才适时出现,言辞激烈,酣畅淋漓,似替众官言说多年的愤懑与委屈,他直批君主失德,正中舆论之要。因此,仕宦未必感动于李三才正直的谏言,而是在凋零的王朝中追寻自身的价值。

此外,以李三才"痛批矿税之法"为例,梳理《明神宗实录》万历二十四年至三十三年间(1596~1605)涉及谏论矿税之法的奏疏,观察诸臣上疏的时机与神宗回应的次数。其中,反对矿税的奏疏共计129篇,神宗有回应者则计16篇。值得注意的是,万历二十八年(1600)奏报的次数最多,神宗却一次都未回应。[66]

首先,李三才多次上疏的时间集中在万历二十八年(1600)二月至六月,正值士人议论风潮高涨之时,官吏愤慨于消弭的国家局势,多直言:"当江陵擅国,诸言事者无不被罪去,以是台谏缄口结舌,靡靡不立,天下伤之。"[67]李三才时机掌握精准,顺应察谏大势,最终赢得重臣青睐,为其上书陈情。研究者曾指出,"说服传播"在"天时""地

---

[64] "中研院"历史语言研究所编:《明孝宗实录》卷一百四十六,"中研院"历史语言研究所印本1964年版,第2568页。

[65] 南炳文、吴彦玲辑校:《辑校万历起居注》,天津古籍出版社2010年版,第417页。

[66] 据近人谢贵安研究,《明神宗实录》之修纂乃自天启元年(1621)至崇祯三年(1630),共费时约10年修成,期间纳用档案、公文,考辩史乘,亦将神宗诸留中不报之奏疏宣付史馆,史料搜集广泛,公信力强,有其重要的参考价值。故在此以《明神宗实录》中士人谏议矿税的奏疏记录,做为本文参考的基础,并进行简略的统计和比对。以上详见谢贵安:《明实录研究》,上海古籍出版社2013年版,第75~80、314~327页。

[67] (明)顾宪成:《顾端文公集》卷二《再上相国瑶翁申老师书》,国家图书馆藏明崇祯间无锡顾氏家刊本微缩资料,第9页。

利""人和"的配合之下,产生效用。且传播者必须修年养性、建立关系来获得受播者的信任。[68] 相较于明朝官吏李时勉等谏官孤军奋战,以致重罪身死的悲惨结局,他是深谋远虑的。

其次,在16篇神宗的回复中,仅有8篇准奏,其中4篇疏文均涉及士人对于陈增罪刑的历数与批判。李三才奏疏多次,也仅有参劾陈增的折子被神宗批准,或许李三才有针对地选择弹劾对象,不仅因该吏贪税污腐,更重要的是他窥察到神宗的关注指向与暗示支持。[69] 一旦获得神宗的青睐,士人即可增加舆论传播的机会,提升他在官场清议中的地位。

最后,大肆支持李三才的官吏在得知其升至左副都御史时,颇有"愿君早晚得柄用,使我放心长饮酒"[70] 的意味。高攀龙请求李三才对理念相合的士人多加关照:"旧令韩丹阳万象、徐溧阳缙芳、熊华亭剑化、徐溧水良彦,皆端人也。而溧阳头角初露,遂为小人所图,需台台力为援引,他日国家必得其气力。"[71] 李三才的师尊旧辅王锡爵也言辞恳切,劝李三才收敛直言态势,培养人望,势能逐步晋升:

"吾台骨鲠名天下,然在彼时不妨危身以触奸罔;在今日则又当纳牖以成大忠事。即有制肘未尽如意者,毋急近功,毋

---

[68] 参见孙旭培主编:《华夏传播论:中国传统文化中的传播》,人民出版社1997年版,第361页。

[69] 参见谢贵安:《明实录研究》,上海古籍出版社2013年版,第75~80、314~327页。

[70] (明)赵南星撰:《赵忠毅公诗文集》卷三《赠李道甫兼答书中语》,载四库禁毁书丛刊编纂委员会编:《四库禁毁书丛刊》(集部第68册),北京出版社2000年版,第89页。

[71] (明)高攀龙撰:《高子未刻稿》卷六《荅李修吾司徒》,国家图书馆藏明钞本缩微文献资料,第74页。

求全效,大直委蛇,以岁月计,不以日计。"[72]

他们帮助李三才的主观动机似乎并不单纯。最后,李三才也利用舆论迫使双辅王锡爵、沈一贯去职。王李二人的关系可谓休戚与共,论者曾言:"独喜癸酉乡试门生李修吾中丞,谓其抗直不阿,海内称为第一流"。[73] 但是,李三才却在官至高位之时令师尊深陷囹圄。王锡爵在万历三十五年(1608)间,因受命再度入阁时,也去信李三才,征询建议。[74] 可见王对李的信任与赞赏。但后者却将王锡爵密揭抄录发传,使朝野引爆言路的攻击。[75] 随后,李三才以结党徇私之疏暗讽高官,使同为友人的首辅沈一贯连疏乞休返乡。[76]

双辅休去,李三才随即成为士人希冀推举入阁、舆论寄望入拜秉宪的热门人选。其言论与行事的动向极受朝野关注。当李三才的形象与审时度势的行为、恰如其分的时机、别有用心的目的、亲疏远近的关系牵涉之时,历史的真相即在"正"与"不正"间存疑。不难发现,李氏参政的前期,我们几乎找不到关于他的任何负面评价,仅存在单一的正面肯定。于是,监察公正、申冤除恶、为民请命以及勤勉慎刑成为晚明社会最为突出的司法形象,呈现了刻板而模化的特点,并由书信及邸报流播,记入史册。

---

[72] (明)王锡爵撰:《王文肃公文集》卷二十八《李修吾总漕》,载四库禁毁书丛刊编纂委员会编:《四库禁毁书丛刊》(集部第7册),北京出版社2000年版,第613~614页。

[73] (明)沈德符:《万历野获编》卷六《陈增之死》,中华书局1959年版,第215页。

[74] (明)王锡爵撰:《王文肃公文集》卷三十《李修吾总漕》,载四库禁毁书丛刊编纂委员会编:《四库禁毁书丛刊》(集部第7册),北京出版社2000年版,第664页。

[75] 详见(明)计六奇编辑:《明李北略》卷二十四,台湾商务印书馆1979年版,第524页。

[76] 参见(明)沈一贯:《敬事草》卷十九《闻言增惧疏》,卷十九《七十七恳疏》,北京大学图书馆藏明朝影印本,第604~606页。

三、转捩与陨落：贪腐好功与虚荣之耻照

李三才在初踏政坛十年之际，因涉监察、矿税事件而声名大噪，不但获得士论的认同，建立支持言路的形象，更因舆论的扩散效应而列名当世清流。在李三才正面形象逐渐固化的趋势下，公众对"青天老爷"的合法化诉求得到满足。但其广结人脉、家境殷实、权揽中廷，由此埋下晚明门户争议的伏笔。虽然这些负面评价在彼时或被当作一笑谈资，或了无回应，被大量正面舆论掩盖，个中却隐约透露出正面形象下蛰伏的"倒戈"危机。

（一）地位渐颓：左右逢源的人际与贪糜奢华的住域

李三才与朝野士人的来往极为频繁。由于李三才的旧居通州张家湾和后任巡抚所居的淮安皆为漕河关口的要道，其家门常常车马不绝。"自都门东南行六十里，有地曰张家湾，凡四方之贡赋与士大夫之造朝者……故其地水陆之会，而百物之所聚也。"[77]再加上李三才生性好客，不论是在朝为官、或是下野致仕，皆多方交往，广结善缘。[78]他借职务之便结识同僚顾宪成、赵南星，并常与之同行郊游。[79]《问次斋稿》中也曾提及李三才"引裾多士尽升堂""时公方有疏论事，其台省直臣多出公门。"[80]

此外，言官指出，李三才居所装饰奢华富丽，住域"各由前门直入，以象其制，则瑰丽神奇，见者惊诧；由后路周遭以窥其全，则崔巍广大，势甚铺张。惟最后一楼，家眷所居，扃门不入，各商指为用木渊

---

[77]（清）高建勋修，王维珍纂：《通州志》，载《新修方志丛刊河北方志》5卷10《艺文》，台湾学生书局1968年版，第1741页。

[78] 详见（明）顾宪成撰：《泾皋藏稿》卷五《与吴怀野光禄》，上海古籍出版社1993年版，第75页。

[79]（明）顾与沐：《顾端文公遗书》之《谱上》，载本书编纂委员会编：《四库全书存目丛书》（子部第14册），台湾庄严文化事业出版社1997年版，第512页。

[80]（明）公鼐：《问次斋稿》卷二十《荅李修吾司徒》，国家图书馆藏明万历四十七年河南副使吕邦燿刊本微缩资料，第23页。

数".[81] 顾宪成也认为李三才家中食宿优渥,"他日复过访,复留饭,加馔至数品".[82] 锦衣玉食的生活也为朝中资谈及门户舆论提供丰富的资源。

万历三十七年（1609），李三才加官至南京户部尚书，声势更高。[83] 正值内阁缺人，各疏多陈补用阁臣应不拘内外，意在期李三才之入阁。舆论将李三才推上风口浪尖，引发朝野攻讦论战。工部屯田司郎中邵辅忠上疏，察举李三才收受节礼、贪玩珍奇，并结奸养豪，私植党羽，其心可议。[84] 浙江道御史徐兆魁上书弹劾"复数其奸贪十事",[85] 论及李三才"外假慷慨论列之名，尽愚天下耳目；内挟贪残态雌之术，不顾一己防，维广布互交潜开三衅，浮慕细衣之好挥金走币，贤愚尽人牢笼".[86] 南京兵部郎中钱策贬斥李三才"狡悍机智玲珑，既能罗百万金钱而饱其腹，又能招一时丑类而助其锋……贿赂公行纪纲扫地。"[87]

这些指控立即引爆舆论攻防。批者立于"正义""合法"的舆论高处，以之视下，李三才凭借政治手段干涉司法公正，这是他作为当权者能一手遮天的根本原因。一旦这种不法手段为朝中清流所铲除，李三才便会自食恶果。万历三十九年（1611），虽然李三才也上疏反驳，但最

---

[81]《万历邸钞》，江苏广陵古籍刻印社1991年版，第2168~2171页。

[82]（明）顾宪成：《顾端文公集》卷三《上叶相国台山先生书》，国家图书馆藏明崇祯间无锡顾氏家刊本微缩资料，第17~18页。

[83] 参见（明）邹元标：《邹子存真集》卷四《李中丞荣召左司徒序》，国家图书馆藏明刻本缩微文献，页码不详。

[84] 参见"中研院"历史语言研究所编：《明神宗实录》卷四百六十五，"中研院"历史语言研究所印本1966年版，第8778页。

[85]（明）查继佐：《罪惟录》（第二册），上海书店1935年版，第47页。

[86]"中研院"历史语言研究所编：《明神宗实录》卷四百六十五，"中研院"历史语言研究所印本1966年版，第8794页。

[87]"中研院"历史语言研究所编：《明神宗实录》卷四百六十五，"中研院"历史语言研究所印本1966年版，第8809页。

终以病去职。[88] 在社会生活的多重描写中，李三才"贪婪"的丑恶个性得到彰显。疏议邸报对李三才进行了偏离良吏特征的描述，处处向社会公众传达出他在职位身份中不断"越权"的行为，很大程度上阻碍了其正面形象的重塑。彼时的"广缘善济"又成为李三才在法政工作中"祸民"、"牟利"以及"务虚"的凶器，并由此诞生了异于传统的恶官形象。一正一反两种形象特征形成鲜明对比的同时，也为真实罩上一层朦胧的"面纱"。

（二）名望毁落：盗皇木罪的判定与二度执政的阻绝

万历四十二年（1614），河南道御史刘光复上疏参劾李三才盗用皇木一罪，指出其住所"居室连云、几于半州"，且"擅用黄（皇）木，盖造房屋数百间"，并占皇木旧厂，作为私用，直批李三才"纵逃盗贼之名于一时，终不能逃盗贼之名于后世"[89]。此疏一出，李三才重遭物议。[90] 相比于晦涩的法律条文与庄肃的事实陈述，以"纵逃一时""不逃后世"等道德语言塑造李三才的卑鄙形象更加贴近生活，能够填补一般社会大众对其罪行的认知匮乏，形成了一种借由熟稔"失德"进而理解"违法"的有效传播方式。

同年十二月，神宗派司法官员前往查勘。[91] 万历四十三年（1615）三月，此案由三法司会审，认为占厂一事应与追还，至于皇木遗失事件，仍待追出。[92] 直至法司会审结束，皇帝迟迟未做出回应。连续参劾李三才的争议还未消弭，刘光复又大肆指责李氏盗用皇木，谏议查核之声不断。工科给事中刘文炳即以"皇木盗卖可骇"为题，疏参李

---

[88] 参见"中研院"历史语言研究所编：《明神宗实录》卷四百八十，"中研院"历史语言研究所印本1966年版，第9048页。

[89] 《万历邸钞》，江苏广陵古籍刻社1991年版，第2146页。

[90] 参见"中研院"历史语言研究所编：《明神宗实录》卷五百二十六，"中研院"历史语言研究所印本1966年版，第9893~9895页。

[91] "□"为缺字，参见《万历邸钞》，江苏广陵古籍刻社1991年版，第2158页。

[92] 参见"中研院"历史语言研究所编：《明神宗实录》卷五百三十六，"中研院"历史语言研究所印本1966年版，第10153~10154页。

三才：

> "法木虽多，不过头运、二运，不离已收、未收，以此两者，按籍而求，有无虚实，可以立见。果原数不☐，三才盗买，不待辩而自明；果原数有亏，商人盗卖，即有喙以自解。"[93]

刘文炳建议立查皇木存数，即能了解问题的症结。江西道御史李征仪则以"水曹溺职、运木未完"为题，暗批李三才将发商卖抵之皇木，搬抢回宅，且原价十不给一，无异土豪劣绅。[94] 一时间，李三才由正直清廉、忠义勇敢的君子，变为贪腐盗窃、卑劣虚伪的小人。虽然无法断言此言属完全捏造，但无论真相如何，可以肯定的是，在李三才形象转捩过程中，用于添补法律以外社会空间的道德批判，如将其"高价卖木"的违法行为比作道德败坏的"土豪劣绅"，对李三才"居室连云，几于半州"以虚为实、夸大用词的描述，的确存在着对以往历史评价的异变和扭曲。

李三才在面对外界质疑时，则立即以"言官朋谋蒙蔽，假公陷害"为题，上疏自辩。[95] 甚至利用私情游说李征仪与聂心汤。[96] 申辩恩情

---

〔93〕 "☐"为缺字，参见（明）文秉撰：《定陵注略》卷九，载《明季史料集珍》（第 2 辑），台湾伟文图书出版社 1976 年版，第 559 页。

〔94〕 参见《万历邸钞》，江苏广陵古籍刻印社 1991 年版，第 2149~2150 页。

〔95〕 "御史刘光复、李征仪俱系汤宾尹、韩敬至亲密友，诬职擅用皇木二十三万，又挟制工部林如楚、聂心汤，说木是李家强买去了。此非聂心汤本心，不过畏惧御史，为之出力陷害报仇。清平世界，迺有卢杞、秦桧所不敢为者，今公然为之……夫杉、槁等木，多是民间常用之物，何得谓之皇木？买用盖房，多亦不过三、五万根，又何至二十三万？"参见《万历邸钞》，江苏广陵古籍刻印社 1991 年版，第 2152~2153 页。

〔96〕 "在淮上时，李、聂俱为令，李四荐，聂三荐者，苟不至大义灭亲，犹望二公姑舍之。何至误为他人报仇，指名露章，一再疏不已。又纠令乡亲木商，为之立谋，唆之告状，教之相证。假皇木如天之大祸，迎皇上息费之睿心。计诱穷迫之客商，势挟软媚之司属。至巧至毒，极奸极狠。二公平心思之，忍乎？不忍乎？世变江河，或应如此乎？职不能知也。"详见《万历邸钞》，江苏广陵古籍刻印社 1991 年版，第 2152~2153 页。

并茂,但他的举动反而引起各方口诛笔伐。工部署部事右侍郎林如楚批评李三才有"瓜田李下"之嫌,又论"否则其美轮美奂,料从何来……三才大臣也,官尊禄厚,即退而家居,亦宜畏公议"[97]。此外,刑科给事中姚若水、户科给事中官应震、御史刘弘光、河南道御史潘汝桢、直隶巡按颜思忠等人更对此案纷纷上疏,参劾李三才盗木之罪。[98]此时,李三才涉嫌偷盗皇木的认定不再仅仅局限于真凭实据,还增加了具有"正当性"的舆情公议与道德批指。

各方舆情共致,皇帝随即做出裁决,"李三才既属回籍官,不思省躬修行,辄敢盗买皇木、侵占厂基,胆大欺君,且数逞狂妄扰乱计典。本当处以重辟,念系大臣,姑从轻革职为民。"[99] 综上,李三才谏官、法官等职业的正面形象经历了构架、崩塌与再塑的曲折变化,贪污案及盗木案在引发正反掾变的同时,也造成了他乱臣与贪官的典型特征。以形象的变迁为线索,不难观察到贯穿于李三才个体生命中的政治、法律要素在时刻进行的复杂互动。

(三)"廉"与"不廉":李三才后期法政形象的转掾

士人略行夸张的表达手法,呈现出李三才在贪污、侵占等罪中的"佼佼"地位,邸报与私信益加介绍,彰显他在法政领域的诸多罪戾。舆情与奏章因应,共同为受众塑造了一位迎合其心理需求的污吏形象。但是,书信邸报可能依据现实的政治环境以及道德与价值评判的需要,在出离真实的描写中有选择的加工重构,造成意旨舆论与历史真实的偏差。

以弹劾"李三才结党营私、贪腐奢靡"一案为例。首先,李三才广结人脉、培植党羽的结论太过绝对。在士人与李三才的诸多信件中,曾期望其向朝廷请求赈灾,保护百姓。而李三才在面对这些民生要求时,

---

[97] 《万历邸钞》,江苏广陵古籍刻印社1991年版,第2154~2155页。
[98] 详见"中研院"历史语言研究所编:《明神宗实录》卷五百二十六,"中研院"历史语言研究所印本1966年版,第9895页。
[99] 详见"中研院"历史语言研究所编:《明神宗实录》卷五百五十一,"中研院"历史语言研究所印本1966年版,第10413~10414页。

也多尽力达成地方蠲恤灾伤的期望。[100] 此外，李三才对未负功名的士人及无权无势的乡邻也是一视同仁，乐善好施：

> "不佞具守柴门潦倒旧籍，讵惟户外无长者车，即邮中亦绝无云间翰矣。猥蒙存注使币远临，故人之谊，何其渥也。腆仪拜登，随容尚力走谢。"[101]

> "又闻一孝廉负才名者，尝计偕时与一孝廉偕谒之。留两日不过赠数金而已，所偕孝廉颇以为愠。至及都旅馆甫定，而三才之使者已至。赠孝廉二百金，所与偕者亦四十金。其操纵类如此。"[102]

据此，若听任上疏言论，完全视其为"结奸养豪、私植党羽"的佞臣，似乎仍有待史料考据。在1609年及后，朝中舆论几乎始终将李三才视为整治的重点，对他的罪恶行径、品德特征展开审判和批评，成为士人表达愤怒、彰显正义的途径。个中原因，可能远不止于他"贪污侵占""干涉司法"的恶劣行径。

士人认为李三才宅富丽堂皇，但是住域奢华与贪赃枉法并无直接的因果联系。李三才之父从小经商，富硕的财产积累极有可能致其家族殷实。陈鼎认为李三才的家产多因"善运算"而得"货殖"之利。吴亮认为："货利情多，殚物力于蓬庐。"[103] 黄宗羲指出，李氏善于经营家

---

[100] 参见"中研院"历史语言研究所编：《明神宗实录》卷四百五十三，"中研院"历史语言研究所印本1966年版，第8552页。

[101] （明）于孔兼：《于景素先生山居稿》卷四《简李修吾通参》，《内阁文库藏明代稀书》明万四十年序刊12册影印本，第85页。其他来往书信亦有类似的纪录，参见（明）于孔兼：《于景素先生山居稿》卷五，《内阁文库藏明代稀书》明万四十年序刊12册影印本，第44~45页；（明）于孔兼：《于景素先生山居稿》卷六，《内阁文库藏明代稀书》明万四十年序刊12册影印本，第31~32页。

[102] （明）夏允彝撰：《幸存录》（上）《门户大略》，载沈云龙编：《明清史料汇编》（二集第4册），台湾文海出版社1967年版，第1915~1916页。

[103] 《万历邸钞》，江苏广陵古籍刻印社1991年版，第2168~2169页。

业，获息不菲而生活富足：

> "李道甫在部郎，则以劾魏懋忠谪，在藩臬则去，而民思之，在淮抚则税奄鼠伏不敢动，真干国之才也。其取友，则顾端文救之；于被劾，刘忠正荐之；于既废，独小人言其贪耳。然身死之后，书画亦折卖殆尽，贪者固如是乎？"[104]

此外，天启四年（1624），孙承泽在重新查访李三才故居之后，发现李三才"圹无志、墓无碑"，身后甚为清简，书画折卖殆尽，子孙无袯。[105] 黄景昉也曾在《国史唯疑》中阐释李三才旧园图景：

> "李废园旧存，余过之，荒榛满地而已。其家亦非甚巨富。"[106]
>
> "逢人犹说旧淮扬，故苑遥临帝阙旁，有水临门深闭阁，何年乘月更登床。大臣引过羞田窦，执法持平美汉唐。莫遽婆娑悲老树，豆萁终顷全未荒。"[107]

又有调访者指出：

> "后予以问通州范玺卿，曰：'淮抚固不贪，然豪侠人也。不善自匿饰，又挥金如土，以故来谗慝之口耳！'且不攻淮抚，

---

[104]（明）黄宗羲：《汰存录》，载《丛书集成初编》（第3970册），台湾新文丰出版社1988年版，第757页。

[105] 参见（清）孙承泽：《畿辅人物志》卷十《李三才传》，李洪波点校，北京出版社2010年版，第109页；（明）黄宗羲：《汰存录》，载《丛书集成初编》（第3970册），台湾新文丰出版社1988年版，第757页。

[106]（明）黄景昉：《国史唯疑》卷十一，陈士楷、熊德基点校，上海古籍出版社2002年版，第323页。

[107]（明）黄景昉：《瓯安馆诗集》卷十七《经李淮抚废园》，国家图书馆藏明影印本微缩资料，页码不详。

又安得东林之蠘而诋之。又以中甫质吾乡郑太宰,太宰曰:'果若人言,于何自以废主事终乎?'呜呼,两先生盖持中之论矣!"[108]

可见李三才家境凄凉,简陋清贫。若真如舆论所述,李三才居所富丽堂皇,家境殷实,在李三才仅被革职的处罚之下,居所家业如何在极短时间内破落至此?据此,黄景昉提出,时下科道之贪并不下于李三才,则以己之贪,评彼之贪,又何能取信于朝廷天下?故此时言论的批评虽衔清议之名,却以舆论传言作为士人间权力倾轧的工具。[109]

最后,神宗对他多加宽宥,并未向其加罪追赃,也未使吏部查勘,更未批准李三才多次去职的请求。因此,李氏的表面形态与法政形象,在司法中借由部分仕宦的意旨舆论与疏议行动表达出来,由主要的言说者将价值倾向与司法潜意识传入叙事文本,继而可能发生从"事件"到"历史事件"再到"历史故事"的转变。

此外,以"贪盗皇木"一案为例,参劾官员的指控与司法机关的取证存在问题。官方言论有选择地忽略了李三才案件的诸多疑点,以道德话语替代法律处罚,批判性地认为他凭借个人政治权力亵渎司法,徇私舞弊,罪不可恕。

首先,刘光复参劾李三才的内容确有可议之处。《通州志》载明:"万历三十五年闰六月,霪雨一月,平地水涌,通惠河堤闸莫辨,张湾皇木厂大木尽行漂流。"[110] 根据以上记录,通惠河畔的皇木厂大木在万历三十五年(1607)因水灾而尽付水流,如何能将木料之遗失裁定为李

---

[108] (明)吴应箕、(清)吴伟业等:《东林本末》(外七种),北京古籍出版社2002年版,第27页。

[109] "吾乡一御史光复,首攻淮抚。御史,固时所称抹杀忠臣孝子者也。其攻淮抚以贪,而御史又并非不贪者,则其所谓贪又可知矣。"参见(明)吴应箕、(清)吴伟业等:《东林本末》(外七种),北京古籍出版社2002年版,第27页。

[110] (清)高建勋、王维珍:《通州志》卷末《杂识》,载《新修方志丛刊河北方志》5,台湾学生书局1968年版,第2035页。

三才全数盗买？林如楚在查勘李三才旧居时所提出的奏疏并未实际查得皇木的数量，仅以推估了事，实属牵强。再者，因皇木漂流待运，原有"脚价不敷、发商抵商"之议，在此却全成"各官不敢擅卖"，李三才"叱令搬抢"之词。[111] 这也是不合逻辑之处。

其次，司法机关审理此案时态度敷衍，含糊其辞。万历四十三年（1615）三月，李三才用木、占厂一案下法司会审。然刘光复再疏催查，并言及执政的处理态度，过于敷衍："辅臣方从哲票拟，一则曰法司知道，再则曰法司知道，曾不紧关半语，岂揆代言宜平易，抑习见皇上用惯知道，而借以支吾世界？"[112] 最终，三法司迫于压力，做出似是而非的裁决：

"拟将三才家人李七、李四等戍遣；商人汪信、李元等徒杖。其原占仓基、厂基，并张坤等厂地盖房，通行拆卸，听户、工二部查照。原址亩数追退还官，其未收木除追还用过及漂流外，尚欠二万四千四百九十三根，听工部查明。果否漂流实数确议追除，其不系漂流各木，工部仍着汪信等各名下，照原开围长如数追出。至于李三才原系应议大臣，恭候圣裁。"[113]

判决不但未提及刘光复所称二十三万根的数目，甚至直言皇木的实际数量可资查证。而占用厂基之事，仅以官民文书这类单一证据为凭，认为官方应追回占用厂基，并再行论罪，可见司法调查及审判依据是不够充分的。

---

[111] 李征仪在论劾此案时，认为李三才假借缮司郎中张嘉言之原议"脚价不敷、发商抵商"之名，而纵家奴行"叱令搬抢"之实。详见《万历邸钞》，江苏广陵古籍刻印社1991年版，第2148~2151页。

[112]《万历邸钞》，江苏广陵古籍刻印社1991年版，第2192页。

[113] "中研院"历史语言研究所编：《明神宗实录》卷五百三十六，"中研院"历史语言研究所印本1966年版，第10 153页。

最后，自刘光复举发至神宗做出裁决，已历时良久。起初，神宗虽下令查勘李三才居所，并交付法司会审，但此事暂寝未决。且士人指出："皇上世守木厂岂容占作私门乐地，按律以论，难逃两观之诛矣。"[114] 神宗最终严惩三才，耗时过长，且并未诛族。或可顾虑捏造事实、舆论攻讦等复杂因素。如叶向高所言："李公不得已迳行，言者犹未已，竟劾其盗买皇木、私占皇厂。削籍为民，门户之祸由是愈炽。"[115]

因此，若李氏实有罪过，天启三年（1623），为何熹宗多次欲留曾犯"大逆之罪"的贼臣李三才为南京户部尚书?[116] 吏部也意在会推其任重要职位?[117] 查考诸多文本对李三才施加的形象批判后不难发现，批评者们并没有一个始终如一的客观评价标准，并且为了引发耻感共鸣，行文措字逐渐疏离于原本的真实，最终成为塑造其形象嬗变的舆情共鸣。论及李三才完全是贪婪自私、结党营私的饕餮之徒的观点，似有失偏颇。

四、形象因何陷堕：个性、利益及舆论的争叠

（一）自我定位：济世理想与人情世故的交汇

自李三才进入公共视野，媒体与公众关注他复杂经历的同时，也把官吏贪腐偷盗的批判作为彰显政治革新、司法公正的有效途径，根据社会需要制造着想象中的李三才，塑造出法律、道德双重审判下逐渐类型化的负面形象。事实上，在媒体与公众塑造其形象之前，李三才通过自

---

[114]　"中研院"历史语言研究所编：《明神宗实录》卷五百二十六，"中研院"历史语言研究所印本1966年版，第9893~9895页。

[115]　（明）叶向高：《蘧编》，载《明季史料集珍》（第2辑），台湾伟文图书出版社1976年版，第76页。

[116]　详见"中研院"历史语言研究所编：《明熹宗实录》卷三十一，"中研院"历史语言研究所印本1966年版，第1583、1605页。

[117]　参见（明）叶向高：《蘧编》，载《明季史料集珍》（第2辑），台湾伟文图书出版社1976年版，第450~451页。

我言说塑造自己，表达他独特的个性与法政观念，并开始与情理、道德等法律以外、社会以内的文化因素互动和交融。

李三才生于商家，其父李珣从商之初清贫自得，颇见志气，沈鲤评论李珣当时正贫，能坚守原则，甚为难得。[118] 时人亦云："好行其德，困者周之，死者椁之。"[119] 李珣为人贤豪豁达，常周济困顿，好施仁惠，具有侠义之风。这样的性情与做法应对李氏家风有所影响。而李珣的长子三才因袭乃父之风，也稍具豪侠之气。士人认为："余初以道甫知公，今益以公知道甫，是父是子所从来矣。"[120] 李三才之性格亦如其父，相去不远。[121]

因此，李三才"少负志节，磊落不羁"[122]。其著述《淮抚小草》是万历国政衰败、民生凋敝的缩影写照。"句风霜而言金石，直欲为苍生哭者"[123] 的序言是一位深具经世韬略、思虑周全的有志士大夫真切笃实的法政意向。再加上其放诸四海、不为己利的交游手法与待人态度，三才融道义人情与政法实践为一体，逐步建构广阔的政界网络。名人儒者为其清贫后辈能顺利入仕而恳请李三才伸出援手，多加留意。李

---

[118] 参见（明）沈鲤撰：《亦玉堂稿》卷十，载《钦定四库全书》集部 6 别集类明洪武至崇祯年间影印本，第 47 页。

[119] （明）沈鲤撰：《亦玉堂稿》卷十，载《钦定四库全书》集部 6 别集类明洪武至崇祯年间影印本，第 48 页。

[120] （明）沈鲤撰：《亦玉堂稿》卷十，载《钦定四库全书》集部 6 别集类明洪武至崇祯年间影印本，第 48 页。

[121] "司徒曰：皆偶然耳，无而为有，有而为无，所不能也。宪益异之，以为车尘马蹄之间，谁能有如此襟度，遂与定交。自是数相过从，互有切磨，非先哲之轨不谈，非天下之大计、国家之表里不语。"参见（明）顾宪成：《顾端文公集》卷三《上叶相国台山先生书》，国家图书馆藏明崇祯间无锡顾氏家刊本微缩资料，第 17~18 页。

[122] （清）孙承泽：《畿辅人物志》卷十《李三才传》，李维泼点校，北京出版社 2010 年版，第 104 页。

[123] （明）于慎行：《谷城山馆文集》卷十二《李中丞抚淮奏草序》，载本书编纂委员会编：《四库全书存目丛书》（集部第 147 册），台湾庄严文化事业出版社 1997 年版，第 437 页。

氏也利用职权提拔儒生。[124] 除却人情私事的请求,李三才参与朝廷士人的议政,凭借私交与去职士人探讨政事,及时交流最新的政治动向:

> "向见邸报,云有忧岌议一书,至今不悉其委。记室有副本肯借观否……林皋衰朽本不宜讯及,而廊庙之忧,不妨与知己一倾吐也。"[125]

此外,李三才甚至与中使和内廷往来密切。[126] "此事非某所能及也,所可效者,紧要章奏当稍微流通耳。已而果连下二、三百本。"[127] 其以利章奏疏通之心,与皇帝近侍交往。论者谓:"为人恢奇倜傥,浮慕天下名士,能缓急人亦不废结纳,中外交称之。"[128] 李三才对来者的酬对、去者的接应极为频繁,其并未践行李父"一切谢绝之……时时步行里巷中,人莫识之"的处世之道,受本土社会内生秩序的影响,李三才侧重人情事理的思考方式逐渐促成了他法制以外的行事手段。他并不严格划清法政公事与情理私交的界限,更不避讳宦官在晚明时期的特殊立场与情法污名。因此,交际是他实现理想的途径,也是备受世人诟病之罪证。

晚明倾颓衰败,仕宦越渴望缥缈的盛世之景,就愈不信任根植于人

---

[124] (明)孟化鲤:《孟云浦集》卷二《答李修吾》,载本书编纂委员会编:《四库全书存目丛书》(集部第167册),台湾庄严文化事业出版社1997年版,第524页。

[125] (明)于孔兼:《于景素先生山居稿》卷七《简李修吾巡抚》,《内阁文库藏明代稀书》明万历四十年序刊12册影印本,第1页。

[126] 如顾宪成曾于《自反录》中记载李三才自述与太监陈矩的来往,并引荐士人与陈矩交往的过程。此顾宪成之《自反录》,详见(明)顾与沐:《顾端文公遗书》,载本书编纂委员会编:《四库全书存目丛书》(子部第14册),台湾庄严文化事业出版社1997年版,第499页。

[127] 详见(明)顾与沐:《顾端文公遗书》,载本书编纂委员会编:《四库全书存目丛书》(子部第14册),台湾庄严文化事业出版社1997年版,第499页。

[128] (明)查继佐:《罪惟录》卷十三《李三才》,载周骏富辑:《明人传记丛刊》第86册,台湾明文书局1991年版,第2112页。

性之中的个体利益。但是，李三才的法外之举未因乱世时局有所收敛。他认为"只是交际往来，局面稍阔耳"[129]。李三才高调、直率、不拘小节的个性特质极易在特殊的社会中被构陷，其在日后被认作结党营私的罪行，落为了弹劾者的有力话柄，最终下场惨淡悲凉，"冠盖往来淮上者，必颂言时政得失，无所讳避。以是有士大夫闻名，而人亦畏其口。凡为所诽诋者，恨之刺骨"[130]。顾宪成曾批评李三才的行事作风和交游手法，以此为罪祸将至的根源：

"任事太勇，忤时太深，疾恶太严，行法太果，分别太明，兼及辖及七省，酬应太烦，延接太泛，而又信心太过，礼貌太简，形迹太略。"[131]

从"急人之急，赴人之难""挥霍运筹为国家，为地方，非为一己营私也"的廉正君子到"外假慷慨论列之名，内挟贪残态雌之术"的乱臣贼子，不同形象的形成是集体历史与个人共相铺设的结果，但李三才的行为与个性对负面形象的适切是其跌入形象建构的主要原因。

（二）价值取向：税收财政与派系利益的衡量

传统国家秩序与群体秩序之间的关系在不同历史时期、同一历史时期的不同阶段表现出复杂多样性。在一个具有文化认同感的社会里，当国家和民族的命运成为日常生活中无法避免的议题时，文化集体所产生的文本将会以国家寓言的方式投射其政治意涵，反映出整个文化与社群的政治潜意识。[132] 此时，国家利益与群体利益是趋于一致的。"国家"

---

[129] （明）顾宪成：《自反录》，泾里顾氏宗祠清光绪三年影印本，第7页。

[130] （明）叶向高：《蘧编》，载《明季史料集珍》（第2辑），台湾伟文图书出版社1976年版，第39、75页。

[131] （明）顾宪成撰：《泾皋藏稿》卷五《与李漕抚修吾》，上海古籍出版社1993年版，第72页。

[132] 参见［美］弗雷德里克·詹姆逊：《政治无意识》，王逢振、陈永国译，中国社会科学出版社1999年版，第25~26页。

成为舆论叙事的内在主体,"有益于国事"的大小,决定报纸的重要与否,只有被认为是重要的,才具有可能被书写的资格,否则就被边缘化甚至根本就进不了视野。[133]

"万历中,两宫三殿皆灾,九边供亿不给,外帑空虚,天子忧匮乏,言利者以矿税启之,乃以内侍充矿税使,分道四出。"[134] 万历皇帝废弛朝事,矿监税使横行天下,驱胁官吏的根本利益:"中官遍天下,非领税即领矿,驱胁官吏。务睃削焉……所至数激民变,帝率庇不问。"[135] 官民赤贫如洗,箪食瓢饮:"间阎空矣,山泽空矣,郡县空矣,部帑空矣。国之空虚如秋木,脉液将干,遇风则速落;民之穷困如衰人,血气已极,遇病则难支。"[136] 矿税之祸甚至影响国家危亡:"是时廷臣章疏悉不省,而诸税监有所奏,朝上夕报可,所劾无不曲护之,以故诸税监益骄,所至肆虐,民不聊生,随地激变,追帝崩,始用遗诏罢之,而毒痛已遍天下矣。论者谓明之亡,不亡于崇祯,而亡于万历云。"[137]

国家财政的支配方式塑造了国家权力、官僚体制、民众三者之间的关系,他们存在共同的价值取向与财产利益。因此,在朝官吏置身其中,将自我价值的国家归属感与文化认同感系于厚重的历史传统,并直言劝谏:"是臣等以承顺之小忠,而贻国家之大祸,虽万万被戮,岂足赎哉。"[138] 晚明官吏以天下为己任的政治理想,成为他们为生计、荣崇

---

[133] 参见黄旦:《新报刊(媒介)史书写:范式的变更》,载《新闻与传播研究》2015年第12期。

[134] (明)袁中道撰:《珂雪斋近集》卷七《赵大司马传略》,台湾伟文图书出版有限公司1976年版,第599~600页。

[135] (清)张廷玉等撰:《明史》卷八十一《食货志五》,中华书局1974年版,第1978页。

[136] "中研院"历史语言研究所编:《明神宗实录》卷三百五十九,"中研院"历史语言研究所印本1966年版,第6708页。

[137] (清)赵翼撰:《廿二史札记》卷三十五《万历中矿税之害》,董文武译注,中华书局2008年版,第797页。

[138] (明)黄克缵:《数马集》卷一《查余引以济大公疏》,载四库禁毁书丛刊编纂委员会编:《四库禁毁书丛刊》(集部第180册),北京出版社2000年版,第17页。

而出仕的功利性取向。此后，罢除矿税之法几乎是万历后期举国上下的共同要求。绝大多数官吏积极上疏，揭露矿监税使的暴行，对各地反对矿税的民变表示同情与支持。

李三才在奏疏中不但论及矿税之法的流弊、监使贪赃的罪行，更直指神宗个人重责。他不但洞悉神宗处理矿税奏章的消极心态，更切中士林的积怨情绪。时机掌握之准、议题切入之利，使他随即跃升为舆论关注的焦点。此外，李三才在京察争议中引导激烈的士论，促使双辅阁臣去职等事，都重建了仕宦改善法政、塑造命运的信心与勇气。在一个具有文化认同感的社会里，当社会对司法公正的现实诉求经常托付于清官，这个文化集体所产生的文本就会以清官寓言的方式投射其司法意涵。[139] 从这个角度来看，李三才的谏言毋宁说是整个文化与群体的"司法潜意识"在"话语资源"中的集合反映。

但是，君权社会归根结底带有强烈的话语形态和价值判断，它囊括了不同的利益群体与社会派系，"一种特殊的政治类型"因其规模特征而面临着特定群体的困难和挑战。各种仪式行为和象征符号旨在唤醒、激发社会群体的某种集体意识和情感，在政治生活中，这种象征功能影响到群体内成员之间、群体与象征系统以及群体与社会的心理互动与作用过程，从而产生一种凝聚力和价值承诺。[140] 一旦拥有相同价值取向的个体聚集成群，他们的法政信仰、社会文化以及经济利益自然会凝为整体，以致影响其他群体甚至君主的利益结构。

自万历以后，各门户言官"不仅以事论彼此，而且主要是以彼此论事"[141]。"明人门户之习，始于神宗之世"[142]。"那据认为记住了的集体主体，在他们号称记住的事件发生时根本就不存在。反而是，他们之

---

[139] 参见［美］弗雷德里克·詹姆逊:《政治无意识》，王逢振、陈永国译，中国社会科学出版社1999年版，第25、26页。

[140] 参见［英］亚伯纳·柯恩:《权力结构与符号象征》，宋光宇译，台湾金枫出版社1987年版，第6页。

[141] 张显清、林金树:《明代政治史》，广西师范大学出版社2003年版，第797页。

[142] 陈登原:《国史旧闻》，中华书局2000年版，第261页。

构成为主体,是伴随着过去之被创造出来的过程。"[143] 因此,为了特殊的目的书写历史,官吏对"本源"的解释和选择常具有武断性。[144] 李三才遭劾去职、定盗木罪的关键,实操于朝野不同利益集体的歧异和心结。

礼部主客司主事丁元荐指出:"咆哮数千万言,其意不在李三才,在东林诸臣。"[145] 于是,"言者又乘间并攻东林,物议纠缠,飞章钩党,倾动朝野,从此南北党论不可复解,而门户之祸移于国家矣"[146] 赵南星则有"顾公书一纸,犹有古人情,北阙纷如讼,东林并见倾"[147] 的感叹;吴道南在与李三才的书信中,也提出"年来士大夫忘时艰而竞私斗,已自为党,而反以党倾人"[148] 的荒谬。

在"人治"的政治传统中,社会群体将道德标准作为划分不同阵营的依据,士人的劾奏由矿税法制的公议变为京察批罪的私争,争议的焦点也由法治宣传转化为道德审判。官吏评议李三才的内容,由阐释"淮上人家独按堵"的客观事实,转变为批判"亦难为归德、山阴甚矣"的主观话语,甚至以"猪妖""牛妖"等词暗涵奸臣佞官,明讽腐朽吏治。官员以道德伦理为原则,凭借利益群体的力量与君权以及其他派别抗衡,以争取自身的价值。

---

[143] Geoffrey Cubitt, *History and Memory*, Manchester: Manchester University Press, 2007, p. 16.

[144] 参见[美]杰弗瑞·奥利克、乔伊斯·罗宾斯:《社会记忆研究:从"集体记忆"到记忆实践的历史社会学》,周云水编译,载《思想战线》2011年第3期。

[145] (明)周念祖辑:《万历辛亥京察记事始末》卷二,载本书编纂委员会编:《续修四库全书》(史部第435册),上海古籍出版社1995年版,第286页。

[146] (清)陈鼎:《东林列传》卷十六《李三才传》,《钦定四库全书》史部7传记类明洪武至崇祯年间影印本,第8页。

[147] (明)赵南星撰:《赵忠毅公诗文集》卷四《道甫寄诗四首奉酬》,载四库禁毁书丛刊编纂委员会:《四库禁毁书丛刊》(集部第68册),北京出版社2000年版,第92~93页。

[148] (明)吴道南撰:《吴文恪公文集》卷二十五《李修吾巡抚》,载四库禁毁书丛刊编纂委员会:《四库禁毁书丛刊》(集部第31册),北京出版社2000年版,第611页。

(三) 舆情共导：士人书写与晚明邸报的意旨

舆论把读者纳入社会和国家中，将"过去"鲜活地展现在人们眼前，在"过去"和"现在"之间创造了一种情感的联系，即社会认同。这些媒体所建构的记忆都是形成国家精神的主要方面。[149]"每日一见邸报，必令人愤发裂眦，时事如此，将何底止……万一世界扰扰，山中人岂得高枕。"[150] 晚明邸报与士人书写成为官方法治宣示、舆情传布的重要载体，具有参谋、劝谏、资政、教化等独特功能，一定程度上实现官民舆情的多元互动，引发社会舆论的集体意识，具有独特的政治意涵和文化意蕴。

复杂多变的邸报观点是晚明社会舆情的鲜活写照，其与变动不居的社会时事具有强烈的共时性和鲜明的共通点。晚明的矿税之法压榨财政税收，豢养贪官污吏，士人多艰，民生凋敝。当常态化法治为皇权及其附庸打破时，士人亦打破常规，诉诸舆论和清议，以寻求可能的突破口。此时，"宣泄心理是舆论主体的自发行为，具有强烈的情绪因素，使舆论产生一致趋同和鼓励效应，使公众越有发泄的勇气"[151]。舆论适时地传递出民众的强烈情感与集体意识，成为官民关注现实、寄托希望的重要载体。

"经历"的历史以感觉为基础，历史参与者在文化、社会与地理空间上的局限性、历史参与者的动机意识所展现出的复杂及多样性值得深思。[152] 在矿税之争中，贪官污吏侵占税收、欺压百姓，罪大恶极。世人渴望清官救世，严惩奸臣以改变时局。故舆论为满足众生愿望，多褒

---

[149] See Jill A. Edy, "Journalistic Uses of Collective Memory", *Journal of Communication*, 1999, pp. 71-85.

[150] （清）袁宏道：《袁宏道集笺校》卷五十五《与黄平倩书》，钱伯城笺校，上海古籍出版社1981年版，第1611页。

[151] 刘建明：《社会舆论原理》，华夏出版社2002年版，第17页。

[152] 参见［美］柯文：《历史书写的无声之处：一位历史学者的自白——以〈历史三调：作为事件、经历和神话的义和团〉的撰写为例》，崔华杰译、曲宁宁校，载《文史哲》2012年第3期。

扬李三才忠义直谏、英勇无双的正直形象：

> "每阅邸报，见大疏指陈时事，言人所不敢言，批鳞触忌，忠胆激烈，同朝谏矿税者不一，未有如尊疏之剀切者，深切敬服。"[153]

> "三才才情气魄自可笼罩一世，且肝胆照人，足鼓动海内英雄。国家惜其才则用之耳，又何议焉？"[154]

世人把李三才作为刚直不阿的主体原型进行神化色彩的文学表达，一方面借助其妇孺皆知的名望推广官方的政治理想，另一方面也引起了社会大众渴盼清官与司法公正的情感共鸣，"民歌思不忘，谓大盗大猾皆为李所擒治殆尽，民得安生也。"[155]

同一历史场域之中，如果说司法体制在"制度资源"方面逐渐无法有效应对社会情势变迁时，就会以"话语资源"来弥补其正当性的话，[156] 那么"清官直谏"这一邸报文本的诞生，无疑表露了与监察相对的正式司法制度的效用缺位。官方文本则借助于邸报的"话语资源"影响舆论表达，试图在大众心目中塑造出"清正勤慎"的官员形象，以弥补渐趋颓势之司法体制的正当性。晚明舆论对衰败法制与派系之争之评价亦是如此：

> "每南北省台诸臣议论风生，暗刺明攻，几无虚日。至三

---

[153] （明）许乐善：《适志斋稿》卷七，国家图书馆藏明天启五年跋刊本微缩资料，第55页。

[154] 刘廷宣之疏参见"中研院"历史语言研究所编：《明熹宗实录》卷九，"中研院"历史语言研究所印本1966年版，第472页；房可壮之疏则见同卷，第446页。

[155] （明）夏允彝撰：《幸存录》（上）"门户大略"，载沈云龙编：《明清史料汇编》（二集第4册），台湾文海出版社1967年版，第1914页。

[156] 参见尤陈俊：《清代简约型司法体制下的"健讼"问题研究——从财政制约的角度切入》，载《法商研究》2012年第2期。

才则尽为结舌，心窃怪之。乃今势窘物极，天定胜人，而邵辅忠参疏出矣，夫绳奸斜慝，不得于言官，仅得于部曹，此世道人心之忧也。"[157]

"沈龙翁相国（沈鲤）贻先生书曰，李修老不肖素所敬慕，东南一带长城也。今被人齮龁若此，诸公阅邸报得无为惊诧邪？"[158]

身兼法政数职，交往良莠不齐，执法惯用人脉，凡此种种，在形成李三才煊赫声望的同时，也使其愈发满足为官贪腐、司法不公等负面形象的全部要素。在晚明颓堕内照的公众情绪下，以追求政治清廉、司法公正为基本诉求的舆情民意裹挟对政治当局的不满与愤怒，借由直谏官员之一弹，最终引爆了公共场域内一次规模盛大且影响深远的批判狂欢。

舆论演化着自己的知识逻辑，扮演着独特的话语角色，最终形成了不同的价值范式，在不同的群体中从事知识的衍生与发散。传播者塑造自我形象，并扮演社会历史所要求的角色、履行社会历史所赋予的使命。士人舆论的使命就是利用"胆大欺君""贪险假横"等饱含主观想象的文字吸引读者的注意，不仅激发他们越过"高墙"一探李三才真容的愿望，而且比仰赖真凭实据的司法审判更能够坐实李三才在道德伦理中的罪名。不容否认的是，晚明社会的舆论注重与其所处历史社会情境的深层互动，以史为据探讨王朝的历史表征与官民的共情思想。

五、余论：裁剪旨趣与历史真实的意涵

我们所追溯的历史与过去的"经历"相比仅为沧海一粟。面对史

---

[157] 此两段钱策批评之奏疏，详见"中研院"历史语言研究所编：《明神宗实录》卷四百六十七，"中研院"历史语言研究所印本1966年版，第8807~8810页。

[158] 详见（明）顾与沐编：《顾端文公遗书》，载本书编纂委员会编：《四库全书存目丛书》（子部第14册），台湾庄严文化事业出版社1997年版，第496页。

实,历史学界如何进行塑造和重塑的问题在"实际经历"的历史和历史学者"重构的历史"间制造了张力。[159] "书写者或出于个人好恶,或限于知识结构,或习于文化风气,或拘于大义名分……形成了虚实交错的叙事文本。"[160] "文本表面所陈述的事实,或是在文本中只显露一角而其整体有待我们发掘之事实,或是隐藏在文本叙事之选择与建构中的作者个人认同及其时代情境。"[161]

因此,历史"事实"部分被官方话语掩盖,而官方的话语功能又被意识形态影响。世人皆称赞李三才平反矿税之乱、力获盗贼、惩治贪官的正义之举,但却有意忽略天时、地利、人和的巧合之处,以及李三才权倾朝野、悖离师友的历史表现。研究者应拨开层层迷雾,不断深究法律史真相,才能发现人为建构与史实的界线。值得注意的是,士人根据当时的历史条件做出更具人性的选择,为后人提供道德理论借鉴。在"盗皇木"一案的分析中,三法司并未理性思考犯罪构成及客观事实之间的因果关系,诸位仕宦也利用道德话语煽动人心,最终模糊犯罪情节,达成李三才革职为民的结果。因此,晚明士人传递给我们的远不是历史本身,它所传递的是那些关于法律历史的"话语"。这些"话语"不仅传递了法律历史的片断和事件,同时也传递了士大夫的主观视野。

此外,有学者指出:"法律史的任务并不在于个别信息、事实的既存材料,或者它对现代的利用价值;毋宁在于我们存在本身的历史性。"[162] 关于李三才法政形象的塑造与转捩揭示了中国古代官员形象的特质以及与此密切相关的社会控制与纠纷解决的思维和行为模式,进而

---

[159] 参见[美]柯文:《历史书写的无声之处:一位历史学者的自白——以〈历史三调:作为事件、经历和神话的义和团〉的撰写为例》,崔华杰译、曲宁宁校,载《文史哲》2012年第3期。

[160] 赵晶:《谫论中古法制史研究中的"历史书写"取径》,载《中国史研究动态》2016年第4期。

[161] 王明珂:《反思史学与史学反思:文本与表征分析》,上海人民出版社2016年版,第163页。

[162] [德]弗朗茨·维亚克尔:《近代私法史:以德意志的发展为观察重点》,陈爱娥、黄建辉译,上海三联书店2006年版,第5页。

在特定的历史背景下对官法文化的演变作出解释。同时，它反映着民间舆论的基本结构，为我们提供了一般官民在日常生活中的抉择和表述，并试图对"人"的观念和行动进行观察，真正关注到"人"对于司法、文化的理解和行为。这种对于现实的关切与对于人文社会的重视态度值得汲取借鉴。

晚明时期财税与法政的不调、派系与利益的冲突，是传统法制在勉力调适、越趄换代的进程中避无可避的问题，并且作为一种历史境遇，在介入李三才的个体生命时，给后者造成了"由维法守德到违法背德"形象转捩的苦果。诚然，文本不能反映完整的历史事实，文本研究的局限性使得无论从何种角度透视、建构李三才的形象都是不完善的。然而可以肯定的是，自幼忠于国家信仰，投身法政事业之后，李三才进入、参与并影响了晚明社会变迁的过程。借助李三才的传奇人生阐发出历史与文本的维度，我们可以更加深入思考和探索暗藏于个体与群体文本背后的社会问题与历史规律。

论清代府衙"狱贵初情"的覆审经验

邱玉强[*]

"狱贵初情"是我国古代司法官治狱理讼过程中的一则秩式,在传世官箴书以及司法判牍等文献中多有其相关内容的表述。在现有的学术成果中,直接以"狱贵初情"为内容的研究所见不多。何谓"狱贵初情"?蒋铁初教授从我国古代司法审判如何运用证据发现案件事实的角度对其进行了定义,即"审理案件应在案发之初认真调查证据并在事实认定时重视采信最初调查获得的证据。这两方面是统一的,因为若不能认真调查初情,则初情采信的重视便成为无源之水;若事实认定无须重视初情采信,认真调查初情便是无的放矢。"[1] 其他学者虽未直接以"狱贵初情"为中心展开专项细致的研究,但在相关著述中也曾对"狱贵初情"有所论及。其中,既有基于"狱贵初情"在传统司法文化中定位性的考量,如武树臣、李力教授在概括我国古代法官审理案件的方法和技术时,曾将"重初情"视为首要。[2] 又有基于"狱贵初情"在司法官治狱理讼时所产生行为规制性的考察,如张正印教授认为,"狱

---

[*] 作者系吉林大学法学院博士研究生。

[1] 蒋铁初:《中国古代审判中的狱贵初情》,载《法学研究》2013年第5期。另外,蒋铁初教授还梳理了"狱贵初情"的历史沿革,通过对制度与实践的相关考察分析提出了"狱贵初情"的"异化",即上级司法机关刻意的驳诘与下级司法机关审转的拖延、迟疑。参见蒋铁初:《中国传统证据制度的价值基础研究》,法律出版社2014年版,第115~142页。

[2] "审判艺术,即法官审理案件的方法和技术,主要有:重初情,重勘验,重证据,察情词,慎刑讯,辩曲直。"参见武树臣、李力:《法家思想与法家精神》,中国广播电视出版社2007年版,第176页。

贵初情"是督促官员掌握第一手案情，防止胥吏变乱情节；[3] 龚汝富教授认为，"狱贵初情"要求官方一定要在讼师教唆之前，在两造未被教供的情况下，把相关的事实真相和证据调查清楚；[4] 那思陆先生指出，在呈状之外防止投状（投词）的混淆案情，是为了实现狱贵初情。[5] 然而，对于"狱贵初情"在传统司法场域中的具体效用性的评析，相关研究则多呈现出了否定性的评价，即因"狱贵初情"而导致州县第一审司法压力过大，以及刻意地遵循"狱贵初情"而未能识别枉滥冤狱等。[6]

上述考察、分析均具有重要意义，但是令人困惑的是，为何在学者们的相关成果中会形成对"狱贵初情"褒贬不一的认识？究其缘由在于"狱贵初情"的话语所指与实践应用之间的背离，即在现有的研究成果中缺少了对"狱贵初情"话语模式的解读，以致于在相关实践的考察时不明晰"狱贵初情"所载原始文本的应用内涵。虽然在历代官箴书以及判牍等文献中多有"狱贵初情"相关内容的表述，但是其具体内涵并非简单地陈陈相因，若要掌握"狱贵初情"之精义，不应仅仅局限于所载

---

[3] 参见张正印：《宋代狱讼胥吏研究》，中国政法大学出版社 2012 年版，第 259 页。

[4] 参见龚汝富：《浅议明清讼学对地方司法审判的双重影响》，载《法律科学（西北政法大学学报）》2009 年第 2 期。

[5] 参见那思陆：《清代州县衙门审判制度》，范忠信、尤陈俊勘校，中国政法大学出版社 2006 年版，第 56~57 页。

[6] 例如，戴建国先生指出："'狱贵初情'，县为第一审，州之复审乃在县审判的基础上进行，第一审不重视，则第二审、第三审便不能保证无枉滥的可能。"戴建国：《宋代刑事审判制度研究》，载中华书局编辑部编：《文史》总第 31 辑，中华书局 1988 年版，第 138 页；张程教授认为，"恰恰是狱贵初情，把司法压力都转嫁到了基层官员身上，造成了基层压力过大。"张程：《制度与人情：中国古代政治文化》，陕西人民出版社 2016 年版，第 225 页；徐忠明教授在总结清代中国司法场域中导致冤狱产生的原因时提出："刻意强调'狱贵初情'的司法操作经验，同样会使上级官员过于依赖州县牧令的初审供词，而不愿意费心审理，并且随时纠正错案。这样一来，在逼不得已的情况下，牧令就会采取'固执己见'的态度；而其结果则使审转程序丧失对于牧令听讼折狱的监控功能。"徐忠明：《清代司法的理念、制度与冤狱成因》，载《中国法律评论》2015 年第 2 期。

文本的字面含义，也应体察到"狱贵初情"所载行文的具体语境以及文献撰写之初衷。本文拟从历代官箴书文本所述"狱贵初情"之要义出发，结合清季知府于案件覆审时，遵循"狱贵初情"的经验法则而形成的司法判牍，以期对"狱贵初情"的正向内涵进行解读，并挖掘"狱贵初情"话语背后所展现的传统司法文明。以古为鉴，奉享今人。

一、治狱要道：官箴书中的"狱贵初情"

作为官员读物的官箴书，其实践效用在于务实。清代知府明善认为，"顾居是官者，大抵皆初登仕籍之人，不习为吏，一旦临民治事，无所依据，欲其无忝厥职，往往难之。"[7] 对于那些虽饱读诗书满腔抱负但又初登仕途不谙世事的官员们，若想要能够尽快胜任本职，从先贤所撰的官箴书中定然会寻得智慧助力。官箴书的产生，并非辑撰作者们逞一时的美锦学制之欢，而是作为治世能臣，笔墨记之阅历甘苦心得，或是自镜日省，或是裨益后世，其良苦用心，实乃益国济人情怀的有效见证。流传甚广的官箴书大多条理详明、言词剀切，其内容则彰显了务实之用，囊括了地方官所遇到的所有公务难题，如到任、关防、弭盗、催科、劝农桑、防胥吏、待绅士、讲读律条等，而"狱贵初情"作为古代官箴书中的一则秩式，流传已久。

（一）治狱要道的表达

据笔者所见的官箴书文本中，最先提出"狱贵初情"之规劝的是北宋时期的宋若谷。

> 胡珵问曰："筮狱之初，遽领推勘，不知治狱要道何如？"
> 公曰："在常注意，而一事不如意敬。安世有一同年宋若谷，在洺州同官，留意狱讼，当时遂以治狱有声，监司交荐，其后官至中散大夫。尝曰：'狱贵初情'。每有系狱者一行若干人，

---

[7]（清）田文镜、李卫撰：《钦颁州县事宜》"原跋"，载元周主编：《政训实录》（第6卷），中国戏剧出版社2001年版，第2183页。

即时分牢异处,亲往遍问,私置一簿子,随所通语笔记之。"因以手指画膝上教理曰:"题云某日送到某人某事若干人,列各人姓名其后,行间相去可三寸许,以初讯问所得语列疏姓名左方。其后结正,无能出初语者。盖人乍入狴犴,既仓卒,又异处不能相谋,此时可以得其情耳。狱贵初情,此要道也。"[8]

此则文本讲述的是初入仕途的胡珵向刘元城先生请教治狱要道。刘元城先生告诫胡珵,治狱理讼"在常注意",其中,"常"是希望官员能够恪守于"勤","注意"是要求官员对待讼狱之事秉持"敬""慎"之心而不疏忽。与此同时,刘元城先生以同生宋若谷的事迹为例,借用宋若谷先生治狱理讼时"狱贵初情"的主张,希望胡珵也能够赞同并效仿,要使狱者"分牢异处"并不辞辛劳地"亲往遍问"。刘元诚先生在向胡珵表述"狱贵初情"的适用同时,甚至还耳提面命为胡珵讲授初讯记簿之法,通过案件最后的"结正"与最初的"初语"对比,为"得情"之法,以实际效用充分诠释了"狱贵初情"乃是治狱要道。

后世官箴书中以"狱贵初情"为治狱要道之表达不胜枚举。笔者试以黄山书社1997年影印出版的《官箴书集成》(全十册)为例,对收录的历代官箴书中"狱贵初情"的直接表述进行整理(见表一),并分析其中蕴涵的规劝价值。

---

[8] (宋)朱熹撰:《朱子全书》(第12册),朱杰人等主编,上海古籍出版社、安徽教育出版社2002年版,第798~799页。另外,此则文本内容亦为多人所收录,如宋代张镃所撰的《皇朝仕学规范》、明代黄宗羲所著《黄宗羲全集》以及清代金庸斋所撰的《居官必览》等。

表一：《官箴书集成》中的"狱贵初情"

朝代	辑纂作者	对于"狱贵初情"的直接表述	出处
宋	佚名	昔刘公安世谓宋若谷治狱有声，惟曰"狱贵初情，分牢处问"而已；今之县狱，初词乃讼之权与，郡狱悉凭之以勘鞫。	《州县提纲》卷三
元	张养浩	狱问初情，人之常言也。盖狱之初发，犯者不暇藻饰，问者不暇锻炼，其情必真而易见。威以临之，虚心以诘之，十得七八矣。少萌姑息，则其劳将有百倍厥初者。	《牧民忠告》慎狱第六
	汪天锡		《官箴集要》慎狱篇
	杨昱		《牧鉴》卷六
明	吕坤	狱贵初情，谓犯事之始，智巧未生，情实易得，数审之后，买免多方，机械杂出是矣。须知初勘者何官？果检验者掌印正官乎，识见精明乎，持法廉正乎，鞫狱虚慎乎，则初情乃确案也。	《新吾吕先生实政录》卷六
	佚名	折狱原云难事，非细务也，两造当庭曲直立辨，聪□少检则佞者舌胜讷者肺冤矣，顾狱贵初情，久则百伪日起，小事宜决之速，大事宜折之精。	《初仕要览》折狱
	佚名	狱贵初情，参语中要说出矜疑情状，听上司详夺。	《居官必要》卷之下
清	陆陇其	未成之狱，贵乎隔越；既成之狱，贵乎初情。	《莅政摘要》卷下
	黄六鸿	凡狱讼止，贵初情，若投词之中，又添一事，又牵一人，则前告分明是诳，除投词不究外，仍将前状审理如虚反坐严行重治，则后此告自除，而投词亦不致节外生枝矣。	《福惠全书》卷之十一

续表

朝代	辑纂作者	对于"狱贵初情"的直接表述	出处
	张运翮	从来狱贵初情,谓犯事之始,智巧未生,而情实易得,是以人命报官之日,官即亲为相验,登记伤痕,当场审定,则初情乃确案也。	《治镜录集解》卷下
	袁守定	狱贵初情,固也。而以得之尸场者,为至初之情,更真而易结,故相验之顷即命案之所以定局。	《图民录》卷四
	汪辉祖	古云:"狱贵初情",一犯到官,必当详慎推求,毕得其实,然后酌情理之中,权重轻之的,求其可生之道,予以能生之路,则犯自输服,谳定如岳家军,不可撼动矣。	《佐治药言》
		狱贵初情,县中初报,最关紧要。驳诘之繁,累官累民,皆初报不慎之故。	《学治臆说》卷上
	佚名	狱无大小,贵在初情。	《治浙成规》卷六
		口供要确,从来狱贵初情,盖因落膝之初,真情易得,既得真情,各供吻合,则向后覆讯自不敢翻异前供,只须照录即可成招,何等省力。	
	徐栋	狱贵初情,伤凭细检,不可有不尽之心,不可有不殚之力,迟则变生,速则事定。	《牧令书》卷十九
	乌尔通阿	古云:"狱贵初情",一犯到官,必当详慎推求,毕得其实,然后酌情理之中,权重轻之的,求其可生之道,予以能生之路,则犯自输服,谳定,如岳家军不可撼动矣。	《居官日省录》卷之三

续表

朝代	辑纂作者	对于"狱贵初情"的直接表述	出处
民国	徐世昌	王士俊云：狱贵初情，伤凭细检，不可有不尽之心，不可有不殚之力，迟则变生，速则事定案。今分设审判检察二厅，而检察为审判之根，故检察尤宜详慎也。	《将吏法言》卷六

通过考察官箴书文本中对"狱贵初情"的直接表述，不难发现，"狱贵初情"已为司法官治狱理讼之常言，代代流传。在这古语流传的背后，所阐释的具体内容并不完全是简单的陈陈相因，而是司法官结合治狱理讼时所遇不同情形而带有侧重的经典阐述，可谓是古代司法官的经验理性之谈。

（二）"初情"何以为贵

"刑名之道，情伪分歧，虽有智者未易穷其变。"〔9〕正因为案情的扑朔迷离，南宋郑克提出："善鞠情者，必有以证之，使不可讳也。"〔10〕结合上述官箴书文本中相关"狱贵初情"各有侧重的阐述，我们亦可以从证据运用的角度将"初情"予以划分〔11〕：

"初情"或是表现为"智巧未生"而"不暇藻饰"的直接言辞证据，主要包括"解至犯人，分牢处问"的供词，原告"投词"的专事供述，证人证言等相关口供。以言辞证据确定"初情"，其理据在于"口供要确，从来狱贵初情，盖因落膝之初，真情易得，既得真情各供

---

〔9〕（清）吴家桂辑：《折狱金箴·序》，载杨一凡编：《古代折狱要览》（第6册），社会科学文献出版社2015年版，第457页。

〔10〕（宋）郑克编纂：《折狱龟鉴》（卷七），载杨一凡、徐立志主编：《历代判例判牍》（第1册），中国社会科学出版社2005年版，第484页。

〔11〕徐忠明教授指出："在帝制中国的司法实践中，司法官员向来强调'初情'对于定拟的基础意义。所'谓初情'，则包括了两层意思：一是首次审讯获得的供词和证据，二是州县看语认定的案件事实。"参见徐忠明、杜金：《谁是真凶：清代命案的政治法律分析》，广西师范大学出版社2014年版，第40页。

吻合，则向后覆讯自不敢翻异前供，只须照录即可成招，何等省力。"[12] 在国家"干涉主义"的立场下，讯囚甚至不惜用刑，"断罪必取输服供词"[13]，口供不仅标志着案件当事人的服（伏）判与否，还关系着案件能否审结，而"初情"即可得吻合确情之供，则大大节省了司法成本。

"初情"又或是表现为与案件有关的"赃、状"[14]等原始实物证据。明代项乔在写给宪副魏立峰的信中曾提到"狱贵初情，赃须面证。"[15] 实物证据以其特有的客观物质性，在司法官察情的过程中发挥着重要的证明作用，南宋的宋慈曾提出"狱事莫重于大辟，大辟莫重于初情，初情莫重于检验。"[16] 在司法官治狱理讼的过程中，"赃""状"等实物证据是需要进行专门的勘验、检查，并在此基础上人为地做出相应合理的推断与解释，这种合理的推断与解释可佐证"口供"之真伪，一旦查证属实，则"信案"乃成。因此，司法官得情定谳虽然以"口供至上"，但"据状断之"的证据规则亦是重要的补充。

"初情"再或是表现为将前两者结合，由原审官作以处断，"矜疑情状，听上司详夺"的案牍呈报。郑秦先生基于清代司法审判制度的研究指出："'万事胚胎始于州县'，州县是全部司法审判的基础，民事案件全权自理，刑事案件侦查、初审。其问供笔录被层层转引，一直引用到

---

[12]（清）不著撰者：《治浙成规》卷六，载官箴书集成编纂委员会编：《官箴书集成》（第2册），黄山书社1997年版，562页。

[13] 邱汉平编著：《历代刑法志》，商务印书馆2017年版，第608页。

[14] "侵犯人身类的犯罪，犯罪者会留下实施犯罪行为的工具，即'赃'证，会留下脚印、血迹、血衣，以及被害人身体上的伤痕、尸体，即'状'证；侵犯财产类的犯罪，犯罪者所获得的不义之财是'赃'证，犯罪者留下的痕迹、笔迹成为'状'证；危害国家统治和社会秩序的严重犯罪，犯罪者也会留下书信、伪契、伪税凭等'状'证。"参见祖伟：《中国古代证据制度及其理据研究》，法律出版社2012年版，第185页。

[15]（明）项乔撰：《项乔集》（下册），方长山、魏得良点校，上海社会科学院出版社2006年版，第415页。

[16]（宋）宋慈撰：《宋提刑洗冤集录》"序"，载杨一凡主编：《历代珍稀司法文献》（第9册），社会科学文献出版社2012年版，第3页。

督抚上报皇帝的题本中，而二、三审的审录却可以略掉，可见州县第一审级的重要。"[17] 对于一般的民间细故以及笞、杖刑罚的轻微刑案，州县司法官或息或判可自行处断，而对于那些可能判处徒刑以及徒刑以上刑罚的刑案，州县司法官则只能拟处形成"初报"，以遵循"逐级审转复核"程序。清代王又槐认为："从来难结之案，半由报词不实而起。"[18] "初情呈报"之详慎惟实，为司法官治狱理讼时实现"案结事了"之良策，可为其省去后续的案牍驳诘之烦。

"初情"之所以为"贵"，系因为"初情"与最终"得情"之间的内在关联。早在唐代就已确立了以"德义""清慎""公平""恪勤"各为一善，以及"善状之外，有二十七罪"的官员考课令，其中，推鞫得情，处断平允，为法官之最。[19] 由此也奠定了司法官治狱理讼时以"得情"为直接目标的考课依据。"初情"为司法官在案发之初所获知的案情，在官箴书文本的表达中，以"初情"为"贵"，一方面，要求司法官要对"初情"予以重视，以此作为掌握案情的突破口；另一方面，寄托了司法官治狱理讼时以"初情"即实为审看得确情的心愿，旨在告诫司法官要在案情发端时避免差错。由此可知，在古代官箴书文本"狱贵初情"的表述中，无论是哪种类型的"初情"，都是旨在阐述案件实情，这依赖于"据证惟实"的支撑。也正因如此，历代先贤将"狱贵初情"记载于官箴书文本中，流传推广，其所要传达的主旨，亦多有规矩劝戒之意，可见其殊堪矜式。

二、经验法则："狱贵初情"的覆审应用

"狱贵初情"的相关内容亦作为司法官处断案件时论情说理之依据，而常常出现在知府覆审案件的判牍文本中。明崇祯末年颜俊彦将其任广

---

[17] 郑秦：《清代司法审判制度研究》，湖南教育出版社1988年版，第38页。
[18] （清）王又槐撰：《办案要略·论详案》，载杨一凡编：《古代折狱要览》（第16册），社会科学文献出版社2015年版，第68页。
[19] 参见[日]仁井田陞：《唐令拾遗》，栗劲等编译，长春出版社1989年版，第240~249页。

州府推官期间的判语公牍撰辑成《盟水斋存牍》,在其覆审判牍中多次直接援用了"狱贵初情"作为认定案情的依据[20]。清代任台湾知府的孙鲁曾作以"慎初招严覆审"的申详:

> "窃见爰书中,人命以下手不真,致滋辨窦,或数人共殴一人,辄藉在逃者互相委卸,究竟有脱抵之元凶矣;盗贼以赃物未的,致碍成招,或一案挂多人,辄因无者更肆罔诬,展转多横生之藤蔓矣。凡此总由初情之茫昧耳。夫初情何在,则人犯甫到官,造次之项安排不及,三尺临之,尚尔知畏,察词于差,庶得其真。若一系囹圄,狡智百出,淹延日久,变态日生,甚至后谳与前谳绝不相蒙,虽欲为五声之听,其可得乎。窃以为人命初报,即审定某系下手、某系加功、某系余人、某系见证,或手足,或器仗,一一确注,由详中不得空请简验也;强盗初获,即迅起赃物几件,令失主认明,某人盗某家、现获某赃,经某失主认领,一一确注,由详中不得空列姓名也。初申有据则历讯难移,此之后纷呶永息矣。"[21]

此详文以律载大辟且民易触犯的盗贼与人命案进行了分析,并指出司法案件的审断不明多由初情茫昧所致,因此要审慎对待初情,惟有初情确切有据,方可避免案件层级运作的迟延,若初情未确,则需承审官员据实以察核处断,可谓"谨于始则疑狱不生,断于终则滞狱一洗,是

---

[20] 据笔者所见"狱贵初情"在《盟水斋存牍》中出现过二十余次之多,均为覆审者审慎析疑地肯定或否定原审案情之用。参见(明)颜俊彦:《盟水斋存牍》,中国政法大学法律古籍整理研究所整理标点,中国政法大学出版社2001年版,第163、256、263、265、266、267、278、284、286、291、292、300、304、308、316、317、479、558、607、679页。
[21] (清)陈枚辑、(清)陈德裕增辑:《凭山阁增辑留青全集》卷二十三"详文",载本社影印室编:《明清法制史料辑刊(第一编)》(第8册),国家图书馆出版社2008年版,第365~367页。

亦蔽讼之大端也."[22]。在清代地方府衙的覆审实践中,知府常以"狱贵初情"作为案件驳正之理据。

(一) 以"狱贵初情"指引案情驳诘

研审案件务以确情为要,"狱贵初情"可为知府覆审疑难案件时获知确情提供一定的指引。清康熙年间任嘉兴知府的卢崇兴"审得沈起鹏等行窃石门县东庵僧人觉乘一案"时,经覆审认为:"独是狱贵初情,卑府检阅全招,大有可矜而可疑者。"即查夏元之死,沈起鹏初招历供塘南人戚文台所戳,并有同伙交口同供,后经展转审讯,沈起鹏忽自认戳死夏元,并且将始认执棍改供为执枪,又改供枪系戚文台半路换去,同伙亦改供戳死夏元者为沈起鹏。"今卑府庭讯之际,不特起鹏泣供文台戳死夏元,而莫瑞生、沈奉桥仍复代为称屈。"此案经知府卢崇兴多次研讯并详细查核了前后供词,认为夏元之死为戚文台所为,沈起鹏畏刑妄吐已含冤多日,情实可矜。[23] 司法者强调"狱贵初情",并非意味着要直接以"初情"为定论,而是旨在说明"百种诈伪,不如一实;反覆变诈,不如慎始。"[24] 如时任安庆知府的徐士林承审"胡阿万听唆妄告案"时,认为"唯是此案要证,前系聂盛瞻,后系龙乘蟠,各执其词均难凭信,与其就龙乘蟠之后供以定正伪,不若仍就聂盛瞻之初供以辨虚实。"针对陈定远之妻胡氏控词所供及改供情形,知府徐士林指出:"狱贵初情,即此而在,该署县倘能洞浊其奸,早释冤狱,何待胡

---

[22] (清) 陈枚辑、(清) 陈德裕增辑:《凭山阁增辑留青全集》,卷二十三"详文",载本社影印室编:《明清法制史料辑刊(第一编)》(第8册),国家图书馆出版社2008年版,第368页。

[23] 此案又经知府卢崇兴覆审得,"仍照原拟"并指出:"卑府未讯之先,检阅全招,其前后供词盗数、姓名、执持凶器及上盗情形,种种参差不一,诚有督宪所严驳者。迨反复推辞,又复再三研讯,始知供词闪烁,盗数不真,凶器情形种种不一者,此即是窃非强之左券,而畏刑妄招之明验也。"参见(清)卢崇兴撰:《守禾日纪》卷六"一件失盗事",载杨一凡、徐立志主编:《历代判例判牍》(第9册),中国社会科学出版社2005年版,第474~476页。

[24] (宋) 吕本中撰:《官箴》,载元周主编:《政训实录》(第2卷),中国戏剧出版社2001年版,第724页。

氏匍匐上诉,又何待乘蜡之代为昭雪。"因此,如果县令能够针对供词前后互异的疑点进行彻查,此案也就不至于存冤上诉了。[25] 又如徐士林临时兼任护司审理"俞兆锁拉张三女跌死案"时,指出此案所供"前称卧病在床,后称送饭回家,供词迥异,狱贵初情之何谓,该县何不从此诘究。"[26] 案件初报与后审案情存有差异应当据实研审,覆审者对此种情形的指驳是希望下级官员能够及时详究从而发现确情。

(二)以"狱贵初情"确核原审案情

司法案件经地方府衙覆审,可使得案情更明、据法更确,而"狱贵初情"作为覆审者之理论自觉,于府衙覆审驳正时多有体现。笔者以清代李之芳理刑金华府时所撰的《棘听草》为例,对其谳狱案牍中直接援用"狱贵初情"的覆审实践进行分析:(见表二)

表二:《棘听草》中"狱贵初情"的援用

题名	"驳"之缘由	"狱贵初情"的援用	"正"之处断
司道奉两院一件为沸冤事	仰体慎狱之心	当日见血渍者有人,夺倪氏者有证,言入于耳者有口,狱重初情者有案。况再四研鞫,而范氏供为十三用棍打死无异	仍照前拟,不为枉也

---

[25] "覆审看得胡全远死于溺,非死于夺鱼,陈定远诬于胡阿万之妄告,实诬于聂盛瞻之挟仇唆害,愈驳愈细,愈审愈确,虽奸棍狡口百变,不能夺案情之正伪也。"参见(清)徐士林撰:《徐雨峰中丞勘语》卷三,载杨一凡编:《古代判牍案例新编》(第17册),社会科学文献出版社2012年版,第503~511页。

[26] (清)徐士林撰:《徐雨峰中丞勘语》卷三,载杨一凡编:《古代判牍案例新编》(第17册),社会科学文献出版社2012年版,第577~578页。

续表

题名	"驳"之缘由	"狱贵初情"的援用	"正"之处断
分守道奉两院一件为人命剧冤事	胡琦一出，倏忽变端，指府词为"匿名"，翻新题为"打死"，以致仵作报伤难据，尸图填写难凭，此案纠缠不结	狱贵初情，则胡氏之死于缢，凿凿也	反覆播弄，节节生枝，皆系胡琦，难辞杖儆
按院一件为劈冤事	欲辗转其词，指可良为仇扳，诬刘申为抄抢	如洵其仇扳而抄抢也，何屡谳不出一词，甘心俯首？爰书既定，忽图幸脱，其谁信之？今可良虽服天刑，而狱贵初情，已成铁案，欲为本犯宽一面不可得	仍照原拟，良不为枉
按院一件为惨戮事	改供仇扳，盗口反覆	原出于蒋广之供招，锅、锄赃物出于广家，其为真盗无疑，则历历所供之人，狱贵初情，不可谓非鼠窃之朋也	仍照原拟，似不为枉
臬司奉三院一件为拿究事	但其招兵之情，原属影响	所获诸贼内，止一人供汝贞，所招又系住房者而失其名，犹是惝恍之词，狱贵初情，岂可为招兵定案乎	原拟城旦似足蔽辜

续表

题名	"驳"之缘由	"狱贵初情"的援用	"正"之处断
遂安县一件为挟奸逼命事	看得王四投充土兵,薄暮挟刀而入老孀幼妇之家投宿,其蓄谋固已不臧矣。瞷汪氏多姿,初则谑浪调笑,冀图玉窃偷香;继则喊突咆哮,不禁蜂狂蝶闹。若非持刀之逐,何致赴水而死乎?……细阅该县原招,言之凿凿,狱贵初情,久成铁案	应从正法,以慰幽魂

知府对司法案件的覆审覆核,是对案结情节与定罪量刑的重新审视,如若原问不实,据实覆审驳正则是知府职责所在。清人方大湜曾指出:"发审案件,如原问不实,必据实平反,切勿回护原问致枉民命。倘原问处分太重,同寅之谊未可恝视,则禀求上司将原问官衔名列入详内,作为随同更正可也。"[27] 知府覆审案件时对"狱贵初情"的遵循,并非对原审官的有心回护,而是就案论案客观地查核案情。从上述《棘听草》援用"狱贵初情"的案件可以看出,覆审时多有案犯扳诬改供希图减免罪责,而"狱贵初情"的适用是以案情事理的相关证佐为依据,并经再四研鞫加以确核。对于原审未确之处,亦要遵循"狱贵初情"审慎析疑,如徐士林任汀漳道台时承审"龙溪县民杨场告陈端等案",案情已为各犯自认,"唯陈端刀戳杨质背后一伤之处,县审虽据陈端供认,但查在场劝解之保长陈登祥并未供及",徐士林以供情游移而提犯亲讯,保长、邻佑俱供未曾看见,陈端亦坚不承认,又经查阅漳州府经历司验伤原卷以及健步头役原报词,均未报验背后一伤之处,徐士林认为:"狱贵初情,岂容事后捏添?是陈端在县供认之处,显系畏刑

---

[27] (清)方大湜撰:《平平言》卷二"原问不实",载官箴书集成编纂委员会编:《官箴书集成》(第7册),黄山书社1997年版,第625页。

混承。"[28] 由此，以"狱贵初情"并结合相关证佐而否认了原审情节的认定。覆审实践中，"狱贵初情"之用正在于使得案情更确、事理更明。

三、正向重述："狱贵初情"的理念解析

"凡百学问皆必有事实或现象以开其端，然后思想有所附丽，而为精密之考察，积之既久，此事实或现象，无虑千百，恒有以观其全而会其通。"[29] 既然"狱贵初情"在历代官箴书中作为治狱要道由来已久，而且在知府覆审案件中亦可起到积极作用，那么在这行为机制背后，势必蕴含着一些为古人所尊崇的司法理念。从"狱贵初情"的正向意义出发，对其中司法理念的解析，亦是鉴古明今的重要前提。

（一）"狱贵初情"秉持于"敬""慎"

"敬则存于心者不敢忽，慎则见于事者不敢肆。"[30] 理念凝聚于心，更要付诸于行，"狱贵初情，谓犯事之始，智巧未生，情实易得，数审之后，买免多方，机械杂出是矣。"[31] 对于案件初审官员而言，慎重地对待"初情"以致"情实"，既可省去刑讯之劳，又可省去数审之烦。对于覆审官员而言，"须知初勘者何官，果检验者掌印正官乎，识见精明乎，持法廉正乎，鞫狱虚慎乎，则初情乃确案也。"[32] 种种设问与核察无不体现覆审之官"不敢忽"之敬。覆审官员对"初情"的认定并非仅"确案"一种，与之相反，"倘初委佐贰、首领、阴阳、省祭、老人，才识昏短而群小轻忽，操守卑污而供招苟且，若是而初情宁

---

[28] （清）徐士林撰：《徐雨峰中丞勘语》卷四，载杨一凡编：《古代判牍案例新编》（第18册），社会科学文献出版社2012年版，第23~25页。

[29] 王振先：《中国古代法理学》，山西人民出版社2015年版，第1页。

[30] （明）邱浚著：《大学衍义补》（下册），林冠群、周济夫点校，京华出版社1999年版，第953页。

[31] （明）吕坤撰：《实政录》卷六，载元周主编：《政训实录》（第6卷），中国戏剧出版社2001年版，第1813页。

[32] （明）吕坤撰：《实政录》卷六，载元周主编：《政训实录》（第6卷），中国戏剧出版社2001年版，第1813页。

可贵乎？故招情不厌反覆，要以求当而已，成案无拘也。"〔33〕若对"初情"的考察，乃是苟且招供，则不足为信，覆审官员应不拘泥于成案，不厌反覆地详细推鞫，以求案情的确当。通过明代吕坤对"狱贵初情"的表述可知，若"初情"为"情实"则贵于"确案"；若"初情"为"苟且"则贵于"求当"。由此看来，"设心处事，戒之在初，不可不察。"〔34〕从司法成本的角度看，初审者以"敬""慎"之心对待"初情"以致使"初情乃确案"的处理模式最为理想。同样系出于司法成本的考虑，清代汪辉祖提出："狱贵初情，县中初报，最关紧要。驳诘之繁，累官累民，皆初报不慎之故。"〔35〕可以看出，汪辉祖所主张的"狱贵初情"不仅有初审者审慎查清"初情"之义，还包含了对"初情"慎重呈报的内涵。"初情"的呈报不仅要"简明"，还要使其"入罪宜慎""出罪不易"，从而使"确案"可"信"，避免了案件在审转程序中的驳诘困扰。汪辉祖的这种主张虽有使"初情"过于简化、限制了覆审者判断之嫌，但其初衷仍是本之于"敬""慎"之心，可质鬼神，心如一日。秉持于"敬""慎"的"初情"呈报，应是案件易结、人无冤滥的和谐统一。清代吕芝田提出："命案初报之文，若不论精粗美恶尽行搬入，将来成招必费无限洗磨，稍与前供不符，上司必以狱贵初情，驳诘不已，及至无可挽回，则推三木从事冤滥无辜，此所谓庸吏杀人也。无论何等案件，一经详出，即要计算此案日后归结如何，稍有碍手者，务求其妥而后行，则案自易结，人无冤枉。"〔36〕司法官奉秉于"敬"，则不可为庸吏杀人，秉持于"慎"，则详出妥行，敬慎以治狱，

---

〔33〕（明）吕坤撰：《实政录》卷六，载元周主编：《政训实录》（第6卷），中国戏剧出版社2001年版，第1813页。

〔34〕（宋）吕本中撰：《官箴》，载（宋）李元弼等撰：《宋代官箴书五种》，闫建飞等点校，中华书局2019年版，第75页。

〔35〕（清）汪辉祖纂：《佐治药言》，载杨一凡编：《古代折狱要览》（第10册），社会科学文献出版社2015年版，第99页。

〔36〕（清）吕芝田撰：《律法须知》卷上"论命案"，载杨一凡主编：《历代珍稀司法文献》（第3册），社会科学文献出版社2012年版，第1368页。

以期案无稽滞、无冤滥。

(二)"狱贵初情"恪守于"勤""速"

讼狱之事是关系个人生死、财产名分的大事，勤勉居官的司法者对此尤要躬亲审慎。"凡狱事始至，须入狱亲鞠，冀得真情，若经久，吏受赇变乱，其实害及无辜必矣"[37]，躬亲讯问可防胥吏为奸，变乱情节，因此"凡吏呈所供，必面审其实，如言与供同，始判入案。"[38] 对于需要进行检验的案件也要躬亲察验，以洗冤泽物为己任，务期"初情"为确。"检验尸伤，相视人物，虽盛暑，亦必亲临谛视。"[39] 若不审慎对待则是居官之过，即"相验人命，憎嫌凶秽，不亲至尸前，听仵作混报者，算过。"[40] 由于司法检验的专业性，司法官有时难免会委之于他人，但即便如此，"仵作喝报后，印官必亲验以定真伪，某伤为某殴，须取本人确供，辨其形势器物。"[41] 此举亦是司法官防止争讼者日后图赖之凭据。明代王廷相认为："狱贵初情，事久生变。"[42] 为获真确之"初情"，司法官在恪守于"勤"的同时，还要遵循于"速"，使得犯者猝不及防无暇掩饰、赃状伤情未生枝变。以人命重情案件为例，司法官若要定案平允，须伤仗相符，供情明确，速得"初情"尤为重要，"盖验讯既速，则尸无发变之虞，役无贿诈之弊，凶无狡饰之情，

---

[37]（宋）佚名撰：《州县提纲》卷三，载（宋）李元弼等撰：《宋代官箴书五种》，闫建飞等点校，中华书局2019年版，第135页。

[38]（宋）佚名撰：《州县提纲》卷二，载（宋）李元弼等撰：《宋代官箴书五种》，闫建飞等点校，中华书局2019年版，第112页。

[39]（明）汪天锡辑：《官箴集要》卷之上"刑罚"，载元周主编：《政训实录》(第6卷)，中国戏剧出版社2001年版，第2007页。

[40]（清）张鹏翮撰，（清）隋人鹏集解：《治镜录集解》卷下，载杨一凡编：《古代折狱要览》(第2册)，社会科学文献出版社2015年版，第533页。

[41]（清）杨景仁辑：《式敬编》，载杨一凡编：《古代折狱要览》(第2册)，社会科学文献出版社2015年版，第137页。

[42]（明）王廷相：《王廷相集》(第3册)，王孝鱼点校，中华书局1989年版，第1032页。

伤无不确之患,诸弊除而信案成矣。"[43] 诚如清代杨景仁主张:"相验宜速,无论寒暑远近,讯毕即往,中途犯到,即择可息足处所提犯鞫问,使其猝不及备,得情自易。"[44] 在司法官治狱理讼的过程中,"有初词止控一事,续呈渐生枝节"[45],甚至更有"讼师教唆,往往一事而牵他事,以为拖累张本。"[46] 此时,经司法官躬亲察讯真确之"初情"则是其速断之本,勤审速断可惩治刁讼之风。也正因如此,清人汪辉祖将"勤""速"视为司法官治狱理讼之福因,"官止早费数刻心,省差房多方需索,养两造无限精神。"[47]

(三)"狱贵初情"奏效于"详""实"

"古云:狱贵初情,一犯到官,必当详慎推求,毕得其实。"对于"初词"而言,要"威以临之,虚心以诘之"[48],在清人所著《听讼挈要》《折狱便览》《审判要略》等文献中,多有将案件分门别类以便司法官针对个案明析问供详实之方。早在宋代《州县提纲》中就已告诫司

---

[43]（清）田文镜、李卫撰:《钦颁州县事宜·验伤》,载元周主编:《政训实录》(第6卷),中国戏剧出版社2001年版,第2143页。

[44]（清）杨景仁辑:《式敬编》,载杨一凡编:《古代折狱要览》(第2册),社会科学文献出版社2015年版,第138页。

[45]（清）杨景仁辑:《式敬编》,载杨一凡编:《古代折狱要览》(第2册),社会科学文献出版社2015年版,第152-153页。

[46]（清）汪辉祖纂:《学治说赘》,载杨一凡编:《古代折狱要览》(第10册),社会科学文献出版社2015年版,第67页。

[47]（清）汪辉祖纂:《学治说赘》,载杨一凡编:《古代折狱要览》(第10册),社会科学文献出版社2015年版,第67页。

[48]（元）张养浩撰:《牧民忠告·慎狱》,载元周主编:《政训实录》(第3卷),中国戏剧出版社2001年版,第895页。蒋铁初先生曾对此有解释:"此处的'威'指堂威,但不包括实施刑讯,因为'问者不暇锻炼'为'狱贵初情'的前提;'虚心'指司法者立场无偏见。"详见蒋铁初:《中国古代审判中的狱贵初情》,载《法学研究》2013年第5期。

法官要"详审初词"[49]"详究初词"[50]，初词之可凭与否，在于是否惟实，"若夫狱囚所招，则先隐其实，旋吐真情，又不可例凭初词。"[51]对于"初验"而言，"倘若初验失实，必致后来覆验，为时愈久，滋弊愈多。"[52] 因此，"初验"更要详细检验，务要从实。南宋宋慈在《洗冤集录》中提到："初检，不得称尸首坏烂，不任检验，并须指定要害致死之因。凡初检时，如体问得是争斗分明，虽经多日，亦不得定作无凭检验，招上司问难。须仔细定当痕损致命去处。若委是经日久变动，方称尸首不任摆拨。初检尸有无伤损讫，就检处衬簟尸首在物上，复以物盖。候毕，周围用灰印记，有若干枚，交与守尸弓手、耆正副、邻人看守。责状附案，交与覆检，免至被人残害伤损尸首也。若是疑难检验，仍不得远去，防覆检异同。"[53] 可见，唯有将尸身伤处反复参看、发变情形一一辨明，才可能实现初验之详实。实践中，初验详实亦是防止尸亲虚诬狡展之良策，"如尸亲不服指发变为伤痕者，须细细晓谕，如系伤痕气血必然凝结则坚硬如石，如系发变则按之即陷，放手则膨胀，如故须亲自手按，令其仔细看明，自然无辞，倘言语刁狡，切不可遽加威吓，缘人造此凶惨父母妻子正忿不欲生之时，恨不能将凶手全家抵命，其狡展乃人之常情，若骤加责斥，不但非仁恕之道，亦恐酿出意外之事。"[54] 对于"初情"之呈报，"呈词宜核实也，报词为通案权

---

[49] （宋）佚名撰：《州县提纲》卷二，载（宋）李元弼等撰：《宋代官箴书五种》，闫建飞等点校，中华书局 2019 年版，第 113~114 页。

[50] （宋）佚名撰：《州县提纲》卷三，载（宋）李元弼等撰：《宋代官箴书五种》，闫建飞等点校，中华书局 2019 年版，第 135 页。

[51] （宋）佚名撰：《州县提纲》卷二，载（宋）李元弼等撰：《宋代官箴书五种》，闫建飞等点校，中华书局 2019 年版，第 114 页。

[52] （清）田文镜、李卫撰：《钦颁州县事宜·验伤》，载元周主编：《政训实录》（第 6 卷），中国戏剧出版社 2001 年版，第 2143 页。

[53] （宋）宋慈撰：《宋提刑洗冤集录》卷之二"初检"，载杨一凡主编：《历代珍稀司法文献》（第 9 册），第 33~34 页。

[54] （清）吉同钧纂辑：《审判要略》，载杨一凡编：《古代折狱要览》（第 16 册），社会科学文献出版社 2015 年版，第 475~476 页。

舆，简明则案情切要，繁冗则词意纠蔓，从来难结之案，半由报呈不实而起。"[55] 呈报虽简，并不意味着对"详""实"的忽略，清代名幕汪辉祖指出："情节之无与罪名者，人证之无关出入者，皆宜详审节删。"[56] "详审"乃"节删"之根本，亦是呈报简明、切实之依据。在讼狱文书的呈报中，"须将原招反复参详，至情可疑处，用笔批注所以可疑之故"，以此体现出司法官治狱理讼时奉秉于"详"的认真负责，因此，"狱贵初情，参语中要说出矜疑情状，听上司详夺。"[57] 在有关讼狱文书的审转呈报过程中，将"详""实"之理念体现在参语的"矜疑情状"中，可使得上级司法官员对案件情形一目了然。

四、鉴古明今："狱贵初情"的意蕴传承

明代李天麟对"狱贵初情"的总结较为周延，"狱贵初情，谓犯事之始智巧未生，情实易得，数审之后，买免多方机械杂出是矣。须知勘考何官，果检验者掌印正官乎，识见精明乎，持法廉正乎，鞫狱虚慎乎，则初情乃确案也。倘初委佐贰、首领，阴阳省祭义民、老人才识昏短而群小轻忽操守卑污而供招苟且，若是而初情宁可贵乎，故招情不厌反覆，要以求当，而已成案无拘也。"[58] "初情"有可为确情的一面，亦有成案无拘的一面，而"初情"的认定，则占据了初审者之司法精力，关乎着覆审者的司法态度与行动。"狱贵初情"的主张是基于"狱情之失，多起于发端之差"[59] 的认识，"初情"更多寄托了覆审者审看

---

[55]（清）吕芝田撰：《律法须知》卷上，载杨一凡主编：《历代珍稀司法文献》（第3册），第1367页。

[56]（清）汪辉祖纂：《佐治药言》，载杨一凡编：《古代折狱要览》（第10册），社会科学文献出版社2015年版，第99页。

[57]（明）不著撰者：《居官必要》卷之下，载官箴书集成编纂委员会编：《官箴书集成》（第2册），黄山书社1997年版，第65~66页。

[58]（明）李天麟纂辑：《讞问汇编》卷之一，载杨一凡主编：《中国律学文献》（第5辑·第2册），社会科学文献出版社2018年版，第36~37页。

[59]（宋）宋慈撰：《宋提刑洗冤集录·序》，载杨一凡主编：《历代珍稀司法文献》（第9册），社会科学文献出版社2012年版，第3页。

得确情之心愿,因此各级司法者宜不厌详慎、反覆推求以期得情至当。即如"夫律重人命,狱贵初情,郡县书狱即初招得情,必再三驳检,详之两院,平之廷尉,五年犹遣司寇郎充恤刑使者,分道并处,诚重之也。"[60] 然而,"狱贵初情"于覆审实践之应用却多有曲解,[61] 或是沦为覆审官员刻意"驳诘"下级之理由,"盖初报乃通报之文,若不论精粗美恶尽已搬入,则后来成招必费无数洗磨,稍与前供不符,上司即以狱贵初情,驳诘不已,甚至无可挽回。"[62] 又或是沦为覆审者草草结案之借口,"如上官不能耐烦,一应解审罪犯,非不躬亲问理,止云狱重初情,威严之下,犯人悉照原供,葫芦结案。"[63] 这显然既有悖于"狱贵初情"的理念初衷,且尽失听讼折狱平曲直、雪冤枉之功能。作为治狱要道的"狱贵初情",应用于覆审实践亦在于重视案情事理的查核与发现,"初情"之"贵",贵在秉持于"敬""慎",敬则不敢忽,慎则行之妥;"初情"之"贵",贵在恪守于"勤""速",勤则惠于民,速则变未生;"初情"之"贵",贵在奏效于"详""实",详则使了然,实则无不服。

古代"狱贵初情"的经验智识亦有今人可资借鉴之处。从历代官箴书所载"狱贵初情"之规劝,以及清代府衙覆审判牍对"狱贵初情"的正向应用,可以看出古代司法者对案件审理务须研审确情的高度重视。这与如今所提倡的"促使办案人员树立办案必须经得起法律检验的

---

[60] (明)沈榜编著:《宛署杂记》,北京古籍出版社1980年版,第88页。
[61] 一些学者对"狱贵初情"予以否定评价,多是缘于古代司法实践中,覆审者对"狱贵初情"的曲解应用。蒋铁初先生基于对古代审判中"狱贵初情"的考察,认为部分司法者对初情采信的片面强调在一定程度上导致了"狱贵初情"观念与实践的异化。参见蒋铁初:《中国古代审判中的狱贵初情》,载《法学研究》2013年第5期。
[62] (清)佚名:《招解说》,载梁治平主编:《明清公牍秘本五种》,中国政法大学出版社2012年版,第523页。
[63] (清)金庸斋:《居官必览》,载元周主编:《政训实录》(第10卷),中国戏剧出版社2001年版,第3601页。

理念，确保侦查、审查起诉的案件事实证据经得起法律检验"[64]一脉相承。清代知府覆审案件对"狱贵初情"的正向应用，对于当今的司法实践具有重要的启示意义：首先，"罪因情科，案凭证定"，要重视"初情"的证据表达。我国当今刑事诉讼法中的证据主要包括八种表现形式，这些法定的证据表现形式于诉讼过程中同样有着毁损、灭失等变化性因素，因此，要在案发之初尽快调查核实相关证据，以便于确审案情。其次，"百种诈伪，不如一实；反覆变诈，不如慎始。"[65]从清代知府以"狱贵初情"对原审呈报作以驳正处理的覆审判牍，可以看出案件的覆审务求案情更确、事理更明，要将诉讼过程中的诈伪处之以"实"，更重要的是重视"慎始"的源头性作用，这也是实现真正意义上的"案结事了"式服判。最后，"狱贵初情"的经验智识代代流传为古人所重视，其正向应用更依赖于司法者们的自我约束。有益的传统司法智识乃是现代司法工作者重要的精神财富，对于现代的司法者若要做到法精、理通、情达的统一，不仅要在专业能力上精通，亦需要不断提升自己的道德修养、人文关怀和文化教养。

---

[64] 习近平：《关于〈中共中央关于全面推进依法治国若干重大问题的决定〉的说明》，载《求是》2014年第21期。
[65] （宋）吕本中撰：《官箴》，载元周主编：《政训实录》（第2卷），中国戏剧出版社2001年版，第724页。

曹魏"谋反大逆"与"大逆无道"关系再蠡测

刘润浩[*]

引 言

(一) 问题提出

"谋反大逆""大逆无道"等罪是专制帝国的"心腹重患",传统的法典编撰多将类似罪名置于首位。或也正因此类犯罪关系重大,故而不同时期对"大逆无道"等行为的内涵划定亦不尽同。[1] 其中隋唐以降有法典留世可鉴,先秦秦汉虽律文有缺,然学界考论丰富,唯魏晋南北朝政权林立、律法杂沓,学界对这一时期、特别是曹魏时该类罪名的考据亦显疏阔,而曹魏新律前总汉法、后启晋律,其价值不容忽视,因此对魏律中"大逆无道""谋反大逆"等犯罪究竟该如何界分、二者关系如何划定仍有加考之必要。由于目前相关史料记载简略,尤其是魏律文本失佚,故近世学者考论曹魏时期的"谋反大逆""大逆无道"多着眼于《魏律序》"又改贼律,但以言语及犯宗庙园陵谓之大逆无道,要斩,家属从坐,不及祖父母、孙。至于谋反大逆,临时捕之,或污潴,

---

[*] 作者系北京大学法学院硕士研究生。

[1] "谋反大逆""大逆无/不道"是术语抑或俗称需视不同时期而定。本文所关注的"谋反大逆""大逆无/不道"定位为法律术语或罪状、罪名,之后援引案例中所提及的也都是出现在廷议、勘劾中作为法定名状使用者。"谋反"本身也无需区分为未实行的"谋"与实行的"反",因为从司法实践来看,无论有无实行行为,都可以被冠以"谋反"之名。

或梟菹，夷其三族，不在律令，所以严绝恶迹也"[2] 一句，进行直观的字面解读，认为魏时的"大逆无道"就是指代"但以言语及犯宗庙园陵"的犯罪，与"谋反大逆"罪呈二元并立的关系。这种解读看似合理，但事实上导致"谋反大逆"与"大逆无道"的关系无法被厘清。因为在前述结论的基础上考察魏时罪刑记载比较明确的谋反案例[3]可以发现，虽然犯罪者实为的犯罪情节或有司论定甚至"罗织"的罪状均系"谋反"、但是最后却"依律"定以"大逆无/不道"者并非孤例，这显然不是"曹魏时的大逆无道罪仅仅指代'但以言语及犯宗庙园陵'类犯罪"这一传统观点能够解释的，故而有必要对魏时"大逆不道"类犯罪、尤其是其中"谋反大逆"和"大逆不道"两个罪名的关系进行详尽的考论。

（二）论文脉络

本文主体内容略可分为两大部分。第一部分围绕现有学术成果展开。虽然目下对魏时"大逆无道"类犯罪、"大逆无道"与"谋反大逆"之关系的专门研究并不宏富，但由于两汉之世"不道"类犯罪颇多且关系繁杂，所以有关汉时"不道"罪群之研究成绩斐然，而在此过程中学者们往往会涉及魏时的"大逆无道"类犯罪，从中亦可大致一窥学界对于魏时"大逆无道"类犯罪的基本看法。当然对于为数不多的专

---

[2] （唐）房玄龄等撰：《晋书》卷三十《刑法志》，中华书局2000年版，第602页。

[3] 爬梳史料，魏国大约四十五年的统治时间里，史书记载相对详尽的谋反类案件约有九件，分别为公孙渊自立燕王谋反案，曹爽等人谋反案，王凌、令狐愚、楚王曹彪谋反案，李丰、张缉、夏侯玄谋反案，毌丘俭、文钦谋反案，诸葛诞谋反案，成济弑君案，邓艾谋反案以及钟会谋反案（其中刨去公孙渊一案，其余案件均发生于司马氏掌权时期）。除以上案例以外，黄初年间西平郡反逆一案因史料残缺，暂不列入。另有学者认为黄初年间曹伟交通孙权，被时人视为因"谋反"被诛的魏讽之流，故也当为"谋反"。参见梁健：《曹魏法制综考》，西南政法大学2012年博士学位论文。不过尽管时人将魏、曹并称，但事实上曹伟并未被定以"谋反"罪名，其行为性质也当更似"里通外国"，至多只算叛国罪，故而此处也不加列。上述案件里，廷尉或廷议定罪结论明确的有两件，分别为曹爽案和李丰案。

门谈论魏时"大逆无道"类犯罪的论述,本文更会加以关注。

通过对现有观点的回顾与评介,本文认为目前学界对于魏时"大逆无道"类犯罪的研究仍显不足,今日之学人对这一问题仍有探求之必要、更有探求之可能,故而本文不揣谫陋,妄缀第二部分,拟对魏时"大逆无道"类犯罪重新加以考订,藉汉时"不道"罪群的既有界定,尝试爬梳魏时"大逆无道"类犯罪的可能体系。

一、学界主要观点回顾

(一)汉、魏通考中对于曹魏"大逆无道"类犯罪的学术观点

对于曹魏时期"谋反大逆"与"大逆无道"二者之间的关系,或魏时"大逆无道"类犯罪的体系,学界仅就此而论者为数不多,绝大部分学者都是在考论秦汉"不道"罪时提及对《魏律序》中有关"大逆不道""谋反大逆"等记载的理解。事实上,由于魏律的修撰本身就是在汉律基础上进行的,因此早期学者有关汉律中"大逆不道"等相关犯罪的分类与归纳对于近世梳理魏时类似犯罪的关系也颇有引导启发之功用。

沈家本、程树德等人较早地注意到汉时"大逆不道""不道""谋反"等罪在史书中记载的杂乱情况,并认为汉时大逆不道应该是作为不道罪中的一个分项,且属于比较严重的一项。同时沈家本比拟唐律,认为汉时的大逆不道应该与后来的谋反大逆罪类似。虽然沈家本没有对大逆不道等罪名的关系作出非常精致的区分,也略过了魏时"大逆无道"罪的定义问题,但是其将"不道"罪界定为一个类罪或罪群、将"大逆不道"罪划入"不道"类罪的观点显然是正确的。这一看法也获得了程树德的赞同。[4]

之后对梳理汉时"不道"类犯罪作出重要贡献的,当属日本学者大庭脩。他在《汉律中"不道"的概念》一文中以两汉劾状、论报中明

---

〔4〕 参见(清)沈家本撰:《历代刑法考》,邓经元、骈宇骞点校,中华书局1985年版,第1415页以下;程树德:《九朝律考》,中华书局2003年版,第94页。

确定性为"不道"的案件为根据，分析个案情节，并用相似情节的案件予以验证，从而整理出汉时"不道"类罪所包含的可能罪名。据大庭脩所考，汉时的不道罪包含有诬罔、罔上、迷国、诽谤、大逆、狡猾、惑众、亏恩、奉使无状。[5] 具体内容可见下图：

```
       ┌ 诬罔—欺骗天子的行为
       │ 罔上—袒护臣下欺骗天子的行为
       │ 迷国—政治主张不一贯，使朝政迷惑的行为
       │ 诽谤—对天子、时政公然非难的行为
       │        ┌ 取代现在天子或加害于天子的企图和行为（如谋反）
       │ 大逆  ┤ 破坏宗庙及其器物
不道 ┤        └ 危害天子后继者的企图和行为
       │ 狡猾 ┌ 以非法手段收受大量金钱的行为
       │        └ 浪费或侵吞公款的行为
       │ 惑众 ┌ 蛊惑民心的行为
       │        └ 因失误导致动乱的行为
       │ 亏恩—损害皇恩的行为
       └ 奉使无状—给天子、王室或国家带来严重危害的渎职行为
```

图 1 汉时"不道"罪群体系

这种"不道"类罪体系界分的影响相当广泛，不但形塑了后来学者对于汉时"不道"类罪的梳理、划分，而且对于分析曹魏时"大逆不道"类犯罪的体系问题也有着非常明显的引导作用。

尤为关键的是，大庭脩虽然在该文正文中始终围绕着汉时"不道"类罪进行梳理分析，但也注意到魏时类似罪名的体系，并在注释中有所提及。由于他着重分析的是《魏律序》中"又改贼律"到"所以严绝恶迹也"的句读理解，因此对于"大逆无道"与"谋反大逆"的关系，

---

[5] 参见 [日] 大庭脩：《汉律中"不道"的概念》，载氏著：《秦汉法制史研究》，林剑鸣等译，上海人民出版社1991年版，第103页以下。

该文仅仅提出了疑问而非全面分析。[6] 即使如此，他梳理出的汉时"不道"罪群也为类似犯罪关系的厘定提供了思路上的借鉴。

在此之后，西田太一郎正式对魏时的"大逆不道"与"谋反大逆"关系提出了自己的观点。他根据《魏律序》"又改贼律"一语，主张魏时通过"这样的修正，把对于皇室言语上的罪行以及关于触犯宗庙园陵方面的罪行，和对于皇室的直接侵犯或叛逆行为相区别，前者即'大逆无道'，而后者称'谋反大逆'"[7]。西田太一郎的划分比较简单，将"大逆无道"和"谋反大逆"作为两个独立的罪名加以并列，属于同一层级，二者应该并不存在一个共同的上位概念。

中国学者亦多持类似观点。陈乃华在《秦汉族刑考》一文中根据《魏律序》"又改贼律"至"所以严绝恶迹也"一段文字，认为"魏律给'大逆无道'罪所下的定义要比汉律狭窄得多，只是指'以言语及犯宗庙园陵'"[8]，这自然是从文面作解。在此基础上他又认为，"《魏律序》已将'谋反大逆'和非谋反的'大逆无道'罪相区分"[9]，仔细揣摩此语，作者似乎隐含着"谋反大逆"与非谋反的"大逆无道"曾经存在一定范围的重合之意。果然他在之后的《秦汉"不道"罪考述》一文中认为"大逆不/无道"与"不/无道"等同，其原始含义就是单指"谋反"，但是在汉时"不道"的含义日渐繁杂，成为一个类罪，直到曹魏修律，"不道"才仅仅只是包括"但以言语及犯宗庙园陵"的犯罪，并与"谋反"罪并列。[10] 严格说来，对于魏时的"大逆不道"类犯罪的关系认定，其主张与西田太一郎大体一致，但是他承认曾

---

[6] 参见 [日] 大庭脩：《汉律中"不道"的概念》，载氏著：《秦汉法制史研究》，林剑鸣等译，上海人民出版社1991年版，第122页。

[7] [日] 西田太一郎：《中国刑法史研究》，段秋关译，北京大学出版社1985年版，第153页。

[8] 陈乃华：《秦汉族刑考》，载《山东师大学报（哲学社会科学版）》1985年第4期。

[9] 陈乃华：《秦汉族刑考》，载《山东师大学报（哲学社会科学版）》1985年第4期。

[10] 参见陈乃华：《秦汉"不道"罪考述》，载《中国史研究》1991年第2期。

经存在过"不道"这样一种类罪,并提出只是因为"不道"罪的内涵删减才使"不道"变成名为"大逆不道"的个罪。这一观点不但相对于西田有所发展,而且启发了后来的研究。如张建国在《夷三族解析》一文中即对此表示赞同。[11] 与之类似的,魏道明也将魏时的"大逆无道"与"谋反大逆"二罪并列,不过他指出这两个罪名都是由汉律中的"大逆无道"罪分化出来的,事实上针对"大逆不道"罪的演化轨迹提出了与陈乃华相异的看法。[12] 之后刘洋《汉代"不道"罪考论》一文的观点似与陈乃华等人基本相合,主张将魏时的"大逆无道"与"谋反大逆"并列,同时也认为此处的"大逆无道"是由内涵缩减后的"不道"罪演变而来,论据也仍然是对《魏律序》的一般理解,[13] 因此总体而言该文在这一问题上实则创见不多。可见对于魏时"大逆不道"类犯罪的梳理这一问题,学界观点基本渐趋一致,论述依据多限于《魏律序》的文字记载,较少地与魏时的司法实践联系起来分析探考。后来的学者在综述前人研究成果的基础上也少见新解,如梁文生在《"不道"罪源流考》一文中通过肯定陈乃华的观点,主张魏时应该仍然存在"不道"类罪,只是除"但以言语及犯宗庙园陵"类犯罪外,都从"不道"类罪中剥离了出去。[14]

(二) 魏时"大逆无道"类犯罪的专门论述

由于前述学者的研究还是侧重于"秦汉"时期的"不道"类犯罪,故而对魏时此类犯罪的研究略显粗糙,且大体上已形成共识。除上述成果之外,还有极少数的文章著作专门探讨了魏时"大逆不道"类罪的划分梳理问题。

杨鸿烈的《中国法律发达史》在"第九章 魏(附蜀吴)"之"刑法分则"目下,分列"对帝室不敬罪"和"反逆罪",分别援引《魏律

---

[11] 参见张建国:《夷三族解析》,载《法学研究》1998年第6期。
[12] 参见魏道明:《汉代的不道罪与大逆不道罪》,载《青海社会科学》2003年第2期。
[13] 参见刘洋:《汉代"不道"罪考论》,载《安徽教育学院学报》2006年第4期。
[14] 参见梁文生:《"不道"罪源流考》,载《河北法学》2010年第2期。

序》中"但以言语及犯宗庙园陵"和"谋反大逆"二句解之。[15] 可见在杨鸿烈看来，二罪只是简单的并列关系，既不存在任何隶属，也不存在上位概念。在《中国法制通史》第三卷"魏晋南北朝卷"中，乔伟主笔的"曹魏政权的法律制度"一章在"侵犯皇帝罪"目下列举了"大逆无道""谋反大逆"等罪名。他在解释时将"大逆无道"与"谋反大逆"进行对比，并写道"曹魏时的所谓'大逆无道'罪，主要是统治阶级内部争权斗争的胜利者用以打击和镇压失败者的最严厉的法律武器。……谋反大逆与大逆无道有所不同，主要是封建统治者镇压被统治阶级反抗的法律工具"[16]，从阶级斗争的角度试图区分两罪。虽然这与其他学者的区分有明显不同，然而其观点许是由于年代局限，其实并没有确凿支撑，更像是其主观臆断。

之后对此问题的研究具有代表性的是刘广平、刘凡振的《曹魏大逆不道罪的演变及妇女连坐问题》一文。对于魏时的大逆不道类罪，作者颇有新意地提出了一种三期演化的观点：魏文帝时期，由于此时曹魏基本因袭汉时旧律，故而大逆不道类罪应该与汉相同，此为第一阶段；魏明帝太和年间修撰魏律，按照今存《魏律序》的说法，"大逆不道罪特指'以言语犯宗庙园陵'"，并认为"魏明帝改定新律后，对于大逆不道罪范围的规定，比汉律稍嫌狭窄。"此为第二阶段；曹魏中后期，亦即曹马党争期间，通过实际案例又不断地对"大逆无道"增加新的罪状，魏律实成具文，立法执法出现了脱离，此为第三阶段。[17] 应该说，这是对魏时大逆无道类犯罪为数不多的直接研究，[18] 其观点较为新颖。

---

[15] 参见杨鸿烈：《中国法律发达史》，上海书店出版社1990年版，第203页。
[16] 乔伟主编：《中国法制通史》（第3卷），中国法制出版社2001年版，第55页。
[17] 参见刘广平、刘凡振：《曹魏大逆不道罪的演变及妇女连坐问题》，载《许昌师专学报》2002年第6期。
[18] 刘广平在其之后的硕士学位论文《曹魏妇女连坐问题初探》中同样对于魏时"大逆无道"类犯罪有专门论述，不过与《曹魏大逆不道罪的演变及妇女连坐问题》的基本内容相差无几。参见刘广平：《曹魏妇女连坐问题初探》，郑州大学2003年硕士学位论文。

同样专门关注魏时"大逆无道"类犯罪的研究,还体现在魏道明《始于兵而终于礼——中国古代族刑研究》之"魏、晋对汉代族刑的改良与整顿"一节中。魏道明曾经对于魏时的"大逆无道"类犯罪提出过"分化"的观点,[19] 此书因旧,不过他注意到了"大逆无道"与"谋反大逆"的截然划分可能会导致后来司法实践的适用混乱,遂援引甘怀真《反逆罪与君臣关系》中的观点论证,"谋反大逆"与"大逆无道"的二分仅是立法准则,实际在执法中二者是可以混用的,也就是认为立法、执法二元化。[20]

(三)总结

综合前人所述,对于魏时"大逆无道"类犯罪,已有学术观点可以简单概括如下:

第一种大致将"谋反大逆"与"大逆无道"并列,并没有将它们纳入某种罪群中去,或者说只是根据二者侵犯皇权的特点,将二者纳入维护帝室权威的罪名中。比如西田太一郎以及杨鸿烈、乔伟等学者的观点即属此类。

第二种虽然同样将"谋反大逆"与"大逆无道"并列,但是承认在修订魏律之前,大逆无道是从不道罪群演化过来的,之所以会如此演化,乃系魏律对于不道类罪的直接简化,也就是说魏时大逆无道和谋反大逆是并列的,这之上的类罪也不存在了,代表如陈乃华、张建国、刘洋以及梁文生等。

第三种认为魏时大逆无道类犯罪存在三个阶段的演变,魏律甫一修订时,是否存在立法、执法分化无法探究,但在曹魏后期,立法、执法确定地出现脱离与分化。持此论者主要是刘广平、刘凡振。

第四种认为魏律的大逆无道与谋反大逆都是从汉律的大逆无道中分

---

[19] 参见魏道明:《汉代的不道罪与大逆不道罪》,载《青海社会科学》2003 年第 2 期。

[20] 参见魏道明:《始于兵而终于礼——中国古代族刑研究》,中华书局 2006 年版,第 118 页,注 1。

化出来的，但对于魏时是否仍然存在大逆无道的类罪罪群则语焉不详；同时还认为"大逆无道"类犯罪的含义界定存在立法、执法二元化倾向，也就是司法实践与法律条文的脱离，律条形同具文，代表者为魏道明。

这四种观点按各自对魏时"大逆无道"类犯罪体系所下的最终结论可以成之两类：

前两种观点可以划归同类，核心主张即魏时"但以言语及犯宗庙园陵"的"大逆无道"罪和"谋反大逆"罪二者若双峰并立，互不包含。然而这种观点显然无法解释立法与执法的悖离问题。

第三、第四种观点可以并为一种。虽然就立法角度看，其似乎持有"二元并立"的立场，但在执法层面上，其认为"大逆无道"与"谋反大逆"并没有严格的区分必要，二者使用情况存在交叉，实则没有体系和规律可循，仿若"不道无正法"的"曹魏版"。二者主要的区别在于这种脱离究竟是魏律甫定即为这样，还是发展到后期方才如此。

以上两大类结论对于专门研究魏时大逆无道类犯罪或多或少均有帮助，但也相应地存在瑕疵：对于第一类观点，最关键的问题在于无法解释为什么律文将"谋反大逆"与"大逆无道"并列，但是司法实践中不止一次地引"谋反"入"大逆无道"；而第二类观点，事实上与史书的记载有所龃龉，兹引两案以证之：

① 毌丘俭案

> 及景帝辅政，是时魏法，犯大逆者诛及已出之女。毌丘俭之诛，其子甸妻荀氏应坐死，……荀氏所生女芝，为颍川太守刘子元妻，亦坐死……[21]

---

[21]（唐）房玄龄等撰：《晋书》卷三十《刑法志》，中华书局 2000 年版，第 602 页。

②成济弑君案

> 五月己丑，高贵乡公卒，年二十。《汉晋春秋》曰：……（成）济即前刺帝，刃出於背。……
> 大将军文王上言："……科律大逆无道，父母妻子同产皆斩。济凶戾悖逆，干国乱纪，罪不容诛。辄敕侍御史收济家属，付廷尉，结正其罪。"[22]

在成济弑君案中，成济直接刺死了时君曹髦，显然是侵犯天子人身的极恶性犯罪，应该归为"谋反"罪名。但是司马昭援引律文时，说的却是"大逆无道父母妻子同产皆斩"，这应当可以视为对魏律的直接引用。有学者认为司马昭此处可能是沿袭了汉律的习惯说法，将谋反大逆称为"大逆无道"。[23] 由于汉律久佚，故汉时法条是否将"谋反大逆"直称作"大逆无道"不敢断言。[24] 但毌丘俭一案中明确记载"是时魏法，犯大逆者诛及已出之女"，而此处适用的对象是被定为"谋反"罪的毌丘俭。可见，魏律中应该有明确的将"谋反"类罪行纳入"大逆"类罪名中的规定，"谋反大逆"与"大逆无道"在实际定罪中的混淆情

---

[22]（晋）陈寿撰：《三国志》卷四《魏书·三少帝纪》，陈乃乾校点，中华书局1959年版，第143页以下。

[23] 参见魏道明：《始于兵而终于礼——中国古代族刑研究》，中华书局2006年版，第118页。

[24] 虽然后汉时期的律文如何目前暂不得知，不过汉初时期的律文从张家山汉墓竹简中可窥知一二。据其中《二年律令·贼律》载，以城邑亭障反，降诸侯，及守乘城亭障，诸侯人来攻盗，不坚守而弃去之若降之，及谋反者，皆要（腰）斩。其父母、妻子、同产，无少长皆弃市。其坐谋反者，能偏（偏）捕，若先告吏，皆除坐者罪。张家山二四七号汉墓竹简整理小组编著：《张家山汉墓竹简〔二四七号墓〕》，文物出版社2006年版，第7页。可见汉律中明白说是"谋反"，并没有提及"大逆无道"。此文虽去魏较远，期间汉律是否变易不敢确言，但亦可做参考。

况并不局限于执法,[25] 就魏律本身而言,亦当重予理解。

二、魏时"大逆无道"类犯罪再考

(一)"谋反大逆"案件的司法逻辑

从曹爽案、李丰案等谋逆重案的司法逻辑看,其最终以"谋反"罪状定"大逆不道"罪名的做法显然都是遵循与汉时相仿的定罪逻辑做出的,这可以说明魏对于汉时"谋反大逆"与"大逆无道"关系的承续。因此本文接下来拟对汉、魏类似案件的裁判逻辑进行归纳并进行对照分析,以证此论。

1. 汉时的定罪逻辑

汉时之劾状、论报俱是比较正式的司法文书,其中的语词使用无疑最具有参考价值。此外廷议结论、诏书等文本形式也会提及论罪定刑的

---

[25] 对于这一记载,似乎存在举轻明重的可能。即根据通说,大逆无道仅指"但以言语及犯宗庙园陵"之罪,轻于谋反,所以轻罪"大逆"要诛及已出之女,重罪"谋反"更需如此。不过如果结合具体语境,这种理解未必妥帖。问题的关键在于对谋反大逆"不在律令"一句如何释解。按照前人的释读,此句多按照字面理解为"不存在于律令"或"不载于律令",都是谋反的刑罚"律令没有记载"之意。但以上理解并不十分合适,"不在律令"不应该按照字面之意简单理解为没有记载于律令,此处之"不在"应理解为"不在于",即"不取决于"或"不依凭于",ához句应该理解为,对于谋反大逆者,污潴也好、枭菹也罢,甚至夷灭三族,如何处置都不取决于律令,司法者可以无需局限于律令法外施刑,通过这种不确定性来震慑恐吓潜在的犯罪者,从而实现鄩灭此类犯罪的目的。可见此句之意在于,对于触犯"谋反大逆"的犯罪者,法律赋予了司法者最大程度的裁量权限,是否在法律规定之外另行施加酷刑或夷灭三族、施加哪种酷刑、施加的范围界限都由司法者自行裁定,不必局限于律令。也有学者认为,该句应当理解为"其逮捕、起诉、行刑的规定不在法典中明文规定"。参见甘怀真:《反逆罪与君臣关系》,载高明士主编:《唐律与国家社会研究》,台湾五南图书出版公司1999年版,第104页,转引自魏道明:《始于兵而终于礼——中国古代族刑研究》,中华书局2006年版,第118页,"注2"。也就是说,按照今天的部门法分类,"不在律令"严格说来是诉讼法领域的研究课题,不完全是刑法需要研究的内容,这一理解同样有一定的道理。无论如何,"谋反"的刑罚应该是有对应规定的,所不明确的可能只是适用或程序上的具体执行问题。所以在谋反律有明文的前提下,"举轻明重"也就没有必要了。而且"不在律令"既然不涉及谋反的刑罚问题,那么如果谋反属于大逆之一,这与大逆罪的刑罚明确也不矛盾。可见此处理解为"举轻以明重"并不合适。

内容，虽然对法律术语的使用未必准确，但是作为相对原始的书面记录，至少能够大致反映出汉时司法实践中隐藏的定罪逻辑。对两汉时的上述文书进行分析即可发现，其释法定罪的逻辑显然是基于"谋反→大逆（无/不道）"的种属体系构建起来的。现援引两汉劾状、诏令等文本如下，凡涉罪状、罪名处加着重号以作明示：

（1）诸吕案（文帝前元年）（公元前179）

> 制诏丞相、太尉、御史大夫：间者诸吕用事擅权，谋为大逆，欲危刘氏宗庙，赖将、相、列侯、宗室、大臣诛之，皆伏其辜。[26]

（2）济北王刘兴居案［文帝前三年（公元前177）秋七月］

> 诏曰："济北王背德反上，诖误吏民，为大逆。济北吏民，兵未至先自定及以军、城邑降者，皆赦之，复官爵。与王兴居居，去来者，亦赦之。"[27]

（3）纪恢说案［景帝前三年（公元前154）冬十二月］

> 诏曰："襄平侯嘉子恢说不孝，谋反，欲以杀嘉，大逆无道。其赦嘉为襄平侯，及妻子当坐者复故爵。论恢说及妻子如法。"[28]

---

[26]（汉）班固撰，（唐）颜师古注：《汉书》卷四《文帝纪》，中华书局2000年版，第79页。

[27]（汉）班固撰，（唐）颜师古注《汉书》卷四《文帝纪》，中华书局2000年版，第87页。

[28]（汉）班固撰，（唐）颜师古注《汉书》卷五《景帝纪》，中华书局2000年版，第102页。

(4) 晁错案［景帝前三年（公元前 154）春正月］

丞相青翟、中尉嘉、廷尉欧劾奏错曰："吴王反逆亡道，欲危宗庙，天下所当共诛。今御史大夫错议曰：'兵数百万，独属群臣，不可信，陛下不如自出临兵，使错居守。徐、僮之旁吴所未下者可以予吴。'错不称陛下德信，欲疏群臣百姓，又欲以城邑予吴，亡臣子礼，大逆无道。错当要斩，父母妻子同产无少长皆弃市。臣请论如法。"制曰："可。"〔29〕

(5) 吴王刘濞案［景帝前三年（公元前 154）二月］

天子制诏将军："……吴王濞……今乃与楚王戊、赵王遂、胶西王卬、济南王辟光、菑川王贤、胶东王雄渠约从谋反，为逆无道，起兵以危宗庙，贼杀大臣及汉使者，迫劫万民，伐杀无罪，烧残民家，掘其丘垄，甚为虐暴。……敢有议诏及不如诏者，皆要斩。"〔30〕

(6) 上官氏父子、燕王刘旦等案［昭帝元凤元年（公元前 80）冬十月］

诏曰："左将军安阳侯桀、票骑将军桑乐侯安、御史大夫弘羊皆数以邪枉干辅政，大将军不听，而怀怨望，与燕王通谋，置驿往来相约结。燕王遣寿西长、孙纵之等赂遗长公主、丁外人、谒者杜延年、大将军长史公孙遗等，交通私书，共谋

---

〔29〕（汉）班固撰，（唐）颜师古注：《汉书》卷四十九《晁错传》，中华书局 2000 年版，第 1764 页。

〔30〕（汉）班固撰，（唐）颜师古注：《汉书》卷三十五《吴王濞传》，中华书局 2000 年版，第 1491 页。

令长公主置酒，伏兵杀大将军光，征立燕王为天子，大逆毋道。"[31]

(7) 眭弘案［昭帝元凤三年（公元前78）正月］

孝昭元凤三年正月，泰山、莱芜山南匈匈有数千人声，民视之，有大石自立，高丈五尺，大四十八围，入地深八尺，三石为足。石立后有白乌数千下集其旁。是时，昌邑有枯社木卧复生，又上林苑中大柳树断枯卧地，亦自立生，有虫食树叶成文字，曰"公孙病已立"……孟意亦不知其所在，即说曰："先师董仲舒有言，虽有继体守文之君，不害圣人之受命。汉家尧后，有传国之运。汉帝宜谁差天下，求索贤人，禅以帝位，而退自封百里，如殷、周二王后，以承顺天命。"孟使友人内官长赐上此书。时，昭帝幼，大将军霍光秉政，恶之，下其书廷尉。奏：赐、孟妄设祅言惑众，大逆不道，皆伏诛。[32]

(8) 霍氏案［宣帝地节四年（公元前46）七月］

秋七月，大司马霍禹谋反。诏曰："乃者，东织室令史张赦使魏郡豪李竟报冠阳侯霍云谋为大逆，朕以大将军故，抑而不扬，冀其自新。今大司马博陆侯禹与母宣成侯夫人显及从昆弟冠阳侯云、乐平侯山、诸姊妹婿度辽将军范明友、长信少府邓广汉、中郎将任胜、骑都尉赵平、长安男子冯殷等谋为大逆。显前又使女侍医淳于衍进药杀共哀后，谋毒太子，欲危宗

---

[31]（汉）班固撰，（唐）颜师古注：《汉书》卷七《昭帝纪》，中华书局2000年版，第159页。
[32]（汉）班固撰，（唐）颜师古注：《汉书》卷七十五《眭弘传》，中华书局2000年版，第2359页。

庙。逆乱不道,咸伏其辜。诸为霍氏所诖误未发觉在吏者,皆赦除之。"[33]

(9) 广陵王刘胥案 [宣帝五凤四年(公元前54)春正月][34]

宣帝即位,胥曰:"太子孙何以反得立?"复令女须祝诅如前。………居数月,祝诅事发觉,有司按验……(胥)即以绶自绞死。[35]

(胥)四月乙巳立,六十三年,五凤四年,坐祝诅上,自杀。[36]

甘露二年五月己丑朔甲辰朔,丞相少史充御史守少史仁以请,诏有逐验大逆无道故广陵王胥御者匡夷故长公主夷卿大婢外人,移郡太守逐得试知……[37]

(10) 杨恽案(宣帝五凤四年)(公元前54)

以主上为戏语,尤悖逆绝理。事下廷尉。廷尉定国考问,左验明白,奏……恽幸得列九卿诸吏,宿卫近臣,上所信任,与闻政事,不竭忠爱,尽臣子义,而妄怨望,称引为訞恶言,

---

[33](汉)班固撰,(唐)颜师古注《汉书》卷八《宣帝纪》,中华书局2000年版,第176页。

[34] 此案虽未见劾状、诏令等能够完整体现裁判思路的文书,但是通过刘胥的犯罪情节和甘露二年通缉人犯的诏令对其罪名的认定,仍然可以大致推知此案遵循着汉时相关犯罪裁判的一般思路。

[35](汉)班固撰,(唐)颜师古注《汉书》卷六十三《广陵王胥传》,中华书局2000年版,第2086页。

[36](汉)班固撰,(唐)颜师古注《汉书》卷十四《诸侯王表第二》,中华书局2000年版,第307页。

[37] 语出居延汉简《甘露二年丞相御史律令》,释文参见伍德煦:《居延出土〈甘露二年丞相御史律令〉简牍考释》,载《西北师大学报(社会科学版)》1979年第4期。

大逆不道,请逮捕治。[38]

(11) 楚王刘英案(明帝永平十三年)(70)

十三年,男子燕广告英与渔阳王平、颜忠等造作图书,有逆谋,事下案验。有司奏英招聚奸猾,造作图谶,擅相官秩,置诸侯王公将军二千石,大逆不道,请诛之。[39]

(12) 阜陵王刘延案(明帝永平十六年)(73)

永平中,有上书告延与姬兄谢弇及姊馆陶主婿驸马都尉韩光招奸猾,作图谶,祠祭祝诅……建初中,复有告延与子男鲂造逆谋者,有司奏请槛车征诣廷尉诏狱。肃宗下诏曰:"王前犯大逆,罪恶尤深,有同周之管、蔡,汉之淮南。……"[40]

以上基本是两汉时期定为"大逆"或"大逆不/无/毋/亡道"且留有劾状、廷议等文书的案件。从中可以发现,虽然罪名最后均是"大逆"之类,但是描述罪状时往往都是"谋反"或其他行为。因此其司法逻辑虽未尽相同,但大致可以归结为下表:

---

[38] (汉)班固撰,(唐)颜师古注《汉书》卷六十六《杨恽传》,中华书局2000年版,第2181页。

[39] (宋)范晔撰,(唐)李贤等注:《后汉书》卷四十二《楚王英传》,中华书局2000年版,第965页。

[40] (宋)范晔撰,(唐)李贤等注:《后汉书》卷四十二《阜陵质王延传》,中华书局2000年版,第975页。

表1 汉时"大逆无道"类罪的定罪逻辑

案件	犯罪情节			罪状	罪名	罪群
诸吕案	欲危刘氏宗庙			→谋反	→大逆	
济北王兴居案	背德反上 诖误吏民			→谋反	→大逆	
纪恢说案	不孝，谋反，欲以杀嘉			→谋反、不孝	→大逆无道	
晁错案	(罗织罪名→)	不称陛下德信 欲疏群臣百姓 欲以城邑予吴	亡臣子礼		大逆无道←	不道
案件	犯罪情节			罪状	罪名	罪群
吴王刘濞案	约从谋反			→谋反	→为逆无道	
	加重情节： 起兵以危宗庙 贼杀大臣及汉使者 迫劫万民，伐杀无罪，烧残民家，掘其丘垄					
上官氏、燕王案	征立燕王为天子			→谋反	→大逆毋道	
眭弘案	妄设袄言惑众 鼓吹时君禅位			→反对时君	大逆不道	
霍氏案	谋反 杀共哀后 谋毒太子	→欲危宗庙		→谋反 危害天子后继者	→大逆 逆乱不道	

续表

案件	犯罪情节		罪状	罪名	罪群
广陵王刘胥案	詋诅上	→危害时君	→谋反	→大逆不道	
杨恽案	訞恶言	→反对时君		→大逆不道	
楚王刘英案	造作图谶 擅相官秩	→反对时君 冲击皇权	→谋反	→大逆不道	
阜陵王刘延案	作图谶 祠祭祝诅	→反对时君 危害时君	→谋反	→大逆	

　　晁错案的定罪逻辑相对特殊。由于晁错本人并无谋反起事，故而丞相等人议罪时越过了对犯罪罪状的认定，直接选取了最模糊的"无人臣礼"来界定晁错的朝政策略。"无人臣礼"即不遵循为臣之道，对应着"不道"[41]，这也是汉时甚为模糊而且颇为庞杂之罪名。在划定最宽泛的"不道"罪之后，丞相等人复以罪定行，回过头来为晁错安排罪名："大逆不道"同样属于外延相对宽泛的一类罪，通过将晁错的谋划界定为离心于时君、献城予叛吴，晁错之举便可被视为倾心诸侯、背离时君，自可定"谋反大逆"之罪。这尽管是一桩枉法裁判，但至少可以说明汉时"不道"罪群的存在。

　　另，济北王案、眭弘案、广陵王案、杨恽案、楚王案中的劾状或论报都没有对案犯"谋反"罪状进行明文界定，但济北王案中济北王兴兵造次、广陵王案中广陵王屡屡詋诅、楚王案中楚王擅置官署，都是典型的危及中央集权统治或者皇帝人身安全的行为，完全契合"谋反"罪状，司法文书中略去不谈，许是行文惯例，没有佐证不敢妄揣。但是眭

---

[41] "不道"即"不遵循臣子之道"的观点参见［日］大庭脩：《汉律中"不道"的概念》，载氏著：《秦汉法制史研究》，林剑鸣等译，上海人民出版社1991年版，第105页。

弘案、杨恽案中，二人事实上都是言语失当，并没有能够直接危及集权统治或皇帝安危，然而如果司法者为了某些特殊目的，[42] 将二者的言论视为客观上实现了抨击时君的效果，从而判定其存在反对时君的意图，倒也不存在明显的逻辑错误，但这显然是非常牵强的解读。或许这也正是司法者将之直接纳入作为定案罪名的"大逆不道"罪而有意忽略其是否符合"谋反"罪状的原因所在。

除此之外，上述案件的司法逻辑基本都是先确定"谋反"的罪状，再定以"大逆无道"之罪名。

综上，汉时"大逆无道"罪的定罪逻辑基本呈现以下规律：

首先根据犯罪者的实际情况，确定犯罪者的犯罪情节。在以上案件中我们可以看到"危/叛宗庙""詛诅""妖/恶言""作图谶"等是比较常见的犯罪情节；

其次按照相应的犯罪情节，明确行为对应的罪状。在以上案件中，考虑到"谋反"具有特殊性，即其外延广阔、具有模糊性，所以需要再对初步归纳的犯罪情节再加以类型化，权衡是否涉及对皇帝或帝室成员人身的直接或间接侮损、侵犯，抑或涉及对皇帝所掌握的专制权力的冲击，也就是大致归为"反对/危害时君"与"危犯社稷（宗庙）"两类，在此基础上对应到"加害或反对天子等谋反行为"上去，这也是入类罪前需要明确的法定罪状；

最后如果能够契合"谋反"这一罪状，那么一般而言也就可以随之纳入"大逆"罪域之中，相关文书最终也都会落脚于此。

---

[42] 如眭弘的行为触怒了权臣霍光，而杨恽于此案前已因言行失当被贬为庶民，这次又为《报孙会宗书》批宣帝逆鳞，实际上都触怒了当时的最高掌权者。

如图所示：

```
危/叛宗庙 ┐
詖诅     │
妖/恶言   ├ 谋反——大逆无道
作图谶   │
其他     ┘
```

图2 汉时"大逆无道"类罪的定罪逻辑

因此，汉时"大逆无道"罪的司法逻辑绝大部分都是先确定"谋反"的罪状，再定以"大逆无道"之罪名，[43] 这就说明，汉时存在着"谋反"属于罪状、"大逆无道"属于法定罪名、同时"大逆无道罪包含谋反罪状"这样一套罪名关系。[44]

2. 魏时的定罪逻辑

既然如此，那么如果魏时也有与之相仿的定罪逻辑，可知魏时显然也需要有类似的罪名关系。魏时定罪文书相对明确的案件仅存曹爽、李丰两案，现援引两案如下：

（1）曹爽案［正始十年（249）春正月］

---

[43] 不过在前述的劾状、诏令等文字中，有比较多的都省略了对于罪状的确定，直接通过犯罪情节的明确，界定"大逆无道"的罪名。这可能只是一种书写上的省略。事实上，以上列举的十几个案件中，绝大部分案件都可以将"谋反"罪状的界定引入裁判逻辑中，唯独晁错案、眭弘案和杨恽案无法引入对"谋反"罪状的界定这一环，而以上三个案件的裁判显然都是存在事实或罪名界定失误的。可见如果无法推演出对于"谋反"罪状的界定环节，那么很有可能是因为存在某些法外因素，导致司法者无罪定有罪、轻罪定重罪，所以进行了罪名认定的跳跃。

[44] 大庭脩也持类似观点，但其将"谋反"与"祝诅上"相区分，归入"大逆"。参见［日］大庭脩：《汉律中"不道"的概念》，载氏著：《秦汉法制史研究》，林剑鸣等译，上海人民出版社1991年版，第103页以下。笔者以为，"祝诅上"的行为直接目的是危害时君，但根本目的显然是要为自己或某人夺取皇帝作准备，因此祝诅可以被视为谋反的一种手段。此外，之所以没有直接将"谋反"与"大逆无道"等同，是因为在前述案例中，纪㤚说的"不孝"，霍显毒害皇后、太子的行为都没有损害皇帝及其专制统治，也就是说并非"谋反"，但仍然被认定为"大逆"，可见"谋反"只是"大逆"的其中一种情况。

①初,张当私以所择才人张、何等与爽。疑其有奸,收当治罪。当陈爽与晏等阴谋反逆,并先习兵,须三月中欲发,于是收晏等下狱。会公卿朝臣廷议,以为"春秋之义,'君亲无将,将而必诛'。爽以支属,世蒙殊宠,亲受先帝握手遗诏,讬以天下,而包藏祸心,蔑弃顾命,乃与晏、飏及当等谋图神器,范党同罪人,皆为大逆不道"。于是收爽、羲、训、晏、飏、谧、轨、胜、范、当等,皆伏诛,夷三族。[45]

②既而有司劾黄门张当,并发爽与何晏等反事,乃收爽兄弟及其党与何晏、丁谧、邓扬、毕轨、李胜、桓范等诛之。[46]

(2)李丰案[正元元年(254)春正月]

①(夏侯)玄以爽抑绌,内不得意。中书令李丰虽宿为大将军司马景王所亲待,然私心在玄,遂结皇后父光禄大夫张缉,谋欲以玄辅政。……嘉平六年二月,当拜贵人,丰等欲因御临轩,诸门有陛兵,诛大将军,以玄代之,以缉为骠骑将军。……大将军微闻其谋,请丰相见,丰不知而往,即杀之。事下有司,收玄、缉、铄、敦、贤等送廷尉。廷尉钟毓奏:"丰等谋迫胁至尊,擅诛冢宰,大逆无道,请论如法。"于是会公卿朝臣廷尉议,咸以为"丰等各受殊宠,典综机密,缉承外戚椒房之尊,玄备世臣,并居列位,而包藏祸心,构图凶逆,交关阉竖,授以奸计,畏惮天威,不敢显谋,乃欲要君胁上,肆其诈虐,谋诛良辅,擅相建立,将以倾覆京室,颠危社稷。

---

[45] (晋)陈寿撰:《三国志》卷九《魏书·曹爽传》,陈乃乾校点,中华书局1959年版,第288页。

[46] (汉)班固撰,(唐)颜师古注:《晋书》卷一《宣帝纪》,中华书局2000年版,第12页。

毓所正皆如科律，报毓施行。"……于是丰、玄、缉、敦、贤等皆夷三族，其馀亲属徙乐浪郡。[47]

②正元元年春正月，天子与中书令李丰、后父光禄大夫张缉、黄门监苏铄、永宁署令乐敦、冗从仆射刘宝贤等谋以太常夏侯玄代帝辅政。……三月，乃讽天子废皇后张氏，因下诏曰："奸臣李丰等靖譖庸回，阴构凶慝。大将军纠虔天刑，致之诛辟。周勃之克吕氏，霍光之擒上官，曷以过之。其增邑九千户，并前四万。"[48]

两案的记述并没有像汉时那样直接引自"诏曰""奏曰"，而是出自史家之转述，因此这里的"大逆无/不道"究系史家自拟，抑或魏廷所定，当有先行说明之必要。在曹爽案中，公卿议罪中出现了"亲受先帝握手遗诏"语，显然是魏臣口吻；而在李丰案中，公卿之议最后有"毓所正皆如科律，报毓施行"一句，自然也是站在时臣的角度所发出的指示。可见，这两处廷议照录魏臣之语的可能性更高，故而其中的"大逆无/不道"多系魏廷拟定。

在曹爽案中，朝臣廷议云，曹爽"乃与晏、飏及当等谋图神器，范党同罪人，皆为大逆不道。""神器"代指帝位或政权，"图谋神器"意即对帝位、政权图谋不轨，是典型的"谋反"罪状，同一件事在《晋书》中的表述便是直言曹爽等人所行乃是"反事"，可见就罪状来讲，曹爽案定性为"谋反案"是没有问题的。但是最后廷议的结果却是定以"大逆不道"，而本案实际上与"以言语及犯宗庙园陵"丝毫无涉。

在李丰、张缉等人谋犯司马师一案中，公卿朝臣廷尉议云李丰等人虽然主要所行的是"谋诛良辅"，但是这种行为是为了他们的"擅相建

---

[47]（晋）陈寿撰：《三国志》卷九《魏书·夏侯玄传》，陈乃乾校点，中华书局1959年版，第299页。
[48]（汉）班固撰，（唐）颜师古注：《晋书》卷二《景帝纪》，中华书局2000年版，第18页。

立",进而实现"将以倾覆京室,颠危社稷"的目的,这种图谋显系谋反——这一环节的加入或许也正是为什么钟毓定罪之后还要公卿廷议的原因之一,因为钟毓所定的"谋迫胁至尊,擅诛冢宰"的罪状确实无法直接推导出"大逆无道"的定罪,考虑到彼时的魏国政局,李丰等人又必须判死,这才需要公卿们再加上"将以倾覆京室,颠危社稷"这关键一环,以坐实李丰等人"谋反"的罪状。同样,从记载在《晋书》中的诏文里可见,司马师强迫曹髦将自己诛杀李丰等人的行为比作"周勃之克吕氏,霍光之擒上官",而汉初诸吕作乱、昭帝时上官桀作乱都是典型的谋反案件,显然司马师是通过皇帝诏书的官方形式,将自己的清洗行径定性为"平定谋反",也就是将李丰等人的行为划为"谋反"。尽管这样,廷议的结论却是"毓所正皆如科律,报毓施行",而廷尉钟毓所正的罪名是"大逆无道",很明显其是将"谋反"与"大逆不道"混同,无涉于"但以言语及犯宗庙园陵"。

现简列二罪的定罪逻辑如下:

表2 魏时"大逆无道"类罪的定罪逻辑

案件	犯罪情节	罪状	罪名
曹爽案	谋图神器	→谋反	→大逆不道
李丰案	谋迫胁至尊,擅诛冢宰 将以倾覆京室,颠危社稷	→谋反	→大逆无道

从中可以发现,曹爽案、李丰案的定罪逻辑与汉时类似案件相吻合,因此相应地其应与汉时适用同一套用以支撑类似定罪逻辑的"大逆无道罪包含谋反罪状"关系,也就是说这一关系在魏时应该也是存在的。

综合而言,虽然作为"不道"罪群的最高概念,"不道"罪魏时是否存在,囿于史料的残匮,已难以求证,但至少曹魏时期"谋反大逆"属于"大逆无道"之子项是可以通过实践中的司法逻辑加以确定的。

(二)《魏律序》"又改贼律"句分析

前论虽确,然似乖于《魏律序》,故有重新分析《魏律序》相关记载之必要。考察时不应仅仅局限于其文字本身,由于魏律的制定是在增删修订汉律的基础上进行的,所以对于魏时"大逆无道"类犯罪体系、概念的界定都不妨借汉时类似罪名、体系的界定辅助分析。

《魏律序》中有"谋反大逆"的词汇,该句为"至于谋反大逆,临时捕之,或污潴,或枭菹,夷其三族,不在律令,所以严绝恶迹也"[49]。这一词汇本身应为承用的汉时旧语。[50] 汉时存在一个比较庞杂的"不道"罪体系,其中"大逆"属于"不道"类罪之一项,而"谋反"属于"大逆"罪的一种罪状,前文已述。[51] 从这一逻辑关系来看,"谋反大逆"应该解读为"谋反类大逆罪","大逆不道"亦即"大逆类不道罪"。那么《魏律序》有关"谋反大逆"之记载是否涉及魏时"谋反"系"大逆罪"的归属变化呢?考察"至于谋反大逆"一句可知,该处表达的重点应该是放在具体的刑罚范围上,也就是强调对谋反大逆的行为,应"临时捕之,或污潴,或枭菹,夷其三族,不在律令",并不涉及"谋反大逆"的内涵划定。可见"又改贼律"至少不是直接更改"谋反大逆"的"谋反类大逆罪"归属。

此时需要厘析的便是魏时"大逆"与"大逆不道"罪名的关系。[52] 按照汉律,"大逆不道"其实就是"大逆类不道罪",从这个角

---

[49] (汉)班固撰,(唐)颜师古注:《晋书》卷三十《刑法志》,中华书局2000年版,第602页。

[50] 《汉书》卷八十四《翟方进传》:今翟义、刘信等谋反大逆……;《后汉书》卷一《光武帝纪》:秋九月庚子,赦乐浪谋反大逆殊死已下;同书卷二《明帝纪》:其令天下自殊死已下,谋反大逆,皆赦除之;同书《顺冲质帝纪》《桓帝纪》均有此语。《三国志》卷二《魏书·文帝纪》:五年春正月,初令谋反大逆乃得相告,其余皆勿听治。彼时仍因汉旧律。从使用场合来看,"谋反大逆"应该是作为一个固定的法律词汇由来已久。

[51] 参见〔日〕大庭脩:《汉律中"不道"的概念》,载氏著:《秦汉法制史研究》,林剑鸣等译,上海人民出版社1991年版,第114页。

[52] 当然魏时是否存在"不道"的总概念并不重要,只要能够证明《魏律序》中对"大逆无道"的修改并不意味着其被唯一化限定足矣。

度看，至少在汉时"大逆"与"大逆不道"并无本质区别。但是《魏律序》中明确说明，"又改《贼律》，但以言语及犯宗庙园陵谓之大逆无道，要斩，家属从坐，不及祖父母、孙"[53]，这是否说明魏时的"大逆无道"与"大逆"已经不同、"谋反"可归为"大逆"但不能纳入"大逆无道"呢？如果按照字面意思，认为这句话是在为"大逆无道"下定义，似乎应予肯定，但这种解释显然存在问题。[54] 所以此句虽有"又改贼律"的大前提，但所改者未必是对"大逆无道"进行唯一性限定、"下定义"。

事实上，"又改贼律"究竟改了哪里或者说"又改贼律"一句所传达出的魏律与汉律的不同究竟何在，并不明确，但正如大庭脩所主张的那样，"又改贼律"之后全部都是已经改定的魏律内容，[55] 这种说法目下已成为共识。如果将"又改贼律"到"不及祖父母、孙"这句话与汉时法律比照，有两处值得注意，一是对于"大逆无道"的内涵划定问题，二是刑罚牵涉的对象范围问题。刑罚问题暂且不论，就对"大逆无道"的内涵划定而言其是否与汉律有所不同呢？

第一需要考察"但以言语及犯宗庙园陵"的意思。对该条罪状的释读，普遍是译为"诽谤君主和毁损宗庙园陵"，亦有观点认为是"在言语上触犯皇权或侵犯象征皇权的宗庙园陵"，区别在于毁损宗庙园陵究竟是用言语还是实际行为。依笔者孔见，如果毁损宗庙园陵需要实际行为的话，那么此处的"及"显然是被理解为连词，然而这就导致"以言语"后面阙文，毕竟"及"无法被理解为连接"以言语"和"犯"，所以此时该句有不通之弊。不过，"及"除却连词语义外，还有"牵涉"之意，如果按此理解，则该句似可解为言语涉及侵犯宗庙园陵，即言语

---

[53] （汉）班固撰，（唐）颜师古注：《晋书》卷三十《刑法志》，中华书局2000年版，第602页。

[54] 例如如淳在注释《汉书·翟方进传》时云"律，杀不辜一家三人为不道"，考虑到汉时那样庞杂的"不道"罪群体系，这显然不是在为"不道"下定义。

[55] 参见［日］大庭脩：《汉律中"不道"的概念》，载氏著：《秦汉法制史研究》，林剑鸣等译，上海人民出版社1991年版，第122页，"注28"。

侮辱诽谤类犯罪，这样解释于文为顺，则显然第二种解释更加合理。[56]

第二需要明确的是，汉时是否存在这种以言语侵犯宗庙园陵为罪状的罪，如果有，是否以"大逆不道"论罪。据记载，吕后曾颁布过类似的禁令——"高后时患臣下妄非议先帝宗庙寝园官，故定著令，敢有擅议者弃市。"[57] 但后来元帝、成帝对于此令分行废、立，哪怕元帝之前，即在史书没有提到此令被废止的时期内，其实际执行效果也并不理想。无论此令实施情况如何，就禁令本身而言，其当只是规定了擅议宗庙者弃市的刑罚，然而对于它是否被归入"不道"或"大逆不道"的罪群中，史无明文。由此可见，汉时"擅议宗庙"的罪名虽然有过，但是并不常用，如何界定也无法明确，故而此处"又改贼律"极有可能指代的是将类似汉时"擅议宗庙"这样的罪名以某种方式纳入到"大逆不道"罪中去。

第三需要解决的问题显然也是本句理解的关键，那就是"擅议宗庙"究竟以何种方式被"大逆无道"所涵摄，从另一角度来看，即为究竟是"大逆无道"之外延只能包含"擅议宗庙"一罪，抑或仅仅只是将"擅议宗庙"纳入了"大逆无道"罪中去。本文赞成第二种观点。笔者以为，"又改贼律，但以言语及犯宗庙园陵，谓之大逆无道"中的"但"字释为表限定的"只、仅"当然没有问题，但是在缀文时释为表必要条件的"只有""只是"，倒不如释为"仅仅"更为合理。因为若不理解为"纳入"而解作"将其他罪名全部排除而仅保留擅议宗庙一个"的话，那么这不但与后来的司法实践有冲突，而且此种做法也是很难理解的：毕竟擅议宗庙相对各种侵犯皇家利益的罪行而言只能算是比

---

[56] 类似观点日本德川时代的荻生徂徕以及后来的大庭脩都曾有过精到论述。参见[日]大庭脩：《汉律中"不道"的概念》，载氏著：《秦汉法制史研究》，林剑鸣等译，上海人民出版社1991年版，第122页，"注28"。

[57] （汉）班固撰，（唐）颜师古注：《汉书》卷七十三《韦贤传》，中华书局2000年版，第2338页。该处"官"字不可解。然此句后文有"昭灵后、武哀王、昭哀后并食于太上寝庙如故，又复擅议宗庙之命"语，可见此处当不涉及非议"宗庙寝园之官"，而只是非议"宗庙园陵""官"字或衍。

较轻微的犯罪,而"大逆无道"作为因袭日久的词汇,早已形成指代重大犯罪的使用传统,曹魏立法者为什么会选择这样一个冷僻的罪状界定为"大逆无道"显然令人费解。因此,此处的更改《贼律》,应该是将律改为"仅仅以言语侵犯宗庙园陵,就叫大逆不道",而非以往理解的"大逆不道只是'以言语及犯宗庙园陵'"。如此,"大逆不道"的范围界定也就超出了一般认为的"侵犯宗庙园陵"这样狭窄的罪域,"擅议宗庙"只是"大逆无道"外延之一项,而非其唯一之外延。[58]

由此可以推知,汉、魏的"大逆无道"罪在内涵界定上并没有很明显的区别。因为根据大庭脩的考证,汉时的"大逆无道"罪作为"大逆类不道"罪的简称,本身就包含了"破坏宗庙及其器物"的行为。根据《魏律序》的记载,魏时对于有关"大逆无道"刑名的记载应该主要就是"但以言语及犯宗庙园陵谓之大逆无道",此外再无修订。而这一修订也只是将"仅仅言语毁及宗庙园陵"的"擅议宗庙"行为纳入了"大逆无道"之中,并没有在事实上改变"大逆无道"的含义。可见仅从《魏律序》的记载,看不出魏时对于"大逆"和"不道"类犯罪的关系有什么变动。

综上可知,魏律对于汉时"不道""大逆""谋反"这样一个层层叠进的逻辑体系可能并未做出很大改变,仅有的一个变化可能即为将汉时去留不定的"擅议宗庙"正式确立进"大逆"类犯罪中去,而"谋反大逆"和"大逆无道"的罪名关系在此次修律中没有涉及。所以说,魏时"谋反"和"擅议宗庙"都是"大逆不道"的下位概念,魏时的"大逆不道"不但不像某些学者所说,是与"谋反大逆"并列、但恶性次于谋反的二级犯罪,反倒仍然是涵盖谋反的一个类罪,"言语及犯宗

---

[58] 这样一来,"又改贼律,但以言语及犯宗庙园陵谓之大逆无道,要斩,家属从坐,不及祖父母、孙"一语只是提到了"大逆不道"罪的一款不同于汉室旧律的条款而已,其"改"的重点在于增设了后面"不及祖父母、孙"的出罪条款。而这一条款之所以设立,显然也是因为前述的罪状乃轻罪,故而无需罪及家族全体。因此这项出罪条款也就不会像部分学者主张的那样,可以用来笼统地佐证"大逆不道"无需罪及祖父母、孙,故而轻于需要夷灭三族的谋反。

庙园陵"和"谋反大逆",都属于描述"大逆不道"的罪状。[59]

(三)总结

考察汉、魏两朝在认定"大逆无道"类犯罪时所采纳的裁判逻辑可以发现,两朝基本没有变化。而汉时此类定罪逻辑的存在基础是"谋反大逆"属于"大逆无道"的罪名体系,没有这一体系,类似的定罪逻辑显然无法适用。既然魏朝也能适用此套逻辑进行"大逆"定罪,那么可以确知,魏时的"大逆无道"与"谋反大逆"应该也是延续了汉时二者的包含关系,即"谋反大逆"仍然属于"大逆无道"之一项。至于聚讼纷纭的《魏律序》"又改贼律"一段记载,其实指的是将类似于汉时"擅议宗庙"的一种犯罪纳入了"大逆无道"类的罪域之中。考虑到魏律是在汉律基础上进行增定的大前提,再综合《魏律序》全文来看,这应该就是魏律对于"大逆无道"类犯罪的罪名关系所进行的唯一更变,其实际与"谋反大逆"与"大逆无道"的关系问题纤毫无涉。

余 论

根据目前有关曹魏的资料,至多只能推论出,魏时因袭了"大逆无道包含谋反"这样一层罪名关系,但是对于汉时那样一套庞杂繁复的"不道"体系魏朝是否仍然留用,以上考论着实无法给出回应。不过就目前有关曹魏的史料,主要是从《三国志》与《晋书》的部分内容来看,这套体系在魏时似乎鲜见,当然这不排除史家著史时因行文写作的需要,没有将相关的定罪详情体现出来,这一问题或许只能留待再

---

[59] 这样一种序列也比较符合汉时律文。如《二年律令·贼律》中载,以城邑亭障反,降诸侯,及守乘城亭障,诸侯人来攻盗,不坚守而弃去之若降者,及谋反者,皆要(腰)斩。其父母、妻子、同产,无少长皆弃市。其坐谋反者,能偏(徧)捕,若先告吏,皆除坐者罪。参见张家山二四七号汉墓竹简整理小组编著:《张家山汉墓竹简〔二四七号墓〕》,文物出版社2006年版,第7页。可见这条汉律,列举了三种当处以"要(腰)斩。其父母、妻子、同产,无少长皆弃市"的罪状,其中一种即"谋反"。这种排列说明至少在当时谋反虽然常见,但在写法上没有独立成文,而是与其他两种罪按照其当处刑罚的一致性被置于一条当中,其本质上属于"罪状",而非"罪名"。

探了。

　　尽管有关魏时"不道"罪群的存在情况本文未予探考，但是对魏时"谋反大逆"与"大逆无道"罪的关系问题，还是能够给出回应的。这一问题的起点在于《魏律序》的记载与魏时司法实践间似乎存在矛盾，这就说明传统的认知存在缪差，而为解决这一矛盾，学界也曾有过努力。本文首先通过上溯汉时的相关判例，发现凡涉"大逆无道"案，均是先明确"谋反"罪状，再确定"大逆无道"罪名，而这一定罪逻辑的出现根源于汉时存在"谋反罪状属于大逆无道罪"的逻辑体系。再行考察魏时的曹爽案与李丰案，可见其定罪逻辑与汉时相仿，都是先明确"谋反"罪状，再行定"大逆无道"之罪。定罪逻辑的形成需要有相应的罪名体系的支撑，所以这也就说明，汉时"大逆罪包含谋反罪状"的罪名关系也有接续适用于魏的可能性。但这尚未解决《魏律序》的记载与实践相悖离的问题。之后在对《魏律序》重新释读后，笔者认为，《魏律序》的记载并非说"大逆无道仅仅指代擅议宗庙类犯罪"，而应该理解为，魏律将擅议宗庙也作为大逆无道的一种罪状，纳入了大逆无道罪之中，同时与同属于大逆无道之一罪状的谋反并列，因此《魏律序》之文与司法实况并未相悖。从上述论述基本可以确定，"大逆罪包含谋反罪状"的逻辑体系在魏时仍然存在，魏时"谋反"与"擅议宗庙"性质相同，均属于"大逆无道"罪的罪状之一。

判词如何讲故事

——以平襟亚改编一则刑部驳案为袁枚妙判为例

池贝贝*

一、问题的提出

民国时期出现了前所未有的出版自由，同时也是伪书的黄金时代。"民国时期的很多伪书性质比较恶劣，书贾为了牟利故意伪造历史，内容无中生有，危害极大。"[1]平襟亚在大环境的影响下也同样炮制了一些伪书，不得不说，平襟亚作为书商，其嗅觉是敏锐的，如其编写的《清朝十大名人家书》一经刊印，就受到追捧。而事实上，这些名家名作多半是平襟亚杜撰的。

纵观平襟亚出版的作品，如推出的"家书"系列，已被证实系伪作（或部分伪作）。如南京大学教授陈恭禄在《中国近代史资料概述》中指出，中央书店等"书坊印行的林则徐、胡林翼、李鸿章、彭玉麟、张之洞家书都不能作为史料"[2]。刘路生教授在1998年就曾专门写了《〈袁世凯家书〉考伪》[3]一文，在文中言明，除了所附的《总统就任宣言》以外，《袁世凯家书》中没有一篇属于真实存在的书信。早在1992年前南京大学卞孝萱先生就写了《扬州八怪考辨集》，对《郑板桥家书》中的书信逐一辨析，研究得出除了家书中的十四通是乾隆年间已

---

* 作者系沈阳师范大学法学院硕士研究生。
〔1〕 金晔:《平襟亚传》，东方出版中心2017年版，第130页。
〔2〕 陈恭禄:《中国近代史资料概述》，陈良栋整理，中华书局1982年版，第196~197页。
〔3〕 参见刘路生:《〈袁世凯家书〉考伪》，载《广东社会科学》1998年第5期。

印行的外，其余部分都是伪作。[4]

平襟亚出版伪书自然有逐利的目的，为了吸引受众的注意力，以史书之名内灌文学之实，以文学的笔墨煽动时下乃至现今的情绪，在这点上，不得不承认，作为书商，平襟亚是成功的，但就其造成的影响而言，一味逐利而枉顾事实的虚假文化传播贻害无穷。《袁子才判牍》流传至今，不少学者或大众读者不辨此书的来历，就对内容信以为真，将不少"妙判"直接作为信史，长此以往，谬种流传，危害不容小觑。

在古代判词的研究成果方面，汪世荣《中国古代判词研究》指出判词反映了中国古代的司法状况与水平，反映了特定的社会与国情，反映了治人与治法的相互关系规律。徐世虹主编、中国政法大学法律古籍整理研究所编《中国古代法律文献概论》对古代判牍文献整体上进行了概括，对判词的内容结构与价值进行了分析。霍存福《〈龙筋凤髓判〉判目破译——张鷟判词问目源自真实案例、奏章史事考》中展示了对于判词在具体解读方法方面的切入视角。有关判词优劣的辨析研究中，张田田在《案例故事中的清代刑法史初探》中对"拒奸杀人之妙判"与"报仇杀人之妙判"进行了辨伪论证，在《正当防卫的传统资源：清代妇女拒奸无罪案例》[5]中对平襟亚编《张船山判牍》中"拒奸杀人之妙判"一则进行了辨伪，证实其并非真妙判。徐华《平襟亚编〈张船山判牍〉中的五篇判词系伪作考》[6]一文中，对《张船山判牍》中的五篇所谓的"妙判"进行了辨伪，分析对比后总结出平襟亚笔下的伪妙判存在以下共性：法律依据不当，审判程序错误，情节失真、辞藻夸张。提醒了研究者从学术研究，尤其是法学研究角度利用平襟亚编写"妙判"作品时注意：不经审视的判文不值得轻信。张田田、池贝贝在

---

[4] 参见徐华：《平襟亚编〈张船山判牍〉中的五篇判词系伪作考》，沈阳师范大学2021年硕士学位论文。

[5] 参见张田田：《正当防卫的传统资源：清代妇女拒奸无罪案例》，载《人民法院报》2018年2月9日，第7版。

[6] 参见徐华：《平襟亚编〈张船山判牍〉中的五篇判词系伪作考》，沈阳师范大学2021年硕士学位论文。

《假作真时真亦假：民国平襟亚编清代名吏妙判辨伪一例——〈清代名吏曾国荃判牍〉"开棺见尸之妙判"与乾隆朝驳案原型之比较》[7] 一文中，揭露平襟亚编写"曾国荃判牍"时，所谓曾国荃所做之"开棺见尸之妙判"，实为"移花接木"即以收录在《驳案续编》卷二中的一则乾隆朝刑案（以下简称"驳案"）为蓝本，在此基础上略加改动，假托曾国荃之名，收入《清代名吏曾国荃判牍》之中。

袁枚（1716-1798），字子才，号简斋，浙江钱塘县人。清朝乾嘉时期代表诗人、散文家、文学批评家和美食家，与赵翼、蒋士铨并称为"乾隆三大家"，与纪晓岚有"南袁北纪"之称。"时袁枚壮年引退，以诗鸣江浙间。"[8] 袁枚在文学诗词方面的造诣颇深，再加上其为官期限短暂，[9] 难免会让人更关注文学作品而忽视其为官断案方面的成果与政绩。"枚七岁入学"[10] "幼有异禀，年十二为县学生"[11]，天赋异禀、自幼聪慧。袁枚于乾隆四年（1739）中进士，乾隆七年（1742）时仕途出现转折，被发放江南，先后于溧水、江浦、沭阳和江宁任知县。乾隆十四年（1749），由于父亲去世，袁枚便辞去官职以赡养母亲，归隐"随园"。虽仅为官十年，但袁枚任职期间的政绩却不容忽视。

1935年，上海中央书店出版的平襟亚所编《袁才子判牍》是现存较为完整的袁枚判牍。编者平襟亚在每篇判牍前都对案情或背景进行了介绍，在判牍后还有对判牍的评点。王英志在编纂《袁枚全集》时写道：书中案情或背景介绍与袁枚判牍多同袁枚任县令期间履历行状相符（当然有评语"实所不解"之处），文字风格也类袁枚，似可认定此判

---

[7] 参见张田田、池贝贝：《假作真时真亦假：民国平襟亚编清代名吏妙判辨伪一例——〈清代名吏曾国荃判牍〉"开棺见尸之妙判"与乾隆朝驳案原型之比较》，载第九届青年法史论坛论文集，第276~284页。

[8] 王钟翰点校：《清史列传》卷七十二《文苑传三》，中华书局2022年版。

[9] "文章草草皆千古，仕宦匆匆只十年"，出自黄景仁的《呈袁简斋太史》。

[10] 袁枚：《小仓山房尺牍》卷四，载王英志编纂校点《袁枚全集新编》（第15册），浙江古籍出版社2018年版，第78页。

[11] 王钟翰点校：《清史列传》卷七十二《文苑传三》，中华书局2022年版。

牍出于袁枚手笔。但此判牍最大问题是来历不明，好像无源之水、无本之木。[12] 这也再次提醒研究者要对《袁才子判牍》审慎使用。

譬如，平襟亚将《驳案新编》中"擅用赦字世表字样拟徒·韦玉振"，改编为袁枚名下的一则妙判"借端诬陷之妙判"。而其改编原型"移花接木"的作伪方式是其惯用的作伪手法之一。

二、移花接木的案情改写

借端诬陷之妙判与清中期驳案情节的高度相关与细节重叠，详见表1（表中用下划横线代表原案例中情节被改编者所隐去者，用下划波浪线显示改编情节，用粗体强调改编案例中所保留的原文信息），事实上已经足以证明后者抄袭前者，"借端诬陷之妙判"实非袁枚本人所作。但本文的立意并不止于此，如上章所述，作为逐利书商的平襟亚，其一时间大量炮制出的系列"名吏判牍"，疑点甚多，有些从案情到判决全系虚构，有些则照搬自"名吏"之公牍与私议，但随着该系列的畅销与编者手法的老练，像"借端诬陷之妙判"这般能明确辨认出原型的，尚不多见。因而伪作本身亦值得分析，即对于"借端诬陷之妙判"的研究，在定其为伪作的基础上，还可作为典型辨析其伪作方式，即从民国编者取材于清朝判例集并对案情、判决均参以己意加以改写的手法、思路等，把握其改写的目的，总结一定的模式，对辨识其他"妙判"的真伪与衡量民国版"清代名吏判牍"的价值等，均有助益。

分析妙判之"伪"，我们先从驳案与妙判中看似高度相似的案情部分开始。将驳案案例与妙判故事对比，我们可以看到，此案案情的交代分为几个部分：即案情背景、案发经过和调查过程。

妙判与驳案新编中案情比对参见下表：

---

[12] 参见王英志编纂校点：《袁枚全集新编》，浙江古籍出版社2018年版，第22页。

判词如何讲故事

表1

案情	《驳案新编》 擅用赦字世表字样拟徒·韦玉振	《袁子才判牍》 借端诬陷之妙判
案由概括	赣榆县已革生员韦玉振叙父行述擅用"赦"字一案，殊属**狂悖**。	孙幼之呈控程木生**狂悖**不法一案，是本案可疑之处，即在一"赦"字。
案发经过	赣榆县已革生员韦玉振叙父行述擅用"赦"字一案。缘韦玉振之父韦锡于乾隆四十三年六月十四日病故，伊长兄韦玉麟旋亦患病，韦玉振经理丧事。因伊父曾管社仓，让过穷佃息米，叙父行述称"**赦**不加息"，并"**赦屡年积欠**"，妄用"**赦**"字。	易振公与程木生，幼同里，长同学，甚相得也。易振公死，**其子为发哀启，倩由程木生撰述**。中有"**佃户之贫**乏者，**赦**不加息，遇年荒并**赦历年积欠**"等语。
	赣榆县民韦昭禀首伊侄韦玉振**为父刊刻行述**，内有"于佃户之贫者赦不加息"并"**赦屡年积欠**"之语，殊属**狂悖**。	
	韦昭恐有贻累，即赴学呈首禀。	为仇家孙幼之所见，据以呈控谓**狂悖**不法，应予灭族。
	伊本生祖父韦晋龄即韦仪来亦系生员，外人指其文理不通。韦玉振欲夸张伊祖韦仪来文字，于父行述内叙入韦仪来有《松西堂稿》，并藏书东西二楼，总经手披，冀避不通之诮。	——
	其堂叔韦昭以"赦"字欠妥，先向韦玉振说知。	——
	韦玉振因行述已经散出，当以《四书》内有"赦小过"之句，可以通用回答。	据程木生供称，四书中曾有"赦小过"之语。以为赦字并不指定朝廷所用，因误入哀启中，心实无他。

· 353 ·

续表

案情	《驳案新编》 擅用赦字世表字样拟徒·韦玉振	《袁子才判牍》 借端诬陷之妙判
调查过程1	奉各宪饬州亲诣韦玉振家搜查,并无《松西堂稿》,其**经史各种书籍亦无悖逆字句**。所有东西二小楼俱贮粮食,**并无另有违碍书籍**。饬据韦积畴呈出家谱内有"世表"二字,亦载有韦仪来"<u>藏书东西二楼,总经手披,著有《松西堂稿》,海曲贡生丁椒圃有传</u>"等语。讯据族邻,<u>咸称未见其书,亦未见韦仪来有著书籍</u>。经州查明丁椒圃系山东日照县人,<u>如果作序其家,或有《松西堂稿》亦未可定</u>。即备文关查,一面饬委会审。	**所作诗文信札,一体吊案,重以校查,实无悖谬**。 又查得程木生、易振公,一时在地方上号称名士,门生故旧甚多,或有诗文流传于外,有不检之处,当经一一搜查到案,**细为检视,亦无狂逆之处**。 袁明知程木生无甚过恶,特迫于功令,不得不传提及易振公子到案。并派差赴程、易两家搜检,**并无违禁物品,所著诗文集,亦无悖谬之处**。
	兹据该府州关准日照县查覆,丁椒圃久故,其家内并无《松西堂稿》,亦无别有著作。将搜起各书饬发书局,**委员详细校阅,并无违碍字句**。	——
调查过程2	严加究诘,据韦玉振坚供,<u>伊祖韦仪来并未著有《松西堂稿》</u>,因伊祖被人以"不通文理"谈论,是以于行述内捏载"著有《松西堂稿》",并云家有藏书二楼,俱经手披,以见伊祖并非不通文理之人。<u>海曲贡生丁椒圃有传之语,亦系捏说</u>。至伊父行述妄用"赦"字,实系无知失检,委非有心僭妄。质据原首之韦昭,<u>亦供从未见其《松西堂稿》</u>,实系韦玉振虚捏等语。	——

· 354 ·

由上述表格可知，此案的关键情节即为逝者刊刻的行述中出现"赦不加息"，并"赦历年积欠"等言词，与《驳案新编》"擅用赦字世表字样拟徒·韦玉振"案中记载的案件核心焦点如出一辙。除此之外，案由相似；在案发经过中涉案者的辩解理由（《四书》内有"赦小过"之句，可以通用回答）也相似；"赦不加息"、"赦屡年积欠"及"狂悖"等关键涉案元素存在高度重叠；调查过程中，均无所查获，无违禁物品，诗集中也无悖逆之处。因此，可以断定驳案中此真实案例即平襟亚改编故事的原型。

不同的是《驳案新编》[13]中有着清晰的时间地点的介绍，此案为乾隆四十三年（1778）案，涉案人韦玉振为赣榆县生员；而平襟亚的描述则语焉不详，并未交代人物与案情发生的背景。《驳案新编》原型案例中的案件情节显然更丰富，案情背景介绍的更为清晰，因韦玉振之父韦锡于乾隆四十三年（1778）间病故，伊长兄韦玉麟随即亦患病，便由韦玉振主理操办丧事，因伊父曾管理"社仓"之时有过善举和功德，于是在刊刻其父行述时用"赦不加息"及"赦屡年积欠"来歌颂其父的功绩。平襟亚在汇编此案时，更改了刊刻人与逝者的关系，驳案中是韦玉振自己为父刊刻行述，在妙判中平襟亚将其改编为易子请易振公昔日好友程木生代为刊刻；改编了刊刻缘由，原型中是因其父病死、其长兄韦玉麟亦患病故而由韦玉振主理丧事，而在改编的版本中则是改编为因程木生与去世的易振公是好友，故而易振公之子拜托易振公好友程木生代为刊刻。变换了告发者的身份与检举原因，原型中是其堂叔韦昭恐被连累而告发韦玉振，平襟亚改编为了仇家孙幼之揭发检举。在原型案例中，"堂叔韦昭以'赦'字欠妥，先向韦玉振说知。"劝说无果后，韦昭才"赴学呈首禀"，而平襟亚省略了这一情节的描述。删减了部分案件

---

[13]《驳案新编》是清朝乾隆时期最为著名的驳案汇编集，它主要记载的是乾隆朝刑部驳审案例，所收判例一般都是原档案卷宗的复录，很少修饰加工，正因如此，全方位的保存了当时司法、行政的原貌，具有真实性和很强的可信度。

事实：删减掉韦玉振因祖父被指"文理不通"而在行述内夸张文字，进而招致祸患；删减了原型中对丁椒圃一人被牵连至此案的记载；删减了具体的调查经过，而代之以派人搜检等概括性话语，一带而过。平襟亚以收录在《驳案新编》中的一则"擅用赦字世表字样拟徒·韦玉振"案为蓝本，压缩案情，简化程序，加以改编之后，假托袁枚之名，收入《袁子才判牍》之中。

乍一看此妙判故事性很强、情节环环相扣，但是，仔细分析后可知，平襟亚的改编和删减实则违背事实。首先，原型案例中记载，案发地点为赣榆县，但赣榆县（隶属于今江苏省）并不是袁枚的历任从政的地方，其改编毫无逻辑。前已论及，袁枚被发放江南，而平襟亚也恰恰是利用了这一点来混淆视听。其次，平襟亚改变了人物名字与人物关系，避免了"徐述夔""丁椒圃""杨魁"等人物的出现。究其原因，可能是想要通过删减掉这些识别度过高的词条，降低读者辨别出案例原型、进而发现其改编清代案例事实的可能性，避免读者发现其一言假。总之，平襟亚为了突出改编后作品的戏剧性和可读性，将一些外围文集、社会关系进行了大幅度篡改，其追求新闻价值最大化的做法，使改编后的案例失去了案件纪实性的功能。编者对案件增删改编的再创作，其目的都是服从"讲故事"的需要，而非聚焦案件实况。

三、相关律例与判决说理

列表解析驳案流程，原案经过了督抚初审，然后督抚报送刑部复核，皇帝发表意见后最终定谳。但是，平襟亚改编成了袁枚向两江总督尹继善代为开脱，申奏朝廷，从轻发落的结果，参见下表：

判词如何讲故事

表2

判决			《驳案新编》	《袁子才判牍》
初审意见	巡抚	重判	四十三年十月，据杨魁奏赣榆县民韦昭禀首伊侄韦玉振为父刊刻行述，内有"于佃户之贫者赦不加息"并"赦屡年积欠"之语，殊属狂悖。而行述内叙其祖著有《松西堂稿》，因委员赴其家，查无别项违悖。讯明《松西堂稿》亦已无存，惟家谱内云山东日照县人丁椒圃有传。已飞咨国泰，密饬查覆，一面带犯至苏确审。	袁公心怜其冤，特为详报江督（尹继善），代为开脱。
		轻判	杖一百。	
复次意见	皇帝	理由1	于理固不宜用，但此外并无悖逆之迹。	袁枚 程木生既于一赦字而外，别无悖逆之迹
		理由2	岂可因一赦字遂坐以大逆重罪乎？若如杨魁所办，则怨家欲图倾陷者片纸一投，而被告之身家已被拖累无辜，成何政体？且告讦之风伊于何底乎？	势不能以一字之失检，而查抄家族，株累多人，以快冤家倾陷之私意。
		理由3	况如徐述夔之逆词久经刊印，地方官理应切实访查，不待他人之出首。各督抚又不可因此旨而因噎废食耳。	此风一开，人人自危。更非朝庭奖恤士类之至意。

续表

判决			《驳案新编》	《袁子才判牍》
复次意见	皇帝	理由4	朕综理庶务，从不预存成见，其情真罪当者必不稍事姑容，其事属虚诬者更不肯略使屈抑，且从不为已甚之举，致滋流弊而长刁风。杨魁著交部议处，并将此通谕中外知之。	又伏读乾隆十二年六月十四日上谕，严禁地方官捕风捉影，挟嫌攻讦。仰见天心仁厚，化育万民。本案程木生既于一赦字而外，别无悖逆之迹。势不能以一字之失检，而查抄家族，株累多人，以快冤家倾陷之私意。此风一开，人人自危。更非朝廷奖恤士类之至意。 时任两江总督者为尹继善，公之座主也，平日素重公，许之。并申奏朝廷，从轻发落。
				袁枚

经上述表格比对，从总体过程来看，两案例在判决上均存在由重改轻的趋势，也都对从轻发落的理由予以论述。在判决理由的裁量上存在一致性，即平襟亚笔下的妙判也是遵循了"乾隆上谕"的指引。看似两案例论述的理由相像，然而，若不加详细比较，很难发现平襟亚对改判过程及判决理由等关键要素进行了篡改，使得改编后的案例相较于驳案原文产生了极大偏差，失去了原本的意义。

妙判对原案记录中的关键要素进行了篡改，即在程序上"张冠李戴"：将地方经州督抚初审后上报至刑部的拟断结果，说成是袁枚向两江总督尹继善代为开脱，申奏朝廷，从轻发落的结果。一言以蔽之，为了将刑部驳案改写为"袁子才妙判"，编者存心删减识别度较高的关键信息，以误导读者。首先，从案发时间来看，按照原型案例中的案发时间，即乾隆四十三年（1778），杨魁为管辖此案的巡抚，而此时尹继善[14]已经去世多年，不可能是时任的两江总督。其次，乾隆发布此谕的时间为乾隆四十四年（1779），而平襟亚在改编时，结合袁枚的为官时间期限［乾隆十四年（1749）辞官］，为了将此案附和和迁就到袁枚名下，将其改写为乾隆十二年（1747）之上谕。再次，有关改判主体，平襟亚将将皇帝的改判改编为了袁枚引用皇帝上谕而径自判决，然而，袁枚作为一介县官并无此权限与权力。最后，在巡抚的初审意见之中，杨魁为吸取在处理徐述夔案中的经验教训，[15]特此下令将涉案人员山东日照县人丁椒圃提审至苏，而平襟亚在改编的过程中将此情节的前因后果均粗暴删除，失去了案例所承载的意义。

由此可见，平襟亚的改编不合逻辑、不符事实，不仅时间线混乱而且相关审判人员、主管人员等均不能一一对应，其改编后的所谓"妙判"中的核心关系与情理实则经不起推敲。这种删改手法，相比上章案情部分所述的"添枝加叶"，看似保留原文主体，其实从紧要关节下手，改动寥寥数字，便大大转移了案件判决的重心与主旨，也明显削弱了材料的真实性与研究价值。

"赦"字是皇帝专用语，此处平常人使用有僭越之嫌，是犯大不敬之罪。然而，在文字狱盛行的清朝大背景下，并且在乾隆四十三年（1778）又发生了牵连甚广、结局极其不幸的徐述夔《一柱楼诗》案，那么为何一年之后的韦玉振在陷入文字狱此等敏感且残忍的罪行之后，竟然可逃死罪？乾隆帝作为梁启超笔下那个"不是好惹的人"，又为何将此案这样处理呢？检索《驳案新编》后发现，在案件呈递给皇帝之

---

［14］尹继善（1695 年~1771 年）。
［15］乾隆因江浙查办禁书不力而从重处理《一柱楼诗》案，其严办徐述夔案的本意在于推动查办禁书，而《一柱楼诗》案中的徐述夔等人成为文字狱的牺牲品。

后,"岂可因一赦字遂坐以大逆重罪乎?""若如杨魁则怨家欲图倾陷者片纸一投,而被控之身家已破拖累无辜成何政体,且告奸之风伊于何底乎?"正是考虑到徐述夔案带来的一系列影响,乾隆帝对待文字狱案的态度更加审慎。虽然乾隆朝大兴文字狱案,清代的文字狱以康熙、雍正、乾隆时期最为多发和酷烈,但是乾隆帝并未鼓励臣民相互告讦,这是从稳定社会秩序目的出发的举措,并且在乾隆元年(1736)通过的"嗣后有妄举悖逆者,即反坐以所告之罪"[16] 律文一直在实行。因徐述夔诗案惩罚残酷,[17] 且株连广泛,乾隆皇帝担心官员对文字狱案矫枉过正,便对入韦玉振案网开一面。认为此案为韦玉振叔父告发,是韦玉振叔父挟私报复的手段,若此风助长"则怨家欲图倾陷者片纸一投,而被控之身家已破,拖累无辜,成向政体,且告讦之风伊于何底乎?"为此乾隆帝对此案从轻发落,仅是把韦玉振杖一百、徒三年,同时未追究丁宜曾家族的责任,终使丁家逃过一劫。以上便是乾隆帝颁布此谕的原因所在,乾隆帝查清缘由后,基于免责事由阻却了文字狱冤案的发生,对其从轻处罚,这也是皇帝擅权的表现。但是平襟亚却将朝廷智慧的结果归案于袁枚一人"仁人之用心也",假托袁枚之名,编造不实妙判,误导了研究者对传统妙判的认识,这显然是不妥的。

将驳案中的原案的最终判决与平襟亚改编后的袁枚判决相比对,参见下表:

---

[16] 《清实录·大清高宗纯皇帝实录·乾隆元年二月》。乾隆四十三年(1778),徐述夔的同乡蔡嘉树挟私报复,携徐述夔的《一柱楼诗集》到官府状告徐家藏有禁书。刘墉时任江苏学政,收到蔡家呈送后,立即将此事奏报乾隆,乾隆极为震怒,派官员调查此事,搜查禁毁徐述夔诗集,凡涉及一柱楼诗者,均严惩,继而酿成了著名的"一柱楼诗案"。

[17] 乾隆降谕云:"徐述夔身系举人,乃丧心病狂,所作《一柱楼诗》内系怀胜,暗肆诋讥,谬妄悖逆,实为罪大恶极!虽其人已死,仍当剖棺尸,以申国法。"参见《清实录·大清高宗纯皇帝实录·乾隆四十三年戊戌九月》。

表3

	《驳案新编》		《袁子才判牍》	
	巡抚	刑部	袁枚	
韦玉振	殊属狂悖	照违制律杖一百	应比照僭用违禁龙凤文律杖一百、徒三年	程木生	程木生按僭用律，杖一百、徒三年
	—	—	易子	易子年幼无知，从宽开释
韦昭	—	韦昭系韦玉振堂叔，畏累具首，并非挟嫌妄禀，应毋庸议。	孙幼之	—

由上述表格可知，驳案与妙判案例故事中的角色定位与人设乍一看相似，说理部分读者若不加仔细辨别，也会被蒙骗，误以为相似，然实则将驳案改写后的妙判与原型驳案的判决部分大相径庭。

平襟亚虽保留了驳案的最终判决结果"杖一百、徒三年"，然其对改判经过逐级转审过程的省略是不妥的，是不符合事实逻辑的。表1中提到"其子为发哀启，倩由程木生撰述"，按说易子与程木生应当为共犯，然"程木生按僭用律，杖一百、徒三年"，其对易子判决"年幼无知，从宽开释"，显然是有违常理的。改编后的妙判中未对孙幼之的判决着墨，遗漏评价案件相关人物。总之，平襟亚的改编存在诸多不合理之处，不仅使改编后的案情偏离原意，而且有违常理，逻辑不通；其省略逐级转审程序后，使得案件审理过程变得苍白无力。

"杨魁著交部议处"，皇帝下令将负责案件的杨魁交刑部议处，责罚办事失当的巡抚，此等做法在乾隆皇帝处理文字狱过程中是不多见的。各省奏上的案件，不是被拟为诽谤、讥讪，就是被拟为狂悖、悖逆。弘历驳回案件的大量事物，除了区分公然毁谤与非公然毁谤、有心违悖与非有心违悖之外，就是区分谤讪悖逆与非谤讪悖逆了。一字之差，往往生杀顿殊。应该承认，弘历的认真辨别，确曾消弭了许多案件。[18] 清代在诬告案件的处理上存在着矛盾的现象：一方面，法律对诬告行为规定了十分严厉的处罚；另一方面，诬告案件数量之多、行为之普遍，有"无谎不成状"的说法。造成这一现象的重要原因是清代对诬告行为的制裁条文并没有得到严格执行。因为诬告律例条文的适用面不够广，而造成很多案件无"正条"可引，立法者只能用"比照"和概括性禁律来弥补这一缺陷。[19] 关于"比照"判决，王志强谈到："在将疑难案件的事实与相关制定法比较过程中，刑部官员一方面需要参酌所追求的大致目标，即情罪相符的要求，另一方面也必须兼顾事实与规则的类似性。"[20]

《驳案新编》中对于韦玉振的判决结果，是司法官秉持断案准情酌理、量刑情罪允协原则的体现。是当权者为消弭徐述夔案带来的不良影响而采取的应对措施，也为后续司法官审理文字狱涉案人员指明了方向。再遇类似案件，督抚应当悉心查案，辨别真伪，如有人诬告仍应当治以反坐之罪，从而有效遏制告奸风气的兴起。乾隆皇帝强调司法者对待案件应当认真侦查，查明案件事实，核实情况后再做定罪量刑。《大清律例》诬告条规定："凡诬告人笞罪者，加所诬罪二等。流、徒杖罪，不论已决配、未决配。加所诬罪三等，各罪止杖一百、流三千里。"[21] 诬告他人，不论被诬告者是否已经受到处罚，清律规定都要加等处罚，这是明清律对之前诬告反坐处罚的发展之处。这说明封建社会后期统治者为了稳定统治秩序，加重对扰乱统治秩序诬告罪的处罚。

---

[18] 参见霍存福：《弘历的意识与乾隆朝文字狱》，载《法制与社会发展》1998年第6期。

[19] 参见姚志伟：《清代诬告案件依法判决情况的原因分析》，载《黄石理工学院学报（人文社会科学版）》2011年第2期。

[20] 王志强：《法律多元主义视角下的清代国家法》，北京大学出版社2003年版。

[21] 田涛、郑秦点校：《大清律例》卷三十《诉讼律》，法律出版社1998年版，第481页。

《驳案新编》中记载了对告发者的处理决定："韦昭系韦玉振堂叔，畏累具首，并非挟嫌妄禀，应毋庸议。"而平襟亚所编的《袁子才判牍》中对告发者（诬告者）孙幼之的处罚并未论及，名为"借端诬陷之妙判"，然判决结果却对诬告者只字不提，更令人怀疑妙判来源的真实性。

此案还收录在《〈刑案汇览〉全编》卷六十之中，名为"行述家谱妄用赦字世表字样"[22]，《〈刑案汇览〉全编》的内容经过清代法律专家精心挑选，所收录的案件代表了清代中后期司法审判的较高水准，它对于今人了解当时发生的各类纷杂的案情和清代的司法原则、诉讼程序、案件审理的实际等，都甚有助益。如果"妙判"真是清代名吏所为，那么在办案水平上应与《〈刑案汇览〉全编》中的司法者相仿，起码不应该在适用法律、遵循审判规则等方面出现较大纰漏。《驳案新编》作为以驳案为主的清代案例集，内容记录官员的斟酌裁量与审案、"议驳"的互动衔接，编排注重材料的全面详尽与可针对性，展现清代律例规定演变与司法实践面貌。[23] 驳案的宗旨由皇帝、刑部和地方官员共同秉持，体现准情酌理、个案权衡、轻重持平、平允判决的司法态度。从此案同时被收录于《〈刑案汇览〉全编》与《驳案新编》两大清代案例集，足以可见其指导性意义。平襟亚以如此典型的驳案为蓝本进行删减改编的行为证据确凿，此判系"伪作"无疑，本案是平襟亚仿《驳案新编》卷五"擅用赦字世表字样拟徒·韦玉振"所改写的案件，并将此案改编后移接过渡到了袁枚的名下。

值得注意的是，前已论及的平襟亚改编《驳案新编》中的"刨坟掘棺偷窃二次"而成《清代名吏曾国荃判牍》中"开棺见尸之妙判"，其对乾隆朝案件记录，通过改变剧情走向来混淆视听，移花接木放在曾

---

[22] （清）祝庆祺编撰：《刑案汇览全编》，尤韶华等点校，法律出版社2008年版，第3141~3142页。

[23] 参见张田田：《论清代乾隆朝刑部驳案——以〈驳案新编·人命〉为中心》，吉林大学2011年硕士学位论文。

国荃名下，使之依托于原型却似是而非。并且平襟亚在程序的改编上使用"张冠李戴"的作伪手法，在判决步骤上，"无视正常审转流程，着意强化'曾国荃纠正错案'的形象，不惜将本属刑部的驳案意见安插到曾国荃名下，将本系从州县到皇帝各级均参与的'改充军为绞候'之案变换由地方审结。"[24] 由此可知，"移花接木"是平襟亚惯用的作伪手法。

四、结论

平襟亚变换了案例中的人物名称、更改了刊刻人与逝者的人物关系、改编了刊刻缘由、更换了告发者的身份与检举原因、删减了部分案件事实、删除了原型中相关人员被牵连至此案的记载、改编了对涉案人员的审判主体及审判流程等，将繁琐且冲突性强的驳案改编的较为简洁易懂，修改后的案例，使得读者对文字狱的印象比较深刻，也使读者了解到文字狱案件并不全是严惩、重罚的结果，也会有轻判的存在。虽然其扩大了民众对于判词的认知范围，但是，由于其虚构式的改写过于严重，不合理的改编不仅使妙判中的案情偏离原意，而且案件审理过程存在逻辑不通、违背常理等问题。其将皇帝为降低和消弭徐述夔案带来的不良影响特颁布的上谕，改编为了袁枚的功绩，不仅抹煞了皇帝由重改轻的真实立场，而且使改编后的案件失去了皇帝颁布上谕的历史意义。

基于原型"移花接木"的改编方式是平襟亚作伪常用的手法，无独有偶，1935年中央书店出版的平襟亚所编《清代名吏曾国荃判牍》中"开棺见尸之妙判"一则已被证实为是平襟亚改编《驳案新编》中的"刨坟掘棺偷窃二次"而成的，其对乾隆朝案件记录，通过改变剧情走

---

[24] 张田田、池贝贝：《假作真时真亦假：民国平襟亚编清代名吏妙判辨伪一例——〈清代名吏曾国荃判牍〉"开棺见尸之妙判"与乾隆朝驳案原型之比较》，载第九届青年法史论坛论文集。

向来混淆视听，移花接木放在曾国荃名下，使之依托于原型却似是而非。[25] 正是因为平襟亚对读者的有意误导，以"著者小史"与编者按等方式来着重强调"妙判"出自清代名吏的真实性，才导致了现当代的研究者与普通读者对"妙判"不假思索地全盘接受、信以为真。

民国编者平襟亚歪曲事实、罔顾法律的想象，不但无法丰富清代司法的资料，反倒可能增添了后来人对清代司法实况的许多误解。究其根本，还是在于平襟亚推出"名吏判牍"，正如其推出"名吏家书"一样，并不在乎质量，更无所谓真实，只是挂着"名吏"作品的名号来诱导读者购买，为了迎合读者猎奇口味而粗制滥造。把握住"畅销"，就把握住平襟亚编写"妙判"的要害：如果他明言"名吏判牍"系列均为"三言二拍"式的全虚构或真实事件的改写，那么"名吏"的光环与"判牍"的吸引力自然大打折扣，编者就不好捞到油水。可想而知，为了书籍大卖特卖，平襟亚当时一定会有意误导读者，以"著者小史"与编者按等方式来着重强调"妙判"出自清代名吏的真实性。时过境迁，就产生了现当代的研究者与普通读者对"妙判"不假思索地全盘接受、信以为真。这种特殊时机促成的"以文学代法律"的消极影响，比"从文学见法律"中可能存在的问题，要严重得多。

当今时代，研究者们利用判词讲故事，切记不能将判词编造成虚构的故事。我们要在尊重历史事实的前提下，用判词讲故事，学习真妙判中凝结的司法智慧，宣传古代的优秀传统文化，进而为当今裁判文书的释法说理提供借鉴作用。让人民群众能够在每一个司法裁判中都感受到公平正义，方能实现社会效果与法律效果的统一。然而，利用判词讲故事，在判词的基础上做相应的调整和编写，并不意味着可以随意地编造故事，脱离史实原型而无底线虚构的做法是不可取的。

"在学界的不断呼吁与司法实务部门自身的反思、改革之下，裁判

---

[25] 参见张田田、池贝贝：《假作真时真亦假：民国平襟亚编清代名吏妙判辨伪一例——〈清代名吏曾国荃判牍〉"开棺见尸之妙判"与乾隆朝驳案原型之比较》，载第九届青年法史论坛论文集。

文书应当说理并充分说理已成为共识、常识。"[26] 对凝结了古人司法实践经验的妙判进行批判性继承和转用，于当今司法裁判文书的写作也有着借鉴意义，辨别妙判的真伪即成为品读和鉴赏判词中至关重要的一环。古代判词在引经据典的同时，饱含价值评价，而价值评价往往以文学的表现形式传达。正确的前提才有生产正确的结论的可能性，虽判词集说理与陈情于一体，但应当以法律为重而文辞为次，不可只注重文情并茂和辞藻的华丽而忽视法律的适用与逻辑，尊重客观事实的原则远比追求脍炙人口要重要得多。一份好的判词、一则真正的"妙判"应当建立在法官对案情进行合理推断与认定之后，依律引例、引经据典地释法说理。对判词的制作也是古代为官从政兼任司法的重要任务，一份好的判词，需具备既能彰显法律的严肃权威，又能体现判决的说理性的功能，能够增强判决的说服力，提高人民对判决的可接受度，进而实现法律效果与社会效果的统一。

---

[26] 谢晶：《裁判文书"引经据典"的法理：方式、价值与限度》，载《法制与社会发展》2020年第6期。

清代伊犁将军的法律职责

翟文豪*

新疆[1]古称为西域，新疆全境周围大概有两万余里，东西跨度约七千余里，南北约三千余里。从地理上来看，新疆以天山为界分为南北两路。新疆北路即天山之北，清时主要城市有乌鲁木齐、塔尔巴哈台、哈密、巴里坤等。新疆南路即天山以南，清时主要有八个城市，也称为南八城，分别是喀喇沙尔、库车、阿克苏、乌什、叶尔羌、和阗、英吉沙尔、喀什噶尔。康雍年间，清政府已经在新疆用功。至乾隆二十七年（1762），设伊犁将军，全称为"总统伊犁等处将军"。伊犁将军的设立，不仅标志着新疆军府制度的建立，同时也是清政府对全疆进行有力控制的证明。

乾隆二十七年（1762）十月，上谕对伊犁将军的权限加以规定，"凡乌鲁木齐、巴里坤所有满洲、索伦、察哈尔、绿旗官兵，应听将军总统调遣。至回部与伊犁相通，自叶尔羌、喀什噶尔至哈密等处，驻扎官兵，亦归将军兼管。其地方事务，仍令各处驻扎大臣，照旧办理，如有应调伊犁官兵之处，亦准咨商将军，就近调拨。"[2]从大体范围上而言，新疆首先分为伊犁将军直接管辖区域，如伊犁和塔尔巴哈台地区；

---

* 作者系中国政法大学硕士研究生。

[1] 有学者认为，"新疆"一词最早出现于乾隆帝的"既而定伊犁，俘名王，成旧志，辟新疆。"当时"新疆"一词并非专有地理名词，且范围时大时小，其作为专称全面取代西域和回部，是建省（1884年）以后的事情。具体参见张永江：《清代藩部研究——以政治变迁为中心》，黑龙江教育出版社2013年版，第231页。

[2] 《高宗纯皇帝实录》卷六百七十三，乾隆二十七年十月下，载《清实录》（第17册），中华书局1986年版，第525页。

其次是东部地区,如乌鲁木齐、吐鲁番和哈密等;最后是回部地区,也就是以南八城为主的南疆地区。此谕令规定伊犁将军享有新疆地区最高军政大权,管理乌鲁木齐等东部地区,节制回部地区。

一、伊犁将军的地方立法

有清一代,以伊犁将军为首的军政大员在新疆地区因时制宜的进行多项立法活动,涉及经济、行政管理、军事、财税、外交等多方面。清代的立法形式,不同等级有所不同。就各级地方机构而言,地方法规一般称之为"章程",即伊犁将军所定立的法规多以"章程"冠名。此外,"新疆地方立法形式还有则例、事宜、规条、条例等。"〔3〕

(一)行政管理

乾隆二十四年(1759),参赞大臣舒赫德通过上奏确定回疆伯克制度转为清政府所规定的品级。然而由于伯克制度存在种种弊端,加之驻防大臣的个人行政水平不适应,乾隆三十年(1765)二月,乌什地区发生回乱。回乱平定之后,伊犁将军明瑞制定了《治理回疆章程》,该章程共有八条,获得乾隆皇帝的批准。内容如下:

1. 阿奇木之权宜分……查讯得实,即治阿奇木之罪,虚者反坐。

2. 格讷坦之私派宜革……查照从前吐鲁番定规,豫择富户,给与地亩,令其轮值。每户一、二年间轮办一次,以裕回人生计。

3. 回人之差役宜均……每间一年,派委妥员查核一次。若有轻重不均,一经首告访闻,即将该阿奇木议处。

4. 都官伯克之补用宜公……其阿奇木等族姻俱令回避。

5. 伯克等之亲随宜节……请将各该伯克之颜齐,令阿奇

---

〔3〕 白京兰:《一体与多元:清代新疆法律研究(1759~1911年)》,中国政法大学出版社 2013 年版,第 25 页。

木等公同查核，如有额外挑派，概行革除。

6. 赋役之定额宜明……应请将现办赋役定额，令该大臣等以印文榜示，俾众共知。如有不遵定额，偏枯扰累，准其控告，虚者反坐。

7. 民人之居处宜别……若仍与回人杂处，即行治罪。

8. 伯克等与大臣官员相见之仪宜定……仍令大臣官员等不得稍形简傲。[4]

回疆地区夷回杂处，加之伯克制度存在的弊端，针对回疆地区的《善后章程》较多。如在道光二十六年（1846），皇帝寄谕伊犁将军萨迎阿等，应用合理的办法破除回疆积习，且不使伯克有所藉口。道光八年（1828），颁布了《筹议善后章程》。道光二十六年（1846），伊犁将军萨迎阿上任，皇帝令其"将道光八年历奉谕旨，敬谨缮录，颁发各城，申明严禁。再于各城大臣莅任之始，及常年四季，认真传集各官吏，宣读晓谕。责令实力奉行，按季咨报，一体查核。如有阳奉阴违。即行据实参奏，毋许瞻徇。"[5] 同时要求萨迎阿"认真察访，不可姑息，法在必行为要。"[6] 伊犁将军不仅推动着当地立法，同时作为新疆地区的最高负责人，监督法律施行。诚然，"法在必行"与"法律的生命在于实施"有异曲同工之妙。

(二) 刑罚变通

新疆地区法律实施，因社会因素等需要不断变化。嘉庆十八年（1813），伊犁将军松筠针对新疆遣犯问题，提出《遣犯改发新疆十八条》，请旨定夺。仅简单列举几条：

---

[4]《高宗纯皇帝实录》卷七百四十六，乾隆三十年十月上，载《清实录》（第18册），中华书局1986年版，第212~213页。

[5]《宣宗成皇帝实录》卷四百二十八，道光二十六年四月，载《清实录》（第39册），中华书局1986年版，第366页。

[6]《宣宗成皇帝实录》卷四百三十二，道光二十六年七月，载《清实录》（第39册），中华书局1986年版，第402页。

1. 免死减等各项，强盗等犯部议，该发新疆给官兵为奴者十条，此等人犯情罪较重，可否改发极边烟瘴充当苦差，遇赦不赦，伏候圣裁。

2. 因抢问拟，某省极边烟瘴充军在配、在逃复犯抢夺等犯，部议改发新疆当差者一条，可否改发原戍邻省极边烟瘴充当苦差三十年，无过遇赦方准减等之处，伏候圣裁。

3. 因抢问拟军流徒罪在配、在逃复抢至三次等犯，部议改发新疆当差者六条，可否俱改发极边足四千里充军，二十年无过遇赦方准减等之处，伏候圣裁。

4. 杀死一家三四命凶犯之子，年十六岁以上等犯，部议改发新疆安插者一条。此等人犯系因父缘坐，与自身犯罪者不同，可否改发边远充军十五年，无过遇赦方准减等之处，伏候圣裁。[7]

道光二十三年（1843），伊犁将军布彦泰奏请《变通赎罪章程》，针对新疆刑罚执行情况请求定为例。该章程部分内容为：

> 新疆及军流徒罪，各犯提前呈请捐赎。各犯顾捐，刑部就案详覆，捐赎叙照案情恭候。
> ……
> 赎罪之条实与捐例相为表里，彼时已经部驳者，尚准加倍捐赎，则未经呈请各犯，自更踊跃输将于经费。各捐例均未列入赎罪之条。盖以开捐无截止之限期，而赎罪为常行之成例，

---

[7]"呈报刑部定议遣犯改发新疆十八条内可改发极边等处诸款单"，嘉庆十八年十一月十七日，档号 03-2175-058，中国第一历史档案馆藏。

是不必再为申。[8]

(三) 军事戍边

新疆统一后,通过设置大量卡伦,为守卫边疆提供了极大的便利。卡伦,类似于军事哨所,满语为"Karun",不同时期的大意有"营盘前略远处所设防守、哨探之兵""营盘前略远之处的防护、监视和攻取的士兵""要隘处设官兵瞭望"等。[9] 道光十四年(1834),伊犁将军特依顺保奏定伊犁等地的《沿边巡查会哨章程》。部分内容如下:

> 1. 伊犁沿边大小卡伦七十余座,周围地逾数千里,各卡相离数十里至百余里之遥,每卡仅设弁兵十余名及三十余名不等。惟按月周巡,可期声势联络。……其中隔大山、无路可通、及所管各卡伦隶于境内者,均毋须巡查会哨。
>
> 2. 统计各营每月各派官兵会哨一次。……至冬末春初,冰雪封山,收入卡伦时,即行裁撤,仍令本管卡伦官兵,自行会查。以后按年照办。
>
> 3. 所有出差官员兵丁,各令按月轮派,仍令各领队督率巡防,认真查察。如有会哨误期、及虚报巡查等弊,查明参办。
>
> 4. 各官兵每岁应需盐菜口粮银二千四十两,照例于税租项下支领,归并造销……以之贴补。毋庸另动正项。[10]

卡伦的设置,为边疆的军事和治安提供了便利,提升了清政府管理地方和稳定边疆的能力。通过定期巡边,时刻保持对边地情况的知悉,

---

[8] "奏请变通赎罪章程事",道光二十三年闰七月初四日,档号03-3992-076,中国第一历史档案馆藏。

[9] 参见马长泉:《论清代卡伦的文化内涵》,载《黑龙江民族丛刊》2007年第3期。

[10] 《宣宗成皇帝实录》卷二百五十四,道光十四年七月,载《清实录》(第36册),中华书局1986年版,第862页。

以及时采取应对措施,维稳戍边,维护社会稳定。

此外,卡伦建设以后,围绕卡伦产生了一系列的司法活动。卡伦设立后,驻防官兵按照巡查章程,定期巡查、会哨。卡伦为各民族的分区游牧,以及保护游牧民族的财产,起到重要作用。嘉庆十九年(1814),管理额鲁特营领队大臣扬桑阿上报伊犁将军,其所管春稽卡伦之防御爱隆阿巡查时,见有出入马踪,追至察林河,会同座卡额鲁特佐领奈曼带兵追踪至策里克游牧。在此处,会同哈萨克阿哈拉克齐、巴克塔雅尔拿获偷马贼首犯一名,色伯克从犯一名,腾格斯拜,并起获赃马,解送前来。伊犁将军率同领队大臣等审照,窃马属实,"随将起意之首犯色伯克立予正法,后犯腾格斯拜照例拟罪,被窃马匹如数饬交;坐卡漏踪之防御爱隆阿既已拿获贼犯,应请免议;所有拿贼奋勉兵丁,均予记名;其拿贼之哈萨克阿哈拉克齐等,分别奖赏布定。"[11]

(四)社会治理

道光二十年(1840),伊犁将军奕山奏请《新定鸦片烟章程》。内容如下:

> 1. 夷人有明知例禁,夥贩烟土入卡者,应分别首从拟斩绞立决。其仅止零星误带者,枷号示惩。
> 2. 伊犁等处奸民,有向外来夷人接买烟土、囤积发卖、及知情寄囤者,照新例分别办理。
> 3. 伊犁等处遣犯,在限内吸烟者,照军犯在配复犯军流调发之例办理,给伯克为奴,到配后枷号三个月。……照新例办理。
> 4. 各路夷贷入卡,派员查验,并令夷人按限贸易,完竣出卡,逐层稽核。
> 5. 各处爱曼距城较远,令于四季出具并无栽种罂粟甘结,

---

[11] "奏为春稽卡伦防御爱隆阿等拿获盗马贼请免议并奖赏事",嘉庆十九年七月初七日,档号03-1706-022,中国第一历史档案馆藏。

并饬文武地方按季具结。……伊犁铺户最多,亦令十家互保,设立铺长,以备访查。"[12]

其后,叶尔羌参赞大臣恩特亨额筹议《严禁回疆鸦片章程》,该章程依据伊犁将军奕山奏请的《新定鸦片烟章程》,加之回疆地区夷回杂处的特殊情形,进行了适当改变。如"卡外夷人、卡内回子罪名,或由轻改重,或由重改轻。"[13] 经过皇帝批准,"嗣后卡外贸易夷人,有误带烟土入卡,为数无多者,应如所奏,由该大臣等酌量枷号示惩。余仍照定例办理,从之。"[14]

光绪十年(1884),伊犁将军金顺上奏,《伊犁善后事宜章程》。其内容大致为:

1. 满营协领额尔柯前往俄国塔什……一切经费事竣后汇案报销。
2. 绥定城设善后总局。提调二员收发饷项,委员三员……暂未设局。
3. 固尔扎设善后分局一处,委员二员……每月支局费银二十两。
4. 绥定城工程督修委员二员,文案一员……每月支局费银四十两。
5. 绥定城设义学三处,固尔扎、瞻德城、广仁城各设义学一处……书笔纸墨官为发给。
6. 收集伊犁绿营官兵眷口,除光绪七年奏明有……给口

---

[12]《宣宗成皇帝实录》卷三百三十一,道光二十年二月,载《清实录》(第38册),中华书局1986年版,第22页。

[13]《宣宗成皇帝实录》卷三百三十二,道光二十年三月,载《清实录》(第38册),中华书局1986年版,第42页。

[14]《宣宗成皇帝实录》卷三百三十二,道光二十年三月,载《清实录》(第38册),中华书局1986年版,第43页。

粮以资生活。

7. 收复黑牢哈萨克……

8. 光绪八、九两年，饬屯垦局，无论兵民……以资耕种。

9. 各领队设卡伦、军台四十五处，应用经费、守卡台官兵人数，前已有案。

10. 伊犁粮价食米……该部覆议后知照。[15]

（五）经济规范

伊犁将军驻防伊犁，掌控全疆。就全国驻防八旗而言，学者曾言，雍正以后派遣驻防，主要是出于政治上以及八旗生计上的考虑。[16] 但对于新疆而言，其作为"新的疆土"[17]，而且是藩部的定位，其特殊性不言而喻。因此对于驻防将军而言，维护新疆的政治统治是驻防的一般要义，更为重要的作用是促进新疆的全方位发展，稳固边防人心，使其真正融入到清政府的"教化"之中。如伊犁将军长庚所言，"首要之政，必先养而后能教，教而后能强。""所以慎固边防之道，并在团结人心；而团结人心，首在筹画生计，必使仰等俯畜有赖。然后教之孝悌忠信，则其心自固；励以礼义廉耻，则其气自奋。"[18] 因此本处以伊犁将军的立法活动中的经济立法为视角，展现伊犁将军推动的经济立法，为新疆全局性发展提供法律支撑。这些立法内容，一方面为促进新疆经济

---

[15] 参见马大正、吴丰培主编：《清代新疆稀见奏牍汇编（同治、光绪、宣统朝卷）》（中册），新疆人民出版社1997年版，第657~660页。

[16] 参见定宜庄：《清代八旗驻防研究》，辽宁民族出版社2003年版，第44页。

[17] 从清政府的角度而言，新疆是新开拓的疆土。有学者认为，"新疆"一词最早出现于乾隆帝的"既而定伊犁，俘名王，成旧志，辟新疆。"当时"新疆"一词并非专有地理名词，且范围时大时小，其作为专称全面取代西域和回部，是建省（1884年）以后的事情。具体参见张永江：《清代藩部研究——以政治变迁为中心》，黑龙江教育出版社2013年版，第231页。从中国通史沿革看来，新疆自汉朝已经由内地王朝统治，隶中国版图。

[18] "奏为密陈现任领队大臣各员考语事"，光绪二十年十二月二十八日，档号03-5901-013，中国第一历史档案馆藏。

发展提供了法律规范，规范了法律经济行为，保证了良好的经济运行环境；另一方面，经济立法所涵盖的内容以及辐射的区域，突出了伊犁将军在新疆法制建设独特性作用（相比较乌鲁木齐都统、喀什噶尔参赞大臣而言），为其法律地位提供参考面向。

道光二十六年（1846），伊犁将军萨迎阿认为乌鲁木齐处，经前任都统开垦地亩，挖掘渠道，屯田方面取得重大成绩，其上奏请求拟定《开垦乌鲁木齐地亩章程》。部分内容如下：

> 1. 镇西府所属宜禾、奇台、二县开垦地二万四千五百六十九亩；迪化州、及所属昌吉、阜康、绥来、济木萨、呼图壁、六处开垦地四万五千六百亩；噶逊所属柴节博一带开垦地三千一百五十亩；库尔喀喇乌苏所属奎屯等处开垦地一万零一百一十亩；精河所属托托克台等处开垦地三千零九十亩。共十一处，开垦地八万六千五百一十九亩。
>
> ……
>
> 2. 升科年限，定限二年；迪化所属每亩京升粮九升六合三勺升科；宜禾、奇台、迪化、昌吉、阜康、绥来、济木萨、呼图壁、八处减半升科。[19]

道光皇帝对该章程的内容基本进行批准，因此时乌鲁木齐处开垦地亩的多为旧户旗族，并不是内地新迁移人口，其认同萨迎阿将升科年限从六年调整至二年，以达到激励效果。

---

[19]《宣宗成皇帝实录》卷四百三十三，道光二十六年八月，载《清实录》（第39册），中华书局1986年版，第414~415页。

咸丰六年（1856），伊犁将军札拉芬泰奉旨拟定《茶税章程八条》[20]，以管理伊犁地区的商民缴纳茶税。该项立法，不仅有利于管束商民的茶叶贸易，同时为新疆税收提供新的来源，保证新疆地区的财政稳定。

光绪三十二年（1906）八月，伊犁将军长庚上奏《豫筹新疆应办事宜》，该事宜主要包括"一练兵；二蕃牧；三商务；四工艺；五兴学。亟应次第举行。"[21] 清政府令其着即认真筹办，一定要收到实效。对于兴办商务而言，晚清时期已经出现了中西合作的公司。光绪二十五年（1899），总理各国事务衙门奏明《增定矿务章程》[22]，该章程明确规定了华洋股份等情况，为中西商办提供了借鉴。

新疆地区与俄国临近，俄国不仅侵占新疆的大片领土，同时利用新疆地区的资源，发展本国经济。光绪三十一年（1905），伊犁将军马亮上奏，蒙古哈萨克牧放马牛羊只，所收皮毛转售俄商，"盘剥受欺，请

---

[20] 大致内容有："1、伊犁向无富商大贾，系本处商民凑合资本，采取制造，难照内地招商领引课税之法办理。今拟因地制宜仅按成抽征茶觔，即在奴才衙署之旁设立税局，遴委妥员常川经理，令商民随时赴局报明茶觔数目……不致扰累商民。2、设立木戳一颗，上刻官茶图记四字……商民可以凭查验。3、查票内兼写满汉字体，刻板印刷其字样……合并证明。4、商民报税毕，给予印票黏贴……不准吏胥干预，以杜烦扰。5、商民赴局报税，严禁胥吏从中影射舞弊……违者以各治应得之罪。6、严禁私茶犯者，论与私盐同罪……拿获按例治罪。7、商民人等入山采茶，于各该处拣派诚实乡约一二人就近管束……以资弹压而免漏税。8、此种茶觔，夏月始能入山采取，一交冬令大雪封山，即行停止……造册咨部覆销，由奴才即行咨明陕甘督臣，照数扣解，以昭覆实。"具体参见："呈遵旨酌拟茶税章程八条清单"，咸丰六年十一月十二日，档号03-4396-013，中国第一历史档案馆藏。

[21]《德宗景皇帝实录》卷五百六十三，光绪三十二年八月，载《清实录》（第59册），中华书局1987年版，第453页。

[22]《增定矿务章程》内容为："1. 限制矿地，只准指定某县一处，不得兼指数处，及混指全府全县，以杜垄断。2. 华洋股本，均令各居其半，以免偏畸，并须由华商出名领办。3. 请办矿务，必须查无窒碍，业经批允，始准招集洋股，订立合同。4. 批准后以十个月为期，即须呈报开工，逾限准案作废。"具体参见《德宗景皇帝实录》卷四百四十七，光绪二十五年六月下，载《清实录》（第57册），中华书局1987年版，第896页。

清代伊犁将军的法律职责

立官局兼设皮毛公司,收回利权。"皇帝令其"按照商律办理。"[23] 光绪三十二年(1906),长庚上奏称,吐鲁番每年产棉数百万斤,俄人购运织布,将产品出售给中国,俄国获得丰厚利润。长庚请求"现拟购办机器,设局自制,以挽利权。"[24] 长庚根据现实情况制定《官商合办公司皮毛章程》,为新疆争利,为清政府争利。

这些章程[25],均为伊犁将军依据新疆的现实状况而制定,是伊犁将军总揽新疆全局的体现。就覆盖面而言,这些章程覆盖政治体制、经济建设和发展、法律实施、军事和社会治理等方面;就地域而言,包括回疆地区、伊犁地区、乌鲁木齐等新疆的主要区域。而以上列举的仅仅是冰山一角,足以说明伊犁将军在推动新疆立法方面举足轻重的作用。从其立法范围与法律覆盖地区来看,伊犁将军拥有新疆地区的最高立法权限,尤其是在新疆建立省制之前,下文将进一步开展论述。

二、军府制下的司法体系

伊犁将军管辖下的新疆,实行军府制,所谓军府制,"是一种军政

---

[23]《德宗景皇帝实录》卷五百四十五,光绪三十一年五月,载《清实录》(第59册),中华书局1987年版,第237页。

[24]《德宗景皇帝实录》卷五百六十八,光绪三十二年十二月,载《清实录》(第59册),中华书局1987年版,第519页。

[25] 类似章程,各地区都有,清实录中多有记载,此处仅举一例。道光二十七年,钦差侍郎相葰在查勘盛京山场后,详拟《善后章程六条》。"1.暧江西岸,添设卡伦三座,以资稽查。2.每年统巡官出边巡查。应分春秋二季,以归核实。3.每届三年春季,请令盛京副都统、酌带官兵巡查一次,统巡官毋庸派往。4.统巡官出边。应令先知照朝鲜国地方官会哨,如无搭盖窝棚处所,该国地方官具文,由统巡官申报将军,以备稽核。5.各边门严禁出入。其采蘐刨夫、及运粮人等,出边时共有若干名,按名填注,进关时仍逐名勾稽,以防弊混。6.三道浪头,为山犯偷运木植必由之路,应于该处酌添官兵,严密堵缉。"具体参见《宣宗成皇帝实录》卷四百四十二,道光二十七年五月,载《清实录》(第39册),中华书局1986年版,第546~547页。

合一、以军统政的政治管理体制"[26],该制度最主要的特点是偏重于军事统治。在该制度之下,新疆的行政体制主要有三种,一种是在蒙古地区以及哈密、吐鲁番实行扎萨克制度;一种是在回疆地区(多为维吾尔族)实行伯克制度;最后一种是在汉人聚居区域实行州县制。三种行政体制共行,[27]是清政府"修其教不易其俗,齐其政不易其宜"[28]政策下"因俗而治"的地方治理理念的体现,也促使新疆地区的法律多元。综其看来,新疆地区的司法体系由伊塔地区、东部地区(以乌鲁木齐为首的地区)和回疆地区组成,共同构成了新疆独有的司法体系。

(一)伊塔地区

伊塔地区位于天山北路,由驻扎于伊犁城的伊犁将军直接管辖。根据规定,伊犁地区的职官设置方面,主要如下:"总统伊犁将军一人统掌新疆之军政,山北山南皆听节制,参赞大臣一人,参赞军务与将军同驻伊犁,领队大臣六人,分统游牧,驻惠宁城者一,驻惠远城者五。"[29]

伊犁将军的衙门,仿照其他各省驻防,设立左右司分印房,以及管理粮饷仓库管官等。

---

[26] 管守新:《清代新疆军府制研究》,南京大学1997年博士学位论文。关于"军府制",学术界现有的界定,大多强调其军事管制的特性,忽略或否定其行政职能。例如《新疆各族历史文化词典》"军府制"词条中说,"将军及各级驻扎大臣只管军政,不理民政、行政。民政、行政事务悉依旧俗,交由当地民族中的王公伯克自行治理。清朝政府只管理这些王公伯克的任命、调迁、革免等事务。"具体参见余太山等主编:《新疆各族历史文化词典》,中华书局1996年版,第160页。实际上,驻扎大臣的职能并非只管军政,不理民政。

[27] 应该说明的是,新疆地区大致分为三个区域,伊犁将军直辖的伊犁、塔尔巴哈台地区、以乌鲁木齐为首的东部地区和回疆地区,但同时也存在同一地区存在多种行政体制,这是由民族居住的特点决定的。如东部地区的乌鲁木齐地区,汉人较多,开发较早,实行州县制。哈密、吐鲁番地区,有汉人聚居的实行州县制,回民以及蒙古游牧民族则实行扎萨克制度,归回疆的喀什噶尔参赞大臣管理。

[28] (清)葛士濬辑:《皇朝经世文续编》卷八十四《刑政一》,光绪二十七年上海久敬斋铅印本,第6页。

[29] (清)嵇璜等撰:《皇朝通典》卷三十七,浙江书局1882年版,第1~2页。

清代伊犁将军的法律职责

乾隆二十九年（1764）七月，伊犁将军明瑞等奏，伊犁官兵携带家眷，与商民杂处，一定会产生词讼事件。在旗民杂处共居地方，按例会设理事同知一员，或通判一员，主要承担审理词讼的任务。皇帝认为，"今伊犁所驻满洲、蒙古、绿旗兵、及商民回人，尤为错杂，词讼案件必多，应如明瑞等所奏，设理事同知一员。"[30] 乾隆四十五年（1780）二月，伊犁将军伊勒图奏，伊犁兵民人口增加，事务繁多，同知一员，很难管理周到。"将有伊犁现有兼管民人事务理事同知改为抚民同知，管理地方事务。再添设理事同知一员，办理各营刑名案件。"[31] 此时，伊犁地区司法机构完备，理事同知主要负责八旗和各部落的命盗案件，若是旗民案件，则与抚民同知共同审理上报至伊犁将军。两者共同审理的案件还有蒙古与汉人的词讼，"伊犁境内之民与蒙古交涉者，由抚民理事同知会审，伊犁将军复核。"[32] 抚民同知主要负责商民案件和绿营命盗、逃脱以及词讼案件。就伊犁地区而言，其司法体系呈二级模式，即理事同知和抚民同知初审，由伊犁将军二审，伊犁将军复审后，视案件而定送中央各部门。

清政府为管理塔尔巴哈台及其周边各游牧民族，于乾隆三十年（1765）设立塔尔巴哈台参赞大臣，受伊犁将军节制。乾隆三十一年（1766），设管理粮务抚民厅一员，负责稽查奸匪和盗窃案件。该处形成了两级审判模式，初审由管粮通判或管粮同治会同各处章京衙门负责，二审则由塔尔巴哈台参赞大臣进行。此外，伊塔地区还有土尔扈特等蒙古王公，对其实行札萨克制度。蒙古王公在本旗的自主权较大，各旗推举形成盟长。就司法职权而言，蒙古王公可对一般案件进行处理，由盟长进行终审，形成旗—盟二级审判模式。但对于命盗案件而言，一般并

---

[30]《高宗纯皇帝实录》卷七百一十四，乾隆二十九年七月上，载《清实录》（第17册），中华书局1986年版，第970~971页。

[31]《高宗纯皇帝实录》卷一千一百，乾隆四十五年二月上，载《清实录》（第22册），中华书局1986年版，第730页。

[32]（清）理藩院编：《乾隆朝内府抄本〈理藩院则例〉》，赵云田点校，中国藏学出版社2006年版，第399页。

无审判权力，主要负责协助清政府派驻官员进行审理。

（二）东部地区

天山东路以乌鲁木齐为中心，包括吐鲁番和哈密等地区。驻防在乌鲁木齐的满洲绿营兵丁，曾由参赞大臣管辖，听从伊犁将军调遣。乾隆三十八年（1773）五月谕"将参赞大臣一缺，改为都统一员，于管辖兵丁办理诸事，尤为有益，而与体制亦属相符。"[33] 规定乌鲁木齐都统受伊犁将军管辖，乌鲁木齐参赞改为都统之后，"驻巩宁城，总理乌鲁木齐、库尔喀喇乌苏、古城、巴里坤、吐鲁番各城事务。"[34]

乾隆四十一年（1776），乌鲁木齐地区设立镇迪道，归乌鲁木齐都统管辖。乌鲁木齐处于新疆东部，与内地接近，内地汉人多往此处迁移，且屯田较早。乾隆二十七年（1762），伊犁将军明瑞认为乌鲁木齐屯田多用马而不用牛，效率低下且马数量无多。其上奏称，"查伊犁现有牛三千三十余只，除归入孳生牧羣外，余一千九百余只，计以一千只屯田，余九百余只，俟开岁春融，派员牧养，解送乌鲁木齐。"[35] 因此，乌鲁木齐地区实行州县制，即乌鲁木齐地区的命盗、钱米等词讼案件先由州县处理，经过府（州）、道逐级审判，由乌鲁木齐都统做最终裁判，由此形成了州县——府（州）——道（镇迪道）——乌鲁木齐都统或甘肃省的四级审判体系，也因此，镇迪道因为同时具备军府制和州县制双重体制而成为"新疆与内地的交集区。"[36]

吐鲁番和哈密地区有札萨克王公，两地王公对属民拥有司法权，但对于命盗案件，尤其是涉及维吾尔族人与汉人的，王公并不能够管辖，而是协助当地司官审理，形成司官（地方官员）——驻扎大臣两级审

---

[33]《高宗纯皇帝实录》卷九百三十五，乾隆三十八年五月下，载《清实录》（第20册），中华书局1986年版，第583页。

[34] 张双智、张羽新主编：《清朝治理新疆政策法规文献汇编》（第8册），学苑出版社2015年版，第356页。

[35]《高宗纯皇帝实录》卷六百七十七，乾隆二十七年十二月下，载《清实录》（第17册），中华书局1986年版，第570页。

[36] 罗运治：《清高宗统治新疆政策的探讨》，台湾里仁书局1983年版，第153页。

判。此外，两地还有州县设置。民政方面，吐鲁番设有直隶厅，隶属于迪化直隶州；哈密设有理事粮厅，隶属于镇西府。迪化直隶州与镇西府组成镇迪道，隶属于甘肃省，受陕甘总督辖制。光绪九年（1883），新疆筹备建省，镇迪道由甘肃省改隶新疆省，道员兼按察使衔，兼管全省刑名、驿传事务。

在司法程序方面，两地因为案件当事人的不同而程序各异。在吐鲁番地区，若为回子命盗案件，司法程序为吐鲁番同知——吐鲁番领队大臣；若为商民命盗及民回交涉等案件，则司法程序为吐鲁番同知——镇迪道——乌鲁木齐都统。[37] 哈密在行政上属安素道管辖，同时受乌鲁木齐都统节制。哈密厅通判最初归乌鲁木齐管辖，于乾隆四十九年（1784）归陕甘总督管辖。在哈密地区，若为地方民人命盗案件，司法程序为哈密厅通判——司道；若为回子及民回交涉案件，则司法程序为哈密厅通判——哈密办事大臣。[38]

（三）回疆地区

乾隆二十四年（1759），清军平定大小和卓之乱，置参赞大臣办理喀什噶尔事务。喀什噶尔参赞大臣，全称为"总理回疆事务参赞大臣"，伊犁将军设立后，受伊犁将军节制。作为清政府在回疆地区设立的最高军政长官，负责管理回疆事务，管理各地区的办事大臣和领队大臣。其主要管辖回疆地区的喀什噶尔、英吉沙尔、叶尔羌、和阗、乌什、库车、阿克苏、喀喇沙尔八城的军政事务。因设立之初选址于喀什噶尔，因此又称为喀什噶尔参赞大臣，受伊犁将军节制。该参赞大臣驻地于乾隆三十一年（1766）迁往乌什，于乾隆五十一年（1786）迁回喀什噶尔，于道光十一年（1831）迁往叶尔羌，亦称为叶尔羌参赞大臣，光绪十年（1884）新疆建立省制后，因南路的行政体制发生重大变化而被

---

[37] 参见白京兰：《一体与多元：清代新疆法律研究（1759~1911年）》，中国政法大学出版社2013年版，第59页。

[38] 参见白京兰：《一体与多元：清代新疆法律研究（1759~1911年）》，中国政法大学出版社2013年版，第60页。

裁撤。

从司法权能来看，在新疆地区发挥司法功能的机构主要有伊犁将军，以及由其节制的参赞大臣、办事大臣和领队大臣。伊犁将军由于节制全疆，其拥有在疆的最高司法权。然后是南路参赞大臣，即是总理回疆事务参赞大臣，作为回疆第二军长官，地位仅次于伊犁将军。如《回疆则例》中规定，"驻扎叶尔羌大臣衙门原设令箭十二枝，遇有一切紧要事件，许发令箭传调；如系寻常事件，仍用文檄咨调办理。"[39] 参赞大臣之下，驻扎各回城的是办事大臣和领队大臣，办事大臣主要衙署有印房处、粮饷局和回务处等，领队大臣与办事大臣的职掌基本相同。此外，发挥司法职能的机构还有票务处、军务处以及城守营。

统一回疆之后，清政府对回疆地区官制进行改革，实行伯克制度，各城伯克也拥有一定的司法权力。其中"哈资伯克总理刑名；斯帕哈资伯克分理回子头目词讼；喇雅哈资伯克，分理小回子词讼。"[40] 因此，伯克对于民事案件和轻微刑事案件具有司法权，对于重大刑事案件，伯克则没有司法权。

对于涉及政治性以及重大命盗案件，由地方伯克将案件上报给办事大臣或领队大臣，然后由该管大臣指派印房处和粮饷处或城守营进行初审，之后由该管大臣进行复审，然后由参赞大臣再次复审，如果是重大疑难案件则上报伊犁将军，由其审理；如果是死刑案件，须上报理藩院，由理藩院会同刑部核拟，上奏皇帝定夺。《回疆则例》中规定，"各城阿奇木伯克等，凡遇枷责轻罪人犯，准其自行办理，仍令禀明驻扎大臣存案备查。如遇有刑讯重案，阿奇木伯克不得滥设夹棍杠子，擅自受

---

[39]《钦定回疆则例》卷五《驻扎叶尔羌参赞大臣衙门颁设令箭》，载中国社会科学院中国边疆史地研究中心编：《蒙古律例·回疆则例》，全国图书馆文献缩微中心1988年版，第12页a。

[40]《钦定回疆则例》卷二《回疆各城伯克等职掌》，载中国社会科学院中国边疆史地研究中心编：《蒙古律例·回疆则例》，全国图书馆文献缩微中心1988年版，第1~2页a。

理，随时禀明本管大臣听侯委员会同审办。"[41] 此外，《清实录》中也有记载，"至各城回子，如受该处大小官员削者，准其赴参赞将军各衙门呈控，如该衙门不为究办，即于年班进京时，复理藩院呈控，倘理藩院仍不代奏，准其赴在京各衙门控告。如所控得实，免其坐罪，其申诉不实，或未经在参赞、将军等衙门里告者，仍照例治以诬告及越诉之罪。"[42] 针对重大性质的案件，大致有三类，分别为回地民人之间的、当地少数民族之间的以及民人与少数民族之间的。民人之间的案件由当事人向该管大臣报案，由该管大臣立案受理，对于后两种案件则由当地的伯克向该管大臣申请立案。在审判层级方面，由办事大臣或领队大臣作为一审，虽然其回派出印房处、粮饷处等审理，但其仍作为一审对案件依法定罪。案件上报至参赞大臣，一般由其进行终审，但在两种情形下，其依旧是二审，一种是发回重审的情况，一种为政治案件或重大刑事案件需要上报伊犁将军的。死刑案件，则需要专折上报理藩院和刑部，待其核拟后具奏皇帝做最后裁断。

对于轻微的刑事案件，则程序相对简单，一般由地方伯克单独审理即可。同时也存在"刑事案件由伯克衙门与清中央派驻的司法机构共同审理的可能性。"[43] 松筠关于回疆事宜规条曾奏，"嗣后各城阿奇木伯克如枷号、鞭责轻罪人犯，准其自行办理，仍令禀明驻扎大臣存案备查。所有喀什噶尔、叶尔羌、阿克苏各城阿奇木伯克旧存夹棍等项刑具，应即呈交驻扎大臣衙门，如遇必应刑讯案犯，总由驻扎大臣先行委员会同阿奇木伯克审办复讯定拟，毋许该伯克擅自刑讯取供呈报，以杜

---

[41] 《钦定回疆则例》卷六《阿奇木伯克不得私理刑讯重案》，载中国社会科学院中国边疆史地研究中心编：《蒙古律例·回疆则例》，全国图书馆文献缩微中心 1988 年版，第 18 页 a。

[42] 《宣宗成皇帝实录》卷一百四十，道光八年八月上，载《清实录》（第 35 册），中华书局 1986 年版，第 150 页。

[43] 马青连：《清代理藩院的法律功能研究》，中国社会科学出版社 2016 年版，第 215 页。

滥刑之弊。"[44] 此处可知,伯克虽然可以单独处理轻微刑事案件,但也会受到清政府的监督,尤其在共同审理时,就不仅是监督,更是对案件审理有实质性影响。

除了在司法审判方面,伊犁将军对回疆地区有司法管辖权。同时《回疆则例》规定朝觐等制度,规定了伊犁将军的职责,使其成为连接中央与新疆少数民族的纽带。所谓朝觐,即穆斯林官员进京朝贡和拜谒,以表示臣服之心,也是中央王朝君临天下的表现。回疆朝觐始于乾隆二十四年(1759),入觐每年一次,又称为"年班"。成为定制以后,该制度不断完善和发展,加强了新疆的少数民族贵族与中央的联系。《回疆则例》规定,"哈萨克遇有朝觐来京者,由伊犁将军豫期奏闻。仍一面报院于哈萨克起程时,该将军派员护送,定限于该年十二月二十日以前到京……照回子例办理,仍将加赏该汗王。什物等项,俱交该来使齐回。"[45] 如伊犁将军马亮曾咨称,"土尔扈特郡王帕勒塔奉调该值年旗,因路远限迫,呈请乘坐台轮入都。"皇帝"饬令毋庸前来,俟下届再行来京……咨行伊犁将军,转饬土尔扈特郡王帕勒塔遵照下届来京补班"。收到伊犁将军的照会时,理藩院已"拟请伊犁将军派员护理。"[46] 由此一来,各少数民族、部落等在赴京陛见时,由伊犁将军事先奏请,经皇帝批示以后,伊犁将军还要派员护卫,保证进京安全。在整个事件中,伊犁将军显然成为皇帝的"代言人",成为法律的"践行者"。

(四) 军府制下伊犁将军的司法实践

以上逐一对军府制下的伊塔地区、东部地区、回疆地区的司法运作体系做了说明,如下表所示:

---

[44] (清)松筠:《钦定新疆识略》卷三,清道光元年武英殿刻本,第26页。

[45] 《钦定回疆则例》卷五《哈萨克觐照回子例赏给官衔什物等件》,载中国社会科学院中国边疆史地研究中心编:《蒙古律例·回疆则例》,全国图书馆文献缩微中心1988年版,第2~3页b。

[46] 杜宏春校笺:《伊犁将军马、广奏稿校笺》卷二《土尔扈特东部落盟长赴京陛见片》,中国社会科学出版社2016年版,第75页。

表 1：清代新疆各地区审级表

伊塔地区	伊犁	理事同知/抚民同知——伊犁将军
	塔尔巴哈台	旗——盟（札萨克地区）
		司官——塔尔巴哈台参赞大臣（八旗）
东部地区	乌鲁木齐	州县——府（州）——道（镇迪道）——乌鲁木齐都统
	吐鲁番	吐鲁番同知——吐鲁番领队大臣
		吐鲁番同知——镇迪道——乌鲁木齐都统
	哈密	哈密厅通判——安肃道
		哈密厅通判——哈密办事大臣
回疆地区	南八城	伯克——本城大臣——参赞大臣——伊犁将军
	吐鲁番/哈密	旗——盟（札萨克地区）

从上表可以很明显的看出各地区的司法实践状况，伊犁将军似乎并不能完全涵盖整个新疆地区，尤其是在司法管辖权方面。但实际情况并不如此，主要有以下原因。

其一，清政府的分权并不必然导致伊犁将军最高权力的丧失。清政府为限制伊犁将军权限，防止伊犁将军由"分工性地方分权"向"分割性地方分权"转变。"分工性地方分权"指的是中央政府以命令授权的形式，将部分权力交给地方的某些官府代为行使。"分割性地方分权"指的是中央与地方权力各有独立的范围，地方有高度的裁量权和自主权。[47] 为了防止伊犁将军在新疆专权，清政府虽名义上赋予伊犁将军在新疆的最高权限，但同时也给了其他驻扎大臣的部分裁量权。如乾隆

---

[47] 参见张永江：《清代藩部研究——以政治变迁为中心》，黑龙江教育出版社2013年版，第268页。

三十年（1765），回疆地区发生抢劫案件，皇帝针对回疆参赞大臣咨商伊犁将军的行为训饬，"伊犁将军统辖回疆各城，原为调兵等项大事而言，若事无大小，必文移商酌，耽延误事，且启推诿之渐。著传谕各回城驻扎大臣。嗣后遇有调兵等大事，一面具奏，一面会商伊犁将军。寻常事件，自行办理具奏。"[48] 再如嘉庆十九年（1814），针对南疆伯克人选问题，皇帝谕令，"若调赴伊犁验看，长途跋涉，殊非体恤之道，将军事权亦不免过重，自应仍照旧章办理。"[49] 这些分权，实则只是对伊犁将军权力的限制，并不能必然导致伊犁将军丧失最高的司法职权。

其二，从伊犁将军的节制情况来看，在表1中，司法方面，伊犁将军已经明确可以管辖回疆参赞大臣，对于塔尔巴哈台参赞大臣，更是距离伊犁将军较近，即使在新疆省制建立后，伊犁将军依旧管理塔尔巴哈台地区的军务。在军府体制之下，伊犁将军对塔尔巴哈台参赞大臣进行的司法管辖也是毋庸置疑的。就乌鲁木齐都统而言，皇帝明确规定伊犁将军节制乌鲁木齐都统。在清代，将军与都统均为武官从一品，清政府设立都统的地方只有乌鲁木齐、察哈尔、热河三地。察哈尔都统驻扎张家口，负责八旗游牧事务，兼辖驻防兵丁；热河都统驻扎在承德，管理刑名、围场事务。该两处都统均没有将军对其进行节制，因此可知，伊犁将军节制都统是清政府在边疆管理体制中独有的。[50] 由此，伊犁将军是实质上对全疆驻扎大臣进行节制。

其三，从案件审理情况来看，伊犁将军不仅审理伊塔地区的案件，同时对回疆地区和乌鲁木齐都统进行审理，皇帝以钦派的方式使伊犁将军拥有实质上的最高司法权。针对回疆地区最高负责人喀什噶尔参赞大臣，伊犁将军曾奉命对其进行审理。如嘉庆二十五年（1820），伊犁将

---

[48]《高宗纯皇帝实录》卷七百四十八，乾隆三十年十一月上，载《清实录》（第18册），中华书局1986年版，第239页。

[49]《仁宗睿皇帝实录》卷二百八十八，嘉庆十九年三月下，载《清实录》（第31册），中华书局1986年版，第943页。

[50] 参见张燕等：《伊犁将军治疆方略借鉴研究》，知识产权出版社2017年版，第129页。

军庆祥奉旨对喀什噶尔参赞大臣斌静进行审理。庆祥审后上奏,"斌静身任参赞大臣不知自爱,又不能约束家人,无耻无妄。均属大干洁纪,自应彻底审查,以成信谳。请旨将斌静解任,交奴才提回,案内应讯人证,概行审办。"[51] 针对乌鲁木齐都统,伊犁将军亦可以对其进行审理。嘉庆十八年(1813),恒杰呈词控告乌鲁木齐都统兴奎。伊犁将军松筠会同长龄秉公逐款确查,其上奏"请旨将兴奎革职,研讯审刑。不敢稍存姑息,将就了事。"并查出"库尔喀喇乌苏领队大臣,向有逢迎兴奎之事。"[52] 其后,兴奎上奏对本人的犯罪情形等一一作出说明,请求降罪于己。[53] 再如道光二十三年(1843),刑部驳回了乌鲁木齐都统惠吉审理笔帖式珠尔罕吸食鸦片烟的案件,清帝命伊犁将军布彦泰审理,"都统等审断均介两岐,未便悬揣定献,谨饬覆讯另推,此案著交布彦泰秉公覆审。务将该部所驳情节逐一覆讯,明确以成信谳而免枉。"[54] 伊犁将军审理其辖下都统、办事大臣、领队大臣的案件比比皆是,足以说明其在新疆的最高司法权限。

其四,从司法权与军政权、行政权等顺序排列来看,新疆地区最主要的是军政权,其次是司法权和行政权,甚至司法权在第二等级中依附于行政权。就司法权与行政权的关系而言,笔者认为在"因官设职""因官设法"的理念之下,古代中国官员首先是行政官,因司法审判是

---

[51] "奏为喀什噶尔参赞大臣斌静行止不端请旨解任审办事",嘉庆二十五年十一月初二日,档号03-1596-058,中国第一历史档案馆藏。

[52] "奏为遵旨查办乌鲁木齐都统兴奎事",嘉庆十八年七月二十四日,档号03-1635-031,中国第一历史档案馆藏。

[53] 如兴奎上奏称,"我身为都统大员,不应收受总兵闫俊烈所送银两,更不应收受州县年节所送食物。这是我自蹈愆尤,无可置辩。其恒杰所控失公教一款,实无此等名目。向有端公、师公子打鼓治病,念经祈禳,本系商民等乡风如此,满营中从无请端公治病,亦无大展妖法之事。我因十六年五六两月满营连有自缢之案,曾经雇觅僧道端公在城隍庙念经三日超度,实系我糊涂错谬。至其余各款,惟求从严质查,可知真伪。"具体参见"呈原任乌鲁木齐都统兴奎供单",嘉庆十八年十月,档号03-2228-020,中国第一历史档案馆藏。

[54] "奏为遵旨复核乌鲁木齐都统惠吉奏拟年满笔帖式珠尔罕吸食鸦片一案事",道光二十三年二月初十日,档号03-4016-003,中国第一历史档案馆藏。

其行政的一部分，甚至只是一小部分。就角色的重要程度来说，行政官显然优先于法官，所以司法权让位于行政权。新疆作为清政府开拓的版图，是通过一次次战争和平叛得来的，各驻扎大臣的设置，目的是在于仿照内地已有的驻防八旗模式，分散驻防在新疆各城，维护社会秩序，稳定清政府的统治秩序。在这样的逻辑之下，作为新疆最高军政长官的伊犁将军，毫无疑问在拥有最高军政大权的基础上，同时兼备了行政权与司法权。

其五，从"藩部"与行省的两个平行系统来看，作为"藩部"的新疆前期并没有完全融入内地的行省序列，直到光绪十年（1884），新疆建立行省之后，才正式"藩部行省化"。"按清政府的政策目标，行省是国家的政治、经济和文化基础，是国家经济的重点和统治重心所在。而藩部则拥有重大的军事和国防价值，政治稳定是首要目标。"[55]从宏观上来看，自新疆设伊犁将军以来，新疆都处于"藩部"状态。新疆建立省制后，又处于清政府统治末期，新疆也备受俄国等外国入侵，其首要任务都是保证主权完整，维护社会稳定，因此可以认为是"藩部"的延伸。因此可以认为伊犁将军自始至终最重要的权力在于军政，而司法权又依附于行政权和军政权，伊犁将军就拥有实质上的最高司法权。

其六，有学者指出，伊犁将军、乌鲁木齐都统以及回疆喀什噶尔参赞大臣与办事大臣等因俱有专折奏事权而相对独立，他们均为刑事案件的地方最高审级，案件审理完毕直接奏报清帝并咨明相关中央机构。[56]不可否认，奏折制度的发展在清代是加强皇权和制衡臣子的重要方式，但这并不意味着伊犁将军最高司法权的丧失，尤其是整个建省前的新疆司法体系中，伊犁将军依然居首位。

---

[55] 张永江：《清代藩部研究——以政治变迁为中心》，黑龙江教育出版社2013年版，第267页。

[56] 参见白京兰：《一体与多元：清代新疆法律研究（1759~1911年）》，中国政法大学出版社2013年版，第116页。

综上可知，新疆于清政府而言是"藩部"，对于"藩部"治理，核心在于军政权的掌握。新疆作为特定地区，其司法权的行使有赖于军政权，所以伊犁将军作为新疆的最高军政长官，从逻辑上来说就拥有新疆的最高司法权限。而且从法律职责的现实表现来说，伊犁将军推动的新疆立法包含各个方面，涉及伊塔、回疆、乌鲁木齐等全疆地区，在司法体系中又处于顶端位置。虽然都统、各大臣等可以专折具奏，但伊犁将军又通过钦派的方式对各大臣进行审理，不断强化司法权限。

三、省制建立后的伊犁将军

（一）伊犁将军法律权限缩小

光绪十年（1884），新疆正式建立行省，刘锦棠担任第一任巡抚，各地方仿照内地设县。其中，伊塔道行政建置如下表：

表2：光绪二十八年伊塔道行政建置表

伊塔道				
伊犁府			精河直隶厅	塔城直隶厅
霍尔果斯分防厅	绥定县	宁远县		

省制建立后，伊犁将军不再统辖全疆的军政事务，其只负责管理八旗军事，不再对地方民政进行干预，原属伊犁将军管辖的各城驻扎大臣都被裁撤，伊犁将军的军政权大大缩小。刘锦棠曾提出，伊犁将军一直总统新疆南北路，镇迪道由乌鲁木齐都统管辖，但是巡抚设立之后都统无需再管辖镇迪道，伊犁将军亦无需总揽各种事务，防止政出多门。光绪十五年（1889）六月，刘锦棠等上奏称，"除旗营及蒙哈藩部喇嘛等事一并交涉事宜必须随时决制者，统归将军办理，其伊犁、塔尔巴哈台

等处地方文武,均请归新疆巡抚管辖,仍照前奏由伊犁将军节制镇道。"[57] 也就是说,1884年新疆建立省制后,伊犁将军只负责伊犁和塔尔巴哈台两处的防务和军政。根据学者考察,新疆建省后地方审级的设置与管辖与内地大致相同,新疆巡抚成为新疆地区最高司法审判权的执掌者。[58]

伊犁将军权力的缩小,标志着新疆由武官统治时代的结束,同时也是新疆迎来文官治理的重要契机。军府制向州县制转变,回疆地区打破了伯克制度的禁锢,为新疆的发展提供了新的动力,也为中央权力打破中间隔膜、直接触及基层、稳固清朝统治提供了制度基础。

回疆参赞大臣所有的司法权限为新设立的州县官享有,受制于新疆巡抚。东部地区的吐鲁番和哈密地区,札萨克制下的属民关系开始松弛,世袭郡王衔保留,但规定不得再理民事,惟哈密王仍稍可收受税粮、词讼。[59] 乌鲁木齐地区则直接成为新疆巡抚的驻地,乌鲁木齐都统撤销,其原有的司法权力为巡抚所吸收。

省制的建立,将人为造成新疆三种行政并行的局面统一起来,所有地区均实行州县制,巡抚手握军政大权。军府制度下,伊犁将军、参赞大臣、领队大臣、蒙古王公等都拥有一定的司法权限。省制的建立,将众多军府官制裁撤,司法权力逐步统归于新疆巡抚,为新疆法制的统一奠定了制度基础。

(二)省制建立后伊犁将军的司法实践

建省之时,新疆已经遭受了俄国的大肆入侵,此时的伊犁将军,主要负责伊犁和塔尔巴哈台两处的防务和军政,司法实践主要围绕俄国展开。

---

[57] (清)朱寿朋编:《光绪朝东华录》(第3册),张静庐等校点,中华书局1958年版,第2622页。

[58] 参见白京兰:《一体与多元:清代新疆法律研究(1759~1911年)》,中国政法大学出版社2013年版,第155~160页。

[59] 参见郭松义等著,白钢主编:《中国政治制度通史》(第10卷),社会科学文献出版社2011年版,第308页。

1. 创设司牙孜制度

司牙孜制度是清代后期在新疆地区实行的为清理积案、缓解中俄边民互控的特殊制度，是历史条件下的特殊产物。中文史料称其为"会谳"，即"泰西通商以来，中西法律不同，于是有领事裁判权之设，此会谳之制所由起也。"[60] 鸦片战争后，英国拥有了在中国的领事裁判权后，各列强加紧步伐，俄国趁着清政府无力应对内忧外患，强取豪夺，也获得了领事裁判权。司牙孜制度，就是因为中西方法律的不同，以领事裁判权为依托而产生的。会谳审理的案件，是中国境内的哈萨克人与俄国境内哈萨克人之间的控诉。实际则是由于俄国大量侵占中国的新疆领土，导致本来只属于中属哈萨克人之间的纠纷变成所谓的两国属民之间的纠纷。光绪八年（1882），锡纶将军看到边境案件越来越多，而且不能有效及时的处理，社会矛盾日益加剧，在其请求之下，中俄两国第一次会谳，结案 76 起，成为司牙孜制度的开始。

1885 年，锡纶升任伊犁将军，其看到"哈萨克部众分属中、俄，散处伊塔边境。其人慓骛性成，外属俄者尤甚。虽其酋长莫能钤制，互相劫掠，即互相控告。"[61] 中俄属民性格刚烈，双方互有扰乱，中俄官员决定双方利用司牙孜制度共同处理纠纷，该制度依据边民的习惯之法对行为进行裁断，而不用中、俄任何一国的法律。对于部分不适用于现实状况的民族习惯之法，锡纶预先派员与俄官相互沟通协调，保证案件顺利审理。伊犁第一次创办司牙孜，这次共同审理，总共结案一千五百余起。此次之后，伊犁地区开始连续举办司牙孜。

---

[60]（清）钟镛撰述、金梁校订：《西疆交涉志要》卷六，宣统三年铅印本，第 1 页。

[61]（清）王树枏等纂修：《新疆图志》(中)，朱玉麒等整理，上海古籍出版社 2015 年版，第 975 页。

表3：中俄司牙孜结案数量统计表[62]

	塔城	伊犁	喀什	主办大臣
1882	76			塔城参赞大臣锡纶
1884	184			塔城参赞大臣明春
1887	1543			塔城参赞大臣额尔庆额
1887		1500		伊犁将军锡纶仿塔城
1895	2600			塔城参赞大臣富勒铭额
1897		2000		伊犁将军长庚
1900	5300			塔城参赞大臣春满
1903		1700		伊犁将军长庚
1903			1698	伊犁索伦营领队大臣志锐
1907		2150		伊犁将军广福
1908	7700			塔城参赞札拉丰阿
1909			2887	喀什道尹袁鸿祐

伊犁将军数次主持司牙孜，其主要目的是解决中俄边境少数民族之间产生的案件不能及时得到处理的问题。应该肯定的是，伊犁将军在内忧外患之下，清政府在众多列强的欺压之下，尚可以采取特殊的案件审理方式，以达到缓解社会矛盾，稳定边疆的目的。在这独特的审理模式之下，俄国在新疆的领事裁判权并未得到充分的使用。"自举办司牙孜后，渐归平复。就我范围，此则中俄两国治理领土之特别法律也。"[63]

---

[62] 表格来源：新疆维吾尔自治区地方志编纂委员会：《新疆通志》，新疆人民出版社1995年版，第84页。
[63] （清）袁大化修，（清）王树枏等纂：《新疆图志》卷五十五《交涉三》，台湾文海出版社1965年版，第1941页。

在司牙孜举办时，俄国主办官员期于案件尽快解决，与中国官员商量处理，并不是以高傲的身段独断案件，"而俄领署之领事裁判权，亦因是而稍稍替矣。"[64] 俄国在拥有领事裁判权的基础上依然与中国共同审理，其更深层次的原因是边民因为宗教信仰，少数民族服从于宣誓的权威，以宗教力量对抗普通法律，取得了历史条件下的胜利。"俄国在新疆之领事裁判权大失其作用……两国边地吏即利用宗教之力量以代替普通法律之效能。"[65]

2. 与俄争端

在涉外法治人才培养方面，伊犁收复以后，伊犁将军就意识到，应该多注重涉外语言人才的培养，有利于在与列强博弈时避免因语言障碍造成不必要的损失。自伊犁通商以后，俄国商人来伊犁贸易，"种类繁杂，稽查难周，兼之俄哈、俄缠语言文字皆与中国不通，遇事纷争"[66]，全靠俄国商约从中协调办理。伊犁将军马亮曾上奏请求开设学堂，"伊犁承平后，士风谫陋，师道寝微，满营办事人员通晓满、汉、蒙、回文意者固不乏人，然兼通俄国语言文字、熟习交涉事务者，究难其。……边远旗仆近接俄临，平时即未备通才，临事更何资肆应？"[67] 尤其是在签订条约以及条约履行的过程中，语言的障碍会导致自身权利受到更大的损害。[68]

在伊犁辖区内，主要是俄哈易惹是生非，违反法律。光绪三十一年（1905），伊犁将军马亮上奏称，"俄属回哈往来愈多，交涉案件办理愈杂，加以新疆兴办税务，中属之奸商猾贾每多请领洋票，藉为护符，欺

---

[64] 谢彬：《新疆游记》，杨镰、张颐青整理，新疆人民出版社1990年版，第137页。

[65] 曾问吾：《中国经营西域史》，商务印书馆1936年版，第468页。

[66] 杜宏春校笺：《伊犁将军马、广奏稿校笺》卷一《请赏俄回游生春等宝星片》，中国社会科学出版社2016年版，第14页。

[67] 杜宏春校笺：《伊犁将军马、广奏稿校笺》卷二《拟设养正学堂酌议试办章程折》，中国社会科学出版社2016年版，第77页。

[68] 参见史志强：《〈中外旧约章汇编〉所收清代中俄条约的翻译问题——以司法管辖为中心的考察》，载《史林》2021年第4期。

隐厘税。"[69] 在这些错综复杂的环境下，伊犁将军以及其以下的官员，"办理交涉、缉捕盗匪、筹拨饷粮、整顿屯牧以及练军、巡卡，办理一切皆能不辞劳瘁。"[70]

此外，伊犁将军依旧对札萨克制下的盟长等具有司法管辖权。"蒙户盟长归伊犁将军管辖，与焉耆府往来文移，俱用照会，蒙民照蒙例办理，蒙民与汉、缠、回民等交涉一切案件，均归地方官按律治罪。"[71] 而且，伊犁将军始终负责《理藩院则例》中的年班申报流程。光绪三十二年（1906），伊犁将军马亮上奏称，"本年系布彦蒙库轮值年班之期，自应及早趋赴阙庭……奴才等覆查无异，除咨理藩院查照外，理合附片陈明。"[72]

四、结语

有清一代，因新疆建立行省制度较晚，可以认为新疆一直作为清政府的"藩部"而存在。有学者对藩部行政结构的不同而导致审级的不同做了梳理。

表4：清代各地区审级表[73]

清代内地四级审判制	县——府——司（按察司）——院（督、抚）
蒙古札萨克地区二级审判制	旗——盟

---

[69] 杜宏春校笺：《伊犁将军马、广奏稿校笺》卷四《请赏俄领事官斐多罗福宝星片》，中国社会科学出版社2016年版，第225页。

[70] 杜宏春校笺：《伊犁将军马、广奏稿校笺》卷四《酌保伊犁四载边防出力员弁折》，中国社会科学出版社2016年版，第247页。

[71] 马大正等整理：《新疆乡土志稿》，新疆人民出版社2010年版，第281页。

[72] 杜宏春校笺：《伊犁将军马、广奏稿校笺》卷五《奏报土尔扈特盟长赴京值年片》，中国社会科学出版社2016年版，第284~285页。

[73] 参见张永江：《清代藩部研究——以政治变迁为中心》，黑龙江教育出版社2013年版，第277页。

续表

八旗模式地区二级审判制	旗（司官）——大臣（都统）
回疆地区四级审判制	分管伯克——本城大臣——参赞大臣——伊犁将军

表 4 中不同模式的藩部正好覆盖了新疆地区的情形，八旗模式同时可以大致认为是伊塔地区的模式。上文已经分析，伊犁将军在省制建立前，拥有最高司法权限。新疆省制的建立，是"藩部的行省化"的过程。在此之前，乾隆年间清政府照内地官员品级对阿奇木伯克等进行等级划分，"使回疆地方官制向内地化方向发展"[74]，其实已经为新疆省制建立提供政治基础。

伊犁将军的设置，很大程度上由新疆特殊的时空条件所决定。清政府通过平乱和派驻军队，通过控制新疆南北各主要城市的方式控制新疆，驻防八旗成为主要力量，该地区的军政权成为权力首位。

从伊犁将军的立法活动来看，其主导的地方立法包含多方面，覆盖新疆地区，足见其总括全局、统领一方的能力和水平。就其在新疆的司法地位而言，新疆省制建立之前，伊犁将军通过各方面立法活动，推动新疆法治建设，完善法律体系，因时因地做出调整，以保证在维护中央法律规范的前提下满足区域的法律现实需要。在司法体系方面，新疆各地方的司法等级不一，司法管辖错综复杂，但都通过审判等级或皇帝谕令、钦派等方式，使伊犁将军实现了新疆地区的最高司法权限。省制建立后，新疆的司法大权统归巡抚，伊犁将军的军政权力和司法权力急剧缩小。两种权力同时缩小，也是司法权有赖于军政权的体现。虽然伊犁将军依旧有立法活动，有司法实践，但其权力减小的事实毋庸置疑。

以藩部的视角考察司法权与军政权等权力的关系，因藩部有重大的军事和国防价值，政治稳定是首要目标。有清一代，新疆的发展可以认

---

[74] 刘广安：《清代民族立法研究》，中国政法大学出版社 2015 年版，第 81 页。

为是"藩部行省化"的过程。新疆地区，只有军事充分维护了社会稳定，才能有更多空间和可能性发展经济，优化政治体制和管理结构，进行法律实践。法律职能的发挥，依赖于军事的巩固，倒不是因为孰优孰劣，而是特殊时期的社会需要，使得不同权力之间有了一定依赖关系。伊犁将军自设立以来，掌握新疆地区最高军政大权，自然而然成为新疆的最高领导者。

新疆的发展，是向行省制度转变的动态过程。省制建立，是从军府制向州县制的转变，是新疆从武官治理向文官治理的转变，也是伊犁将军法律职责的动态化缩减。伊犁将军的法律职责随着社会的发展而产生改变，从这些改变中，又为当今的法治建设提供了思考的面向。

"下籽为率"与"卖地不卖粮"
——近代河州契约所见计粮与纳粮习惯之演变

马成霞*

河州地处青藏牧区和内地农业区之间的走廊和古丝绸之路南道的交叉点上,民族、宗教颇为复杂,[1] 其"外而控番夷,内而屏藩省会,自古为陇西重镇。粤稽明清两代往史,导河之治乱与全省有连带之关系,而山河之险阻,人物之臧否,风俗之文野,种族、宗教之派别,又与治乱有密切之关系。"[2] 该地区"下籽为率"与"卖地不卖粮"之

---

* 马成霞,武汉大学法学院硕士研究生。

[1] 河州,其大致范围与今甘肃省临夏回族自治州范围一致,近代以来除康乐县隶狄道外,其余均由河州知州统一管辖。从东晋十六国时期的前凉太元21年(334)始,至20世纪初更名为"导河",又改名为临夏止,"河州"一词大抵沿用了1500年,其间有时称"枹罕""安乡",但大部分时期仍称"河州"。参见李兴华:《河州伊斯兰教研究》,载《回族研究》2006年第1期。本文研究近代以来(1819-1949)的河州契约文书,这一时期内1913年更"河州"为"导河",鉴于历史时期和本文研究这一时期内长时段采用"河州"这一地名,本文为统一行文起见,仍采用旧称"河州"。参见费孝通:《费孝通民族研究文集新编》(下卷),中央民族大学出版社2006年版,第185页。

[2] 黄陶庵:《续修导河县志序》,载黄陶庵撰:《续修导河县志》(民国本·第1卷),临夏市图书馆藏民国三十一年抄本,第1页。

计粮、纳粮习惯未经充分研究。[3] 笔者试图理清河州地区"照粮起科"这一地方规则、卖地契中关于纳粮义务的约定以及计粮、纳粮规则的生成原因,以期为少数民族地方契约文书及民事习惯研究拾遗补缺。

一、河州地契及地方习惯

清初河州地区的制度承袭明朝,地方权力结构多样化,卫所、土司、政府官员一度分而治之。自雍正年间"并卫入州"和"改土归流",国家权力对河州地区的控制能力进一步增强。[4] 河州土司所辖"番民"被编入国家编户系统纳粮当差,导致原土司统治地区经济关系、文化向汉族地区看齐,而土地契约文书的推广和运用被视为一个突出表现。[5] 经乾隆四十六年(1781)、同治年间(1862-1874)、光绪二十年(1894)、民国十七年(1928)等事变,地方官员多次清理田赋,虽然河州地区多民族杂居,历史发展与中原地区具有不同的特点,但缴纳田赋的土地交易契约文书数量逐渐增加,以签订地契获得凭信的方式在河州社会越来越普遍。大量河州地契反映了河州土地交易的法权关系,其契约格式、用语等内容总体上与内地契文雷同,反映契约文书总体上

---

[3] 学者们对河州契约文书的研究集中在清代土地买卖契约文书、物权民事习惯、特点及价值、土地买卖"中人"研究、地方方言的部分词语考释等方面。参见武沐、王敬伟:《清代河州契文中的土地买卖》,载《西北师大学报(社会科学版)》2008年第4期;谢继忠等:《近三十年来甘肃民间契约文书研究述评——甘肃民间契约文书研究之一》,载《农业考古》2017年第1期;高云昌:《从契约文书看近代甘肃广河县物权民事习惯》,载《新西部》2008年第10期;付永正、金圆恒:《清代后期甘肃河州地区土地买卖中的中人现象初探》,载《湖北第二师范学院学报》2010年第7期;魏亚莉、黑维强:《清朝甘肃河州契约文书词语释义》,载《延安大学学报(社会科学版)》2015年第3期。关于河州地区契约文书的介绍参见沙李明:《临夏州档案馆馆藏契约文书档案的特点及价值》,载《档案》2013年第4期。

[4] 参见马建春、褚宁:《明清时期国家权力于河湟边地的延伸》,载《烟台大学学报(哲学社会科学版)》2016年第4期。

[5] 学者对于清代土地契约在广西少数民族地区推广的原因分析,同样适用于理解河州地区土地交易以及立契的逐渐盛行。参见杨国桢:《明清土地契约文书研究》,中国人民大学出版社2009年版,第390页。

受中原汉族传统文化的影响,[6] 也说明以契约作为土地所有权及物权转移的凭证受法律和河州地方习惯的认可。

清康熙年间河州知州王全臣（以下简称"王氏"）清理税赋时要求买卖田宅时签订契文及向官府缴纳契税，以使其符合《大清律例》规定，即"凡典卖田宅不税契者，笞五十，契内田宅价钱一半入官，不过割者，一亩至五亩，笞四十，每五亩加一等，罪止杖一百，其田入官。"[7] 亦规定州县官员征收田房税契的相关细节,"该州县即粘司印契尾给发收执"[8], 但河州田房契约带契尾者较少,[9] 不完全符合国家法之规定。从众多契约未经官方认证来看，国家法规定立契规则的目的在河州地区并完全实现，但民间仍承认未经官方认证之地契所确认的土地权属之效力。

河州契文始于清代嘉庆二十四年（1819）河州赵永仓卖地契,[10] 有学者认为该地契遵循了"徽州契"模式，亦是全国明清契约的书写格

---

[6] 乜小红教授认为中古时期西域各族的契约文化总体上受到中原汉族传统文化的影响，这一观点同样适用于更为晚近的河州地区。参见乜小红：《中国中古契券关系研究》，中华书局2013年版，第145页。

[7] 《大清律例》卷九《户律·田宅》。

[8] "凡州县官征收田房税契，照征收钱粮例，别设一柜，令业户亲自赍契投税，该州县即粘司印契尾给发收执，若业户混交匪人代投，致被印诓骗者，照不应重律杖八十，责令换契重税。倘州县官不粘司印契尾，侵税入己，照例参追，该管之道、府、直隶知州分别失察、徇隐，照例议处。"《大清律例》卷九《户律·田宅》。

[9] 清代河州契约文书中带契尾者自嘉庆至宣统年间共计26份，而地契总量超过600份，约占4%。

[10] 目前留存、收藏、整理的河州契约文书中，最早的一份契约文书时间为清嘉庆二十四年（1819），但笔者通过他人的研究得知清代循化厅土地契约文书有30份，其中最早的一份为康熙三十六年（1697），由于乾隆二十七年（1762），移河州同知于循化营，称循化厅，隶兰州府，道光三年（1877）改隶西宁府，其之前属河州管辖，因此循化地区的契约文书广义上可以包括在河州契约文书内。参见苗虹瑞：《清代循化厅土地契约文书概述》，载《档案》2018年第8期，这篇论文中收录了部分契约文书。由于笔者未查到这部分契约原文，因此仅限于本文讨论的契约文书范围之内。

式。[11] 形制之外,契文中当事人身份、计粮习惯、纳粮义务承担等方面亦值得关注。

赵永仓出卖土地契文[12]

立卖地土文字人赵永仓,系老鸦里二社民。因为缺少使用,别无出产,今将祖置田地一块,约夏(下)籽一斗五升,其地四至:东至赵家地,南至官地,西至路,北至脱家地,四至分明为界,央凭中人赵永良说合,两家情愿,除(出)卖于(人)马六十二名下耕种。得到言定正价小钱玖串整,当交无欠。随地认粮分过完纳,立画字小钱两串五百,亏价割过钱两串文。除(出)酒食一道,羊一只,折议小钱两串,画字在外。自卖日后若有人言词争竞,卖主承当。恐后无凭,立此卖约存照。

说合中人　赵永良 画字钱三百文

同亲房人　赵旺禄 画字钱一串文

嘉庆二十四年十二月十五日

立约人　　赵永仓同子赵官保　画字钱三串文

代书人韩文宣

上述地契为老鸦里赵姓藏族与回族买卖土地而订立。[13] 老鸦里因"老鸦关"而得名,该地区的藏族自明朝起由河州何土司管辖,清代中

---

[11] 参见王旭:《契纸千年:中国传统契约的形式与演变》,北京大学出版社2013年版,第190页。

[12] 甘肃省临夏回族自治州档案馆编:《清河州契文汇编》,甘肃人民出版社1993年版,第3页。

[13] 参见武沐、王敬伟:《清代河州契文中的土地买卖》,载《西北师大学报(社会科学版)》2008年第4期。

后期土司影响渐微，这一代"番族"汉化并开始向官府纳粮。[14] 契文开头交代立契人身份所属为"里""社"，虽康熙年间王氏臣改里甲制为会社制，但"老鸦里二社"表明地方官改革基层行政组织单位后民间仍存在用旧称的现象，以致"里""社"混合出现。

此外，表明以下籽数量而非土地面积作为计粮和纳粮的标准。[15] 康熙年间王氏分析河州乡俗"卖地不卖粮"，而上述契文中对于纳粮义务的约定已转变为"随地认粮分过完纳"。

二、计粮方式之演变

河州地契中计粮方式有两种：第一，以作物下籽斗数计算；第二，极少数地区以"垧"或"亩"等土地面积计算。前者被学者认为是西北少数民族耕地的计算方式或单位。[16] 但河州民族成分复杂，且相当一部分汉族间签订的地契亦采用下籽量标准，故将该地方习惯认定为少数民族的耕地计算方式欠妥。实际上，河州乡里社会以下籽量计粮的渊源颇为久远，这一地方习惯见于明代洮州卫军屯土地买卖契约中。[17]

通过契文，无法比较"下籽为率"与千古定例之"顷亩起科"孰优孰劣，而清康熙年间王氏细数里甲制下河州地粮之积弊：

"伏查河州积弊，莫过于地粮不清，里长、书手虐民之甚者也。夫按亩起科乃千古定例，独至河州之田地、丁粮，则混乱不清，至矣极矣！……奸弊丛生，莫可究诘，总缘地无顷亩

---

〔14〕 参见中国人民政治协商会议临夏回族自治州委员会文史资料委员会编：《临夏文史资料选辑》（第5辑），甘肃人民出版社1989年版，第132页。

〔15〕 河州地契中超过90%的契约文书中以下籽量描述交易标的物，亦为计粮和纳粮的标准。

〔16〕 参见高士荣：《西北土司制度研究》，民族出版社1999年版，第158～159页，"西北少数民族耕地一般不以亩计算，而以播种数量或段确定。"

〔17〕 参见阙岳、陈志刚：《从洮州卫地契看明代军屯土地的买卖》，载《青海民族研究》2016年第3期。这篇论文中摘录了《李氏家谱》中的四份明成化年间的契约原文，其中均以"下子"（即下籽）数量计算交易土地。

定则，百姓并不知种地若干，该完粮若干，该完银若干，每年止凭里长摊派。职全衙门，并无地亩清册。亦不知某花户种地若干，该完粮若干，该完银若干。每年止凭书手造报。"[18]

旧制国家征收赋税俱归每里所设里长、书手掌握，"其正赋银两，当日原系照粮起科，迄于今亦无定数，每粮一升，任其科收三四分不等，"[19]王氏将之归因于"无顷亩定则"，基于上述弊端王氏"按地均粮""按粮均赋"，经其厘革，"遍行清丈，而田赋始均。"[20]但很多"番族"的田赋均没有按照规定缴纳，"实则鞭长莫及，但羁縻而已"。[21]问题在于王氏改革，遵循河州"照粮起科"的地方习惯，可见这一渊源颇久的计粮规则仅凭地方官员一己之力难以革除。

（一）"下籽为率"之计粮方式

法定计粮标准是土地面积或产量，但纵览自清嘉庆二十四年（1819）至新中国成立前后的河州地契，超过90%以"土地下籽量"作为计粮、纳粮的标准。至于"籽"具体为何种作物，有学者认为"下籽"中的"籽"是指小麦或青稞，[22]但少数契文中以"红麦"斗数为标准，地方志载以小麦、粟米为征收赋税的标准。考察清至民国河州地区的农作物，有洋芋、大麦、青稞、燕麦、小麦、豌豆、荞麦、红麦、

---

[18]（清）王全臣纂修：《河州志》卷二，康熙四十六年刻本。
[19]（清）王全臣纂修：《河州志》卷二，康熙四十六年刻本。
[20]（清）龚景瀚编，（清）李本源校：《循化厅志》，崔永红校注，青海人民出版社2016年版，第120页。这一地区明至清初为河州边外地，乾隆二十七年移河州同知于循化城，是为循化厅，吏治归循化厅，军事归河州总镇，循化地区与河州的联系不限于军事上由河州地方官管辖，而且该地区的部分族群与宗教均与河州地区有着紧密联系，因此笔者此处也将之纳入讨论的范围。
[21]张其昀修纂：《夏河县志》卷九，民国钞本。
[22]参见武沐、王敬伟：《清代河州契文中的土地买卖》，载《西北师大学报（社会科学版）》2008年第4期。

黄糜、大豆、麻子等数种作物。[23] 因而下籽斗数具体对应何种作物，尤其"照粮起科"的标准有待进一步明确。

清康熙时王氏组织以二三十村庄联为一会成立保甲会，"乃令将所管一会之田土，逐一清丈。若无顷亩定则，即令以下籽为率，不分里甲，不分士庶，并不分土著与寄籍，并不问及老户名，只据实开明现在种地人某人，种地几块，下籽若干，逐块挨次开列，造册投州。"其将清丈的土地分为上地、中地、下地、下下地，规定分别每下籽一斗应当完额粮一升七合、一升五合、一升三合、一升。[24] 至雍正、乾隆朝历多次造清册，亦令土司所管各族针对的土地造册定赋，亦"以下籽为率"[25]。表明清朝地方官员确定纳粮义务的承担以种子数量确定，考察河州地区的地契所载税粮，与王氏改革措施中确定的额粮大致相当，可见河州地区的地亩定则长期采用王氏确定的定则，至民国时河州四乡仍以此为重要依据。[26]

至于"照粮起科"之"下籽"与"按亩起科"之换算，每垧的下

[23] 参见（明）吴祯编：《河州志》卷一《食货志》，刘卓校刊，明嘉靖四十二年重刻本，"贡赋。夏税小麦一万肆千六百五石六升有奇。秋粮粟米共二千九百六石一升有奇。草束三千六百三十二束九斤一十三两有奇。每束折银三分。"另《秦边纪略》中提到"（河州卫）且不特地利也，卫之兵虽少，其民甚强，其土人甚盛。其熟番皆辖于土官，其黄衣僧皆听命于国师。其弓矢及矛，比屋皆有，无事则耕牧为主，有事则相为守助。……其地所生，有麦、有糜、有豆、有青稞，且移粟以资淮中。"详见（清）梁份：《秦边纪略》，赵盛世等校注，青海人民出版社1987年版，第34~35页。《续修导河县志》记载河州地区的谷物主要有大麦、小麦、青稞、豌豆、荞麦、红麦、黄糜、麻子等。参见黄陶庵撰：《续修导河县志》卷二，临夏图书馆收藏手抄本，第35页。参见马自详、马兆熙编著：《东乡族文化形态与古籍文存》，甘肃人民出版社2000年版，第11页。

[24] 参见（明）吴祯编：《河州志》卷二，刘卓校刊，明嘉靖四十二年重刻本。

[25] （清）龚景瀚编，（清）李本源校：《循化厅志》，崔永红校注，青海人民出版社2016年版，第120页。"撒喇族即今之撒喇八工，向化族即今之南番二十一寨，皆在关外。其余十七族，杂处二十四关之内，然皆不纳粮。而珍珠等族土司、国师，且有藉纳马田地为词，引诱汉民霸丁占地。经王全臣公极力厘革，遍行清丈，而田赋始均。"

[26] 参见党家驹：《从清末到国民党统治时期甘肃田赋概况》，载中国人民政治协商会议甘肃省委员会文史资料研究委员会编：《甘肃文史资料选辑》（第4辑），甘肃人民出版社1987年版，第214~215页。

籽量从四升到七升不等，[27]而每"坰"对应的"亩"亦从一亩到六亩不等。[28]"过去由于土地的买卖和纳田赋的关系，故多不实在，一斗地有合今一亩六分的，也有合今一亩二分五的，坰亦如此。"[29]在河州各乡，斗坰之间的折合比例，各处不一。[30]可见，以种子数量多少确定额粮义务和租额标准不一，而以此为地粮标准实则误差较大。

（二）"照粮起科"之时间及地域差异

公元447年甘肃的一份土地买卖契约中记载"买地卅五亩"[31]，可见较早时期河州周边地区按亩计粮，"番粮"部分以"段"计，因"每段大小不等"，以下子粒多少石计算，[32]至民国三十四年（1945），仍

---

[27] 参见《马殿元兑地约》《康有铭典地约》《马焦卖地约》《杨柏顺典地约》《潘老虎典地约》《杨重财典地约》《康锡来卖地约》《潘老虎典地约》《杨居财出卖土地契文》《杨生春地约》《马彦福典地等约》，载马忠明搜集，连贯整理：《宁定契约辑》，临夏回族自治州档案馆刊印1990年版，第4页、第7页、第11页、第14页、第16页、第30页、第32页、第48页；《清河州契文汇编》，第302页。亦有八分地，下籽四升，参见《杨种财当地文约》，载马忠明搜集，连贯整理：《宁定契约辑》，临夏回族自治州档案馆刊印1990年版，第35页；"亦有八分地，下籽三升"，参见《康锡来卖地约》，载马忠明搜集，连贯整理：《宁定契约辑》，临夏回族自治州档案馆刊印1990年版，第48页。

[28] 第一，契尾官方认定下籽一斗为一亩，参见《杨居财出卖土地契文》，甘肃省临夏州档案馆编：《清河州契文汇编》，甘肃人民出版社1993年版，第302页。第二，认为河州东乡一坰折合1.25亩，参见马自详、马兆熙编著：《东乡族文化形态与古籍文存》，甘肃人民出版社2000年版，第11页。第三，亦有观点认为东乡一斗约等于一坰（每坰一亩五分），参见甘肃省编辑组：《裕固族东乡族保安族社会历史调查》，甘肃民族出版社1987年版，第100页。第四，《夏河县志》中记载民国时任承宪调查夏河耕地以"亩"计，但夏河农民租种寺院土地以播种量"斗"、"石"计，并提到"每斗地约合六亩余"，参见张其昀修纂：《夏河县志》卷四，民国钞本。

[29] 甘肃省编辑组：《裕固族东乡族保安族社会历史调查》，甘肃民族出版社1987年版，第95页。

[30] 参见甘肃省编辑组：《裕固族东乡族保安族社会历史调查》，甘肃民族出版社1987年版，第100页。

[31] 转引自［美］韩森：《传统中国日常生活中的协商：中古契约研究》，鲁西奇译，江苏人民出版社2009年版，第24~25页。

[32] 参见（清）杨应琚：《西宁府新志》，乾隆十二年刻本，第112页。

有部分契文交易标的物以"段"计,[33] 同一时期的《循化厅志》中亦采用此标准。[34]

表1　河州及周边地区计粮之标准[35]

区域		土地计粮、纳粮方式
河州以西	循化、湟中、洮州、夏河	以下籽为率

---

〔33〕 参见《马朶全兑地契文》,载临夏州档案馆编:《民国临夏契文汇编》,临夏中学印刷本2013年版,第238页。

〔34〕 参见(清)龚景瀚编,(清)李本源校:《循化厅志》,卷四,崔永红校注,青海人民出版社2016年版。"雍正四年,钦命西宁都统达、西宁镇总兵周,出口安插降番,清理田土。并令旧管各ններ将所种中马香田地地,造册定赋。其起科之则,不论顷亩,每下籽一石,水地纳粮一斗五升,上旱地纳粮一斗,下旱地纳粮五升。其新附之番,不论种地多寡,每户年纳粮一仓斗,亦有八升、五升者;其不种地之番,畜牧为生,亦每户纳粮一斗,免其贡马。皆于雍正四年其科,至七年所定也。其后略有更易。"

〔35〕 乾隆三十四年(1769)"丈得地约二十万弓,计亩则三十余顷。"仅仅是地方官小规模丈量地土的结果,参见(清)张春芳《草滩坝工水渠记》,载循化撒拉族自治县志编纂委员会编:《循化撒拉族自治县志》,中华书局2001年版,第885页;湟中地区,例如同治七年(1868)《塔尔寺花寺碑文》中亦以土地"下籽"数量计量土地,参见《塔尔寺花寺碑文》,载湟中县地方志编纂委员会编:《湟中县志》,青海人民出版社1990年版,第437~439页;洮州地区,例如《洮州厅志》中记载学田面积以及租额亦以"下籽"数量计,参见《洮州厅志》卷八,清光绪刻本;夏河地区,例如河州以外西南地区,《夏河县志》中记载民国时任承宪调查夏河耕地以"亩"计,但夏河农民租种寺院土地以播种量"斗"、"石"计,参见张其昀编纂:《夏河县志》卷四,民国钞本;康乐地区,如乾隆年间康乐地区有关土地买卖的碑文中描述土地时"地两段三分"康乐地区光绪年间的契约文书中便以"垧"或"亩""分"为土地面积单位,如光绪九年(1883)马升卖地约中提到"水字段马家集南街口庄后土地一块,约计一亩半",参见康乐县志编纂委员会编:《康乐县志》,生活·读书·新知三联书店1995年版,第315页。康乐地区原属河州,同治年回民事变后划归狄道西乡,民国时又划归河州。"立卖碑地人苏华、苏芳、苏玉秦,今将祖遗石碑一桶,地二段三分,兑中卖予方绅,得到碑地价厘钱十四千文、千五百文。下籽在前,并无钱粮,东至盖塄,南至秦世良地,西至巷道,北至通切刀把为界。……"和政地区,参见王诏:《和政县志》卷三,民国二十九手钞本。康乐县志编纂委员会编:《康乐县志》,生活·读书·新知三联书店1995年版,第315页。康乐马家集地区,参见马维胜:《马集村志·附录》,契约部分第一则材料,这份地契是河州三甲迁居马家集时买地的凭证,现由马生秀保存,经马维胜整理并提供给笔者。本文引用有关马家集地区的契约材料均为马维胜整理提供文字整理版和原物照片。《马集村志·附录》部分收录18份康乐县马家集地区的地契,其中买卖、典当地契中,既有以"亩""分"为地面积单位的契文,也有以"垧"为单位的契约文书,同时契约文书中也写明了播种数量。以河州东乡、南乡为例,民国时期的调查资料显示,"东乡境内土地的计算单位,西北以下籽升斗计算,东南则以垧计算。"参见甘肃省编辑组:《裕固族东乡族保安族社会历史调查》,甘肃民族出版社1987年版,第95页。

续表

区域		土地计粮、纳粮方式
河州东南、南乡	宁定（三甲集）	以顷亩计（垧、分）
	和政	以亩计
	康乐	以"段""垧""分""亩"计
河州东乡	西北部	下籽斗数
	东南部	以垧计

从地域方面考察，甘肃社会习惯调查中列举的契式中仅河州及巴燕戎格厅地方契式以下籽量计粮。[36] 河州以西地区，如循化、湟中，起科之则不以"顷亩"而以"下籽为率"。河州东南康乐地区，[37] 契文中使用"段""垧""亩"等土地面积计粮的方式和以下籽量计粮的方式，[38] 但自民国三十三年（1944）及之后，按亩起科。[39] 河州北部靠近兰州地区和东部、东南部临近狄道地区受汉族和儒家文化的影响较

---

[36] 列举的契式有渭源县、河州、固原县、徽县、秦县、巴燕戎格厅、西宁县等，参见《甘肃全省调查民事习惯问题报告册》，载本书编委会编：《中国西北文献丛书·西北民俗文献》（第4卷），兰州古籍书店1990年版，第79~83页。

[37] 参见马维胜：《马集村志·附录》，契约部分第一则材料，这份地契是河州三甲集迁居马家集时买地的凭证，现由马生秀保存，经马维胜整理并提供给笔者。本文引用有关马家集地区的契约材料均为马维胜整理提供文字整理版和原物照片。

[38] 乾隆年间康乐地区有关土地买卖的碑文中描述土地时"地两段三分"，参见康乐县志编纂委员会编：《康乐县志》，生活·读书·新知三联书店1995年版，第315页。光绪年间的契约文书中便以"垧"或"亩""分"为土地面积单位，如光绪九年（1883）马升卖地约中提到"水字段马家集南街口庄后土地一块，约计一亩半"；此外，该地区的地契中同时出现以"垧"为计量土地面积的单位和播种数量，如民国二十二年刘象贤在"胭子乡马家集上街口嘛呢石头根地一块，下籽捌升，计亩壹垧半"。

[39] 据马维胜提供的存藏契约文书照片。

深,而计粮和纳粮以土地面积为标准。[40] 总结河州地域范围内计粮方式之特点,东乡、南乡靠近狄道地区以"顷亩"计粮,而其他区域则以"下籽"量为计粮标准。

从时间方面考察,明嘉靖时《河州志》载官地、民地均以"顷亩"为单位,[41] 王全臣基于河州田地旧无顷亩定则认为上述数据不可考。[42] 有学者认为清代河州普遍采用以下籽量多少计算土地的方法,[43] 但关注民国时期河州地区的地契,仍以下籽量估标的物价值。至于以下籽量计算土地的方式于何时转变为以"垧"为单位计算土地面积的方式,目前没有查到确切记载,但河州契约文书中大部分以下籽量为标准,说明这一地方习惯未从根本上影响到河州地区的土地交易。

河州地区计粮方式的转变与光绪年间河州地区种烟及征烟税有关。河州地区于光绪二十五年(1899)开始种烟,"起初亩数无详确记载,鸦片征税分川水、川旱、山旱地三等征收,川水地每亩三钱,川旱地二钱,山旱地一钱二分,当年即征五百余两。从此逐年增加,到光绪三十二年种植地区日渐广阔。"[44] 起初亩数无详确记载,可能与河州地区以下籽粮计粮有关。问题在于,河州土地契约中出现以"垧"为土地面积

---

[40] "狄道为旧府治凤,多学人,故士风尚为可观,其余不免尚仍为边方旧习。"(清)陈士桢修,(清)涂鸿仪编辑:《兰州府志》卷二,清道光十三年刊本。狄道的田地以"顷亩"计,见于乾隆二十八年(1763年)的《狄道州志》。参见《临洮府学田碑记》,载(清)呼延华国撰:《狄道州志》卷四,清乾隆修窎报书局排印本。

[41] 参见(明)吴祯编:《河州志》卷一,刘卓校刊,明嘉靖四十二年重刻本,"本州官地一十五顷八十九亩有奇。民地三千五百伍十八八顷八十四亩有奇。""旧志三十一里,川中山坡共地三千一百七十七顷四十一亩,查河地旧无顷亩定则,不知此数何据,今不可考。"

[42] 参见(明)吴祯编:《河州志》卷一,刘卓校刊,明嘉靖四十三年重刻本,"本州官地一十五顷八十九亩有奇。民地三千五百伍十八八顷八十四亩有奇。"旧志指明嘉靖年间所修《河州志》。

[43] 参见武沐、王敬伟:《清代河州契文中的土地买卖》,载《西北师大学报(社会科学版)》2008年第4期。

[44] 中国人民政治协商会议甘肃省委员会文史资料研究委员会编:《甘肃文史资料选辑》(第13辑),甘肃人民出版社1982年版,第76页。

单位的时间早于大量推广种烟之时,如光绪四年(1878)董佛母保立退约契文中便以"垧"为土地面积单位。[45] 此外,宁定县自光绪二十五年(1899)之后的土地交易契约文书中均采用"垧",因此有理由认为河州地区以"下籽"量计量土地的方式,约从光绪年间逐渐开始转变为"垧",这一时期,"垧"或"亩"等土地面积与下籽量并书于地契中。

民国时期,国民政府于民国十八年(1929)颁布《土地法》及《土地测量应用尺度章程》明确规定,地积以"豪""厘""分""亩""顷"为单位,"一切土地测量登记及交易契约其计算地积均不得用前条以外之规定"。[46] 民国三十一年(1942)甘肃省政府出具的两份卖地税契收据以"亩"为单位,[47] 表明地方政府依照国家法的规定,但河州民国地契绝大部分仍以下籽量为土地计算方式。此外,民国二十五年(1936)例则亦规定买主须于不动产买契约成立后六个月内到官署纳税,而订立不动产卖契时,卖主应赴官府填写卖契申请书,未在上述规定期限内缴纳契税者,"除纳定率之税额外并处以产纳税额之税额之十倍罚

---

[45] 参见《董佛母保立退约契文》,载甘肃省临夏州档案馆编:《清河州契文汇编》,甘肃人民出版社1993年版,第316页,"立写退约文字人董佛母保,情因老内尖花尕坟地两垧,□坟滩阻隔,耕种不成,自己说合,两家情愿,退与老业主董来存名下,退地半垧,出价大钱二串五百六十文,即交无欠。日后赎一垧半地,除过二串五百大钱,按约交价。恐后无□,立此约存照。"

[46] 参见《土地测量应用尺度章程》,载张研、孙燕京主编:《民国史料丛刊8 政治·法律法规》,大象出版社2009年版,第2114~2115页。《中华民国土地法》(1930年公布)第95条规定,"未经依本法登记所有权之土地,申请为第一次所有权之登记时,提出之申请书土地他项权利清釐契据及其他关系文件应由契据专员审查之。"第96条规定,审查专员审查契据后应具载有土地面积、地价等事项的审查报告书。第288条规定,"土地所有权转移为绝卖者,其增值税向出卖人征收之,转移为遗产继承或无偿赠与或法院判决者,其增值税向继承人或受赠人或因判决而取得所有权人征收之。"《中华民国土地法》,载张研、孙燕京主编:《民国史料丛刊8 政治·法律法规》,大象出版社2009年版,第2072~2094页。

[47] 参见《契税收据》,载临夏州档案馆编:《民国临夏契文汇编》,临夏中学印刷本2013年版,第197~198页。

金"。[48] 自则例发布之后，河州地区的七十多份买卖土地契约不符合国民政府颁布的土地法律法规，其中仅有六份遵循上述例则之规定填写了买契并纳税。[49] 对比同一时期的卖地契、分单契表明河州地区仍以下籽量计粮。[50]

河州契文中出现下籽数量和土地面积并书的现象，表明当时河州土地面积计量单位颇为混乱。虽然国民政府颁布法律规定统一土地面积单位以及明确土地测量标准，亦曾组织相关部门清丈土地，并将土地计算单位"垧"改为"亩"，[51] 但直至新中国成立前多数契约文书中仍以"下籽"量计量土地，可见官方清丈土地和变"垧"为"亩"的举措并未对河州地方习惯产生根本的影响。河州地区"下籽""垧""亩"均无统一标准，以致以下籽量计粮的地方习惯得以长期保留。

总之，近代以来，随着国家权力深入河州基层，该地区"照粮起科"之计粮习惯转变为"按亩起科"，其中官方自上而下的粮赋改革、丈量土地、统一面积单位等举措是重要推动因素。随着计粮方式之转变，纳粮义务自清康熙年间王氏改革后，"卖地不卖粮"之地方习惯被革除。

三、对纳粮义务的特别约定

河州地契中当事人关于纳粮义务的约定，因清康熙四十四年（1705）河州知州王全臣的田赋改革而转变为"银粮随地完纳"。王氏批判河州"卖地不卖粮"之习惯在清嘉庆年间及其之后的契约文书中已

---

[48] 民国二十五年（1936）《李得江买契》中载例则，参见临夏州档案馆编：《民国临夏契文汇编》，临夏中学印刷本2013年版，第132~133页。

[49] 参见临夏州档案馆编：《民国临夏契文汇编》，临夏中学印刷本2013年版，第123~264页。

[50] 例如《马由卜立分单契文》，载临夏州档案馆编：《民国临夏契文汇编》，临夏中学印刷本2013年版，第198页。

[51] 参见马廷荣：《东乡族近百年大事记》，载中国人民政治协商会议甘肃省委员会文史资料研究委员会编：《甘肃文史资料选辑》（第13辑），甘肃人民出版社1982年版，第12~26页。

转变为"银粮随地完纳""银粮照地完纳"等约定,但兑换土地契约文书中存在"兑地不兑粮"的约定。

(一)从"卖地不卖粮"到"随地认粮"的转变

河州地区不仅不知土地顷亩,"又河俗买卖地土,俱卖地不卖粮,有地土已更数主,而银粮仍系原主取讨,转交里长代纳,较之里长,更多一番剥削。……奸积多立名色以愚惑蚩氓,任其诡寄飞洒,富者巧为买嘱,则银粮日减,贫者不遂贪欲则银粮日增,以致彼种无粮之地,此赔无地之粮。年复一年,富豪之欺隐愈多,而乡愚赔愈甚。"[52]可见,清康熙时河州地区土地买卖关于纳粮义务的承担与较早时期的徽州土地契约不同。[53]该地方习惯显然违反了《大清律例》,"卖地不卖粮"之约定同时构成"洒派钱粮"、"诡寄田粮"和"欺隐田粮",按国家法应受刑事处罚。[54]至于诉讼中如何决断已无法考证,但河州地方志记载"狱讼亦因之以繁兴也"。[55]

土地买卖交易的实质即"土地所有权"转移,但"卖地不卖粮"之地方习惯导致向国家承担纳粮义务的主体仍为原土地所有权人。其实,用"土地所有权"分析河州"卖地不卖粮"和"兑地不兑粮"习惯不完全准确,因为我国传统社会"所有权观念模糊,但在民间经济活动中的契约行为,都遵从地域性的'乡规''俗例''私例',使用独特的习惯用语,具有一定的规范性。"[56]河州土地交易中计粮标准和纳粮义务的约定是河州乡民处理土地财产关系的地方习惯,用以调整和分配土地利益的乡规俗例,这一习惯导致名义上的"土地所有权人"与实际

---

[52](清)王全臣纂修:《河州志》卷二,康熙四十六年刻本。

[53]徽州土地契约则由买主负责土地买卖交易之后的税赋交纳。参见[美]韩森:《传统中国日常生活中的协商:中古契约研究》,鲁西奇译,江苏人民出版社2009年版,第103页。

[54]《大清律例》卷九《户律·田宅·条例》。

[55]《河州清地均丁详文碑》,载石锡铭编著:《甘肃金石录》卷二百五十三,2022年自版发行,第1079页。

[56]杨国桢:《明清土地契约文书研究》,中国人民大学出版社2009年版,第2页。

所有人及经营人不符,但既非土地的所有权与经营权分离,亦非保留土地所有权之买卖,仅纳粮义务不发生变化,不影响买方行使其所有权、使用权,因而"卖地不卖粮"之习惯与当时土地所有制形式之关系并不十分紧密。张传玺先生认为自战国到清朝,我国封建社会的土地所有制以土地私有制为基本的土地所有制形式,[57] 而这一结论适用于明清时期河州流官管辖的区域。由于河州地区土司统治的存在,土地的所有制形式更为复杂,因"卖地不卖粮"习惯导致官方登记的土地所有权人与实际的所有权人、经营人不符,但不影响土地的所有制形式仍为私人所有。

康熙年间,王氏针对河州"卖地不卖粮"的习惯,明确"凡买卖地土,务将契内注明地土等则,粮数赴州验明印税,以凭更正内外额册,方给户单过送本名,……不即过送以致诡寄田粮,如敢不遵,买主卖主供以紊乱钱粮例从重治罪,"[58] 经其整顿,明确买卖土地应纳银粮额需到官府验明,田赋和土地买卖得以规范,这一过程中流官针对"卖地不卖粮"习惯的改革非常明显,亦影响到河州地区的地契中关于纳粮义务的约定,即于契内书明"地粮仍由老主完纳"或"地粮由买主完纳"。据此,有理由认为河州地方官推行改革使河州地区的土地买卖契约文书更加规范,这一举措有利于地方政府征收田赋,同时也使土地权属更加明确。

清代王全臣将河州地区"卖地不卖粮"习俗视为民间土地买卖过程中卖主对买主的"剥削"。实际上,一方面卖主逃避契税,另一方面买主拒绝承担受让土地负担的田赋,这一习俗背后是地方政府对河州社会控制不强、统计地亩和地粮不清的结果,而这种绝卖土地之习俗影响到

---

[57] 参见张传玺:《契约史买地券研究》,中华书局2008年版,第63页。
[58] (清)王全臣纂修:《河州志》卷二,康熙四十六年刻本。"律载:典买田宅不税契者,笞五十,契内田宅价钱一半入官;不过割者,一亩至五亩笞四十,每五亩加一等,罪止杖一百,其田入官等语。倘又不即税契,定是未曾过割,事发必当重惩。其治契典当田房,契载在十年以内者,仍照例不纳税;十年后原业无力回赎,听典主执契转典;若先典后买,按典买两契银实数科(课)税。"甘肃省临夏州档案馆编:《清河州契文汇编》,甘肃人民出版社1993年版,第270页。

后来土地典当和租佃。或许，主要原因在于，清代至民国前期，河州地区乃至甘肃其他地区均地粮不清，始终没有确切的统计和记录，而地粮种类不一，科则各殊，"其中以屯粮科则最重，每亩科粮六、七升至石余，与民粮每亩科粮四勺至四、五升者相差至巨。揆其原因，此项田赋原系归公之收益，嗣即定为赋税，数百年来，相沿未改，故其负担特重。亦有贫户急于卖地，买主因粮重不愿接受，遂至卖地而不卖粮，造成有粮无地、粮地分家之畸形现象。"[59] 从河州田赋之重来看，很大程度上与朝廷长期在该地区实施屯田制度有关，官方对地粮的规定长期相沿不改，以致土地买卖双方的权利义务长期失衡和赋税不清。

然而，河州地方"卖地不卖粮"习俗影响深远，直至民国时仍有体现，见于韩木洒卖地契约文书中，买卖双方约定"虽［随］地银粮照于请（清）册过单完纳上［仓］，不以［与］买主之事。"[60] 这一地方习惯的持续影响到民国"典""团"土地交易，由地主取讨完纳地粮，如民国二年（1913）河州佘氏和侯氏、民国十四年（1925）冯氏、民国二十年（1931）出典土地所立契约文书中"随地银粮地主取讨［掏］，上仓完纳，不管［关］典主之事"。[61]

寺田浩明认为"只要无论是谁耕种土地，国家都能够向他征收税利粮这一原则不动摇的话，有一种事后把握耕作者交替的制度，对于国家来说基本上也就足够了。"[62] 从短期来看，河州习惯"卖地不卖粮"对于国家征收赋税无明显影响，但从长期来看，实际土地所有权人经多

---

[59] 中国人民政治协商会议甘肃省委员会文史资料研究委员会编：《甘肃文史资料选辑》（第8辑），甘肃人民出版社1980年版，第209~210页。

[60] 《韩木洒出卖土地契文》，载临夏州档案馆编：《民国临夏契文汇编》，2013年临夏中学印刷本2013年版，第32页。

[61] 《佘康林立典土地契约》《侯魁哇出典土地契文》《冯环同孙出典土地契文》《陈世清立典土地契文》，载临夏州档案馆编：《民国临夏契文汇编》，临夏中学印刷本2013年版，第2~3、71、108~109页。

[62] ［日］寺田浩明：《权利与冤抑——清代听讼和民众的民事法秩序》，载［日］滋贺秀三等著，王亚新、梁治平编：《明清时期的民事审判与民间契约》，法律出版社1998年版，第199页。

次变更而额册登记信息未实时更新,容易导致赋税混乱,王氏改革后规范土地买卖契约文书内容,明确应当向官府验明印税,使民间土地权属获得具有法律效力的官方凭证,使契约文书成为辅助官方额册共同确定土地所有权属的重要凭证,有利于确定土地所有权人、解决土地所有权纠纷,更有利于国家征收赋税。"官方对于民间契约行为进行干预的最终指向,是要确保其对于土地产出可以征得税赋。明清官方在一定程度上试图借助民间买卖土地订立契约的习惯,来维护相对而言更为重要的——国家赋役制度的运行,并因此赋予契约习惯以国家正式制度的认可。"[63]

(二)"兑地不兑粮"

"河地裹延千里,率多阁阜,民犁龟背驼峰之间。"[64] 足以表明河州地区田地分布之状况,以致存在兑换土地的现象,但对兑换土地这一民事活动进行立契的行为较为晚近。[65] 河州民间兑换土地较为简单,央请中人说合,双方达成合意即订立兑换土地契约。兑换土地契约文书(以下简称"兑地契")内容与卖地契、典地契相似。

河州兑地契中对于纳粮义务的约定主要有三种:其一,明确约定"兑地不兑粮""银粮各自完纳",[66] 兑换土地的实质是土地归属和所有

---

〔63〕 王帅一:《明月清风:明清时代的人、契约与国家》,社会科学文献出版社 2018 年版,第 56~57 页。

〔64〕 《河州志》卷二。

〔65〕 笔者见到《清河州契文汇编》中最早一份兑地契为同治十二年(1873)兑换场院契。详见《胡升贵出兑场院契文》,载甘肃省临夏州档案馆编:《清河州契文汇编》,甘肃人民出版社 1993 年版,第 118 页。

〔66〕 明确约定"兑地不兑粮"的契约如:《蜡仪黑洋兑地约》,载甘肃省临夏州档案馆编:《清河州契文汇编》,甘肃人民出版社 1993 年版;《马忠清立兑土地契文》《刘青黎立对土地契文》《刘永清立兑土地契文》《梁美如出兑土地契文》,载临夏州档案馆:《民国临夏契文汇编》,临夏中学印刷本 2013 年版,第 69、116、139、234 页。《杨逢春兑地约》,载马忠明搜集,连贯整理:《宁定契约辑》,临夏回族自治州档案馆刊印 1990 年版,第 28 页。明确约定"兑地兑粮"的契约如:《马万龙出兑土地契文》《贾玉贤立兑土地契文》《贾玉润立兑土地契文》,载甘肃省临夏州档案馆编:《清河州契文汇编》,甘肃人民出版社 1993 年版,第 309~311 页;《马答哥兑庄窠等文约》《马殿元兑地约》,载马忠明搜集,连贯整理:《宁定契约辑》,临夏回族自治州档案馆刊印 1990 年版,第 25、28、30 页。

权人发生变化,但兑换土地对应向国家纳粮的义务人不变,这一约定导致官方田赋册登记的土地所有权人未实时更新,长年累月经多次兑换和交易,则不利于国家征收赋税。大多兑地契中仅明确出兑方及标的物信息,并未呈现承兑方及其标的物状况,因而不能仅凭"兑地不兑粮"这一项约定判断双方权利义务是否对等,也有可能是为了调整权利义务关系而作出的调整,但如果标的物价值相当,仍约定"兑地不兑粮",则对于出兑方明显不利,例如宁定杨逢春兄弟几人兑地契文,出兑人为了耕种便利以旱地两垧半兑换承兑人杨生春旱地两垧,标的物有半垧之差,因而约定"兑地不兑粮",即使出兑人与承兑人是胞兄弟的关系,也未能改变契约双方相对不平等关系,但也有可能因杨生春是门宦教主的特殊身份。[67]其二,部分兑地契中双方未约定银粮义务的承担,可能因兑换的标的物性质为部分宅基地,无纳粮义务。[68] 其三,契约中约定"地兑地,粮兑粮""银粮随地完纳",即银粮随地转移,[69] 虽然兑换的标的物价值参差,但对于相差的价值通过单独给付金钱的方式弥补差价。[70]

  河州地契中"卖地不卖粮"与"兑地不兑粮"的约定,其实质并

---

[67] 参见《杨逢春兑地约》,载马忠明搜集,连贯整理:《宁定契约辑》,临夏回族自治州档案馆刊印 1990 年版,第 28 页,杨生春为河州宁定北庄门宦支系小杨门教主,见《李伏元、年永昌息案央约》,载马忠明搜集,连贯整理:《宁定契约辑》,临夏回族自治州档案馆刊印 1990 年版,第 37 页,"立息事央约人李伏元、年永昌等,兹因两叠控案,羁押日久,央请陈才有、马热望伏、陈和清等转请教主杨生春从中当乡,小的等情愿遵处了结完案,并无怀疑情事,所立央约是实。""特别值得提出的是拱拜寺教主杨生春,从光绪三十三年(1907)到民国三十三年(1944)近四十年的契约中出现五十七次。其中入地(买、典、当)三十七次,出地三(卖、典、当)四次,其余为兑换、养者、息事或当中人、证人的。在契约中,或者说当时在广河川中,具有举足轻重的地位。"

[68] 例如《董氽冬立兑地契文》《马成顺立兑土地契文》《马氽全兑地契文》《马五十九立兑田产土地契文》,载临夏州档案馆编:《民国临夏契文汇编》,临夏中学印刷本2013 年版,第 58 页、第 167 页、第 238 页、第 253 页。

[69] 参见《马双喜立对约契文》,载临夏州档案馆编:《民国临夏契文汇编》,临夏中学印刷本 2013 年版,第 225 页。

[70] 例如《马旺盛立兑换土地契文》《王官卜扎希立兑土地契文》,载临夏州档案馆编:《民国临夏契文汇编》,临夏中学印刷本 2013 年版,第 174 页。

非保留土地所有权的买卖、兑换，该特别约定不影响所有权人行使土地所有权，但因交易土地涉及向国家纳粮义务的承担，对纳粮的特别约定并非针对卖方或出兑方，其根本上针对的是个人与国家间的纳粮关系。河州社会长期认可"卖地不卖粮"与"兑地不兑粮"之习惯，一方面，可能为了调整标的物本身存在的瑕疵；另一方面，兑换标的物应承担的税粮义务不完全对等，因此保留官方登记的所有权人，是一种保留地粮义务的物权交换形式，交易双方未约定办理过割事宜，导致名义上的土地所有权并不完全转移和更改，实际所有权人和登记所有权相分离，也表明国家对河州地区地权的控制力度不强。

河州"下籽为率"之地方习惯，虽经官方多次清丈土地，但自嘉庆二十四年（1819）至新中国成立前夕地契中仍以下籽量计量土地，"卖地不卖粮"之习惯经清康熙年间王全臣清理赋税后才基本革除。"下籽为率"的计粮方式虽不准确，但未实质影响国家层面田赋的征收和统计，民间层面不影响买卖双方的权利义务。至于"卖地不卖粮"习俗之革除，则因该习俗不仅不利于国家赋税的征收，而且买方经卖方之转手会间接承担可能并不准确的纳粮义务，这对买方极为不公平。

四、制度框架内的地方规则

由于国家政权在河州地区的治理模式不同，地方行政系统的基层组织单位多次变革，因而田赋科则亦不同。契约文书所体现的计粮和纳粮习惯长期相沿未改，正因河州地方多元化的权力结构，国家权力未完全渗入河州社会，以致田地和赋税未经彻底清理。明朝时河州卫兼掌军政、河州土司管四乡"番民"，[71] 屯田和土司辖地纳粮均与地方官行

---

[71] 明初河州卫兼掌军政，设官管辖西番各族，先后有14个千户所，7个百户所，2个汉番军民百户所。洪武年间千户所8，百户所7，设河州辖两县。成化九年（1473年），划45里为河州政区，十年河州（治四十五里，隶临洮府），卫仍军民都指挥使司，控制番夷，嘉靖五年削为31里；何土司原管区域散出四乡，东乡何闫家、南乡马家庄、西乡沈家河、北乡黑城堡、何家堡等；韩土司原职管辖西乡韩家集那古庄也马厂、南岔、营滩、思马、加仓、木环等庄并普刚、永乐二寺。王土司，管理西乡乩藏族。

政系统的里民不同。清初承袭明制,至清中期改府县或并入州县,河州土司亦渐衰落直至被废除,行政系统内管辖范围、田地、人口和赋税相应增加。[72] 但综合基层组织单位之历次沿革,因地方行政系统内采用过里甲、会社、保甲等基层组织单位,里长、乡约、联保主任、门宦教主等角色直接或间接发挥调整土地秩序的作用。[73] 自王全臣丈量地亩、按地均粮之外,田赋自明清至国民党统治时期的数百年间,不曾切实整理过。[74] 地方官征收田赋所依据的红册,数百年相沿未改。[75]

---

[72] 参见顾诚:《卫所制度在清代的变革》,载《北京师范大学学报》1988 年第 2 期。笔者对比河州地方志的统计结果,亦显示清康熙四十六年(1708)时河州地区的民地面积比明嘉靖年间的官地、民地和屯地总和多出约 312 012 亩,除了换算误差及不断开垦的新地,可见在雍正年并卫入州之前河州地区的耕地面积已有所增加。至于土司所辖"番族",除撒喇族外,其余均在河州二十四关内,与流民杂处,至于其"番地"面积已无从考证,但雍正年改土归流后为国家纳粮当差,成为国家编户系统中的一部分。

[73] "门宦制度是中国穆斯林特有的组织,阿拉伯和波斯都没有'门宦'这个词,更没有门宦制度。苏菲派各教团的首领是具有宗教权力的,这种权力表现在创始人和领导人始终被尊为圣徒,受到极大的尊重,这一点不论教团还是门宦都是一致的,而这一点正是构成门宦特权的重要方面。"详见马通:《中国伊斯兰教派与门宦制度史略》,宁夏人民出版社 2000 年版,第 75 页。中国西北,大体上有三大派别、四大苏菲教团及其 40 多门宦支系。参见马通:《中国西北伊斯兰教的基本特征》,宁夏人民出版社 2000 年版,第 7 页。

[74] "元明以来土司甚多,各据土地,流官所辖地段不过全境十分之三四,仍苦田赋不清,弊由里长书手。清康熙时知河州事王全臣彻底清丈,编定黄册,沿用至今。"详见王诏撰:《和政县志》卷三,民国二十九年手抄本。

[75] 参见党家驹:《从清末到国民党统治时期甘肃田赋概况》,载中国人民政治协商会议甘肃省委员会文史资料研究委员会编:《甘肃文史资料选辑》(第 4 辑),甘肃人民出版社 1987 年版,第 209 页。

表2：河州地方制度沿革及土地状况统计表[76]

时间	制度		范围	民地
清朝	里甲→会社	清初里甲，清康熙四十六年（1707），王全臣清丈土地，废里甲改行会社。清雍正四年（1726）并卫入州。因乾隆四十六年（1781）反清事变，会社制被改为乡约制。	东、南、西、北4乡109会486社。	共下籽约91 685石[77]，约1 014 678亩，分上、中、下、下下地，均以"下籽"多少（石、斗、升）计。
清朝	土司（中马番族）	（康熙四十四年）（1705）中马番族十九族	及河州四乡	不可考
民国	会社→保甲	民国十八年（1929）废会社，民国二十三年（1934）区、村、闾邻制废除，设7乡2镇。	频繁变动	民国二十年（1931），原额并新垦民地1667顷72亩3分1厘，每亩起科不等。

虽然河州地方习惯以下籽量为计粮和纳粮的标准，但清代户部则例统计数据显示该地区田额以"亩"计，而"番地"（藏族地区）以

---

[76] 表1由笔者据明嘉靖《河州志》、康熙四十六年《河州志》、民国《续修导河县志》、新中国成立后《临夏回族自治州州志》建置部分整理。

[77] 官方1石约为河州地区流行的市斗3.57斗有余，1市斗可播种平均3.1亩土地，参见武沐、王敬伟：《清代河州契文中的土地买卖》，载《西北师大学报（社会科学版）》2008年第4期。笔者参考上述研究成果将河州四乡民地按照这一标准换算为亩，91 685石约为1 014 678亩，比明嘉靖年间《河州志》中的官地、屯地和里甲民地总和702 666亩多出312 012亩。

"段"计。[78] 此外，值得关注同治、光绪年间西北回民反清事变，对河州地区人地关系、钱粮缴纳义务人与地方田赋的影响。虽然地方官在事变平复后组织清丈地亩并分配荒地，但家族、乡约、乡老等自行组织调整土地权属、计粮和纳粮义务的案例亦不少。

其一，家族内部分配家族所有的土地，虽未改变土地属家族所有的性质，但纳粮义务由实际耕种者承担。第一种情况涉及寺院、宗教人士的契文约定土地所有权属及纳粮义务的承担。清康熙时地方官员王全臣的分析以及甘肃全省调查民事习惯问题报告指出，河州地区出家为僧之人与其他同辈男性均分田产，而僧人将一直以来纳粮的田产带入寺院后不向国家纳粮，至于僧人自置的田产亦归寺院所有。[79] 王全臣极力清查，并规定僧人带入寺内的田产须注册纳粮，禁止僧人所属宗族"帮中"。[80] 但清光绪十四年（1888）一份家庭分单契与上述习惯不相符，对于家族中划出作为"僧业"的土地，在契文中约定"日后哪家有僧

---

[78] 参见党家驹：《从清末到国民党统治时期甘肃田赋概况》，载中国人民政治协商会议甘肃省委员会文史资料研究委员会编：《甘肃文史资料选辑》（第4辑），甘肃人民出版社1987年版，第208页。

[79] "更可异者，河州喇嘛最多，寺庙最盛。族大之家必有佛寺，寺中喇嘛尽属洪化、马营二寺管辖，名为下院，派中马匹。此犹曰以类聚也。乃河俗生有二子，必将一子披剃为喇嘛。其父置田产一概均分。以自来纳粮之民产与为僧之子带入寺内，名为香田，止供鸿化、马营二寺之差，而正供钱粮不纳分粒。"（清）龚景瀚编，（清）李本源校：《循化厅志》，崔永江校注，青海人民出版社2016年版，第121~123页。"僧尼得置买产业否（所谓僧尼产业者指僧尼以自己名义置买产业而言与寺庵产业有别。按甘肃番回杂处，民俗信佛丛林繁盛，披剃入山者颇多，其产业虽檀越施之，住持主之，徒众传之，然名义仍归寺庵僧尼不与，其或自出私财置买产业亦以寺庵之名名之，不得据为己有，其大较也，然得以自己名义置产者，十数州县用列如下：河州……"《甘肃全省调查民事习惯问题报告册》，载中国西北文献丛书编辑委员会编：《中国西北文献丛书·西北民俗文献》（第4卷），兰州古籍书店1990年版，第5页。

[80] "凡喇嘛带入寺内民产，尽行注册纳粮，饬令诸寺中喇嘛，仍隶鸿化、马营二寺管辖，存彼下院之名。其宗族禁勿帮中，香钱禁勿布施，使后此不得藉端隐占。"（清）龚景瀚编，（清）李本源校：《循化厅志》，崔永红校注，青海人民出版社2016年版，第123页。

地业，随僧作主。"[81] 即僧业土地所有权仍归家族所有，当家族中再出僧人时以该僧地为业，而非该僧所有或该僧所属的寺庙所有，可见僧尼田地继承由家族内部约定由有僧人身份的人承继。[82]第二种情况，教民去世或财产无人继承，以及自愿将土地捐赠给清真寺（外格夫）。[83]第三种情况，对于战乱中已俱亡的家庭遗留的土地，由家族内部通过协商调节的方式重新分配土地权属、明确相应的纳粮义务，明确约定"钱粮随地亩数应纳"。[84]

其二，通过乡约、乡老等人调整。历清乾隆四十六年（1781）、同治年间（1862-1875）、光绪二十年（1894）、民国十七年（1928）等几次事变，每次收抚后地方官清查地亩，[85] 但据息事契约，每次变乱后因土地争执的民事纠纷较多，而地方社会存在自行调整土地权属并以立契方式予以确认的情况。[86] 原因在于争地纠纷"经控在案，蒙讯几堂

---

〔81〕《鲁丕珍立字据契文》，载甘肃省临夏州档案馆编：《清河州契文汇编》，甘肃人民出版社1993年版，第363页。

〔82〕"僧尼财产归何人承受：按置产之权，既异承受之法，亦殊综其大凡厥类惟五有，归徒众承受者，有归寺庵承受者，有僧，有室家归子孙承受者，有以僧尼遗嘱定承受者，有，有没后尽付争利或施予贫民不定何人承受者，以上五类僧尼财产承受之事尽之矣。"《甘肃全省调查民事习惯问题报告册》，载中国西北文献丛书编辑委员会编：《中国西北文献丛书·西北民俗文献》（第4卷），兰州古籍书店1990年版，第7页。

〔83〕 如咸丰十一年（1861）八月所立《三甲集大寺碑文》中约定民众向清真寺捐赠土地契约，参见本书编纂委员会编：《广河县志》，兰州大学出版社1995年版，第674页。中国科学院民族研究所青海少数民族社会历史调查组编：《青海回族调查资料汇集（回族资料之二）》，1964年版，第7页。

〔84〕 例如，《郭荣山家族分关契文》《马古巴你立家产字据》《陈光伏等立字据契文》，载甘肃省临夏州档案馆编：《清河州契文汇编》，甘肃人民出版社1993年版，第357~358、359~360页。

〔85〕《奉宪刊发易知由单》，宣统三年，其上填写"额征本色仓斗青稞二石九斗三升八合""河州自收抚后，清查过四乡地亩，并陆续招荒地及彼此推送过割。各地亩每岁应纳银粮，按照征册载明数目逐户填发由单，以凭收执，而杜隐患。"载甘肃省临夏州档案馆编：《清河州契文汇编》，甘肃人民出版社1993年版，第414页。

〔86〕 参见《陈光伏等立字据契文》，载甘肃省临夏州档案馆编：《清河州契文汇编》，甘肃人民出版社1993年版，第359~360页。

未得结伴",寥寥两句表明当时河州地方官员在解决民间的土地权属纠纷方面的失序状态,而该纠纷双方属不同民族(回族和汉族),以致不得不邀请回族乡约和汉族乡约共同调处纠纷、分配荒地权属,明确双方的权利和义务,并以立字据的方式存证。[87]

对于无故荒芜应当纳粮的田地,清代律例规定,"凡里长部内已入籍纳粮当差田地,无故荒芜及应课种桑麻之类而不种者,俱以十分为率,一分笞二十,每一分加一等,罪止杖八十。县官各减二等,长官为首,佐职为从。人户亦计荒芜田地,及不种桑麻之类,以五分为率,一分笞二十,每一分加一等,追征合纳税粮还官。"[88] 可见,国家法层面对于无故荒芜应当纳粮田地的行为以刑事处罚加以规制,但河州地方社会,自康熙四十六年(1707)知州王全臣改里甲制度为会社制,至光绪年间已实行乡约制,上述契文内容表明官方解决纠纷不力,而且亦未清查应当纳粮的荒地和给予当事人刑事处罚,正因地方官"蒙讯几堂未得结伴",当事人不得不依靠乡约从中调节处理。

针对"有粮无地拖累钱粮事"及无人要地认粮的情形,由自愿认荒地粮者承担(如下契文):

---

[87] 参见《王双喜等立息事合文》,载甘肃省临夏州档案馆编:《清河州契文汇编》,甘肃人民出版社1993年版,第377页。该息事合同全文如下:"立写息事合同字据人王双喜、王龙成、王根成,因为本年春间,马存德等在于王家沟押占山荒,身背阻挡不听,经控在案,蒙讯几堂未得结伴。今有回约马存义、汉约张庭玉等,约集两造从中调处,议完头一道嘴上之荒,由山根与身等丢给地三台,下余之荒均归马存德等为业;第二道嘴之荒,两半均分,下半截归于身等看守,上半截归于马存德等为业;第三道嘴之荒内,由山根与身等丢给地五台,下余之荒归于马存德等为业所有,身王姓庄窠亦归马存德为业,第四道嘴之荒两半均分,下半截归于身等看守,上半截归于马存德等为业;再有河哇嘴并一应归于身等以作神路,出入通行,马存德等并不阻滞。所有坟莹马存德等照旧与身等丢给,出入通行,只准马存德等由沟底吃水,不准走车。自此以后,身等在于沟内牧放牛马,若有失差,有乡约马存义、张廷玉作保。均已遵讲,永久不反悔,马存德等与身等拉羊一对面和了息。恐后无凭,立写合同字据存证。息事中人回约马存义、汉约张庭玉,光绪三十三年七月初二日,立此合同字据人王龙成、王双喜、王根成,代书人李炯烈押。"

[88] 《大清律例》卷九《户律·田宅》。

"……为有粮无地拖累钱粮事。自同治□□……大事变乱收抚以后，王局官老爷均粮查地以（已）到此地，自家庄将刀地各占各业，各（忍）认各粮。□□……阴凹山荒地黑□林示无人忍（认）粮。今将庄村人等无人忍（认）粮者，……等弟兄四人，每人名下各忍（认）荒粮叁斗有余。关永林等请村庄杀羊请茶，将粮地均分两半，无人要地忍（认）粮、至今有粮无地（者），关永林等同首绅老人等将地查明，共踏荒地大旁干立路、黑湾地、西潘冷（塄）、毛家查牌凹、毛家凹、红豁字八处，共地壹拾贰石捌斗。关永林等或者典卖安（他）人，自行方便作主，于（与）村庄人等无干。……光绪拾肆年贰月拾捌日……"[89]

至民国十七八年（1928、1929）变乱后，再次因土地权属出现大量民事纠纷，但不同于清中后期由地方乡老、乡约、家族内部调整土地权属问题，民国时期的司法处理之土地纠纷民事案件较多。[90] 至于新旧政权交替时，甘肃省国税厅的一份印据说明民间契文未得官方认证其效力而受到质疑。[91] 至民国三十七年（1948），民间契文的法律效力认定问题仍存在，一份法院公证处公证意见表明"核验原约内容尚属相符，

---

[89] 《关得成等立字据契文》，载甘肃省临夏州档案馆编：《清河州契文汇编》，甘肃人民出版社1993年版，第362页。

[90] 参见王树民：《河州日记》，载中国人民政治协商会议甘肃省临夏回族自治州委员会文史资料委员会编：《临夏文史资料选辑》（第5辑），1989年版，第153~154页，"目前县（和政县）内有一特别棘手之民事纠纷，即土地争执问题。十七八年间变乱后，汉民流落于他乡者，其田地多为回民所占耕，汉民来上庄时即成争执，今司法处承理之民事案件，此类约占十分之七，生产自受其一定影响。又放荒或隐匿之田地亦甚多，计十七年以前县境内之耕地为四万零二百亩，今只民荒即达一万八千三百二十亩，故至今生产未能恢复故观。"

[91] "照得前换税契，当时新印未颁，而饷需甚急，不得不用藩司旧印。虽章程声明再不换契，各情。民犹疑之，特发本厅新印一据，仍填原有价值地址、号数，贴于旧印契尾之后，以坚信守此据。"临夏州档案馆编：《民国临夏契文汇编》，临夏中学印刷本2013年版，第5页。

应予照准。"可见,契文法律效力之认定依据契约内容是否属实,而非以经官方认证或缴纳契税为标准。[92]

结论

近代河州地区"卖地不卖粮"之习惯明显违反《大清律例》关于买卖田宅和纳粮义务的规定,经清康熙时地方官改革被废除。至于"下籽为率"的计粮习惯既不同于其他地区"照亩起科"或"照粮起科",亦违反民国政府颁布的土地法和例则,虽经地方官多次清丈地亩,但不为河州地方社会长期普遍适用。历经官方多次清丈土地,逐渐从下籽数量精确到具体面积,显示了国家权力通过对河州地方计粮规则的规范而不断深入河州基层社会。但近代以来以"下籽为率"之计算土地方式的地契为大宗,1940年仍出现在土地契约文书中,与《中华民国土地法》及例则之规定不符,表明国家法在河州这一多元民族社会频繁失序,反映了国家权威的有限性。

近代以来河州地区地契之内容、形制与其他地区无显著差异,其多族群的、多宗教的特点不十分明显,反映了河州地区的不同族群、不同信仰群体对当时契约文书背后主流社会文化的适应,但契文中仍可窥见"下籽为率"和"卖地不卖粮"之地方习惯。河州长期地处皇朝统治的边缘地带,清中后期回民反清事变发生前,中央或国家的力量并未完全渗入河州基层社会。总体来看,近代河州民间社会土地交易过程中,国家法长期处于相对弱势的地位,而地方习惯则在土地交易过程中被长期适用。

---

〔92〕 参见《认证书》,载临夏州档案馆编:《民国临夏契文汇编》,临夏中学印刷本2013年版,第275页。

清代地方司法中的审理权转移现象研究

王哲通[*]

绪论

(一) 背景：清中后期普遍存在的司法资源短缺问题

张世明在《法律、资源与时空建构：1644-1945 年的中国》一书中提出："随着人口增加，权威性资源和配置性资源的紧缺是造成清中后期法律纠纷以及由此引起的京控案件增多的根本原因。"[1]

清代长期形成的逐级审转复核制及逐级上诉制度之下，大量案件需要经由司、府一级进行处理，这一以审转和上控为主要诉讼流转程序的制度设计曾在维持地方社会稳定上取得了相当成果。但在如上所述的时代背景之下，这套制度已经无法顺畅运行。各省都普遍存在积案问题，地方司法资源的重新分配已经迫在眉睫。

笔者以为，这一时期地方司法文献中大量存在的以"委员审理"为代表的审理权转移现象，就是对这一问题的回应。本文拟通过对审理权转移这一现象的分析，梳理清代地方解决司法资源紧缺问题的实践，并对其实际作用和影响加以探究。

(二) 学术回顾和文献综述

与审理权转移现象相关的研究主要分为两部分，首先是发审局相关研究，其中以李贵连、胡震《清代发审局研究》和张世明、冯永明

---

[*] 作者系中国政法大学刑事司法学院本科生。

[1] 张世明：《法律、资源与时空建构：1644—1945 年的中国》(第 4 卷)，广东人民出版社 2012 年版，第 435 页。

《"包世臣正义"的成本：晚清发审局的法律经济学考察》两篇文章为代表，对发审局这一机关的产生背景及其组成、在清代司法制度中的职能及作用进行了研究；另一部分主要以委审为中心进行研究，包括刘洋洋《清代委审研究》、江兆涛《清代委员会审研究》等文章；除此之外对委审以及发审局的叙述也散见于一些有关清代基层审判制度或清代审级的研究中，包括郑秦《清代州县审判程序概述》、赵晓华《晚清讼狱制度的社会考察》等。

郑秦在《清代司法审判制度研究》和《清代州县审判程序概述》中将"委员代审"或"委审"定义为省一级审判的预审。而赵晓华《晚清讼狱制度的社会考察》中将谳局定位为地方专门审理上控、京控案件的机构。在发审局相关研究文献中，也主要立足于发审局这一机构，对其产生背景、组成及运作方式等进行论述，主要围绕上控、京控案件的处理展开，对于更广泛意义上的审理权转移现象虽有提及，但并未进行深入探讨。

以委审或委员会审为研究对象的相关文献对于"委审""委员会审""委查"等概念做了辨析，但对各个概念本质的研究仍显不足，对委员审理的具体形式分类、以及不同类型在审判程序中的地位仍有较大研究空间。江兆涛《清代委员会审研究》一文中对《樊山政书》中涉及"委员会审"的案例做了梳理，《清代委审研究》中也利用了《刑案汇览》《樊山政书》以及其他史料中的相关案例。另外在康建胜《〈樊山政书〉研究——以法制变革中的司法实践为中心》中，对司控案件的审理模式也有涉及，对委员复审及发审局审理等处理模式进行了分析。

（三）本文的研究方法与方向

本文主要采取实证研究的方法。一方面，以《大清律例》《清会典事例》等法律文本为核心，研究审理权转移现象的法律依据，并在此基础上探讨这一现象的源流。另一方面，结合《驳案汇编》《樊山政书》等书中的具体案例，分析审理权转移现象的现实运作。

本文的研究方向是通过对"审理权转移"这一概念进行界定和分析，探讨清代中后期的审理权转移现象对解决地方司法资源短缺问题的作用与影响。

一、审理权转移的法律依据

审理权转移相关律文主要集中在《大清律例》，同时《清会典事例》《六部处分则例》等文献中也有记录。

《大清律例》乾隆十五年（1750）定例："凡审理案件，除事涉两邑，或案情重大，发审之初即委员会审者，仍令会同审详外，其因承审错误，另委别官审理者，专责委员虚心质讯，毋庸原问官会审。"[2] 薛允升注："此于承审之外，又分别会审、委审言之也。"[3]

对比之下，发审案件，因事涉两邑或案情重大，可由上级委员会同州县审理。原州县承审错误的案件，可另委别官单独审理。

《大清律例》乾隆二十七年（1762）定例："命盗案件，经该督抚臬司驳审，除案情重大，须该知府赴省审理，或系委派会审，仍听该督抚随时酌量办理。"[4] 可见，督抚委派会审的案件，委员事实上仍由督抚"遥控"。

《清会典事例》乾隆四十九年（1784）定例："各省民间词讼，经州县审断不公，复赴上司衙门控告者，各省督抚亦应令原审之州县回避，或亲提严鞫，或派员会办，方足以昭雪民冤。"[5]

《大清律例》道光十二年（1832）修并例[6]："间有户婚、田土案件，头绪纷繁，必须酌派妥员代为查审者，于结案时，仍由该司道等官覆勘定拟具详，不得仅委属员承审外，其余上控之件，讯系原问各官业

---

[2]《大清律例·刑律·断狱》"辩明冤枉"条附例。

[3]（清）薛允升：《读例存疑》卷四十九《刑律断狱下》，光绪三十一年京师刊本，第15页。

[4]《大清律例·刑律·断狱》"辩明冤枉"条附例。

[5]《清会典事例》卷一百二十二《吏部·处分例·外省承审事件》，转引自李贵连：《1902：中国法的转型》，广西师范大学出版社2018年版，第173页。

[6]《读例存疑》薛允升注："此例原系三条，一系乾隆五十一年陕西巡抚永保奏准定例，一系乾隆三十五年钦奉上谕著为定例，一系乾隆二十九年山西道御史吴绶绍奏准定例。乾隆五十六年将后二例修并为一，道光十二年复与前条修并。"

经定案,或案虽未定,而有抑勒画供,滥行羁押,及延不讯结,并书役诈赃舞弊情事。如在督抚处具控,即发交司道审办。或距省较远,即发交该管守巡道审办。如在司道处具控,即分别发交本属知府,或邻近府州县审办。如在府州处具控,即由该府州亲提审办。概不准复交原问官,并会同原问官办理。审明后,按其罪名,系例应招解者,仍照旧招解。系例不招解者,即由委审之员详结。其有委审之后,复经上控者,即令各上司衙门亲提研鞫,不得复行委审。"[7]

上控至司道的户婚、田土案件,因案件复杂,司道可委员代为查审;上控至不同审级的案件,按照律文应当有不同处置;委审之后复上控者,应当由各上司衙门亲提,而不得再次委审。值得注意的是,《读例存疑》该定例后薛允升注中说明:"从前此等案件,颇为认真,条奏者亦复不少,近则绝无人议及,而定例亦视为具文矣。"[8]

二、审理权转移概念的界定

以上所引各条定例时间上颇为集中,可见至迟于乾隆年间,委员审理现象已经相当普遍了。李贵连在《1902:中国法的转型》中提出,康乾盛世所产生的人口膨胀,导致社会矛盾尖锐,各类案件大量增加,京控、上控案件剧增,州县对案件拖延不结,"积压小案而酿成大狱",逐级审转复核制陷入了困境。[9]

在这一背景下,审理权转移成为不突破审转复核制而缓解积案压力的可行方法。

郑秦在《清代州县审判程序概述》中,将委审案件定义为"受上司委派复审其他州县的案件"[10]。而那思陆《清代州县衙门审判制度》

---

[7]《大清律例·刑律·断狱》"辩明冤枉"条附例。
[8](清)薛允升:《读例存疑》卷四十九《刑律断狱下》,光绪三十一年京师刊本,第18页。
[9]参见李贵连:《1902:中国法的转型》,广西师范大学出版社2018年版,第172页。
[10]郑秦:《清代法律制度研究》,中国政法大学出版社2000年版,第123页。

中也提到"（审转案件）司府驳结时，情节重大者得发回人犯重审或委员重审"[11]。"（刑事案件）民人上控，如为越诉，上司衙门常发回原州县审判，谓之发审。如非越诉，上司衙门亦有时不自行审判而另委他州县审判，谓之委审。"[12]

另一方面，清末各省地方政府设立的专门性司法机构发审局，由专人审理审转案件以及京控、上控案件。郑秦先生将发审局的复审定义为省级审判的预审。而赵晓华老师的《晚清讼狱制度的社会考察》中将发审局定位为地方专门审理上控、京控案件的机构。[13] 郑秦先生还提到州县"临时委员代审"的现象。道光二年（1822）御史程繘采上奏中说："各省首县积习专以伺候奔走为能，署中多请委员帮办案件，遇案则先为授意，并不自行审理。该委员以非本任之事，兼无承缉之责，即讯有端倪，因瞻顾首县考成，不肯认真推究。"[14] 知县并不亲理案件，而是委员代审。

"委员"，即委派之员，其人是在首邑候补实缺的道、府、州、县衔的官员。在《清代司法审判制度研究》中，郑秦先生对这一现象做出如此解释，他认为督抚、臬司常把一些疑难案件发交省城所在的首府、首县重审，一些州县官为了规避责任也常主动将案件申请提省办理，结果也落到首府、首县。于是首府、首县负担太大，只得请"委员"帮办代审。督抚也聘请委员代审，并且组织了"发审局"的机构。[15]

综上所述，我们不难发现，在清中后期地方司法体系中，委员审理案件已经不是一种临时性的制度，而是常态化的、普遍存在的了。上到

---

[11] 那思陆：《清代州县衙门审判制度》，范忠信、尤陈俊堪校，中国政法大学出版社2006年版，第147页。

[12] 那思陆：《清代州县衙门审判制度》，范忠信、尤陈俊堪校，中国政法大学出版社2006年版，第74页。

[13] 参见赵晓华：《晚清讼狱制度的社会考察》，中国人民大学出版社2001年版，第210~211页。

[14] 《朱批秦折》，《内政·职官》三百六十六号，转引自郑秦：《清代司法审判制度研究》，湖南教育出版社1988年版，第48页。

[15] 参见郑秦：《清代司法审判制度研究》，湖南教育出版社1988年版，第48页。

京控案件、上控案件的审理，下到州县自理案件的审理，"委员"的身影无处不在。

本由督抚臬司乃至府道处理的案件，通过候补官员、其他州县的实职官员以及发审局为主体的委员对案件进行审理。显而易见的是，这些不同性质、不同层次的案件，其所涉及的"委员"审理可能无论从内容上，还是程序上，都有着巨大的差别。诸如"委审""委员代审"这样的词语一方面作为习惯用语，其使用范围有局限，无法囊括所有相关现象；另一方面也无法准确揭示此类现象的实质，仅停留在表面。笔者以为，以上诸多现象，其实质都是案件审理权的转移，本文所指的审理权转移，是指在清末地方各级司法实践中，存在的由上级委任实职或候补官员，针对某一特定案件进行审理的现象。

三、审理权转移的具体形式

具体而言，审理权转移可分为审级内部的审理权转移和审级间的审理权转移，这一分类的基础是审级制度。是否跨越审级，决定了不同的审理权转移现象的不同特征。

根据案件不同的程序特征，审级间的审理权转移又可大致分为刑事案件、民事案件中的审理权转移。其中民事案件的审理权转移主要由上控启动，而刑事案件中，轻微刑事案件主要由上控启动，徒以上刑事案件既可以通过审转启动，也可通过上控启动。此外，传统法律制度中的"重刑轻民""息讼宁人"的价值取向也间接导致了此二类案件在司法实践中的不同处理路径。

（一）审级内的审理权转移——州县自理词讼审理权的转移

"万事胚胎，皆由州县"，[16] 州县作为第一审级，在所有案件的审理过程中都起着重要作用，因此其面临的案件压力也是巨大的。

---

[16]（清）王又槐：《办案要略·论详案》，载郭成伟主编：《官箴书点评与官箴文化研究》，中国法制出版社 2000 年版，第 159 页，转引自张可：《清代审级制度研究》，中国政法大学 2011 年博士学位论文。

清代地方司法中的审理权转移现象研究

关于州县词讼,包世臣定义为:"其自理民词,枷杖以下,一切户婚、田土、钱债、斗殴细故,名为词讼。"[17] 而"户婚、田土及笞杖轻罪由州县完结,例称自理。"[18] 郑秦在《清代司法审判制度研究》中认为,州县自理案件就是州县全权管辖,可以作出发生法律效力判决的那部分案件。[19]

虽然《清会典》规定"官非正印者,不得受民词"[20],但州县自理词讼数量巨大,而州县长官又有诸多职责,对于这类案件往往不便亲自审理,而是全权由委员审理,这种现象在首县中尤为突出。

樊增祥在"批长安县民任益谦呈词"中,称"本司在首县时或有委断不公,每求亲讯,从无到司越诉者"[21]。可见当时首县审理案件中,委员审理已经相当普遍了。樊增祥"批咸宁县刘令自理词讼月报清册"及"批咸长两县词讼册"中,对自理词讼的委员审理作出评判,如"以后再有此等谬断,定行查取委员职名记过停委不贷"[22] 或"委讯各案均极为公平"[23]。在对词讼案件控词的批复中,也常有"仰某令覆集亲讯"字样。可见委员审理案件的权限很大,不须经过县令便可断结。只有在当事人对判决不满时,县令才可能亲讯。

其他州县的自理词讼中也存在审理权转移,如四川南部县"将附近之永丰、富义、宣化、安仁等乡分拨管辖,除命盗重案仍归县审办外,

---

[17] (清)包世臣:《齐民四术》,潘竟翰点校,中华书局2001年版,第251页。
[18] 《清史稿·刑法志》。
[19] 参见郑秦:《清代司法审判制度研究》,湖南教育出版社1988年版,第206页。
[20] 《嘉庆会典》卷四十二《刑部二》,张岱年主编:《大清五朝会典》(第13册),线装书局2006年版,第510页,转引自傅林祥:《清代州县佐杂官司法审理权探析》,载《史学月刊》2019年第9期。
[21] (清)樊增祥撰:《樊山政书》,那思陆、孙家红点校,中华书局2007年版,第18页。
[22] (清)樊增祥撰:《樊山政书》,那思陆、孙家红点校,中华书局2007年版,第145~146页。
[23] (清)樊增祥撰:《樊山政书》,那思陆、孙家红点校,中华书局2007年版,第377页。

其逃盗、奸匪、赌博、斗殴、私宰等事,俱听该县丞就近稽察办理。"[24]

自理词讼中,代替州县长官行使审理权的主体主要是州县佐杂官。"印官事冗,小窃案件有不能不发佐贰代讯之势"[25],有学者认为:"由于实际政务运作、地方控制的需要,或由上司、正印官批委,某个同城佐贰临时拥有审理某些轻微案件的权力;或由朝廷批准,某个分防佐杂长期拥有除命盗重案以外的司法审理权。也就是说,部分州县佐杂官缺在一定条件下可以拥有除命盗重案以外的不完整的司法审理权。"[26]

"事莫繁于首县,尤莫繁于藩司。"[27] 出于距离、时间上的考虑,司道的审转、上控案件往往交由首县承审,首县面临着比其他州县更大的案件压力。自理词讼审理权的转移使得县令有更多精力处理上级发审案件。

(二)审级间的审理权转移

1. 刑事案件中的审理权转移

除了可由州县自行审理完结的轻微刑事或治安案件,应当判处徒刑以上的刑事案件,都应由州县进行初审。并经府、司、督抚复审,徒刑案件可以由督抚作出有法律效力的决定,死刑案件还应向皇帝具题。

审转案件中的审理权转移,既可以是下级禀请进行委员审理而启动,也可因审转或案件当事人上控而由上级依职权而启动。

因下级禀请而启动的委员审理,通常是在审理案件过程中,因案情重大或嫌疑人翻供,州县或府出于转移风险或避嫌的考虑,向上级禀请

---

[24] 《四川总督阿尔泰奏请将西河口盛家池盐大使裁汰事》,乾隆三十二年八月二十二日,档号:03-0122-043,中国第一历史档案馆藏,转引自傅林祥:《清代州县佐杂官司法审理权探析》,载《史学月刊》2019年第9期。

[25] (清)汪辉祖:《学治臆说》,载(清)张廷骧辑:《入幕须知五种》,第379页,转引自那思陆:《清代州县衙门审判制度》,范忠信、尤陈俊勘校,中国政法大学出版社2006年版,第17页。

[26] 傅林祥:《清代州县佐杂官司法审理权探析》,载《史学月刊》2019年第9期。

[27] (清)樊增祥撰:《樊山政书》,那思陆、孙家红点校,中华书局2007年版,第441页。

委员审理。薛允升引《六部处分则例》:"各省知府,遇有呈控人命重情,不为申理,迨奉上司批委提讯,又不速行审结,自奉批之日起,无故迟延半年以上者,即将该府降三级调用。"[28] 可见,此类现象并非偶然,已经上升到了需要法律规制的程度。《驳案汇编》中亦有"提讯朱老五等亦各翻供。顾署令以案关抢夺杀人,生死出入攸系,详请委员会审"[29]。

上级在复审案件过程中发现疑点或案件当事人上控,可以由上级依职权启动委员审理。郑秦《清代司法审判制度研究》:"(臬司)如发现案有疏漏、供证不符就会对州县进行驳斥,或发回重审,或发首县或调他县更审。"[30] 前引乾隆二十七年定例:"命盗案件,经该督抚臬司驳审,除案情重大,须该知府赴省审理,或系委派会审,仍听该督抚随时酌量办理。"[31] 从侧面说明这一现象也存在于督抚一级。

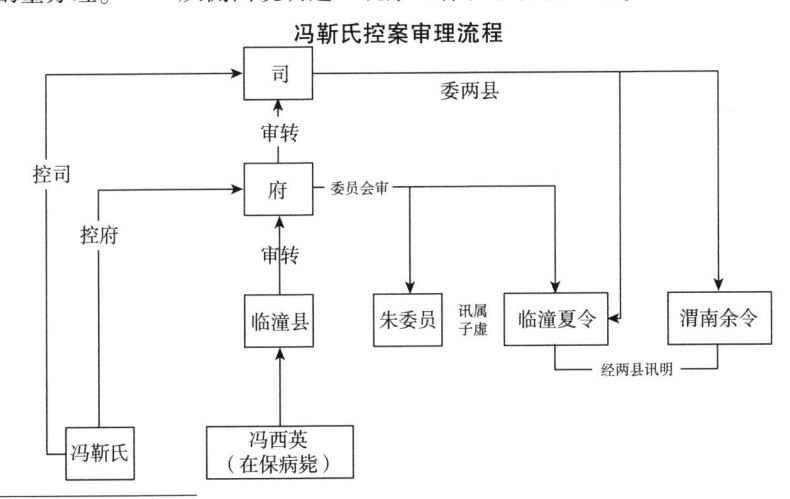

冯靳氏控案审理流程

[28] (清)薛允升:《读例存疑》卷四十九《刑律断狱下》,光绪三十一年京师刊本,第16页。

[29] (清)全士潮等纂辑:《驳案汇编》,何勤华等点校,法律出版社2009年版,第141页。

[30] 郑秦:《清代司法审判制度研究》,湖南教育出版社1988年版,第40页。

[31] 《大清律例·刑律·断狱》"辩明冤枉"条附例。

经当事人上控而启动委员审理的,如《樊山政书》"(冯靳氏) 觊以一控翻案。既经该印委员等讯属子虚,应即撤去诬词,专鞫正案。"[32] 此后,冯靳氏又"计图免罪,递控省垣"[33],复经"两县讯明"[34],当事人先控府、后控司,分别由临潼县令会同朱姓委员、临潼县令会同渭南县令审理。

总体而言,此类案件中,无论是因何种原因,委员审理的启动都由上级来决定。委员的派遣因此也多少代表着上级的意志。《樊山政书·批澄城县高令禀》:"查有到省未久之谢令荣敬通知时务,公事留心,为课吏馆中翘楚,本司爱重其文,久欲试之以事,应即委赴澄城县提集此案人证卷宗秉公覆讯。"[35] 臬司在疑难案件的复审中,并不亲提,而是转饬同州府,派遣自己信任的人选审理案件,这种情形下,委员行事或多或少代表着上级对案件的间接干预。正如薛允升所言,在重案审理过程中,审理权的转移虽然可能意味着上级的不信任,但对府或州县而言同时也减轻了政治风险,这种结果往往是其所乐见的。

而在部驳案件中,审理权转移依然存在。《驳案汇编》"驳审诬认正凶"一案中,刑部就淳安县民朱老五等诬认抢夺杀人一案,因"种种挂漏、颠顸,本部殊难草率议复"[36],刑部驳回案件。随后,浙江巡抚

---

[32] (清)樊增祥撰:《樊山政书》,那思陆、孙家红点校,中华书局2007年版,第7页。

[33] (清)樊增祥撰:《樊山政书》,那思陆、孙家红点校,中华书局2007年版,第11页。

[34] (清)樊增祥撰:《樊山政书》,那思陆、孙家红点校,中华书局2007年版,第11页。

[35] (清)樊增祥撰:《樊山政书》,那思陆、孙家红点校,中华书局2007年版,第220~221页。

[36] (清)全士潮等纂辑:《驳案汇编》,何勤华等点校,法律出版社2009年版,第140页。

王暨望"随即饬委台州府移提犯卷,遵照指示逐一讯明"[37]。查清代淳安县属衢州府,并不在台州府辖内,因此此案并非发回重审。浙江巡抚不亲自提审,而是将案件委台州府讯明,由台州府代行了复审职责。

"驳审诬认正凶"审理流程

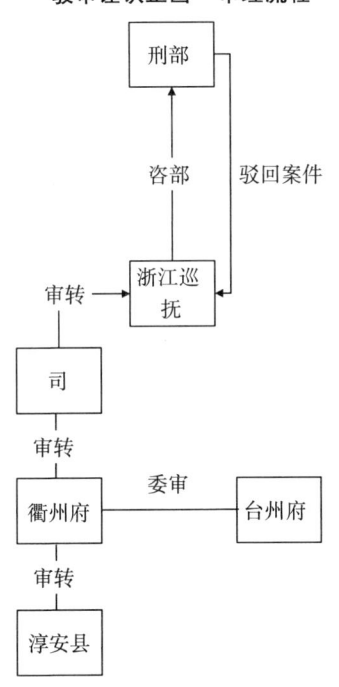

```
                    ┌──────┐
                    │ 刑部 │
                    └──────┘
                      ↑
              咨部 │    │ 驳回案件
                    │    │
                  ┌──────┐
         审转 →   │ 浙江 │
                  │ 巡抚 │
                  └──────┘
                    ↑
                  ┌──────┐
                  │  司  │
                  └──────┘
                    ↑
                  审转
                    │      委审   ┌──────┐
                  ┌──────┐──────│ 台州府│
                  │衢州府│        └──────┘
                  └──────┘
                    ↑
                  审转
                  ┌──────┐
                  │淳安县│
                  └──────┘
```

如上所述,刑事案件审理权转移中"委员"主体来源相对复杂,以候补官员为主,同时实职官员(多为州县长官)也可作为委员。包括课吏馆、发审局在内的由候补官员为主组成的机构,都可以成为委员的来源。

面对大量审转案件,无论是府、臬司还是督抚,都不可避免地需要

---

[37] (清)全士潮等纂辑:《驳案汇编》,何勤华等点校,法律出版社2009年版,第140页。

通过委员审理的方式进行审理权的下移，从而更加专注于其他职责。需要注意的是，审理权的向下转移是有限的。在多数案例中，委员负责查清案情并给出审理意见，但其工作是在上级的"遥控"下进行的，最终的决定权依然由上级掌握。笔者以为，委员事实上只是代为行使复审的部分职责，其依附于逐级审转复核制的存在，是对原有制度的补充和改良。

2. 民事案件中的审理权转移

与刑事案件不同，民事案件属于州县自理案件。如第一节所述，民事案件由州县全权管辖，州县可作出生效判决。对州县审断结果不服的，当事人可逐级上控。出于注重实质正义的司法传统，上控可以随时提起，也没有次数限制，加之积案压力导致州县案件久审不结的情况普遍，上控之风愈演愈烈。如樊增祥所言："陕民上控风气十案九虚，又有缠讼之一法，一控不准，再控三控，甚或四五控而不已。"〔38〕

但民事案件通常"强调由州县自理，即使上控，一般均批回州县重审，只有极少数牵涉到原州县官曲法枉断的案件，才由府、道、省提审"〔39〕。州县官员对于上控案件往往极少改判。上控者无论是真有冤屈，还是缠讼牟利，多半也不会对原审官员的复审信服。而府道臬司面对众多案件无力提审，委员审理便成了一条理想出路。委员与案无涉，更容易查清案情，也不会有中立性问题，更可使当事人信服，客观上可以减少屡控不止的现象。

在委员会审案件中，委员往往起主导作用，并负有监督地方官员的职能。"批鄠县催头骞润身呈词"："鄠县陈云霖以选得官，本司未能深信，仰西安府即委候补知县涂嘉荫驰往该县，会同陈云霖将此案妥速断

---

〔38〕（清）樊增祥撰：《樊山政书》，那思陆、孙家红点校，中华书局 2007 年版，第 209 页。

〔39〕张晋藩主编：《中国司法制度史》，人民法院出版社 2004 年版，第 436~437 页，转引自张可：《清代审级制度研究》，中国政法大学 2011 年博士学位论文。

结具报,勿延。"〔40〕 "批鄂县印委会禀":"该印委会讯此案,明白绘,……仰陈令奉批后,立传骞润身到案,枷号衙前示众,……以儆刁诬。仍移委员知照。"〔41〕 陈令〔42〕未得臬司长官信任,委员会同其断结案件,此处委员就兼有监督之责。

民事案件中"委员"的主体来源大致与刑事案件相同。

四、地方司法实践中审理权转移的价值分析

1. 缓解各审级案件压力

审理权转移客观上起到了缓解各审级案件压力的作用。

从立法上来看,清代关于委员审理的律文在乾隆年间骤增。委审并非乾隆年间才产生,但在乾隆年间有关委审的定例大大增加。另据学者推算清代人口,乾隆六年(1741)为 143 411 559 口。此后人口数字基本稳定增长,至乾隆四十年(1775)增至 264 561 355 口。乾隆五十九年(1794)增至 313 281 795 口。〔43〕 由人口增加导致的社会矛盾加剧不可忽视。笔者以为,委员审理作为一项制度在乾隆年间得到重视,是与人口增加带来的案件压力密不可分的。到十九世纪初,樊增祥《樊山政书》中的委审案件甚至已经成为主流,督抚臬司亲提案件反而屈指可数了。同时各省设立的发审局或类似机构,代行复审职责。标志着作为审理权转移最主要形式的委员审理已经部分组织化,日趋完善。审理权不

---

〔40〕 (清)樊增祥撰:《樊山政书》,那思陆、孙家红点校,中华书局 2007 年版,第 167 页。

〔41〕 (清)樊增祥撰:《樊山政书》,那思陆、孙家红点校,中华书局 2007 年版,第 175 页。

〔42〕 前批中"鄂县陈云霖"即应为时任鄂县县令。民国二十二年《鄂县县志·卷三·官师》一五六:"陈云霖,字幼赞,福建侯官县进士,二十九年六月到任。"其继任县令刘继祖"三十二年五月到任"。又《樊山政书·卷十一》"批鄂县陈令禀":"(刘成娃)自光绪二十四年十月被押,历今七年之久。……今幸贤令尹关心民命,翻阅六年以前之陈案,察悉其冤,禀请开释前来。……俾同寅以刘令、云霖为法,而以'五鬼'为戒。"以上可供佐证。

〔43〕 参见骆毅:《清朝人口数字的再估算》,载《经济科学》1998 年第 6 期。

仅在实职官员之间流动,也通过委员审理由候补官员行使,这无疑缓解了地方司法各个审级的案件压力。

2. 提高案件审理的灵活性

审理权转移可以提高案件审理的灵活性。

首先,审理权转移可以减少案件当事人的讼累。如樊增祥曾批示:"当以案涉繁难,问须精细,商州各属折狱好手无过雒南,是以批令行提人证卷宗到县,秉公断结,以绝讼蔓。……惟该令隔属传讯,相距七百里,牵涉十余人,此次到案者原被而外,中证则齐如芬一人而已。如再一一传质,则拖累何堪?因有另委干员赴镇会审之请。"[44] 又有"此案即委渭南县知县张令驰赴华阴,提集人证、卷宗、血衣,详确考究,密切访查,隔别研鞫,……为刘令刑友不会办案,即仰张令提回渭南代办亦可"[45]。委员审理案件既可提审,亦可赴州县审理,视情况而定。提取全案人证、重新提讯的成本无论对当事人还是地方都是巨大的,在此过程中通过委员灵活处置,无须反复提解人证,有助于最大程度减轻这种负担。

其次,审理权转移有利于官僚队伍的成长,委员中既有实职官员,亦有大量候补官员,包括课吏馆、发审局在内的由候补官员为主组成的机构,都可以成为委员的来源。这类官员本无实职,通过派遣审理案件,不仅可得食禄,也锻炼了处理案件的能力,为获取实职打下了基础。《樊山政书·批鄂县陈令禀》:"吴革令妄希意旨,遽请别缉逃犯王世有到案,再行质讯。该革令曩在谳局名隶'五鬼'之中,专欲驳人之案,显已之能,心术之坏,关中罕比。"[46] 吴革令虽为"反面教材",也部分说明候补官员的委审经历成为其提拔或革职的重要影响因素。

---

[44] (清)樊增祥撰:《樊山政书》,那思陆、孙家红点校,中华书局2007年版,第230~231页。

[45] (清)樊增祥撰:《樊山政书》,那思陆、孙家红点校,中华书局2007年版,第230~231页。

[46] (清)樊增祥撰:《樊山政书》,那思陆、孙家红点校,中华书局2007年版,第294页。

3. 有利于实现个案正义

委员审理作为案件审转、上控的有机组成部分，无论对于案件当事人，还是上级官员，客观上都起到了查清事实、纠正错案的作用。樊增祥对此曾评价："其百姓赴省控告，而呈词又似乎可信，纵不提省，必委妥员往查矣，不止于录案详夺也。"[47] 而审理权的向外转移也对地方官员起到了监督作用，在樊增祥看来，"若州县真无枉滥，刁民虽控何妨？若上司真有是非，好官被控何疑？"[48] 纵然上控制度才是这种监督的根源，但上级碍于各种现实因素，很难对案件有实质性干涉，而委员则可切实了解案件真实，又无利害关系，在此博弈中充当了监督地方的重要力量。

结论

审理权转移现象在清代地方司法中的普遍存在，既是基于现实因素，也是由清代地方司法传统所决定的。在不突破原有司法程序的情况下，案件审理权在省级官僚体系不同层级内部或之间通过各种方式转移，无论是以首县自理词讼审理为代表的审级内部审理权转移，抑或以审转、上控乃至部驳案件为代表的审级间审理权转移，都实现了司法成本的转嫁和司法资源的重新配置。在原有司法体系下增强了生产"正义"这一公共产品的能力。

审理权转移现象在不同类型、不同层级案件的审理过程中普遍存在。一定程度上，通过扩大拥有审理权主体的数量，以"委员审理"等手段进行司法资源的纵向、横向调配，地方司法中的案件压力得到了一定程度上的缓解。

笔者以为，审理权转移现象一方面是对清代地方司法制度的有益补

---

[47]（清）樊增祥撰：《樊山政书》，那思陆、孙家红点校，中华书局2007年版，第209页。

[48]（清）樊增祥撰：《樊山政书》，那思陆、孙家红点校，中华书局2007年版，第209页。

充，有利于司法体系的正常运作。另一方面，我们也要注意到其负面作用。

首先，"委员"多为候补官员，良莠不齐，办案能力有限在所难免。且其无实际官职，代行审理权也不直接承担法律责任，对其制约措施相当有限，腐败滋生无可避免。其次，审理权在审级间的转移在带来灵活性的同时，也是对原有制度的消解，由此引起的地方官员推诿拖延诉讼之风也不可忽视。甚至出现了"札调原问官到郡会审，……乃屡调屡推，迨至推无可推，则以禀请交卸了事"[49]。

不难发现，在行政权与司法权合一的大背景之下，委员审理终究只能是一时之策，审理权转移可以暂时缓解积案压力，但捉襟见肘的行政资源却无法根本解决深层次的经济社会矛盾。

---

[49]（清）樊增祥撰：《樊山政书》，那思陆、孙家红点校，中华书局 2007 年版，第 393 页。

不和而和：元代和买法律制度考论

唐国昌*

绪论

"和买，两平以钱取物也"[1]，和买最本质的特征即在于"和"，也就是蕴含着公平交易、官民买卖双方地位平等、官府购买民间产品应以货币的形式按照市场价支付对价等含义。所谓和买法律制度，泛指规范和买行为和秩序的法律制度体系。因种种历史和时代因素导致这一法律制度在推行中呈现出纷繁复杂的性质内涵、样式形态、历史演变以及与赋税错综复杂的关系。[2] 通过对其历史沿革的考察分析，和买与和

---

* 作者中国人民大学法学院博士研究生。

[1]（元）徐元瑞撰：《吏学指南（外三种）》，杨讷点校，浙江古籍出版社1988年版，第121页。

[2] 和买有广义与狭义之别：狭义的和买又称"和预买"或"和预买绸绢"，专指官府向民间购买丝麻产品；广义的和买则是指包括置场和买以及其他官民之间正常贸易在内的市场交易行为，以等价交换的价值规律为基础，将民间的农产品、手工产品、劳动力等商品化，由官方按市场价购买。本文是在广义上讨论"和买"。关于"和买"的起源问题便有多达五、六种说法，有人认为是起源于北宋，也有人认为起源于更早而在北宋得到了较大发展，众说纷纭而未有定论，可参见赵葆寓：《宋代"和买"起源考略》，载《天津师院学报》1981年第2期；王曾瑜：《锱铢编》，河北大学出版社2006年版，第477～478、551～552页；等等。关于"和买"的性质及其历史演变，分别有政府采购说、演变为非法科配说、赋税说、不同阶段性质不同说（"商业信用→高利贷→赋税"）等，可参见姜锡东：《宋代"和预买绢"制度的性质问题》，载《河北学刊》1992年第5期；余小满：《宋代的和买与科配》，载《广东教育学院学报》2009年第4期；[日] 日野開三郎：《五代藩鎮の擧絲と北宋朝の預買絹——五代苛政の一面》，载《史淵》1937年第15期；[日] 梅原郁：《北宋時代の布帛と財政問題——和預買を中心に》，载《史林》1964年；等等。

雇并非创始于宋朝（和籴是和买中较为特殊的一种），[3] 但其在北宋开始得到了充分而深入的发展，并且范围、领域、深度等得以不断拓展。[4] 元便是继于宋而进一步发展。在唐宋之际变革[5]的大背景下，宋元社会性质虽较之前无太大变化，农业仍是社会经济的基础，然而作为异质因素的工商业特别是城市经济、海外贸易获得了前所未有的发展。[6] 和买、和雇便是包括元朝在内的中国古代商品经济等"异质因素"发展及影响的具体表现之一。但由于自给自足的自然经济占主导地位并没有实质性的改变，生产的产品进入市场转化为商品虽然在质、量上均有一定程度的提升，但市场商品经济价值规律的作用十分有限，政府这只手占据着绝对的支配和调节地位。这使得得益于商品经济发展的大量民间产品（如：丝织品、马、粮草等）的商品化程度难以继续提高，同时国家也会根据实际需求、财政状况等使得和买向着赋税方向进行转变。

元朝的和买及其法律制度基本承继于前代，并在其基础上呈现出范围更广、程度更深、数量更多、和买中贪污腐败更加严重、民众负担更沉重等特征，"曰买曰雇，非常法也，前代不测则用之，今一一逐旋雇买"[7]。中外学者对宋代"和买"制度的研究可谓述备矣。[8] 相较之

---

[3] 和雇和买古已有之，在元代施行范围更广，影响更大；和籴从广义上说是和买的一种，但又有自己的特点，最早可以追溯至战国李悝所提出的"平籴法"。参见陈高华、史卫民：《中国经济通史》（元代经济卷），经济日报出版社2000年版，第719页；杨喜梅、左朝芹：《和籴制度探源》，载《天水师院学报（社会科学版）》2000年第2期。

[4] 参见王曾瑜：《锱铢编》，河北大学出版社2006年版，第500页。

[5] 笔者认为学术界虽然对"唐宋变革说"存在争议，但唐宋之际发生了大的变革是确定无疑的，"和买"制度与这一变革有着密切的关系，本文亦是在此背景下探讨的。

[6] 参见葛金芳、曾育荣：《20世纪以来唐宋之际经济政策研究综述》，载《中国史研究动态》2004年第2期。

[7] （元）魏初：《奏议》卷四《青崖集》。

[8] 对宋代"和买"的研究可参见李晓、孙尧奎：《中日两国学者关于宋朝和籴、和买制度研究综述》，载《中国史研究动态》2007年第3期；王曾瑜：《锱铢编》，河北大学出版社2006年版，第475~552页；姜锡东：《宋代和预买绢制度的性质问题》，载《河北学刊》1992年第5期；等等。

宋而言，"和雇和买古已有之，在元代施行的范围更广，影响更大"[9]，然学界对于元代这一"和买"的重要制度却少有涉及，二者形成了鲜明的反差对比。这不能不引以为憾。陈高华、史卫民先生曾将和雇、和籴与和买放在一起，从其基本内容、承当办法以及弊端进行了基本介绍和勾勒。[10] 这为我们描绘了元代和买制度的大致轮廓和样貌，其有着奠基之功，之后学者在其基础上进行细致而深入的考察、探究似乎很有必要。在某些期刊论文或硕博论文中会涉及和买和雇问题，如从海平[11]在对元代的整个军事后勤的制度体系考察中，在分析第四章第三节考察马政问题时提及了官府向民间和买马匹的情况，并认为和买民间的马匹是元代军用马匹的主要来源之一，同时对马匹和买交易情况、马匹种类等进行了研究；李春圆[12]对和买中的时估、物价申报制度等进行了介绍和分析；王磊、付金磊[13]等对涉及站赤服役、和买马匹的情况进行了分析。这些学者的有益探索为我们提供了很多启发和参考，但因不是文章重点考察的对象，未免失之泛泛。可见，很少有学者专门对元代和买或和买法律制度进行专门的考察，学术界对该问题的研究尚停留在较为初步的阶段，有待于进一步的探索和考察。国内外学术界对和买制度的研究也存在着诸如领域畸重畸轻、研究内容不平衡、缺乏整体性的系统研究、视角陈旧、缺乏理论构建等问题。[14] 与前朝相比，在元代特

---

［9］ 陈高华、史卫民：《中国经济通史》（元代经济卷），经济日报出版社2000年版，第721~722页。

［10］ 参见陈高华、史卫民：《中国经济通史》（元代经济卷），经济日报出版社2000年版，第721~722页；另，该部分内容最早被以《论元代的和雇和买》为题发表在《元史论丛》（第3辑）[陈高华：《论元代的和雇和买》，载元史研究会编：《元史论丛》（第3辑），中华书局1986年版，第130~143页]。

［11］ 参见从海平：《元代军事后勤制度研究》，南开大学2010年博士学位论文。

［12］ 参见李春圆：《元代的物价和财税制度》，复旦大学2010年博士学位论文。

［13］ 参见王磊：《元代的畜牧业及马政之探析》，中国农业大学2005年硕士学位论文；付金磊：《元朝马政研究》，西北师范大学2016年硕士学位论文。

［14］ 参见李晓、孙尧奎：《中日两国学者关于宋朝和籴、和买制度研究综述》，载《中国史研究动态》2007年第3期。

殊的民族、时代、军事等背景下，和买制度有了什么新的发展或演变，呈现出什么不同特征？和买制度在整个元代的重要性如何？和买法律制度有哪些具体的规定？统治者如何利用法律手段维护和买秩序与规范和买行为，其具体实施效果如何？元代和买制度从商品化向赋税化、从自愿交易到强制摊派再到成为赋税的转变，法律制度为何没有办法实现有效的规制以保障"公平交易"的内涵？这都将是本文的考察的重点，并试图回答的问题。

一、元代和买法律制度之沿革与缘起

宋时商品化程度因经济之发展而提高，"和买"也渐趋兴盛。"和买"在宋初主要针对的是丝麻织品（主要是绢，后范围逐步扩大），所以也叫"预买绢""和买绢"，其具体做法便是先将官钱贷给百姓，用于种植桑麻、养蚕、纺织等，后便以丝麻成品予以偿还，"淳化间（公元990~公元994），天下承平，䌷每匹为钱六百文，绢为钱八百文，朝廷于民之乏，先于春夏之交，每匹给本钱一贯文，夏秋始责之输绢，于是有和买之名"[15]。可见，该制度在宋时的初衷在于救困济乏、救助或扶植贫民，是不以营利为目的的救助贫民之法。然而，这一制度的发展却因种种因素，使得其逐渐偏离了其初衷，变成了强制购买，进而演变成为强制摊派的定额赋税，成为民间沉重的负担。日野开三郎认为"宋神宗熙宁以后成为财政政策的牺牲品完全遭到歪曲，堕落成为榨取农民的弊政"，梅原郁研究发现"预买绢从强制购买逐步向税金化转变"[16]。

元承宋亦有相似的情形，只不过相比之，如前所述，元和买的范围、程度、数量、贪污腐败、民众负担等更甚之，因此构建起一套系统

---

[15]（宋）章如愚辑：《山堂先生群书考索》后集卷五十四。
[16]［日］日野开三郎：《五代藩镇の挙絲と北宋朝の预买绢》，载《史渊》1937年第15期；［日］梅原郁：《北宋时代の布帛と财政问题——和预买を中心に》，载《史林》1964年47卷2号。

的和买法律制度就显得更为迫切,以保障国家有充足的物资供应。和买在元代有着极为重要的地位。元初,因当时战事频仍,筹措军费、军用物资成为燃眉之急,当时著名的理财大臣桑哥非常擅于财政赋税事宜,"和雇、和买"便是其理财的核心手段,其因之为世祖所赏识,"桑哥后以所营息钱进……一日,桑哥在世祖前论和雇、和买事,因语及此,世祖益喜,始有大任之意。"[17] 桑哥凭借着和雇、和买等敛财手段深得世祖重用,最终官至尚书右丞相,位极人臣,炙手可热。桑哥个人受重用的经历其实从侧面反映出了和雇、和买制度对元代国家的重要作用。为此设有专门负责和买等事务的官方机构广谊司,"广谊司,秩正三品……总和雇和买、营缮织造工役、供亿物色之务。至元十四年(1277),改覆实司辨验官,兼提举市令司。大德五年(1301),又分大都路总管府官属,置供需府。至顺二年(1331)罢之,立广谊司。"[18]而地方也因和买等事宜繁杂,专门奏请增设路、府、州、县司吏负责此事,"至元二十一年(1284)□月,江西行省:先为各路司、县民户繁多,词讼冗并,成造海船,和买一切诸物,催征子粒粮斛,理断罪囚,一切忙并。若依腹里司、县额设司吏,数目不敷。为此,与按察司官一同议拟,除路分别无定夺外,据司、县额设司吏,照依腹里额设数目,每一名,添设一名相副勾当,别无俸给,止除本身杂泛差役,挨次收补……总管府司吏:上路三十名,中路二十名,下路一十五名。各县司吏:上县六名,中县五名,下县四名。录事司司吏:四名。"[19] "国家应办支持浩大,所用之物,必须百姓每根底和雇和买应办有。自来不以是何投下军、匠、站赤等诸色户计,一体均当有来"[20],元官方在民间和买行为十分频繁,而且承担提供和买物的民众几乎扩展到了全国,其影响范围之广不言而喻。元统一以前,各种和雇、和买,为数已相当可

---

[17] (明)宋濂等撰:《元史》,中华书局1976年版,第4571页。
[18] (明)宋濂等撰:《元史》,中华书局1976年版,第2284页。
[19] 陈高华等点校:《元典章》,中华书局、天津古籍出版社2011年版,第475~476页。
[20] 陈高华等点校:《元典章》,中华书局、天津古籍出版社2011年版,第73页。

观。元统一后,"和雇和买,不绝如流",比起统一以前"转增数倍"[21]。进入元朝中后期,更为普遍。为了规范和买行为与保障和买能够像民间正常的买卖交易行为一般公平公正进行,元代也确立起了一整套和买法律制度体系,诸如均平摊派、时估、和买法定程序、和买钱货两清的支付原则、和买税课法律管理制度等。

二、和买法律制度的颁布与实施

(一)均平摊派的法律制度

和买本应该是一种官民间的自愿交易行为,然而从整个元朝对和买的法律规定以及实际实施情况来看,越往后期和买已越是徒有其名。和买常常会和杂泛差役[22]一同规定,甚而把和买作为赋役的重要组成部分,"均平赋役,乃民政之要。今后但凡科着和雇和买、里正主首、一切杂泛差役,除边远出征军人、口北自备首思站赤外,不以是何户计,与民一体均当。"[23] 而且,可以见得,"不以是何户计,与民一体均当"、"并不以是何诸色人等,但种田的都教和买者"[24],和买已经像赋役一般按户计进行摊派,承担的民众十分广泛,除了少数的边远出征军人及家属、自备首思的站户、儒户、医户、宗教人员外,几乎全民成为和买的承担者。

如此广泛的和买,再加上每个地区出产的产品不同、市场行情各异、民众提供的和买产品的能力高低有别,为了保证和买的有效进行与和买秩序的稳定,便需要制定均平摊派的法律制度。所谓均平法律制度,便是要以每一户的具体丁口数量、财产实力等为等差依据,依次进

---

[21] (元)王恽:《便民三十五事》,载氏著:《秋涧先生大全集》卷九十。

[22] 杂泛差役:是元代赋役的一种。杂泛:力役与服役,对象是全体役户;差役:充当里正、主首、隅正、坊正、仓官、库子、社长等带有一定职役性质,有包纳垫付义务和仓官、库子缺失包赔义务。

[23] 韩国学中央研究院编:《至正条格(校注本)》,Humanist 出版集团 2007 年版,第 84 页。

[24] 《通制条格校注》,方龄贵校注,中华书局 2001 年版,第 527 页。

行摊派，形成有差别、公平有序的法律摊派原则。一般说来，和买摊派因地区不同而办法不同，主要有两种法定的摊派方式[25]：一种是按地亩数或赋税（税粮、包银）数摊派，这种主要是在元初北方与涉及僧、道户时运用，不具有典型性；另一种是按户等摊派，这是本文考察的重点。元代法律中有着明确的详细规定：

> 1. 中统五年（1264）八月，钦奉圣旨条画内一款：诸应当差发，多系贫民。其官豪富强，往往侥幸苟避。已前哈罕皇帝圣旨，诸差发验民户贫富科取。今仰中书省将人户验事产多寡，以叁等玖甲为差，品答高下，类攒鼠尾文簿。[26]
>
> 2. 至元二十八年（1291）六月，中书省奏准《至元新格》：差科户役，先富强后贫弱，贫富等者，先多丁后少丁。开具花名姓名，自下置簿挨次。遇有差役，皆须正官当面点定该当人数，出给印押文引，验数勾差，无致公吏、里正人等放富差贫，那移作弊。其差科簿仍须长官封收，长官差故，次官封收。[27]

可见，法律要求和买以及各种赋役均是要以户为单位进行摊派，这一职责主要是由地方司县正官承担，"州县正官，用心综理，验其物力，从公推排，明置文簿，务要高下得宜，民无偏负"[28]。其具体摊派办法：第一，调查民户的家庭财产情况，按"三甲九等"（即分为上、中、下三等户，每等中又分为上、中、下三种户）由富到贫（贫富程度相等的按丁口数由多到少排序）进行等差排列，并登记制作鼠尾文簿；

---

[25] 参见陈高华、史卫民：《中国经济通史》（元代经济卷），经济日报出版社 2000 年版，第 741 页。

[26] 《通制条格校注》，方龄贵校注，中华书局 2001 年版，第 493-494 页。

[27] 陈高华等点校：《元典章》，中华书局、天津古籍出版社 2011 年版，第 73 页。

[28] 韩国学中央研究院编：《至正条格（校注本）》，Humanist 出版集团 2007 年版，第 84 页。

第二,和买时按照鼠尾文簿所记载的民户"三甲九等"贫富情况进行摊派,富裕户多摊派、贫户少摊派,确定每一个应承担和买义务民户的具体额度,制定花名册;第三,每一个负责和买的地方政府正官需要根据和买花名册,亲自核验人数、额度,确认无误后盖上官印,并根据名册出具每户的摊派文引;第四,严格根据户等、数额摊派,防止差役、里正等具体负责收纳和买物的人员放富差贫,营私舞弊;第五,和买花名册应由正官封存保管(正官不在职,则由次官保管),以备后期核验,"据科定数目,依例出给花名印押由帖,仍于村坊各置粉壁,使民通知。其比上年元科分数有增损不同者,须称元因,明立案验,(准)[以]备照勘。"由此便构建起了严密的和买摊派法律制度和秩序,其核心原则便是"均平",以期实现"诸科差税,皆司县正官监视人吏置局科摊,务要均平,不致偏重"和买摊派公平。[29]

(二)时估法律制度

"时估"作为一项从市场中获取商品物价信息的制度源远流长,最早可以追溯至秦汉时期,[30]"指有关部门按照有关规定、根据市场时价估定的官方价格"[31]。由此可见,"时"指的是官方所要购买的物料或物品的时候,"估"便是根据市场价格估算出的官方价格,"诸和雇和买,依时置估,对物给价"[32],时估法律制度是元代和买法律制度中的重要组成部分和关键环节,其影响着对和买物的定价。从笔者广泛搜集的关于元代时估法律制度的规定的数量、法律效力、时间跨度等中,可窥其重要性:这些时估法律规定多达21条,最早始于中统五年(1264年,八月十六日改为至元)八月、最晚到元统三年(1335)十一月,时间跨度达71年,基本贯穿于有元一代,而且这些时估法律制度多以圣

---

[29] 参见陈高华等点校:《元典章》,中华书局、天津古籍出版社2011年版,第72页。

[30] 参见李春圆:《元代物价申报制度小考》,载《中国史研究》2016年第3期。

[31] 高寿仙:《明代时估制度初探——以朝廷的物料买办为中心》,载《北京联合大学学报(人文社会科学版)》2008年第4期。

[32] (明)宋濂等撰:《元史》,中华书局1976年版,第2622页。

旨、诏令等形式颁行，有着至高的法律效力。由此可见，元代统治者对时估法律制度的高度重视。

司县正官对"估体完备"负有躬亲估价的责任，并应署名上报至中央户部备案批准，方可支价。大德元年十二月（1297），因益都路沂州、莒州、临朐县所估皮价和广平路对绢匹的估价"不穷问虚实，各随高价，朦胧放支"，导致官府因此而多支了钱款，使得财政亏损甚多。为此户部认为应对此二路所表现出来的因虚高估价而导致国家财政亏损的现象从法律上予以规范，尤其强调司县正官负有主要责任：

> 今后各处合报诸物时估，司县正官亲行估体实价，开申府、路，（请）［摘］委文资正官、首领官通行比较，［务要相应，］开具体覆、照勘官员姓名，依期申部，勿蹈前弊，徒有争悬。凡遇和买诸物，即令拘该官司估体完备，正官比照时估无差，方许支价。如后照勘或因事发露，却有冒滥者，着落估体、照勘官吏追陪，以革前弊。[33]

可以见得，因每种产物在不同地域、不同时节等其价格往往是不同的，这就需要各个地方建立起符合其实际情况的时估法律制度。而这显然以元代最小的行政区划——"县"为最宜，而县的正官自然也就成为每一个地方最合适的时估负责人。因此，户部要求司县正官亲自调查本地市场行情，对所要和买的物品对照市场价进行估计，并把调查结果和估价情况署名上报至府、路，并与本区域相关市场行情进行比价；最后上报至户部批准备案，经核实无误后，方许支价，"其比前申有甚增减者，各须称说增减缘由，自司县申府州，由本路申户部，并要体度是实，保结申报。凡年例必于本处和买之物，如遇物多价少，可以趁贱收买者，即具其直，另状飞申"。若负有职责的官员玩忽职守，不如实估

---

［33］ 陈高华等点校：《元典章》，中华书局、天津古籍出版社2011年版，第975~976页。

价的，便要赔偿因报价虚高所造成的财政损失。这一时估法律规定，最终"都省准呈，咨请照验施行"[34]。

至于时估法律制度具体如何进行实施，尚需借助了解市场行情的牙人、行人。牙人、行人在时估中起到了重要的作用，官方借助其力量进行时估，一则可以省去深入民间进行调查的时间和精力，二则可以及时有效地了解本地的市场行情。因此，法律明文规定，要求他们每个月将市场各种市面上的货物的均价报给官府，"诸街市货物，皆令行人每月一平其直。"[35] 而且，在后期的具体交易中，牙人、行人必须在场，法律有明文规定：

> 所有今岁和买，计置物色，科派到行省、腹里下项路分各该数目，拟合令路府州县见在为长正官色目、汉儿各一员，亲对物主，令牙行人相视堪中之物，照依街市官直两平收贾。[36]

每当要进行和买之际，要将所需的产品的质量、成色、数量等注明，由上到下分到路府州县，地方各级的正官派色目、汉人各一员和交纳货物的民众进行现场交易。而在这个过程中，牙人、行人也要出席，并对和买物品进行仔细核查、辨认、检验，并根据自己对市场行情的了解，比照市价给出均价建议。

（三）和买过程中之法定程序

1. 榜示制度

榜示制度即是指在和买过程中，官府时估后，对所要购买的不同种类的物品及物品出产地、质量、成色、等级、单价、数量等以布告、榜文、板示等形式向社会公开，以确保和买的形式至少是公开透明的，

---

[34] 陈高华等点校：《元典章》，中华书局、天津古籍出版社2011年版，第979页。
[35] 陈高华等点校：《元典章》，中华书局、天津古籍出版社2011年版，第979页。
[36] 陈高华等点校：《元典章》，中华书局、天津古籍出版社2011年版，第976~977页。

"诸和买物,须验出产停蓄去处,分俵均买……须于收物处榜示见买物色、各该价钱。"[37] 在和买实践中,代表政府进行和买的官员或机构往往不了解每个所出产物品的具体情况,随意摊派,强制和买,"不随其所有,而强取其所无",导致当地民众只好"生民受苦,典家卖产,鬻子雇妻,多方寻买,以供官司",民众只好从该商品的出产地购买以应付被强制摊派的额度。然而,"出产之处,为见上司和买甚物他处所无,此处所有,于是高抬价钞",出产地趁机哄抬物价,以获渔利,这就更加重了民众的负担和苦难。民众苦不胜言,却无可奈何,委曲求全,"民户唯知应当官司和买,不敢与较,惟命是听。如此受苦,不可胜言"。为了解决这一问题,地方官员认为应当建立起"明立榜文"的榜示制度,并将该建议奏报至中央户部,户部认为"所言可采……勿令于无处和买,若遇和买,当面给价,仍遍行合属,依上施行"[38]。可以见得,榜示是和买中的重要程序,其对保证和买公开、公平和规范和买秩序和减轻民众负担有着重要意义。

2. 登记置簿制度

"祇待合用诸物,各须依时趁贱和买,明置文簿,从实支销"[39],登记置簿是对和买过程中重要信息进行记录并置簿造册的重要法定程序,要求负有和买职责的机构或官员根据所要和买物品的上市的时机、季节、价格最便宜的时候进行购买,并要"明置文簿",记录和买的详细情况以备案以及为下次的购买作有效的参考。登记置簿制度能够有效还原整个和买交易过程、保证和买公平有序以及后期核查监督。法律明确规定了登记置簿的详细内容、要求、格式要求等:

1. 诸和买……仍须正官监临置簿。凡收物支价,开写某人

---

[37] 陈高华等点校:《元典章》,中华书局、天津古籍出版社2011年版,第974~975页。
[38] 陈高华等点校:《元典章》,中华书局、天津古籍出版社2011年版,第974页。
[39] 陈高华等点校:《元典章》,中华书局、天津古籍出版社2011年版,第575页。

纳到某物多少，支讫价钱若干，就令物主于上画字。其监临之官仍以印牌关防，以备检勘。[40]

2. 和买之物，着落行铺之家，依元估物价收买，关给价钞。令当该官司，置立勘合，于上写明纳主行人姓名、合关钞数、关状，亲临提调官吏亦行圆书印押，缴申总府，再行比照无差，下库放支，当官唱名，给付所买之物，凭纳获收限，限一十日内给价。[41]

从上述对于和买登记置簿的详细法律规定来看，其主要内容分为以下几个步骤和程序：其一，明确如实记载前来和买交易的民间货主的具体个人信息，并写明其交纳的货物的成色、质量、数量等情况；其二，记录官方根据市价支给货主的货款数额、货币形式、是否付清等信息；其三，在和买簿籍上登记上述详细信息后，请货主对这些信息确认无误，签字画押；其四，负责此次和买的监察临视官员或者负有管理监督职责的官员需要盖上自己的印章，以示确认无误、此次和买依法进行和对记载信息负责。

之所以规定得如此详细，其目的就在于以备查验及保证和买过程的公平有序进行。考察上述登记置簿的内容和要求，可以知道其最核心的便是同参与和买的民众切身利益相关的货款支付问题。因为在和买中，负责和买监临的官员或官方机构往往上下其手，在钱钞上大做文章，侵渔民利，要么从中克扣、不全额支付货款，要么私自将钞币换成烂钞。针对这一以大都路为典型代表的和买价钞乱象，中书省强调在登记置簿时对钞数情况要明确如实记载，并严格按照钞数支付好钞，不得私自克扣或换成昏钞支付，"都省议得，如遇关支和买、和籴钞数，明白开写，

---

[40] 陈高华等点校：《元典章》，中华书局、天津古籍出版社2011年版，第974~975页。

[41] 韩国学中央研究院编：《至正条格（校注本）》，Humanist出版集团2007年版，第199页。

行移合属须管依数散给，毋致因而换易违错"，并要求御史台对和买进行严格的监督。

3. 钱货两清的支付原则

对于和买，法律明文规定官方收到货物之后，就必须按照市值将钱款立即支付给货主，实现钱货两清，即确立起了"物既到官，钞即给主"[42]"诏和市价直随给其主，违者罪之"[43]的法律原则。然而，官府在和买时，往往是先取货物，货款往往要拖很久才支付。这造成了民间的穷困，民众生活难以为继，成为苛政之一，"朝廷和买于民而直不时给，岁终又以卫士马分饲民间"[44]。为了贯彻此和买法律原则和应对实际和买屡禁不止的拖延、克减货款的违法现象，元一代多次以诏书或法令的形式重申、巩固该法律原则。至元五年（1268）八月，中书省针对中都路和买马驼杆草过程中不按时支付及克扣和买价款的现象专门颁布法令"其合该价钱，照依街市实直，划时给散，毋致克减，刁蹬人难"，以保证交易过程中民众能及时拿到价款。至元十九年（1282）十月，以诏书的形式重申了这一和买支付货款的法律原则："和雇、和买、和籴，并依市价……照依行例应当，官司随即支价，毋得逗遛刁蹬。大小官吏、权豪势要之家，不许因缘结揽，以营私利。违者治罪。"[45] 至元二十一年（1284），地方行省官员合剌奴、脱脱等上奏中书省，因官方和买民间货物，强取其货物，而不按照"一手交货，一手交钱"的法律要求支付给百姓所应得的价钞，"和买诸物不分皂白，一例施行，分文价钞并不支给"，民众慑于官府的淫威，只能逆来顺受，导致民众生活极其穷困，甚至于倾家荡产，卖掉自己的子女、典雇妻子等，"生民

---

[42] 陈高华等点校：《元典章》，中华书局、天津古籍出版社 2011 年版，第 974~975 页。

[43] （明）宋濂等撰：《元史》，中华书局 1976 年版，第 421 页。

[44] （元）苏天爵：《滋溪文稿》，陈高华、孟繁清点校，中华书局 1997 年版，第 178 页。

[45] 韩国学中央研究院编：《至正条格（校注本）》，Humanist 出版集团 2007 年版，第 95 页。

受苦，典家卖产，鬻子雇妻，多方寻买，以供官司……民户唯知应当官司和买，不敢与较，惟命是听"。针对这一强买而不即时支付货款的行为，中书省、礼部等商议，强调"若遇和买，当面给价"[46]，并要求行省辖区内必须严格遵守这一和买法律规定，以革除这一造成民间穷困的弊政。泰定二年（1325）五月因皇帝车驾巡幸上都需要采购大量的物资，因担心"切恐留守司官吏不肯尽心从公估价"，户部公议、中书省批准了"审实时估，眼同估体，实直相应，随即依例全行给价，似不停滞百姓"[47]"不即支价者，台宪官纠之"[48]的法律规定。

（四）和买税课法律管理制度

就和买而言，虽然它涉及官民交易，但从形式上来讲依然是一种商业交易行为，作为和买中的民间卖方亦需缴税，并会单独作为一项税收起解。元代较早关于规定和买按照一般买卖交易行为进行缴税的税收法律制度是在元代至元四年（1267）五月。制国用使司针对各级官府购买民间纸札以及本部门购买了民间一百头牛、而民间的卖方并没有按照一般的交易行为那样缴纳商税的现象，认为纸札、牛只虽是官府所买，但亦应该投税，"制府相度，虽是官买物件，亦合投税。仰照验，如有和买诸物，依例收税办课施行。"[49]延祐七年（1320）四月二十一日，中书省针对包括浙江行省在内的亡宋疆域内的赋役财政法律制度的重新构建、实施等进行了详细的探讨和商议，认为作为商税重要部分的和买的税赋亦是核心内容之一；和买作为商品贸易重要的组成部分，也应投税，"腹里汉儿百姓当着军站、喂养马驼、和雇和买一切杂泛差役，更纳着包银、丝线、税粮，差发好生重有。亡宋收附了四十余年也，有田的纳地税，做买卖纳商税"；最终，这一税赋法律制度被以圣旨这一具

---

[46] 陈高华等点校：《元典章》，中华书局、天津古籍出版社2011年版，第974页。
[47] 韩国学中央研究院编：《至正条格（校注本）》，Humanist出版集团2007年版，第97页。
[48] （明）宋濂等撰：《元史》，中华书局1976年版，第2622页。
[49] 陈高华等点校：《元典章》，中华书局、天津古籍出版社2011年版，第901页。

有最高法律效力的形式批准、颁行,奉圣旨:"依着恁众人商量来的行者。"[50]

至于和买所应缴纳的税赋,并非完全和民间客商交易投税一样,而应该设立单独的税收项目起解国库。该法律规定的源由在于将和买税款和其他税项混在一起,很容易造成登记、汇总、管理等的混乱。至大二年(1309)五月吉州路将大德十年(1306)所收缴的和买木绵征收商税时,将已经征得的税钱中统钞二百六十三定一两二钱一分和其他课税混在一起向上级运解,而且在年终已经稽核考较;然而后面又追缴了布税四十六定二十八两五钱一分。这就造成了税收管理的混乱,如何从法律上有效解决此种和买税收问题,中央户部、中书省最终认为:

> (户部)议得:"凡官司和买官物,难同客商人等私相买卖,合该税钱拟合另项作数起解。如蒙准拟,遍行合属照会,今后一体施行相应。"

户部认为官民之间的和买行为与民间一般的私相买卖行为是不同的,对于和买所产生的的税款应当单列一个税项收缴、记录、管理、起解,而不应该和普通收缴的商税混同。户部把这一合议决定上报至中书省,并建议批准成为普遍适用的和买税收法律规则,"如蒙准拟,遍行合属照会,今后一体施行相应"。都省在接到户部的奏报后,对包括和买在内的税课的额度、增减等进行了原则性的规定,并要求对每项税课要认真考较:

> 都省议得:"各处恢办课程,正额、增除俱有定例,务要增羡,尽实到官,年终通行考较。今据前因,咨请依例施行。"

---

[50] 陈高华等点校:《元典章》,中华书局、天津古籍出版社2011年版,第2112页。

准此。省府仰依上施行。[51]

中书省并指出之所以应对包括和买在内的税项作出如此的法律规定，正是因为吉州路此次将和买税赋混淆在普通的民间交易税项中，导致管理的不便和混乱。同时，咨请皇帝把此项和买税收法律制度形成通例，成为广泛使用的和买法律规则，最终皇帝"准此"，批准施行。

而和买的税率应是和其他商税税率一样。[52] "至元七年（1270）立法，始以三十分取一"[53]，即在和买交易成功后，卖方应当到课税所等税务机关按照货款的1/30缴纳赋税。并对岁额做了严格的规定，不得随意增加税率或多征多收，大德二年（1298）十二月便以诏书的形式颁行天下，"辛巳，诏和市价直随给其主……定诸税钱三十取一，岁额之上勿增。"[54]

三、和买性质的变化与法律规制

（一）"商品化/赋税化"：和买的艰难蜕变

从整个以宋为开端的近世在经济上的变革来看，近世的社会经济进入到了商业时代，元代便是在这一大背景下继续发展：货币经济大为发展、农业生产商品化呈现扩大趋势、都市坊市制崩溃、生产出现分业化和分工化等。商品货币经济的发展，严重冲击了自给自足的小农经济，慢慢形成了佃户制经济制度，国家的财政政策也由原来较为单一的农业土地税转向工商征税。[55] 元代"和买"及其法律制度与这一变革中的

---

[51] 陈高华等点校：《元典章》，中华书局、天津古籍出版社2011年版，第901~902页。

[52] 参见陈高华、史卫民：《中国经济通史》（元代经济卷），经济日报出版社2000年版，第645~646页。

[53] 《经世大典序录》，载（元）苏天爵辑：《国朝文类》卷四十。

[54] （明）宋濂等撰：《元史》，中华书局1976年版，第421页。

[55] 参见[日]宫崎市定：《东洋的近世》，载《宫崎市定全集》（第二卷），岩波书店1999年版，第133~244页。

商品经济的发展有着密切的关系。唐宋以来，随着小农经济进一步发展、江南开发、海外贸易频繁、社会生产力的提高等，农产品、手工产品等数量进一步丰富和富余，除了满足民间自己消费外，也有很多产品进入市场流通领域，这便使得商品经济得到了一定程度的发展。元初，虽然统一战争等原因对经济的破坏是客观存在的，对北方的破坏尤甚（主要是集中在前四汗时期），然而自忽必烈开始，"枢陈宋太祖遣曹彬取南唐不杀一人、市不易肆事……世祖据鞍呼曰：'汝昨夕言曹彬不杀者，吾能为之，吾能为之'"[56]。效仿曹彬仁爱不杀"一天下"的原则和策略，作为平南宋的主帅伯颜对这一不杀政策的严格遵守和执行，再加上谢太后、宋恭帝出降，之后只有不成规模的抵抗。故而，当时整个社会经济保护得相对完整，尤其是江南在南宋基础上继续发展，"奉扬宽大，抚戢吏民，九衢之市肆不移，一代之繁华如故"[57]。

元代"重商主义"政策下，银本位制、纸币的发行、商品流通量的增加等都表明元在唐宋以来的商品经济基础上继续发展，商品化程度进一步深化。流通量最大的商品是棉布、粮食，前者是手工业发展的产物，后者是小农经济发展的结果。商品经济在唐宋元及以后的社会变革中起到了重要的推动作用。从元代和买法律制度的规定来看，其有用一种商品化的思维和态度进行政策性考虑的趋势，这在元代有关和买的记载中常常见到，如"至元九年（1272）十二月，大都路申：'见禁罪囚日支内温牢木炭，于年销钱内斟酌和买。'都省准拟。"[58] 显然是商品经济开放性、平等性和流变性在法律制度上的反映与体现。法律上规定的商品化的产品包括马驼杆草、草料、缎匹、米粮、好事（注：元特指做佛事）、皮货、马匹、羊马、粟豆、驼马、纱罗、布绢、丝绵、绒锦、木绵、铺陈衣服、杂物、木炭、御用冠冕物料、纸札、弓箭、箭只、箭

---

[56]（明）宋濂等撰：《元史》，中华书局1976年版，第3713页。
[57]（明）宋濂等撰：《元史》，中华书局1976年版，第3112页。
[58] 韩国学中央研究院编：《至正条格（校注本）》，Humanist出版集团2007年版，第149页。

笴、箭头等。足见元代和买对象的范围之广、规模之大。而且元代的海外贸易在南宋的基础上得到了进一步的发展,推动了商品经济的空前繁荣。

这一切似乎表明着和买会向着自由贸易、商品化程度更深的方向发展。然而,这在自然经济占据绝对主导地位和专制主义高度集权的元代,似乎从一开始就注定了和买迟早会背离其初衷,朝着赋税化的角度发展的命运,"但凡科着和雇和买、里正主首、一切杂泛差役,除边远出征军人,口北自备首思站赤外,不以是何户计,与民一体均当。诸位下、诸衙门、各枝儿头目,及权豪势要人等,敢有似前影蔽占恡者,以违制论。"[59] "和买"最终在元时变成一种附加税或赋税是一种不可遏制的趋势,和买与和籴并非朝着自由贸易、商品化程度愈来愈高的方向发展,而是程度不同地朝着赋税化方向演变。决定其演变方向的,还是国家的财政状况及其聚敛之术……这个基本史实应是无可怀疑的。[60] 这是一个十分复杂的演变过程。由于自然经济占主导地位,官民地位不平等,官方战争军需、赏赐、消费等用途多、消耗大,正常的赋税难以满足需求,再加上财政收入的不足、对和买商品按市场价全额支付费用繁浩、官吏的克扣贪污等因素的综合影响,和买也就渐渐由一种官民自愿交易的行为变成了无偿性、强制性、固定性的变相的定额赋税,挂着"和"的名义,实质已经转变成了"不和"。

(二)"和/不和":政府与市场的博弈

就和买而言,官、民应当作为平等交易的主体,双方在自愿的意思自治基础之上,按照市场价格官方出钱向民间市场卖方购买所需的物品,市场在和买中起主导作用。这自然是最理想化的和买交易过程和状态。然而,和买放在元代特定的大背景下,只能逐渐背离其初衷。

通观整个元代史以及其前期的蒙古部落时期(1206年以前)、蒙古

---

[59] 韩国学中央研究院编:《至正条格(校注本)》,Humanist 出版集团 2007 年版,第 84 页。

[60] 参见王曾瑜:《锱铢编》,河北大学出版社 2006 年版,第 552 页。

建国时期（1206-1270），一直处在战争及对外扩张状态，自成吉思汗后，政权更迭频仍，政治始终未真正走上正轨，政局不稳，中期以后腐败、内斗、民族矛盾与阶级矛盾加剧。民间精壮劳动力大多被强行征兵，只剩下老弱耕种，强制性的粮食和买导致民众生活困苦，甚至连口粮都不足，"连岁征战，士卒精锐者罢于外，所存者皆老弱，每一城邑，多不过二百人……往年平章阿里海牙出征，输粮三万石，民且告病，今复倍其数。官无储畜，和籴于民间，百姓将不胜其困。"[61] 军费、官俸、皇室用费、赏赐用费、佛事支出、赈恤、频繁的战争需要、元代冗杂的官府机构及消费、稀缺物资等巨大的财政支出，往往导致导致财政的亏空，[62] 更别说和买经费难以保障了。官方往往并不按照因价值规律所自然形成的市场物价进行参照或时估，而是肆意进行压价、折扣、少给，导致民众亏价出售货物，"合用物价，每件须有减驳，多破钞数，官府因循作弊。"[63] 同时，和买中，官方所应支付的价钱，往往并不能依据市值、按照钱货两清进行支付，而是凭借权势对民众进行百般刁难，对应付的货款拖欠、克扣甚至不付，"克减、刁蹬人难"。同时，官方往往将应付纸钞换成昏钞（即烂钞）支付和买货物，"将元将料钞，私下换作烂钞，散与百姓"，烂钞往往不能正常流通，需要到行用库换成新钞，但需要交纳工墨费。这往往造成和卖交易民间货主的进一步损失。

显而易见，元代官方在和买中既做运动员，又做裁判员。在和买之初，交易的双方官民地位便是不平等的，官府相对民间有着绝对的威势，民只能处于被支使的地位，"民户唯知应当官司和买，不敢与较，惟命是听。如此受苦，不可胜言。"[64] 和买本为自愿交易，实际成为强行摊派、掠夺民财民物的法律制度，"教省官人每为头里外大小，不拣

[61] （明）宋濂等撰：《元史》，中华书局1976年版，第4646页。
[62] 参见李干、周祉征：《中国经济通史》（第6卷），湖南人民出版社2002年版，第797~849页。
[63] 《通制条格校注》，方龄贵校注，中华书局2001年版，第529页。
[64] 陈高华等点校：《元典章》，中华书局、天津古籍出版社2011年版，第974页。

谁,开库的,铺席做买卖的人每,不拣谁的,都厮轮当编排着应当"[65]。甚而,有的和买行为中,官府打着"和买"的幌子,行强夺之实,"今和市颛刻剥,名为和而实夺之"[66]。而且,这种体制下,不可能形成现在的民告官的行政诉讼救济方式,没有办法形成有效的救济。这场体现在和买中的政府与市场的博弈,政府始终处于绝对的主导地位,而市场往往处于下风且发挥的作用微乎其微。

(三)"公平/非法":吏治的混乱败坏

元代的吏治败坏前所未有,而且自中央到地方"廉耻道丧,贪浊成风",甚而是一大批官居宰相的官员亦是巨贪大恶,往往聚敛贪赃,更有御史等监察官贪赃也很厉害。[67]这在和买中便有着鲜明的体现,元代吏治的混乱败坏在其向赋税化转变起着催化剂作用,使得本应以"公平"为核心的官民交易行为变得面目全非,滑向了非法的恶性贪污腐败。官吏在和买中巧取豪夺,非法盘剥,和买成为民间谈之色变的苛政,使得百姓苦不堪言。在对元代和买存在问题的记载文献中,这样的吏治贪污、渎职、腐败等乱象比比皆是。

官吏在押解和买银两时,往往侵吞侵渔:

> 至大四年(1311)六月……万亿宝源库申:本库设官叁员,司吏壹拾玖名,司库叁拾陆名,专收行省、腹里一切合纳钞定。其司库押送和买、和籴钞定,前去甘肃、和林、辽阳、大同、上都等处交割,时常差占,常无一二。[68]

这是一个很典型的官吏明目张胆贪污和买银两的例子。和买的货款被侵吞了十之八九,常常只剩十之一二。贪污之烈,令人乍舌。甚至监

---

[65]《通制条格校注》,方龄贵校注,中华书局2001年版,第200页。
[66](宋)欧阳修等撰:《新唐书·韩媛传》卷一百一十二。
[67]参见李治安:《论元代的官吏贪赃》,载《南开学报(哲学社会科学版)》2004年第5期。
[68]《通制条格校注》,方龄贵校注,中华书局2001年版,第434页。

临官也以其官位和权力作为营利的手段,"行省、宣慰司、按察司、总管府、各州县官,于他处买到物货,俵散与人民铺户添价货卖。又于本管地面民户处,但有出产诸物,倚仗官势,委亲戚勒令里正,不依市价,先行给散钱数,然后收敛。若人户无本色送纳,勒讫文契,将人口头匹准折,多有逼令逃窜,别生事端"[69]。

而且有的官吏往往营私害公,对和买物虚高估价,然后按市价支付货款,贪污其间的差价,中饱私囊,"有司和买诸物,多余估计,分受其价者……监临及当该官吏诡名中纳"[70]。而有些官吏,和买时往往不对出产地进行摊派,反而摊派给非出产地的民众,然后从出产地低价买回和买物,运到不出产的摊派地域,并要求该地域的民众出高价购买后交纳,从中谋利,"其官吏不能先以贱值拘收,揹勒人户,多添价钱,转买送纳"[71] 甚至贪官污吏,利用手中的权力也借用"和买"行贪污营私之实,"阿合马方用事,置总库于其家,以收四方之利,号曰和市"[72]。甚至诸王驸马等也多借用"和买"之名,无故索取,搜刮民脂民膏,"诸王驸马经过州郡,从行人员多有非理需索,官吏夤缘为奸,用壹鸿百,重困吾民"[73]。

"和买之弊,则不酬其直,谓之白著"[74],官吏在和买中的徇私舞弊,牟取非法暴利,严重到令人难以想象的程度,或者其他非制度性因素的出现,使得基于自愿的政府采购在事实上转变为带有强制色彩的政府征购,甚至无偿掠夺。权力凌驾于法之上乃是封建官场的常态,下级官员既不敢违背上级摊派给的和买任务,又想趁机中饱私囊。元朝虽有和买等方面的严密法律制度,却不能发挥其应有的功效。

---

[69] 《通制条格校注》,方龄贵校注,中华书局2001年版,第697~698页。
[70] (明)宋濂等撰:《元史》,中华书局1976年版,第2622页。
[71] 黄时鉴辑点:《元代法律资料辑存》,浙江古籍出版社1988年版,第21页。
[72] (明)宋濂等撰:《元史》,中华书局1976年版,第3954页。
[73] 《通制条格校注》,方龄贵校注,中华书局2001年版,第532页。
[74] (清)徐松辑:《宋会要辑稿》,中华书局1957年版,第4965页。

四、结语

"和买"古已有之,本是用于描述官民之间平等买卖、依据市场价支付对价行为的术语,其最初还含着济危扶困、让利于民等仁政爱民的美好愿望和初衷。元代和买在社会中占有重要的地位,为此设立了专门负责和买等事宜的官方机构广谊司,甚至有大臣因精于和买而得到重用,官至极品。其范围、领域、深度等得以更进一步拓展,这与商品经济的发展有着密切的联系。元代的银本位制、纸币的发行、商品流通量的增加、海外贸易的繁荣等,都表明元在唐宋以来的商品经济基础上继续发展,商品化程度进一步深化。

然而,在自然经济占据绝对主导地位、专制主义高度集权、官吏普遍恶性腐败的元代,和买变成元代的一大弊政,和买法律制度起的作用十分有限,似乎从一开始就注定了和买迟早会背离初衷、朝着赋税化的方向发展的命运。元代和买按户等高下、田产多寡分摊,其制弊端甚多,由于官府给价甚微乃至于不给价,而且往往非理需索,"今日和买,不随其所有,而强取其所无"[75] 为害于民,名为和买,实为强征,最终变成变相的赋役,成为百姓沉重的负担。时人便认为,和买是当时"六大弊政之一"——"山东军兵征行之苦,站赤走迎之劳,食盐办课之重,和雇、和买之烦,土木不急之工役,食用无益之贡献",动扰百姓,劳民伤财,应当对其和买程序、科派数量、交纳和输送期限等从法律上予以规范化、简明化、制度化,"皆当一一简其号令之出,量其科派之数,节其缓急之用,优其输送之期"[76]。和买逐渐演变成元代的弊政,和官方不分"皂白",不问地域所产有无,一概遍科和桩配有关,"凡遇和雇、和买夫役,坏问多寡,即行遍科"[77] "行省每遇和买,不

---

[75] 陈高华等点校:《元典章》,中华书局、天津古籍出版社 2011 年版,第 974 页。
[76] (元)苏天爵:《滋溪文稿》,陈高华、孟繁清点校,中华书局 1997 年版,第 454 页。
[77] (元)胡祗遹撰:《紫山大全集》卷二十三《民间疾苦状》。

问出产在何地面，件件都是遍行合属。其各道宣慰司承行省文字如此，亦遍行合属总管府，总管府又遍行合属司、县，遂使江南百姓，因遍行二字，处处受害。"[78] 这往往造成百姓沉重的负担，甚至造成百姓倾家荡产，鬻妻卖子以供和买，"生民受苦，典家卖产，鬻子雇妻，多方寻买，以供官司"[79]。甚而，百姓因负担不起和买而被没为奴隶的现象发生，"诸王阿只吉岁支廪饩和市于民，或不能供，辄为契券，子本相侔则没入其男女为奴婢。"[80] 最终，和买和各种赋役一样，已成为"常法"，亦参见即百姓必须承担的赋税义务的一个重要组成部分。[81] 和买已经像赋役一般按"三等九甲"的户等由富到贫进行摊派，承担的民众十分广泛，除了少数人，全民几乎成了承担和买的被摊派者。在唐宋大变革、商品经济进一步发展的背景下，元代的和买及其法律制度承继于前朝，并在前朝有着进一步的发展，后逐渐变成了苛政，因其所处的特殊时代背景而变得面目全非。

因而，构建起系统的和买法律制度规范体系显得更为迫切。为了革除如此弊端，元代统治者常以圣旨诏书的形式，颁布明确的和买法律制度，"和雇和买并依市价。不以是何户计照依行例（注：行市通例）应当，官司随即支价，毋得逗留刁蹬。大小官吏、权豪势要之家，不许因缘结揽，以营私利。违者治罪。"[82] 然而"（法律）条文的规定是一回事，法律的事实又是一回事。某一法律不一定能执行，成为具文。社会现实与法律条文之间，往往存在一定的差距"[83]，"书本中的法律"与

---

[78]　（元）程钜夫撰：《雪楼集》卷十《民间利病》。
[79]　陈高华等点校：《元典章》，中华书局、天津古籍出版社2011年版，第974页。
[80]　（元）苏天爵：《滋溪文稿》，陈高华、孟繁清点校，中华书局1997年版，第381页。
[81]　参见陈高华、史卫民：《中国经济通史》（元代经济卷），经济日报出版社2000年版，第719~750页。
[82]　《通制条格校注》，方龄贵校注，中华书局2001年版，第527页。
[83]　瞿同祖：《中国法律与中国社会》，商务印书馆2010年版，第13页。

"实践中的法律"天差地别。[84] 元代和买法律制度（包括均平摊派的法律制度、时估法律制度、和买过程中之法定程序、和买钱货两清的支付原则、和买税课法律管理制度、和买的法律救济制度等）并没有发挥其应有的功效。和买制度在商品化还是赋税化、政府主导还是市场主导的讨论中，最终均滑向后者，而吏治的败坏在这一过程中起到了催化剂的作用。在这"不和而和"背后，政府这只手始终占据着绝对的威势地位、和买的另一方的民众处在被支使和盘剥的地位，"和籴、预买向赋税的演变，说明当时国家对经济干预的力量非常强，它可以一定程度上改变经济发展的方向"[85]，而因循商品经济所培养起来的价值规律在整个和买中作用微乎其微。这一系列和买法律制度只能在一定程度上起到减缓"和"向"不和"的赋税化转向的作用。

---

[84] See Roscoe Pound, "Law in Books and Law in Action", *American Law Review*, Vol. 44, 1990, p. 12.
[85] 林文勋：《唐宋社会变革论纲》，人民出版社2011年版，第210页。

编后记

这一期论文的评选和编辑,同样经历了一个"艰难困苦"的过程。本来以为疫情肆虐,终究不会长久,很快大难方殷,没想到大疫三年乃止。理论上,研究学问应该不受时局所限,所谓"心远地自偏",但是就我个人感受而言,这个影响还是巨大的。首先,资料查找受限。疫情来后,各公共图书馆很难正常开放,即便是学校也难以按照正常的开放时间开放,这给文献利用者带来了巨大的困难。虽然现在网络资源发达,但是依旧有很多材料,还得借助于图书馆现场查阅,方才能够解决问题。这对于学术研究,特别是讲究有一分证据说一分话的法律史学学科尤其如此,所以这不可避免会影响到此次征文大赛的举行。其次,研究心情受抑。虽然疫情和学术研究似乎不存在必然的关系,但是研究者的心态很重要,如果能够不顾及外界的影响,心无旁骛投入到学术工作中去,自然非常理想,但是现代人都是深深地嵌入到这个世界中。所谓"无所逃于天地间",在时代的洪流中,个人很难独善其身,举个最简单的例子,疫情情况最为严重时,很多地方要求每天一次核酸检测,核酸检测也需要费时费力,即便这一项,也会干扰学术工作吧,何况还有隐形的对身体健康的担忧,所以在这种情况下,要像以往从容镇定、心无旁骛地研究学术,其实是一件特别困难的事情,并且还有饮食、运动等领域存在的诸多不便。第三,"时间感"的挫伤。疫情带给大家的体验,还有一个就是"时间感"的挫伤,本来时间基本上是掌握在自己的手中,或者说自己可以根据自身的情况安排时间,但是疫情期间,很多是突如其来的问题,需要我们及时处理,这样难免会打乱我们的生活节奏和时间安排。对于我们征文大赛的主办方是如此，对于众多投稿的参赛选手，同样如此。

也因为这个原因，自我们发出第十届张晋藩法律史学基金会征文大赛通知之后，一拖再拖，其间还发了两遍通知，迁延将近一年半的时间，终于完成了第十届张晋藩法律史学基金会大赛的评选工作。因为距离第九届大赛的时间比较长，所以本次大赛，我们收到的稿件较之往年，数量更多，有72篇论文。

待我们收集完论文，开始评审时，已经是2022年3月之事，此时疫情仍未消息，于是为了简便，我们又重新用双轮单评制来进行工作。3月底我们将论文匿名评审后发给八位评审人员，评审人员按照评审表上各项标准打分，提出推荐入围奖项的获奖名单。

本次评委会的组成人员，除本院研究人员外，我们请到了中国社会科学院法学研究所、北京大学、国家图书馆、北京师范大学、中央民族大学等研究院所和高校的学者，他们都是各个法律史领域的专家。我们按照其专业，将对口的论文发送给他们匿名评审，这样确保评选出来的结果，更加专业和公正。待初审完毕之后，我们在四月中旬举行了第二次现场评议会议。在该会议上，各位评委分别对所推荐的论文予以介绍，并且经过协商讨论之后，确立了一、二、三等奖的推荐名单。最终经过组委会的审定，并经过中国政法大学法律史学研究院官网公示之后，最终决出各项奖项。

应该说我们的工作还是比较及时的，就在刚刚评完第十届征文大赛不久，到四月底，北京疫情又趋严重。我个人自4月28日离开学校之后，再入校，已经到了9月时。因此第十届张晋藩法律史学基金会征文大赛各项后续工作，又只得暂停，不仅仅颁奖仪式举办不了，连奖金的发放和奖状的制作，也无法及时落实。

转眼又到一个新学期，第一个月基本也是在网络上展开工作，到10月情况似乎转好，一切工作逐渐重趋井然有序。没想到10月底，北京疫情又起。我们本来计划要办一个线下的颁奖典礼，只能

编后记

重新作罢。按照惯例,每届征文大赛评审结束后,我们会邀请这项大赛的发起人,也是我们尊敬的张晋藩先生出席典礼,并做时间长短不一的演讲。张先生每次都特别乐意参与这样的活动,虽然张先生年事已高,但是对于法律史学学科的挚爱,不减分毫。但是遗憾的是,因为疫情的缘故,张先生除了2019年参与第八届张晋藩法律史学基金会征文大赛评选活动,之后再也没有机会现场参与评奖并发表讲话。

所以热心的读者可能会发现,我们新路集之前若干期的"前言",都是以张先生在颁奖典礼上的讲话内容为基础,稍加润色而成。张先生在讲话中,总是会结合自身学习和研究法律史学的经验,谈一谈其对这个学科、这门学问的所思所感,对于广大有志于研习法律史学者,无疑具有"门径"或者"津梁"之功用。何况有时先生讲到精彩处,随意发挥时,更是会讲出很多自己的感慨,甚至有许多觉得遗憾或后悔之事,令人觉得越发亲切。这样的体验,是看他许多文章所不具备的。所以没有举办颁奖典礼,没有听到先生现场讲话,我觉得不仅仅是对于获奖的学生,对于我们在现场的普通老师而言,也是一个巨大的遗憾。

好在如今疫情已经消散,我想新的一届张晋藩法律史学基金会有奖征文大赛结束后,我们还会进行线下的颁奖典礼,并邀请先生做发言。本期的新路集,我们就选一篇先生当年发表在《民主与法制》上的文章,代为前言。此文论述中华法文化的优秀传统与历史借鉴,这恰恰也是我们研究法律史、我们举行征文大赛永恒的追求,用来作为前言,自然是再合适不过的。在此依然要感谢先生,要给先生道一句辛苦!

最后同样感谢出版社的编辑团队,法律史学的编辑既繁且难,论文集中呈现出这样的面貌,其实是经过了出版社编辑团队巨大的努力的。若无他们的辛苦工作,读者甚至可能会产生"不忍卒读"的体验,在此请容我再申谢意!

《新路集》第十集——第十届张晋藩法律史学基金会征文大赛获奖作品集

一晃《新路集》已经出版了十集了，十一个年头转瞬而逝（其中因为新冠耽误了一年），从青春到白首，不需要几个十年。而要让这项事业，保持青春，还需要你和我共同的努力，就让我用一句电梯灯箱广告中常听到的一句话来作结，勉励你也勉励我："下一个十年，值得更好的你！"

陈　煜
2023年3月8日
于法律史学研究院办公室